高等院校计算机专业应用技术系列教材

Authorware 课件制作实用教程

（第二版）

主　编　张运林
副主编　陈卓然　李　颖
编著者　常　锐　李淑梅　崔　炜
　　　　吕　凯　莫立华　张　峰
　　　　陆思辰　赵佳慧

图书在版编目（CIP）数据

Authorware课件制作实用教程/张运林主编. —第2版. —北京：北京大学出版社，2015. 1
（高等院校计算机专业应用技术系列教材）
ISBN 978-7-301-25398-4

Ⅰ. ①A… Ⅱ. ①张… Ⅲ. ①多媒体课件 – 软件工具 – 高等学校 – 教材 Ⅳ. ①G434

中国版本图书馆CIP数据核字（2015）第018045号

书　　名	Authorware课件制作实用教程（第二版）
著作责任者	张运林　主　编
责任编辑	王　华
标准书号	ISBN 978-7-301-25398-4
出版发行	北京大学出版社
地　　址	北京市海淀区成府路205号　100871
网　　址	http://www.pup.cn　新浪微博：@北京大学出版社
电子信箱	zpup@pup. cn
电　　话	邮购部62752015　发行部62750672　编辑部62765014
印 刷 者	三河市北燕印装有限公司
经 销 者	新华书店
	787毫米×1092毫米　16开本　16.25印张　370千字
	2011年1月第1版
	2015年1月第2版　2020年12月第5次印刷
定　　价	35. 00元

内容简介

教程针对多媒体课件的基本概念、多媒体课件的素材和多媒体课件创作三个领域从不同角度进行阐述。对于多媒体课件的基本概念与多媒体课件素材制作的介绍力求简明扼要;对多媒体课件的创作工具软件 Authorware7.02,通过基础知识的讲解配以大量的典型实例以及上机练习,使读者能举一反三创作出精彩实用的课件作品。

教程共分十一章,第一章介绍多媒体课件的相关概念、多媒体课件的素材和多媒体课件素材制作软件;第二至十一章详细介绍多媒体创作工具软件 Authorware7.02。教程的特点是以实例带动教学,通过大量的实例促进教学。为方便各位教师教学和自学爱好者自学,作者提供例题的源程序,联系邮箱:jlsdzyl@126.com。

教程结构严谨、实例与操作并重、配有大量的习题用以巩固基础知识的掌握,知识含量高,既可以做为师范院校相关专业的教材,也可以做为普通读者的自学和参考用书。

第二版前言

随着计算机技术的发展，利用计算机教学已相当普及，但教学中所使用的教学课件各有千秋，开发课件的软件也各不相同，Authorware 是 Macromedia 公司推出的基于流程图标的、交互式的多媒体创作工具软件。它采用面向对象的设计思想，以图标为基本元件，通过流程线将图标进行连接构成程序，克服了繁琐的代码编程，简单易学，非计算机人员也可以轻松地制作出每节课所需的课件，使用起来得心应手。克服了使用别人开发的课件不便于修改的不足。

利用 authorware 可以开发多种类型的多媒体课件作品，如：演示型课件、个别引导型课件、练习测试型课件、教学模拟型课件、协作学习型课件、资料工具型课件、教学游戏型等。

本书结合作者多年来多媒体开发及授课经验，通过大量的范例，由浅入深的讲解了 Authorware 开发多媒体课件的基本方法和基本技巧。借鉴了众多多媒体相关教材的宝贵经验，使得本教材的实例典型实用，讲解深入细致，2011 年第一版问世以来，深受广大读者的欢迎，经过三次印刷后觉得有些实例已跟不上读者的需要，故经完善后推出第二版。

本书有意将多媒体基础知识、多媒体课件素材制作技术与多媒体课件创作有机地联系在一起以实现低层次的计算机基础教育向高层次的计算机应用教育转化，尤其适用于广大的本科院校学生加强多媒体实践应用，进一步提升素质教育的效果。

本书图文并茂，进行了基础知识的详细讲解，同时配备了精彩的实例制作，每章后面配有大量的习题（书的后部配有各章习题的答案），便于对基础知识的消化理解。所有范例的制作集专业性、艺术性、实用性于一身，即适合初学者作为启蒙教材，也适合资深者进一步提高的参考材料。

本书共分 11 章。第 1 章、第 10 章由赵佳慧编写；第 2 章、第 4 章、第 11 章由李淑梅编写；第 3 章、第 5 章由李颖编写；第 6 章、第 7 章由张运林编写；第 8 章、第 9 章由陈卓然编写。全书由张运林统一编排、审稿并定稿。

全书编写过程中，得到李政教授的诸多帮助，在此表示感谢。

由于时间仓促，加之作者水平有限，书中难免会有不足和疏漏，恳请读者不吝指正。

编者

2015 年元月

前　言

Authorware是Macromedia公司推出的基于流程图标的、交互式的多媒体创作工具软件。它采用面向对象的设计思想，以图标为基本元件，通过流程线将图标进行连接构成程序，克服了繁琐的代码编程，该应用软件功能强大，且便于掌握，使非计算机人员也可以轻松地进行程序设计。

利用Authorware可以开发多种类型的多媒体课件作品，如：演示型课件、个别引导型课件、练习测试型课件、教学模拟型课件、协作学习型课件、资料工具型课件、教学游戏型课件等。

本书结合作者多年来多媒体开发及授课经验，通过大量的范例，由浅入深地讲解利用Authorware开发多媒体课件的基本方法和基本技巧。借鉴了众多多媒体相关教材的宝贵经验，使得本书的实例典型实用，讲解深入、细致。

本书有意将多媒体基础知识、多媒体课件素材制作技术与多媒体课件创作有机地联系在一起，以实现低层次的计算机基础教育向高层次的计算机应用教育转化，尤其适用于广大的本科院校学生加强多媒体实践应用，进一步提升素质教育的效果。

本书图文并茂，基础知识讲解详细，同时配备了精彩的实例制作，每章后面配有习题，便于读者对基础知识的消化理解。书末还附有习题参考答案。本书中范例的制作集专业性、艺术性、实用性于一身，既适合初学者作为启蒙教材，也适合资深者作为进一步提高的参考材料。

全书共分十一章。第一章由常锐编写；第二章、第四章、第十一章由李淑梅编写；第三章、第五章由李颖编写；第六章由陆思辰编写；第七章由张运林编写；第八章、第九章由丛飚编写；第十章由崔炜编写（广东松山职业技术学院计算机系），参加编写的还有：吕凯、莫立华、张峰（大连市委党校信息网络中心）。全书最后由张运林统稿。

本书编写过程中，得到李政教授的诸多帮助，在此表示感谢。

由于时间仓促，加之作者水平有限，书中难免会有不足和疏漏，恳请读者不吝指正。

编者

2010年11月

目　录

第一章　多媒体课件概述

随着计算机的普及，多媒体技术已经成为计算机技术发展的必然趋势，它以丰富多彩的静态或动态图像、悦耳的音乐、动听的解说走进我们的生活，极大地改变了人类的信息交流方式。多媒体技术在当今社会的各个领域都得到了广泛的应用，尤其在教育教学领域更是受到广大教育工作者的青睐，使多媒体教学在教育战线上开花结果。

计算机辅助教学（computer aided instruction，CAI）已经被广泛地应用于教育的各个方面，多媒体课件制作是目前信息技术教育中的一个重要内容，它代表了教育领域中计算机应用技术的发展方向，是教育信息化的重要手段，不仅能促进教学方法的更新和发展，而且有助于改变传统的教育思维模式。

多媒体课件通过生动的画面、形象的演示，给人以耳目一新的感觉。利用多媒体课件辅助教学不仅能替代传统的一支粉笔、一块黑板的教学手段，而且能达到传统教学手段无法得到的教学效果，比如利用计算机的动态特性表现一些动态画面以及模拟一些动态效果，是传统的教学手段无法做到的。

本章主要介绍多媒体课件的基础知识，多媒体课件素材的基本概念以及多媒体课件素材采集、制作和编辑方面的相关知识。

1.1　多媒体课件基础

多媒体课件在教育领域中引起了教育工作者的广泛关注。每一位教育工作者对此都有所了解，但又不十分清楚。本节就对多媒体课件、多媒体课件的种类、多媒体课件的开发过程做详细的阐述。

1.1.1　多媒体课件的相关概念

在信息化时代，人们用于存储和传递信息的载体称为媒体。媒体有多种类型，在计算机中，文字、声音、图像等都称为媒体，它们被归入感觉媒体类；用来存储和传输信息的二进制编码被归入表示媒体类；用来将信息呈现在我们面前的输出设备被归入显示媒体类；光盘、U盘、磁带等存储信息的载体被称为存储媒体；用来传输信息的电话线、电缆、光纤等设备被归入传输媒体类。

我们常说的多媒体是融合两种或两种以上媒体的一种人机交互式信息交流和传播的媒体，该媒体包括文字、图形、图像、音频、视频和动画等，即是多种媒体信息的载体。多媒体技术是指能够同时获取、处理、编辑、存储和展示两种或两种以上不同类型信息的媒体技术。它不是各种信息媒体的简单复合，而是一种把文本、图形、图像、音频、视频和动画等形式的媒体信息结合在一起，并通过计算机进行综合处理和控制，能支持完成一系列交互式操作的信息技术。多媒体技术的发展改变了计算机的使用领域，使计算机由办公室、实验室中的专用品变成了信息社会的普通工具，广泛应用于工业、生产管理、学校教育、公共信息咨询、商业广告、军事指挥与训练，甚至家庭生活与娱乐等领域。

课件是指呈现教学内容、接受学习者的要求以及回答、指导和控制教学活动的软件和有关的教学文档资料。简言之，课件就是具有一定教学功能的软件及配套的教学文档。教学特性和软件特性是课件的两大基本特性。

多媒体课件是指应用了多种媒体(包括文字、音频、图形、图像、视频和动画等媒体)技术的新型课件，它是以计算机为核心，交互地综合处理多种媒体信息的一种教学软件。教学特性、软件特性和多媒体特性是其基本特性。

与传统课件相比，多媒体课件突破了线性限制，以随机性、灵活性、立体化的方式把信息知识自然逼真地、形象生动地呈现给学习者，弥补了传统教学在直观感、立体感和动态感等方面的不足，图文并茂的显示界面极大地改进和提高了人机交互能力。通过多媒体课件的帮助，教学人员传播的知识更容易被学习者所接受，可以将一些平时难以表述清楚的教学内容，如实验演示、情景创设、交互练习等生动形象地演示给学习者。而学习者的反馈信息也能及时被教学人员获得，学习者通过视觉、听觉等多方面参与，更好地理解和掌握教学内容，同时也扩大了学习者信息获取的渠道。

1.1.2 多媒体课件的分类

为适用不同的使用对象，传递不同的教学信息，达到不同的教学目标，实现不同的教学功能，多媒体课件大致可划分为以下7种类型：

(1) 教学演示型。利用文字、图片、声音、视频和动画等形式，将所涉及的事物、现象和过程再现于课堂教学之中，或将教学人员的教学过程，按照教学要求逐步地呈现给学习者。

(2) 个别引导型。按教学目标将知识分为许多相关知识点形成多种教学路径，设计分支式的教学流程，根据学习者具体的反馈信息检查其掌握情况，从而决定学习者进入哪条路径学习新内容，或者是返回复习旧内容，该类多媒体课件根据学习者的具体进程对其进行引导，从而达到个别化教学的目的。

(3) 练习测试型。通过大量的练习与测试来达到学习者巩固已学知识和掌握基本技能的目的。它以问题的形式来训练强化学习者某方面的知识和能力，加深对重点和难点知识的理解，提高学习者完成任务的速度和准确度。完整的练习测试型课件应有试题库、自动组卷、自动改卷，以及成绩分析等功能。

(4) 教学模拟型。利用计算机运算速度快、存储量大、外部设备丰富，以及信息处理的多样性等特点模拟真实过程，来表现某些系统的结构和动态行为，使学习者获得感性的印象。常用教学模拟课件有实验模拟、情景模拟，以及模拟训练等形式，如模拟种子发芽和模拟汽车驾驶等。

(5) 协作学习型。此类课件依托计算机网络与通信技术，实现不同地域之间教授者与学习者的实时交流，或者是在学习者之间进行小组讨论、小组练习、小组课题等各种协作性学习，达到共同学习的目的。

(6) 资料工具型。此课件包括各种电子工具书、电子字典及各类图形库、音频库、动画库、视频库等，不提供具体的教学过程，重点是其检索机制，可供学习者在课外进行资料查阅，也可根据教学需要事先选定有关内容，配合教学人员讲解，在课堂上进行辅助教学。

(7) 教学游戏型。该类课件以游戏的形式呈现教学内容，为学习者构建一个富有趣味性和竞争性的学习环境，激发学习兴趣，通过让学习者参与一个有目的的活动，熟练使用游戏规则以达到某一特定的目标。把知识性、教育性和趣味性融为一体，并将知识的传授和技能的培养融于各种愉快的情境中。

另外，根据制作结构，可将多媒体课件分为以下四种类型：

（1）直线型课件。直线型课件的最大特点是结构简单，整个课件流程如同一条直线自上而下运行，使用起来不够灵活。

（2）分支型课件。分支型课件与直线型课件的最大区别在于该类型的课件结构为树状结构，能根据教学内容的变化，学习者的差异程度对课件的流程进行有选择的控制执行。

（3）模块化课件。模块化课件是一种较为完美的课件结构，根据教学目的将教学内容中的某一部分或某一个知识点制作成一个个课件模块，教学人员可根据教学内容选择相应的课件模块进行教学。模块化课件，可在运行过程中进行重复演示、后退、跳跃等操作。

（4）积件型课件。积件型课件就是将各门学科的知识内容分解成一个个的标准知识点（积件）储存在教学资源库中。一个标准知识点（积件）可以看做是阐述某一方面、某一教学单位，同时包含相关练习及呈现方式、相关知识链的一个完整的教学单元。积件型课件最大的优势在于它的继承性、开放性和可重复使用性。教学人员可以制作积件型课件，并添加到积件库供广大的教学人员使用。

1.1.3 多媒体课件的开发过程

多媒体课件是一种多媒体教学应用软件，它具有软件的特性，因此多媒体课件制作应按照软件工程规范进行，现在我们来简要介绍多媒体课件的开发过程。

1. 计划与分析

多媒体课件设计的第一个环节就是选择教学内容和教学范围，明确所要实现的目的和达到的教学目标，确定所制作的课件适合哪类学习者使用。对教学内容、教学范围、教学目标、教学策略，以及教学对象综合进行分析；对课件的大体结构、主要模块以及主要模块之间的相互联系进行初步设计，形成目标规划书。

2. 脚本设计

脚本是由教学人员按照教学的思路和要求对课件的教学内容进行描述的一种形式，是目标规划书中教学过程的进一步细化，也是软件制作者开发课件的直接依据。

脚本设计的主要方法是把教学内容进行层次化处理，建立知识点之间的逻辑关系及其链接关系，具体地规定每个知识点上计算机向学习者传达的信息，从学习者处得到信息后的判断和反馈，最后在脚本的基础上根据计算机媒体的特征与计算机的特点编排出课件程序。

3. 环境与工具

根据目标规划书和脚本设计确定多媒体课件运行的计算机软、硬件环境和最佳多媒体课件开发工具。选用多媒体课件设计工具一般应从开发效率和运行效率两方面综合考虑。开发工具包括多媒体课件集成工具和各种多媒体素材的设计工具，如文本处理软件、图形图像处理软件、音频采集与处理软件、动画设计软件和视频编辑软件等。

4. 素材准备

根据脚本设计要求进行各种多媒体素材的收集整理和设计开发，素材的准备工作一般主要包括文本的录入、图形图像的制作与后期处理、音频动画的编制和视频的截取等。

5. 课件集成

利用选定的多媒体课件集成工具对各种素材进行编辑,按照已经确定的课件结构和脚本设计的内容将各种素材有机地结合起来。一个好的多媒体课件从整体布局到局部都要和谐自然,不可机械拼凑粗制滥造。各种不同类型的素材应该变换使用,引导学习者积极地探索学习、接受训练,同时要注意素材主次分明,不可喧宾夺主。在课件集成开发过程中,要充分体现多媒体计算机的特点,做到界面美观舒适、操作方便灵活,以增强多媒体课件的交互性,提升多媒体课件的视听效果。

6. 测试与评估

从素材准备到课件集成开发的整个过程中,应随程序开发过程进行软件测试,以保证运行的正确性。在集成初步完成以后还要进行综合性测试,检查课件的教学单元设计、教学设计、教学目标等是否都已达到了要求,对课件信息的呈现、交互性、教学过程控制、素材管理和在线帮助等进行评估。最好是多人进行独立测试,如果是开发商业性课件还可预先发布测试版,以获得用户对课件的客观评价。经过测试和试用对课件存在的问题进行修改,待完善以后方可正式发布。

1.2 多媒体课件素材及其获取与处理

多媒体课件素材的制作与编辑是多媒体课件开发的基础,素材的好坏将直接影响多媒体课件的质量。掌握多媒体课件素材的基本采集和编辑方法,是多媒体课件创作人员必备的基础知识和应用技能。本节概要介绍各种多媒体课件素材及其采集、制作和编辑方面的相关内容。

1.2.1 多媒体课件素材

多媒体课件的开发离不开素材的准备,素材是课件的基础,在课件开发过程中,素材的准备是课件目标确定后的一项基础工程。

1. 多媒体课件素材概述

多媒体课件素材是课件制作中的基本元素。多媒体课件素材,可以分为文本、图形、图像、音频、视频和动画等形式。素材可以从网上下载,从其他文件中截取,从资源光盘或资源库中获取,或从电台、电视节目中录制,有些素材还可以是原创作品。多媒体课件制作的过程.实际上就是对所获取或制作的多媒体对象进行技术和艺术等方面的整合过程。

2. 多媒体课件素材类型

在多媒体课件中,多媒体课件素材类型一般分为:文本、图形、图像、音频、视频和动画。

(1) 文本。它是以文字和各种专用符号表达的信息形式,是现实生活中使用得最多的一种信息存储和传递方式。文字包括各种字体、字型、字号,以及色彩的文本,它主要用于对知识的描述性表示,如阐述概念、定义、原理和问题以及显示标题、菜单等内容。

(2) 图形。它是多媒体课件最基本的要素,通常是指点、线、面及空间的几何图形,又称为矢量图。矢量图用一组指令来描述其构成图形的所有直线、圆、圆弧、矩形、曲线等图形的位量、维数和形状。它具有体积小、不易失真,简洁直观等特点。

(3) 图像。它是多媒体课件中最重要的信息表现形式之一,是决定一个多媒体课件视觉效果的关键因素。图像是指由像素点阵组成的画面,每个像素的颜色和亮度都由一个数位来描述。

(4) 音频:包括波形音频、CD-DA 音频和 MIDI 音频。音频是人们用来传递信息、交流感情最方便、最熟悉的方式之一,在多媒体课件中,按其表达形式,可将音频分为讲解、音乐、效果声三类。

(5) 视频。它是指通过摄像机或录像机等设备捕捉的动态画面,具有时序性与丰富的信息内涵,常用于展示事物的发展过程,有声有色,在多媒体中充当重要的角色。

(6) 动画。它是指由计算机生成的一系列静止画面(帧),按照一定的顺序演示而形成的动态图像效果。动画是利用人的视觉暂留特性,快速播放一系列连续运动变化的图形图像,也包括画面的缩放、旋转、变换、淡入淡出等特殊效果,主要用于对事物运动、变化过程的模拟。通过动画可以把抽象的内容形象化,使许多难以理解的教学内容变得生动有趣。

不同格式的文件用不同的文件扩展名加以区别。熟悉这些文件格式和扩展名,对后面的学习将有很大的帮助,表 1-1 列举了一些常用媒体类型文件的扩展名。

表 1-1 常用媒体类型文件扩展名一览表

媒体类型	扩展名	说 明
文本	txt	纯文本文件
	rtf	Rich Text Format 格式
	wri	字处理 write. exe 生成的文件
	doc	Word 文件
	wps	WPS 文件
图形图像	bmp	Windows 位图文件
	jpg	JPEG 压缩的位图文件
	gif	图形交换格式文件
	tif	标记图像格式文件
	eps	Post Script 图像文件
声音	wav	Windows 波形声音文件
	mid	乐器数字接口的音乐文件
	mp3	MPEG Layer 3 声音文件
	wma	微软的 Windows Media Audio 的一种压缩离散文件或流式文件
	aif	Macintosh 平台的声音文件
	vqf	最新的 NTT 开发的声音文件,比 MP3 的压缩比还高
视频	mov	Quick Time 动画文件
	mpg	MPEG 视频文件
	dat	VCD 中的视频文件
	rm	Real Audio 和 Real Video 的流媒体文件
动画	gif	图形交换格式文件
	flc	AutoDesk 的 Animator 文件
	swf	Macromedia 的 Flash 动画文件
	avi	Windows 视频文件

1.2.2 文字素材

1. 文字素材概述

文字是计算机中主要的信息处理对象,是非多媒体计算机主要的信息交流方式,处理文字信息是计算机具备的基本功能。与其他媒体相比,文字有其固有的优点:易处理、占用存储空间少,从而最适合于计算机的输入、存储、处理和输出操作。

文字包括西文与中文。在计算机中,文字用二进制编码表示,即使用不同的二进制编码来代表不同的文字。

在计算机中,西文采用美国信息交换标准代码(American Standard Code for Information Interchange,ASCII)表示,简写为ASCII码。它是一个由7个二进制位组成的字符编码系统,包括大小写字母、标点符号、阿拉伯数字、数学符号、控制字符等128个字符。例如,字符A的ASCII码值为65;字符B的为66;字符C的为67;字符a的为97。

中文与西文不同,因此为了能直接使用西文标准键盘把汉字输入到计算机,并进行存储和输出显示,就必须为中文汉字设计相应的编码方式。当前采用的编码方式主要有以下3类:

(1) 汉字输入编码。常用的是国标区位码,用数字串代表一个中文汉字输入。区位码是将国家标准局公布的6763个两级汉字分为94个区,每个区分为94位,实际上是把汉字表示成二维数组,每个汉字在数组中的下标就是区位码。区码和位码各两位十进制数字,因此输入一个汉字需按键4次。例如"中"字位于第54区48位,区位码为5448。数字编码输入的优点是无重码,且输入码与内部编码的转换比较方便,缺点是代码难记忆。另外,还有拼音码、字型编码等。

(2) 汉字内码。汉字内码是用于汉字信息的存储、交换、检索等操作的机内代码,一般采用两个字节表示。英文字符的机内代码是7位的ASCII码,当用一个字节表示时,最高位为"0"。为了与英文字符能相互区别,汉字机内代码中两个字节的最高位均规定为"1"。有些系统中字节的最高位用于奇偶校验位,这种情况下用3个字节表示汉字内码。

(3) 汉字字模码。字模码是用点阵表示的汉字字形代码,它是汉字的输出形式。根据汉字输出的要求不同,点阵的多少也不同。简易汉字为16×16点阵,提高型汉字为24×24点阵、32×32点阵,甚至更高。因此字模点阵的信息量很大,所占的存储空间也很大。以16×16点阵为例,每个汉字要占用32B,国标两级汉字要占用256KB。因此字模点阵只能用来构成汉字库,而不能用于机内存储,字库中存储了每个汉字的点阵代码。当显示输出或打印输出时才检索字库,输出字模点阵,得到字形。

汉字的输入编码、汉字内码、汉字字模码分别是计算机中用于输入、内部处理、输出3种不同用途的编码,不可混为一谈。

2. 文字素材的获取

文字在计算机中的输入方法很多,除了最常用的键盘输入和文件插入以外,还可用语音识别输入,扫描识别输入等方法。

(1) 利用键盘输入文本。通过键盘直接输入文本,这种方法一般用在文本内容不多的情况下。

(2) 利用文件插入文本。一些多媒体集成软件中自带文字编辑功能,但功能毕竟有限,因此对于大量的文本信息一般不使用键盘直接输入,而是使用字处理软件准备好所需的文本文件，然后再插入到文件中，以提高输入的效率。

（3）利用文字处理软件制作。这种方法是最常见的文本采集方法，通过一些文字处理软件工具，输入各种文字、符号、对象等而形成文本文件。这一类的软件非常多，常用的有Word、WPS、记事本等。

（4）利用多媒体开发工具直接制作。一般的多媒体开发工具均有文字制作工具，利用它们提供的工具可直接制作文本。

（5）利用图像处理软件制作。在一些图形图像处理软件（如 Photoshop）中输入文字，存储成图像文件，然后在多媒体开发工具中用输入图片的方法调用。用此种方法制作的文字比较美观，但修改麻烦，在制作时，要预先设计文本区的形状与大小。

图 1-1　扫描仪

（6）利用扫描识别输入文本。如图 1-1 所示，利用扫描仪将纸上的文字变成计算机可处理的信息，一般用于大量文字的快速录入。目前，这种产品的识别率，对印刷体可达 96%以上，对手写体达 80%以上。

图 1-2　汉王手写

（7）利用手写识别输入文本。一般用一支书写笔在与计算机相连的一块书写板上写字或在触摸屏幕上写字，用压敏或电磁感应等方式将笔在运动中的坐标输入计算机，计算机中的识别软件根据采集到的笔迹之间的位置关系和时间关系信息来识别所写的字，并将结果显示在屏幕上，图 1-2 所示是写字板。联机手写输入系统必须在中文平台的支持下工作。目前市场上的这类产品主要有方正如意笔、汉王笔等。识别率是手写输入系统的最重要指标，字体不同和字迹潦草，将影响系统的识别率。

（8）利用语音识别输入文本。图 1-3 Vista 中的语音识别系统，语音输入技术包括命令控制和听写两个功能。命令控制是向计算机发一个简单的声音指令，控制计算机操作，图 1-3 所示是 Vista 中的语音识别系统。听写就是由人来说，计算机来写。有些语音软件是与说话人无关的，称为非特定人识别系统。大多数语音软件是与说话人有关的，即它只能识别一个（或几个）特定人的声音，使用前须由特定人对系统进行训练，以掌握具体说话人的声音特征，建立语音档案，所以称为特定人（或限定人）识别系统。

3. 使用艺术字

为美化版面，可以使用相应的处理软件（如字处理软件 Microsoft Office Word，图像处理软件 Photoshop 等）制作艺术文字，下面将以 Microsoft Office Word 2003 为例介绍艺术字的制作。

（1）启动 Microsoft Office Word 2003，然后选择【插入】→【图片】→【艺术字】，或者单击【绘图】工具栏中的【插入艺术字】按钮，弹出“艺术字库”对话框，如图 1-4 所示。

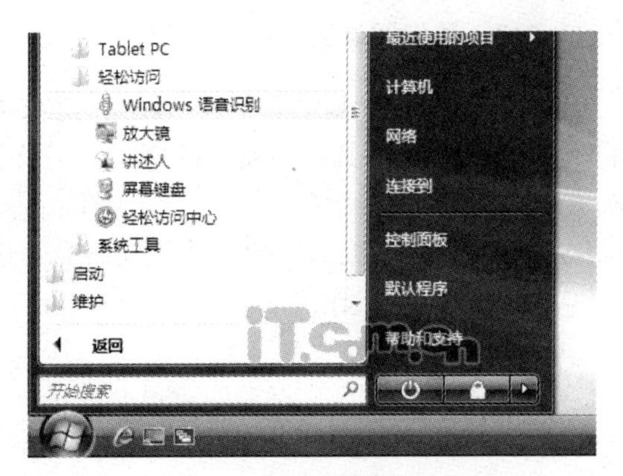

图 1-3　Vista 中的语音识别系统

(2) 在该对话框中选择一种样式后,单击【确定】按钮,弹出"编辑'艺术字'文字"对话框,如图 1-5 所示。

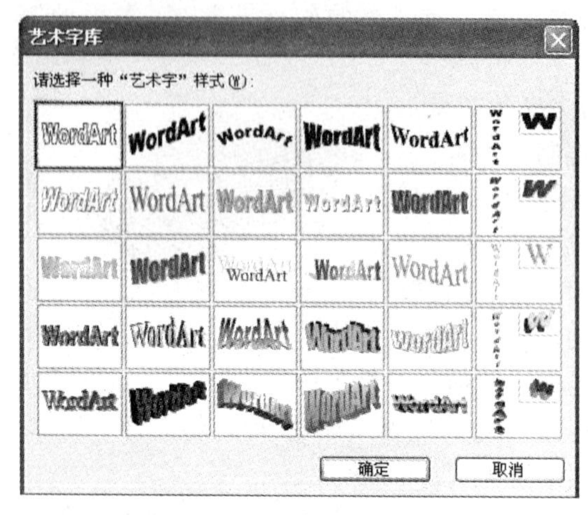

图 1-4 "艺术字库"对话框

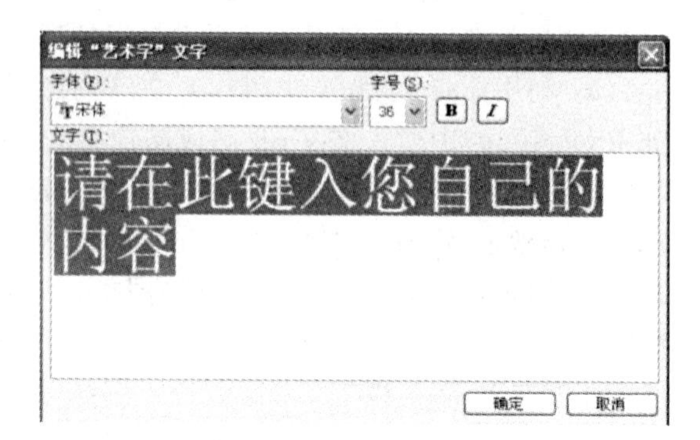

图 1-5 "编辑'艺术字'文字"对话框

(3) 在该对话框中输入并编辑所需的文本后,单击【确定】按钮,即可在所需的位置插入艺术字,如图 1-6 所示。

(4) 如果在插入的艺术字上面单击鼠标右键,在弹出的快捷菜单中选择【显示"艺术字"工具栏】命令,会打开"艺术字"工具栏,如图 1-7 所示。

文字素材的制作

图 1-6 插入艺术字图

图 1-7 "艺术字"工具栏

(5) 在图 1-7"艺术字"工具栏中可以进行相应的编辑,如重新选择样式、编辑文字、设置艺术字格式和形状等。

1.2.3 数字图像素材

根据一项心理学测定和估计的结果,进入人类大脑的信息约有 80%来自眼睛,10%来自耳朵,其余来自人的其他器官。客观世界较多的是景物和图像,图形图像包含的信息具有直观、易于理解、信息量大等特点。在日常生活中人们会发现,在某些场合有时用语言和文字难以表达的事物,用一张简单的图就能准确地表达。因此,对图形图像素材的采集与处理,就成了一项非常重要的工作。

1. 颜色基本概念

(1) 颜色的描述。国际照明委员会(international commission on illumination)做了定义,可以用色调(hue)、饱和度(saturation)和亮度(brightness)来描述颜色,人眼看到的任一彩色光都是这三个特性的综合效果。

① 色调。色调是当人眼看一种或者多种波长的光时所产生的彩色感觉，它反映颜色的种类，是决定颜色的基本特性。红色、棕色等都是指色调。

② 饱和度。饱和度是指颜色的纯度即掺入白光的程度，或者说是指颜色的深浅程度，对于同一色调的彩色光，饱和度越深颜色越鲜明或者说越纯。例如，当红色加入白光之后冲淡为粉红色，其基本色调还是红色，但是饱和度降低。

③ 亮度。亮度是光作用于人眼时所引起的明亮程度的感觉，它与被观察物体的发光强度有关。由于其强度不同，看起来可能亮一些或者暗一些，对于同一物体照射的光越强，反射光也就越亮；对于不同的物体在相同照射情况下，反射光越强者看起来越亮。

通常把色调和饱和度通称为色度，上述内容总结为：亮度表示某彩色光的明亮程度，而色度则表示颜色的类别与深浅程度。

(2) 三基色原理。自然界常见的各种颜色光都可以由红(R)、绿(G)、蓝(B)三种颜色光按不同比例相配而成。同样，绝大多数颜色光也可以分解为红、绿、蓝三色光，这就是三基色原理。当然，三基色的选择不是唯一的，也可以选择其他三种颜色为三基色。但是，三种颜色必须是相互独立的，即任何一种颜色都不能由其他两种颜色合成。由于人眼对红、绿、蓝三种色光最敏感，所以一般都选择这三种颜色作为基色。把三种基色光按不同比例相加称为相加混色，由红、绿、蓝三基色进行相加混色，如图 1-8 所示。

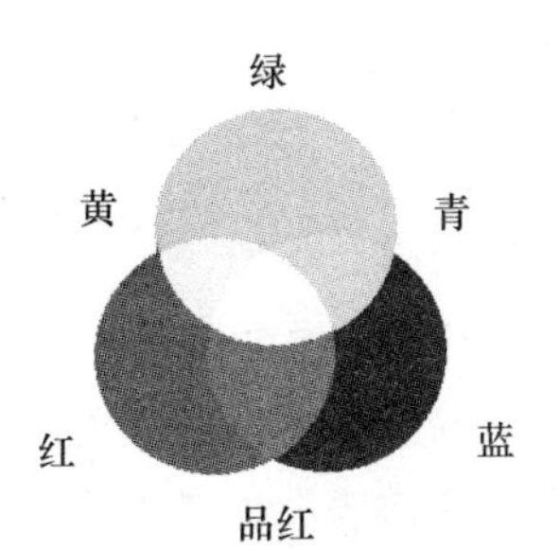

图 1-8　三基色相加混色

2. 数字图像基本属性

(1) 分辨率。

① 屏幕分辨率。屏幕分辨率(screen resolution)是由显示器硬件条件决定的，它确定计算机屏幕上显示多少信息，以水平和垂直像素来衡量。一般的 CRT 显示器通常分辨率都很高，是因为阴极射线可以达到足够细的分辨率。而液晶显示器(liquid crystal display，LCD)或者笔记本显示屏由于硬件液晶分子层间隙的大小，通常只能达到如 1280×800 的分辨率。

② 显示分辨率。显示分辨率(display resolution)是指在某一种显示模式下计算机屏幕上最大的显示区域，以每行的像素点数×屏幕显示行数来表示，即屏幕上显示的点数。例如，显示分辨率为 640×480 表示显示屏分成 480 行，每行显示 640 个像素，整个显示屏就含有 307 200 个显像点。屏幕能够显示的像素越多，说明显示设备的分辨率越高，显示的图像质量也就越高。

③ 图像分辨率。图像分辨率(image resolution)是指一幅图水平和垂直方向所包含的像素个数，用每英寸多少个像素点表示 ppi(pixels per inch)或 dpi(dot per inch)。对同样大小的一幅图，组成该图的图像像素数目越多，则说明图像的分辨率越高，看起来就越逼真(包含了更多的图像细节)；相反，图像显得越粗糙。如图 1-9 所示是相同图像在不同图像分辨率，相同大小显示区域显示的情况。

图像分辨率与显示分辨率是不同的概念。图像分辨率是确定组成一幅图像的像素数目，而显示分辨率是确定显示图像的区域大小。如果显示分辨率为 640×480，那一幅 320×240 像素的图像只占显示屏的 1/4；相反 2400×3000 像素的图像在这个显示屏上就不能显示一个

(a) 36×28图像分辨率

(b) 75×58图像分辨率

(c) 100×28图像分辨率

(d) 300×233图像分辨率

图 1-9　不同图像分辨率的相同图像在相同大小显示区域显示情况

完整的画面。

(2) 图像的颜色深度。图像分辨率是描述组成一幅图像需要多少个像素点,是图像的幅面问题。而图像的颜色深度(image depth)是描述图像中每个像素的数据所占的二进制位数,它反映构成图像所用颜色总数,或者灰度图像中的最大灰度等级数,如表 1-2 所示。例如,一幅彩色图像的每个像素用 R,G,B 三个分量表示,若每个分量用 8 位,那么一个像素共用 24 位表示,就说像素的颜色深度为 24,每个像素可以是 $2^{24}=16\ 777\ 216$ 种颜色中的一种,即

$$颜色总数=2^{颜色深度}。$$

表 1-2　颜色深度与图像类型

颜色深度	颜色总数	图像类型
1	2	单色图像
4	16	16 色图像
8	256	256 色图像
16	32 768	16 位色(增强色)图像
24	16 777 216	真彩色图像

(3) 数字图像分类。数字图像具体来讲可以分为图形和图像两种。图像呈现给人们的是一幅幅的画面,它一般是由图像输入设备捕获,以数字化的形式存储在计算机中,例如照片、绘画等。而图形是由各种绘图工具绘制的,由线、形、体和文字等图元构成,例如工程制图等。

数字图像在计算机中通常有位图(bitmap)与矢量图(vector graphics)两种表示形式。两种类型的图像以不同的格式存储,并且它们之间可以互相转换。

① 位图。位图又称点位图,是把一幅彩色图分成许多的像素,每个像素用若干个二进制位来指定该像素的颜色、亮度和属性,如图 1-10 所示。一幅图由许多描述每个像素的数据组成,这些数据通常称为图像数据,而这些数据作为一个文件来存储,这种文件又称为图像文件。点位图的获取通常用扫描仪、摄像机、录像机、激光视盘与视频信号数字化卡一类的设备,通过这些设备把模拟的图像信号变成数字图像数据。它的特点是能够直接调入内存并在显示器上显示出来,位图适用于表现含有大量细节的画面,但用位图表示图像,数据量较大。

图 1-10　由像素点构成的位图图像

② 矢量图。矢量图是用一系列计算机指令来表示一幅图,如画点、画线、画曲线、画圆、画矩形等,如图 1-11 所示。这种方法实际上是用数学方法来描述一幅图,然后变成许多的数学表达式,再编程,用语言来表达。绘制和显示这种图的软件通常称为绘图程序(draw programs)。

矢量图有许多优点。例如,当需要管理每一小块图像时,矢量图非常有效。目标图像的移动、缩小、放大、旋转、复制、属性的改变(如线条变宽变细、颜色的改变)也很容易做到。相同或类似的图可以把它们当作图的构造块,并把它们存到图库中,这样不仅可以加速画的生成,而且可以减小矢量图文件的大小。然而,当图变得很复杂时,计算机就要花费很长的时间去执行绘图指令。此外,对于一幅复杂的彩色照片(例如一幅真实世界的彩照),恐怕就很难用数学来描述。

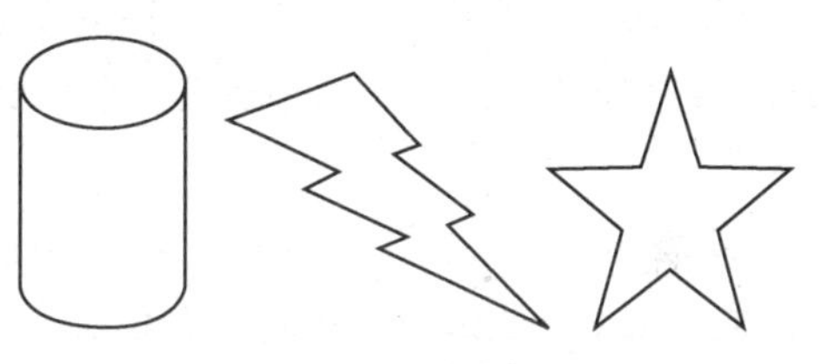

图 1-11　矢量图形

矢量图文件的大小主要取决于图的复杂程度,而位图文件占据的存储器空间比较大。矢量图与位图相比,显示位图比显示矢量图文件要快;矢量图侧重于“绘制”、去“创造”,而位图偏重于“获取”、去“复制”。

(4) 图像数字化。在现实空间,以照片形式或视频记录介质保存的图像,其亮度与颜色等信号都是基于二维空间的连续函数。计算机无法接收和处理这种空间分布和亮度取值均连续分布的图像。图像信号的数字化,就是按照一定的空间间隔自左到右、自上而下提取画面信息,并按一定的精度进行量化的过程。

① 数字图像的获取。数字图像的获取可以分为采样、量化和编码三个步骤。其中采样的结果就是通常所说的图像分辨率,而量化的结果则是图像所能容纳的颜色总数。

采样:图像采样就是将二维空间上模拟的连续亮度或彩色信息,转换成一系列有限的离散数值来表示。由于图像是一种二维分布的信息,所以采样就是对图像在水平方向和垂直方向上进行等间隔的取样。如果水平方向上被划分成 M 个点,垂直方向上被划分成 N 个点,那么 $M \times N$ 就是图像的分辨率。

量化:采样是对图像的空间坐标进行离散化处理,而量化是对每个离散点,也就是像素的灰度或颜色样本进行数字化处理,把模拟的连续亮度值使用数字的离散亮度值来表示。

编码：数字化得到的图像数据量十分巨大，必须采用编码技术来压缩信息。在一定意义上讲，编码压缩技术是实现图像传输与存储的关键。

② 数字图像的数据量。一幅模拟图像按照一定的图像分辨率和图像颜色深度进行采样，从而得到一幅数字化的图像。数字图像的数据量公式可按照以下公式计算：

图像数据量＝图像水平分辨率×图像垂直分辨率×图像颜色深度/8

例如，一幅分辨率为800×600，24位真彩色图像，图像数字化后的数据量为

$$\text{图像数据量} = 800\times600\times24/8 = 1\,440\,000(\text{B}).$$

由此看出，图像的分辨率越高，图像的颜色深度越大，则数字化后的图像效果就越逼真，但图像数据量也就越大。

3. 数字图像的文件格式及转换

多媒体计算机通过各种形式得到的图形和图像都以文件的形式存放在计算机的存储器中。由于产生或获取数字图像工具的不同，数字图像存储的文件格式也不同。比较流行的图像文件格式有BMP、JPG、GIF、PCX、PSD、WMF、PNG、TIFF等。

(1) BMP图像文件格式。BMP是一种与硬件设备无关的图像文件格式，扩展名为“bmp”。它采用位映射存储格式，除了图像深度可选以外，不采用其他任何压缩，因此，BMP文件所占用的空间较大。BMP文件存储数据时，图像的扫描方式是按从左到右、从下到上的顺序。

(2) JPG文件格式。JPEG是联合图像专家组(joint photographic experts group)的缩写，文件的扩展名为“jpg”或“jpeg”，它是最常用的图像文件格式，是一种有损压缩格式，能够将图像压缩在很小的存储空间，图像中重复或不重要的资料会被丢失，因此容易造成图像数据的损伤。尤其是使用过高压缩比例，将使最终解压缩后恢复的图像质量明显降低，如果追求高品质图像，不宜采用过高压缩比例。但是JPEG压缩技术十分先进，它用有损压缩方式去除冗余的图像数据，在获得极高压缩率的同时能展现十分丰富生动的图像。而且JPEG是一种很灵活的格式，具有调节图像质量的功能，允许用不同的压缩比例对文件进行压缩，支持多种压缩级别，压缩比率通常在10∶1到40∶1之间，压缩比越大，品质就越低；相反地，压缩比越小，品质就越高。当然也可以在图像质量和文件尺寸之间找到平衡点。

JPEG2000作为JPEG的升级版，其压缩率比JPEG高约30％左右，同时支持有损和无损压缩。JPEG2000格式有一个极其重要的特征在于它能实现渐进传输，即先传输图像的轮廓，然后逐步传输数据，不断提高图像质量，让图像由朦胧到清晰显示。此外，JPEG2000还支持所谓的“感兴趣区域”特性，可以任意指定影像上感兴趣区域的压缩质量，还可以选择指定的部分先解压缩。

(3) GIF文件格式。GIF(graphics interchange format)的原义是“图像互换格式”，是CompuServe公司在1987年开发的图像文件格式，扩展名为“gif”。GIF文件的数据，是一种基于LZW算法的连续色调的无损压缩格式。其压缩率一般在50％左右，它不属于任何应用程序。目前几乎所有相关软件都支持它，公共领域有大量的软件在使用GIF图像文件。GIF图像文件最多支持256种色彩的图像。GIF文件格式的另一个特点是它在一个GIF文件中可以存多幅彩色图像，如果把存于一个文件中的多幅图像数据逐幅读出并显示到屏幕上，就可

构成一种最简单的动画。

(4) PSD文件格式。这是Photoshop图像处理软件的专用文件格式，文件扩展名是"psd"，可以支持图层、通道、蒙版和不同色彩模式的各种图像特征，是一种非压缩的原始文件保存格式。扫描仪不能直接生成该种格式的文件。PSD文件有时容量会很大，但由于可以保留所有原始信息，在图像处理中对于尚未制作完成的图像，选用PSD格式保存是最佳的选择。

(5) WMF文件格式。这是操作平台所支持的一种图像文件格式，它具有文件短小，图案造型化的特点，整个图像常由各个独立的组成部分拼接而成，但其图像往往较粗糙，并且只能在Microsoft Office中调用编辑。

(6) PNG图像文件格式。PNG(portable network graphics)的原名称为"可移植性网络图像"，能够提供长度比GIF小30%的无损压缩图像文件。它同时提供24位和48位真彩色图像支持以及其他诸多技术性支持。由于PNG非常新，所以目前并不是所有的程序都可以用它来存储图像文件，但Photoshop可以处理PNG图像文件，也可以用PNG图像文件格式存储。

(7) TIFF图像文件格式。TIFF(tag image file format)是Mac中广泛使用的图像格式，它由Aldus和微软联合开发，最初是为跨平台存储扫描图像的需要而设计的。它的特点是图像格式复杂、存储信息多。正因为它存储的图像细微层次的信息非常多，图像的质量也得以提高，故而非常有利于原稿的复制。

TIFF格式有压缩和非压缩两种形式，由于TIFF格式结构较为复杂，兼容性较差，因此有时可能无法正确识别TIFF文件(现在绝大部分软件都已解决了这个问题)。目前在Mac和PC机上移植TIFF文件也十分便捷，因而TIFF现在也是微机上使用最广泛的图像文件格式之一。

目前还没有非常统一的图像文件格式。但大多数图像处理软件都与数种图像文件格式相兼容，即可读取多种不同格式的图像文件。这样，不同的图像格式间可相互转换。当然，还有专门的图像格式转换软件，用于各种图像格式间的转换。

4. 数字图像的采集

(1) 利用绘图软件制作。常见的图形创作工具软件中，Windows"附件"中的"画图"工具是一个功能全面的小型绘图程序，它能处理简单的图形。还有一些专用的图形创作软件，如AutoCAD用于制作三维造型，Visio用于绘制流程图，CorelDRAW、Illustrator等用于绘制矢量图形等。此外，专门用于网页设计的Fireworks可以编辑矢量图和位图，快速创建专业的Web图形和复杂的交互。图像的编辑软件也非常丰富，Photoshop是公认的最优秀的专业图像编辑处理软件之一，除此之外，还有光影魔术手、ACDSee等也是一些比较常用的软件。

(2) 使用扫描仪扫描。图像素材的采集可通过扫描完成。扫描仪是一种光机电一体化的产品，通过彩色扫描仪能够把各种印刷图像(如照片、印刷件、文字页、图形、实物等)数字化后送到计算机中以文件的形式存储。当安装了扫描仪后，就可以使用扫描仪附带的软件进行图像扫描，再将图像存储为TIFF、BMP或JPG等文件格式，然后在图像编辑软件中编辑这些文件。

(3) 使用数码相机采集。现在流行的数码相机将为图像的采集带来极大的方便。利用数码相机将所拍摄的图像以文件的形式存储在数码相机存储器中,得到的图像文件可方便地调入计算机中进行编辑和保存。省略了传统相机拍摄图像后最耗时的冲洗和扫描过程,数码相机拍摄图像不仅节省时间,同时也减少了扫描过程中图像细节的损失。

(4) 通过抓图获取。

① 键盘捕获。键盘获取截屏图可以通过键盘上的"Print Screen"键或"Alt＋Print Screen"组合键完成。选择要获取的截屏图,如果要获取全屏,直接按键盘上的"Print Screen"键,那可将整个屏幕的图形采集下来;如果要获取特定的窗口,则将鼠标移到该窗口上,同时按下"Alt＋Print Screen"组合键,即可将该窗口当前的图形采集下来。

打开一个图形编辑软件或应用程序,如"画图"或"Microsoft Word",执行"粘贴"命令,则完成了屏幕的捕获操作。

② 使用抓图软件捕获。计算机截屏图还可借助专门的抓图软件来捕获。通过这种方式捕获影像,其功能更强,效果更好。常用的屏幕抓图软件有 HyperSnap、SuperCapture、Snagit 等。

(5) 通过素材光盘复制和在网站上下载。目前,在市场上可以购买到许多现成的素材光盘,可直接复制或修改后使用,也可以通过网站搜索,下载自己所需要的图片素材。

5. 数字图像处理软件 ACDSee

ACDSee 是目前最流行的数字图像处理软件,它能广泛应用于图片的获取、管理、浏览、优化,甚至和他人的分享。使用 ACDSee,可以从数码相机和扫描仪高效获取图片,并进行便捷的查找、组织和预览。

(1) 设置图像颜色深度。可以在"查看器"(可以通过选中图像,按鼠标右键选择【查看】来打开)中修改图像的色深。色深是指图像所包含的颜色范围。通过单击【修改】→【更改色深】,然后选择下述选项之一,如图 1-12 所示。

图像设置不同的色深决定了图像中像点显示颜色的精度,通常颜色越多,图像越生动、逼真,但是数据量也就越大。

(2) 更改 RGB 值和 HSL 值。可以调整图像的红色、绿色以及蓝色(RGB)的颜色值。这些选项可以保存为预设值,以便日后使用。

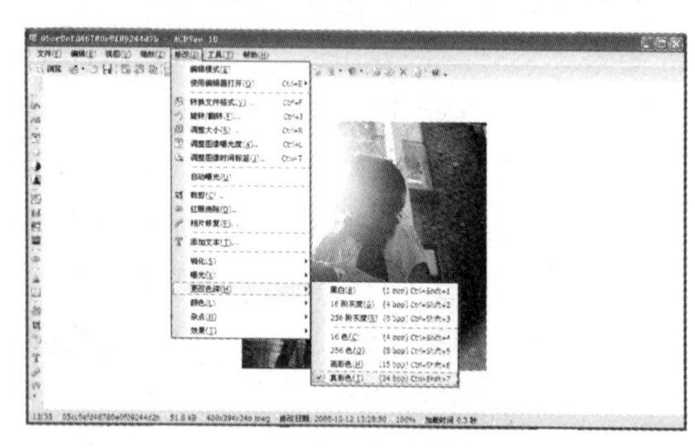

图 1-12 色深设置

图 1-13 编辑面板界面

步骤 1: 在图像上右键选择【编辑】,打开"编辑面板",如图 1-13 所示;

步骤 2: 在"编辑面板"中选择【颜色】,弹出颜色设置选项卡,通过对应颜色的修改实现图像的颜色设置，如图 1-14 所示。

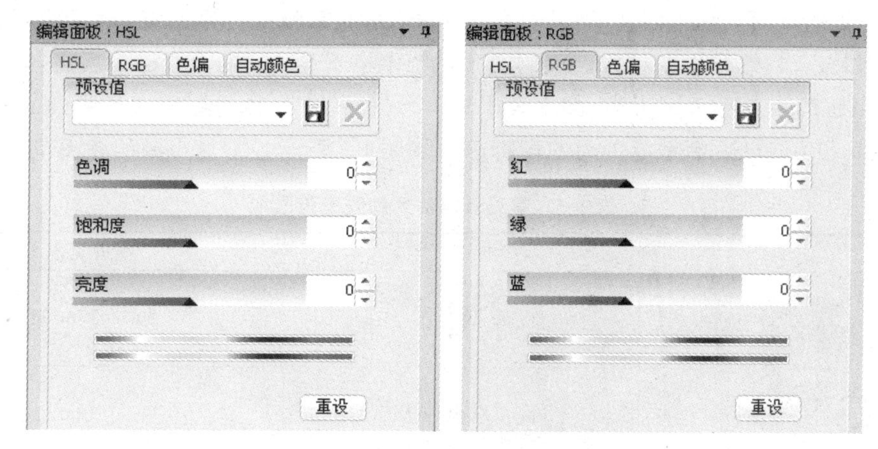

图 1-14　HSL 和 RGB 颜色设置

1.2.4　音频素材

声音是携带信息的极其重要的媒体，在多媒体课件中，声音是一种非常重要的因素，它不仅是对画面的解释和补充，也常常是使学习者能够清晰掌握教学内容的关键，同时，它还能对整个课件起到润色的作用。如调节课件使用者的情绪，引起使用者的注意等。当然，声音作为一种信息载体、其更主要的作用是直接、清晰地表达语意。

1. *声音及相关知识*

声音是一种波动现象，一些物理器件的运动导致了空气分子的震动，进而产生声波。比如讲话时声带的振动、拉琴时琴弦的振动等都会产生声音。再如，音频系统里面的扩音器前后震动产生径向的压力波，生成了我们所能听到的声音。声音可以用声波来表示，声波是一条随时间变化的连续曲线，如图 1-15 所示。

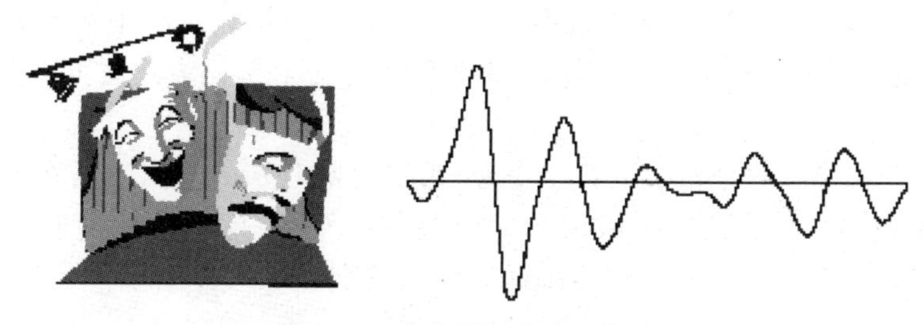

图 1-15　声音是一种连续的波

声波有两个基本参数：振幅和频率。

振幅是指波形的最高点或最低点与时间轴之间的距离，它反映了声音信号的强弱程度。为了表示的方便，一般用信噪比（signal-to-noise ratio，缩写为 SNR 或 S/N）来表示声音的振幅，其度量单位就是分贝（dB），是空气振动发出的声压和标准声压之比的常用对数的 20 倍。

频率是指声音信号每秒钟变化的次数，以赫兹（Hz）为单位。比如人说话的声音频率为 300～3000 Hz，频率越高则音调越高。与频率有关的一个参数是周期 T，它是指两个相邻峰点或谷点之间的时间间隔。周期与频率的关系互为倒数,即 $T=1/f$。

声音的频率范围也称为声音的带宽(bandwidth),通常频带宽度越宽,声音信号的相对变化范围就越大,音响效果也就越好。人们通常把频率小于 20 Hz 的声音称为次声,频率范围在 20～20 000 Hz 的声音称为可听声,频率大于 20 000 Hz 的声音称为超声。音频(audio)信号通常是指在20～20 000 Hz 频率范围内的可听声。如表 1-3 所示是常见声源的频率范围。

表 1-3　常见音频信号的频率范围

	音频信号种类	频带宽度
	电话语音	200～3400 Hz
	调幅广播(AM)	50～7000 Hz
	调频广播(FM)	20～15 000 Hz
	宽带音频	20～20 000 Hz

2. 声音数字化

由于声音的传播是压力波在空气中传递的过程,是连续变化的模拟信号,图 1-16 显示了声音的一维特性。模拟信号很容易受到电子干扰,因此,我们要想获取与处理声音,首先需要对模拟信号进行数字信号离散化处理,因此 A/D 转换和 D/A 转换技术应运而生。A/D 转换就是把模拟信号转换成数字信号的过程,数字电信号变为由 0 和 1 组成的数字信号。数字化的声音信息使计算机能够进行识别、处理和压缩,现在几乎所有的专业化声音录制器、编辑器都是数字的。因此,数字音频的获取实际上就是音频信号的数字化过程,这一过程将模拟信号转换成有限个数字表示的离散序列,即数字音频序列。在数字化过程中涉及模拟音频信号的采样、量化和编码。对同一音频信号采用不同的采样、量化和编码方式就可以形成多种形式的数字音频。

(1) 采样。要把模拟信号转换成数字信号,需要每隔一定的时间间隔在模拟声音波形上取一个电压幅度值,称之为采样(sampling),如图 1-17 所示。采样是将时间上的连续信号变成时间上的离散信号。该时间间隔称为采样周期 t,其倒数为采样频率 $f_s=1/t$。采样频率表

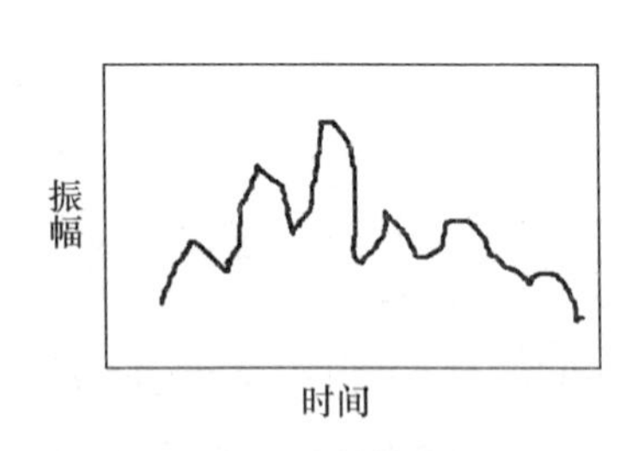

图 1-16　一段模拟信号

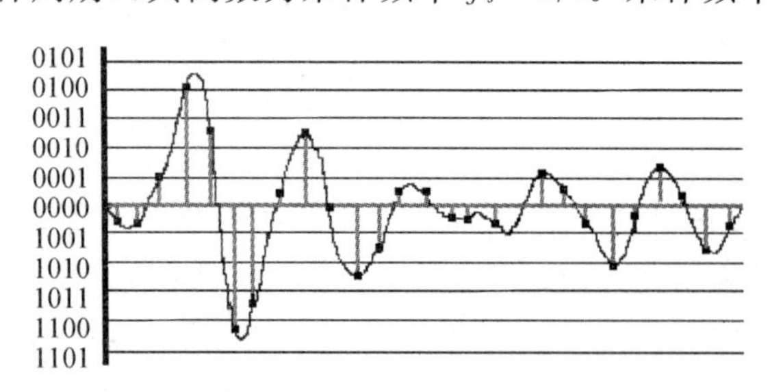

图 1-17　模拟信号的采样

示计算机每秒钟采集多少个声音样本。一般来讲，采样频率越高，即采样的间隔时间越短，则在单位时间内计算机得到的声音样本数据就越多，对声音波形的表示也越精确，声音失真越小，但用于存储音频的数据量越大。

在采样过程中，涉及采样频率和采样精度的选择。采样频率的高低是根据奈奎斯特(Nyquist)采样定理和声音信号本身的最高频率决定的。根据奈奎斯特定理，只要采样频率大于或者等于声音信号中所包含的最高频率的两倍时，才能把数字信号表示的声音还原为原来的声音。即当信号是最高频率时，每个周期至少采样两个点，则理论上就可以完全恢复原来的信号。

例如，在数字电话系统中，由于电话语音的最高信号频率约为 3.4 kHz，为将人的声音变为数字信号，电话语音采样频率应不低于 6.8 kHz，通常选 8 kHz。在实际应用中，对于音频信号的采样频率一般为 44.1 kHz，这主要是因为音频的最高频率为 20 kHz。

(2) 量化。采样只是解决了音频波形信号在时间坐标(即横轴)上把一个波形切分成若干个等分的数字化问题，但是每个样本某一瞬间声波幅度的模拟电压幅值的大小仍为连续的，因此，需要用某种数字化的方法来反映。这种把无穷多个电压幅值用有限个数字表示，即将每个采样值在幅度上进行离散化处理的过程称为量化。在量化过程中可以选择均匀量化和非均匀量化。量化精度是指每个采样点所表示的数据位数。不同的位数决定了不同的音质，位数越多，精度越高，对原始波形的模拟就越细腻，失真度也就越小。同时，需存储数据量也越大。量化精度通常有 8 位、16 位和 24 位。

(3) 数字音频的技术指标。

① 采样频率。采样频率是指一秒钟内采样的次数。采样频率越高，它可以恢复的音频信号分量就越丰富，其声音的保真度越好。采样常用的频率分别为：8 kHz，11.025 kHz，22.05 kHz，44.1 kHz 等。采样频率越高声音失真越小，而数字化音频的数据量也就越大，应该根据需要选择适当的采样频率。

② 量化精度(量化位数)。量化精度决定了模拟信号数字化以后的动态范围。若以 8 位采样，则其波形的幅值可分为 $2^8=256$ 等份，等效的动态范围为 $20\times \lg 256=48$ dB。若以 16 位采样，则其波形的幅值可分为 $2^{16}=65\,536$ 等份，等效的动态范围为 $20\times \lg 65\,536=96$ dB。

同样，量化精度越高，数字化后的音频信号就越可能接近原始信号，但所需要的存储空间也越大。

③ 声道数。一次产生一组声波数据称为单声道；如果一次同时产生两组声波数据，则称为双声道或立体声。除了这两种声道类型外，还有四声道环绕(4.1 声道)，Dolby AC-3 音效(5.1 声道)。

(4) 音频质量与数据量。音频质量是指声音的质量，与频率的范围成正比，一般来说，声音中的谐波成分越多，其所占据的频率范围越宽，声音质量也就越好，当然对应的数据量也就越大。我们把声音每秒的数据量称为声音的码流速率，简称码率(数据传输时单位时间传送的数据位数)。码率也称为比特率，声音的码率就是每秒钟记录音频数据所需要的比特值，通常以 Kbps 为单位。

声音的码率公式可按照以下公式计算：

声音的码率＝采样频率×量化精度×声道数。

未经压缩的数字化的声音的数据量大小取决于对声音信号做数字化处理时的采样频率和

量化精度,并正比于采用的声道数。声音的数据量公式可按照以下公式计算:

声音数据量=采样频率×量化精度/8×声道数。

例如,对于调频广播级立体声,采样频率 44.1 kHz,量化位数 24 位,则音频信号数字化后的数据量为

44 100(Hz)×(24/8)Byte×2 = 66 150Byte。

由此看出,采样频率和量化精度越高,声道数越多,所需要存储空间也就越大。也就是说,声音的码率越大,所需存储空间也就越大,对应的音频质量也就越高。

3. 数字音频文件格式

音频文件格式专指存放音频数据的文件的格式,存在多种不同的格式,以下是常见的音频文件类型。

(1) WAV 波形音频文件。Windows 使用的标准数字音频格式,也称为波形文件,是一种最直接的表达声音波形的数字音频文件,主要用于自然声音的保存与重放。

特点:声音层次丰富、还原性好、表现力强;如果采样率高,其音质极佳;但数据量大,与采样频率、量化位数、声道数成正比。

(2) MIDI 音频文件。一种计算机数字音乐接口生成的数字描述音频文件,文件中包含音符、定时和多达 16 个通道的乐器定义。

特点:文件不记载声音本身波形数据,用数字形式记录声音特征,演奏 MIDI 乐器或重放时,将数字描述与声音对位处理,数据量小。

(3) MP3 压缩音频文件。采用 MPEG 标准音频数据压缩编码中层Ⅲ技术压缩之后的数字音频文件。

特点:压缩比高、数据量小、音质好,压缩比例有 10∶1、17∶1,甚至 70∶1;数据率可以是 64 Kbps,也可以是320 Kbps。

(4) WMA 流式音频文件。Microsoft 研制的一种压缩离散文件或流式文件,它提供了一个 MP3 之外的选择机会。

特点:相对于 MP3 具有较高压缩率和良好音质。当小于 128 Kbps 时,最为出色且编码后音频文件很小;当大于 128 Kbps 时,音质损失过大。

(5) RA 流式音频文件。Real Networks 推出的一种音乐压缩格式,其压缩比可达到 96∶1,因此,在网上比较流行。

特点:由于采用流媒体的方式,所以可以实现网上实时播放,即边下载边播放。经过压缩的音乐文件可以在通过速率为 16.4 Kbps 的 Modem 上网的计算机中流畅访问。

4. 数字音频文件采集

声音素材可以从多种渠道获得,如从因特网上下载,应用话筒录制,将录音磁带、CD、VCD、DVD 中的声音转换成课件中可以使用的素材。

(1) 从因特网上下载声音素材。因特网是声音素材的宝库,在因特网上可以得到很多有用的声音素材,用于课件制作。既可从音乐网站下载,也可以到与课件制作内容相关的网站上查找。

(2) 使用话筒录制声音。话筒是多媒体计算机的输入设备之一,借助于 Windows 自带的【录音机】程序,可以采集声音素材。这种操作简单,可以满足多数课件制作的需求。

(3) 录制计算机播放出的声音。在播放他人制作的课件时,发现其中的声音(如朗读课本、背景音乐等)可以用到自己的课件中,但这些声音文件往往和课件打包在一起,无法找到现成的声音文件,可以用 Windows 自带的【录音机】程序将其录制下来。

(4) 从 CD、VCD、DVD 中获取声音。CD、VCD、DVD 光盘是多媒体课件中声音素材的重要来源之一。只要将光盘放入光驱中,选择其中所需要的片断,利用 Windows Media Player 或超级音频解霸等软件即可将其转换成 WAV 文件。

5. 数字音频文件的编辑处理

(1) 用 Windows 系统中的录音机采集声音的方法。将麦克风插入计算机声卡中标有"MIC"的接口上;设置录音属性;双击"控制面板"中【多媒体】图标,打开"多媒体属性"对话框中的【音频】选项卡。

① 决定录音的通道。声卡提供了多路声音输入通道,录音前必须正确选择。方法是双击桌面的右下角状态栏中的喇叭图标,打开"音量控制",选择【选项】→【属性】菜单,在【调节音量】框内选择【录音】选项,如图 1-18 所示。

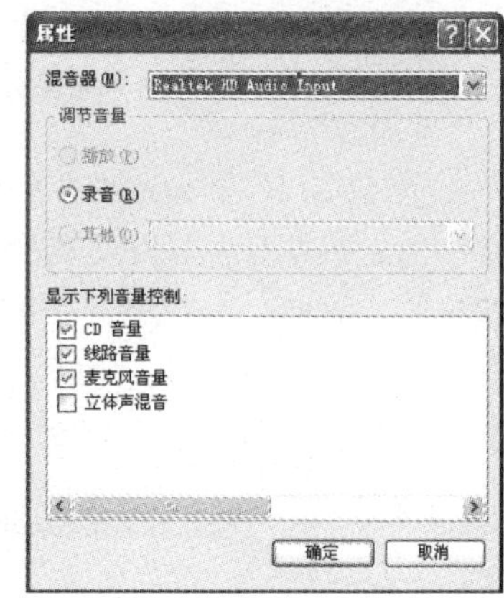

图 1-18　音量控制属性对话框

② 录音。从"开始"菜单中运行录音机程序,界面如图 1-19 所示,单击红色的录音键,就能录音了。录音完成后,单击【停止】按钮,并选择【文件】菜单中的【保存】命令,将文件命名保存。在【另存为】对话框中单击【更改……】按钮,出现选择声音格式的对话框,可从中选择合适的声音品质,其中【格式】是选择不同的编码方法。Windows 所带的【录音机】小巧易用,但是录音的最长时间默认为 60 秒,可反复按录制按钮,继续录制其中的对声音编辑功能很实用,可以满足一般课件制作中对声音编辑的需要。

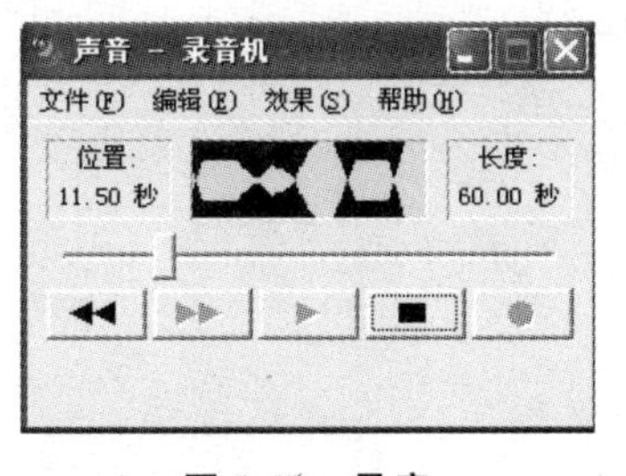

图 1-19　录音

(2) 用数字音频处理软件 Cool Edit 编辑数字音频。Cool Edit Pro 是一个非常出色的数字音乐编辑器和 MP3 制作软件。不少人把它形容为音频"绘画"程序,你可以用声音来"绘"制:音调、歌曲的一部分、声音、弦乐、颤音、噪音或是调整静音。而且它还提供有多种特效为你的作品增色:放大、降低噪音、压缩、扩展、回声、失真、延迟等。

Cool Edit Pro 可以同时处理多个文件,轻松地在几个文件中进行剪切、粘贴、合并、重叠声音操作。使用它可以生成的声音有:噪音、低音、静音、电话信号等。该软件还具有支持可选的插件;崩溃恢复;支持多文件;自动静音检测和删除;自动节拍查找;录制等其他功能。另外,它还可以在 AIF、AU、MP3、Raw PCM、SAM、VOC、VOX、WAV 等文件格式之间进行转换,并且能够保存为 RealAudio 格式。图 1-20 为 Cool Edit Pro(汉化版)的主界面。

例 1.1　使用 Cool Edit Pro 录制个人音乐。

① 单击工具栏中的录音按钮●,弹出波形音频参数文件设置。在这里可以通过列出的对应的常见值设置音频的采样频率、量化精度、声道数,这些决定了声音的质量和声音的数据

量,如图 1-21 所示。

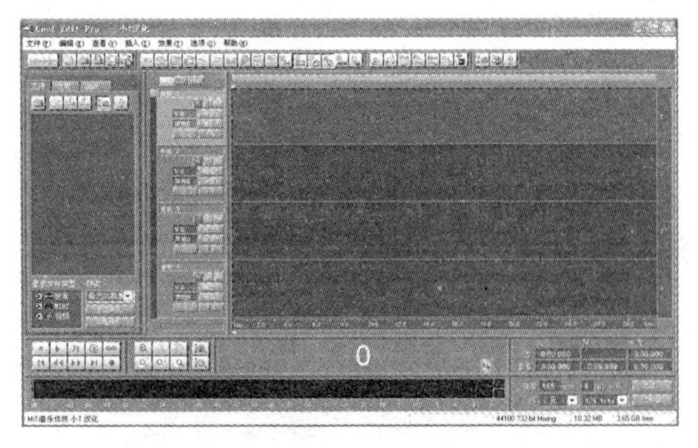

图 1-20 Cool Edit Pro 主界面图

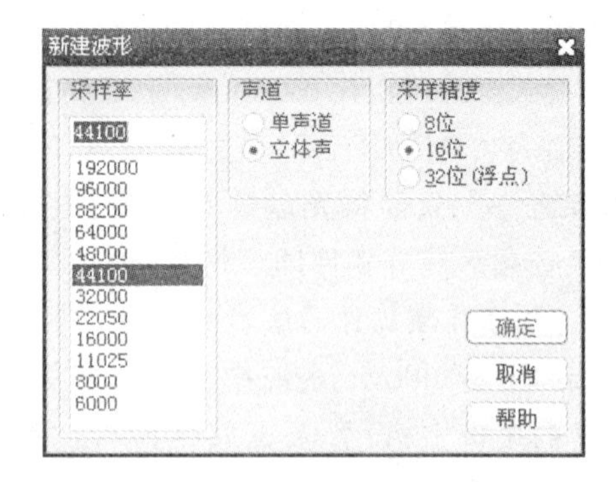

图 1-21 “新建波形”界面

② 录音结束,单击工具栏中的停止按钮■,完成录音。

注意:在界面中可以发现没有声音的时候,记录是条直线,随着发出声音的增大,波形的振幅升高,由此可知,声音的强度大小决定了声音波形的振幅高低。

③ 保存录制的音乐。在【文件】菜单下选择【另存波形为】,如图 1-22 所示。这里可以保存我们能见到的所有的音频文件格式,如 wav、mp3、pcm 等。

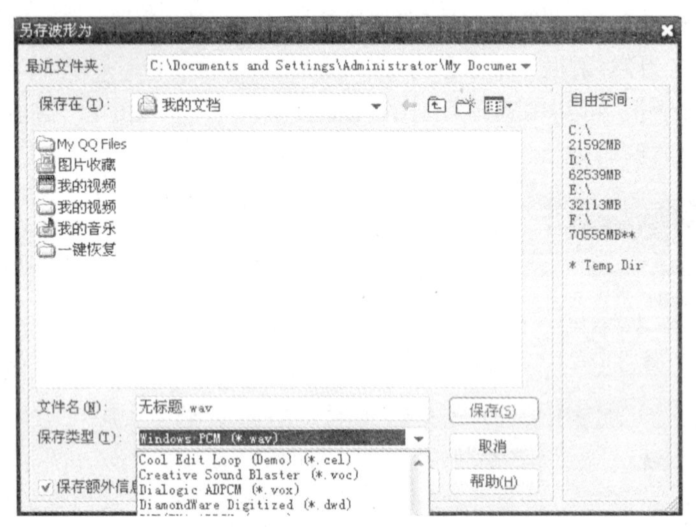

图 1-22 “另存波形为”界面

1.2.5 视频素材

视频以其直观和生动的特点在多媒体应用系统中得到广泛的运用。它是由连续的单独画面组成的,当以一定的速度播放时,就会得到连续运动的画面。对于人的眼睛而言,如果每秒播放 24~30 帧,就会产生平滑和连续的画面效果。

1. 视频概述

视频,就其本质而言,实际上就是其内容随时间变化的一组动态图像(25 帧/秒或 30 帧/秒),所以视频又叫做序列图像、运动图像或活动图像。

视频可分为模拟视频和数字视频。

（1）模拟视频。普通的广播电视信号是一种典型的模拟视频信号。电视摄像机通过电子扫描将时间、空间函数所描述的景物进行光电转换后，得到单一的时间函数的电信号，其电平的高低对应于景物亮度的大小，即用一个电信号来表示景物。这种电信号称为模拟电视信号，其特点是信号在时间和幅度上都是连续变化的。在电视接收机中，通过显示器进行光电转换，产生为人眼所接收的模拟信号的光图像。

模拟电视系统通常用光栅扫描方式。光栅扫描是指在一定的时间间隔内电子束以从左到右、从上到下的方式扫描感光表面。若时间间隔为一帧图像的时间，则获得的是一场图像；在电视系统中，两场图像为一帧。

（2）数字视频。为了将模拟的电视视频图像显示在计算机屏幕上，必须把模拟的视频信号转换为数字信号，这称为“视频信号数字化”。模拟视频信号经过数字化处理后，就变成了一帧帧由数字图像组成的图像序列，即数字视频信号，它用二进制数字表示，是计算机能够处理的数字信号。每帧图像由 N 行、每行 M 个像素组成，即每帧图像共有 $M \times N$ 个像素。利用人眼视觉惰性，每秒连续播放 30 帧以上，就能给人以较好的连续运动场景的感觉。

与模拟视频相比，数字视频具有以下优点：

① 在内存中或者数字设备上存储视频以便进一步的处理，如去噪、剪切和粘贴等，以及集成到各种各样的多媒体应用程序中。

② 可以直接访问，支持非线性编辑。

③ 重复记录而不降低图像的质量。

④ 便于加密，对信道噪声的容忍度更高。

数字视频的缺陷是处理速度慢，所需的数据存储空间大，从而使数字图像的处理成本增高。因此，通过对数字视频的压缩，可以节省大量的存储空间。

2. 视频文件格式

经过压缩了的数字视频信息以特定的文件格式保存在磁盘或光盘上，常见的数字视频文件格式有 AVI、MPEG、Real Video、QuickTime 等。

（1）AVI 文件。AVI 是音频视频交错（audio video interleaved）的英文缩写，它是 Microsoft 公司开发的一种符合 RIFF 文件规范的数字音频与视频文件格式，原先用于 Microsoft Video for Windows（简称 VFW）环境，现在已被 Windows、OS/2 等多数操作系统直接支持。AVI 格式允许视频和音频交错在一起同步播放，支持 256 色和 RLE 压缩，但 AVI 文件并未限定压缩标准，因此，AVI 文件格式只是作为控制界面上的标准，不具有兼容性，用不同压缩算法生成的 AVI 文件，必须使用相应的解压缩算法才能播放出来。AVI 文件目前主要应用在多媒体光盘上，用来保存电影、电视等各种影像信息。

（2）MPEG 文件（MPEG/MPG/DAT）。MPEG 文件格式是运动图像压缩算法的国际标准，它采用有损压缩方法减少运动图像中的冗余信息，同时保证每秒 30 帧的图像动态刷新率，已被几乎所有的计算机平台共同支持。MPEG 标准包括 MPEG 视频、MPEG 音频和 MPEG 系统（视频、音频同步）三个部分，MP3 音频文件就是 MPEG 音频的一个典型应用。

（3）Real Video 文件（RA/RM/RMVB）。Real Video 文件是 Real Networks 公司开发的一种新型流式视频文件格式，它包含在 Real Networks 公司所制定的音频视频压缩规范 Real Media 中，主要用来在低速率的广域网上实时传输活动视频影像，可以根据网络数据传输速率的不同而采用不同的压缩比率,从而实现影像数据的实时传送和实时播放。

(4) QuickTime文件(MOV/QT)。QuickTime是Apple计算机公司开发的一种音频、视频文件格式,用于保存音频和视频信息,具有先进的视频和音频功能。QuickTime文件格式支持25位彩色,支持RLE、JPEG等领先的集成压缩技术,提供150多种视频效果,并配有提供了200多种MIDI兼容音响和设备的声音装置。新版的QuickTime进一步扩展了原有功能,包含了基于Internet应用的关键特性,能够通过Internet提供实时的数字化信息流、工作流与文件回放功能。此外,QuickTime还采用了一种称为QTVR(QuickTime VR)技术的虚拟现实VR(Virtual Reality)技术,用户通过鼠标或键盘的交互式控制,可以观察某一地点周围360度的景象,或者从空间任何角度观察某一物体。

(5) Microsoft流媒体文件(ASF/WMV)。Microsoft公司推出的高级流格式ASF(advanced streaming format),也是一个在Internet上实时传播多媒体的技术标准。ASF的主要优点包括:本地或网络回放、可扩充的媒体类型、部件下载以及扩展性等。ASF应用的主要部件是NetShow服务器和NetShow播放器。有独立的编码器将媒体信息编译成ASF流,然后发送到NetShow服务器,再由NetShow服务器将ASF流发送给网络上的所有NetShow播放器,从而实现单路广播或多路广播。这和Real系统的实时转播则是大同小异。

(6) 3GP文件(3GP)。3GP是"第三代合作伙伴项目(3GPP)"制定的一种多媒体标准,是一种3G流媒体的视频编码格式,主要是为了配合3G网络的高传输速度而开发的,也是目前手机中最为常见的一种视频格式。其目标是使用户能使用手机享受高质量的视频、音频等多媒体内容。其核心由包括高级音频编码(AAC)、自适应多速率(AMR)与MPEG-4与H.263视频编码解码器等组成,目前大部分支持视频拍摄的手机都支持3GPP格式的视频播放。

3. 视频素材的准备

视频素材的采集方法很多。最常见的是用视频捕捉卡配合相应的软件(软件一般随视频捕捉卡出售)采集录像带上的素材。录像带的使用在教学中比较普及,其素材的来源较广。缺点是硬件投资较大,对于课件制作者来说,一块2000元左右的视频捕捉卡也就够用了。另一种方法是利用超级解霸等软件来截取VCD上的视频片段(截取成*.mpg文件或*.bmp图像序列文件),或把视频文件*.dat转换成Windows系统通用的AVI文件。这种方法的特点是无需额外的硬件投资,有一台多媒体电脑就可以了。用这种采集方法得到的视频画面的清晰度,要明显高于用一般视频捕捉卡从录像带上采集到的视频画面。

对得到的AVI文件或MPG文件进行合成或编辑,可以使用Ifilm、Adobe Premiere软件进行。其中使用Ifilm进行剪辑、合成的效率很高,效果也很好,但编辑的功能差一些。还可以用屏幕抓取软件如SnagIt、HyperCam等来记录屏幕的动态显示及鼠标操作,以获得视频素材,当然也可从网络教育资源库中搜索获得视频素材。

4. 数字视频编辑实例——数字视频处理软件会声会影X2

会声会影提供了完整的工具集,可用于捕获视频、编辑视频并将您的最后作品分享到CD、DVD、HDDVD或Web上。它采用了逐步式的工作流程,让您可以轻松捕获、编辑和分享视频。它还提供了一百多个转场效果、专业标题制作功能和简单的音轨制作工具。保证您不用几分钟,即可熟悉程序并开始制作视频。要制作影片作品,请先从摄像机或其他视频来源捕获节目。然后您可以修整捕获的视频、排列它们的顺序、应用转场并添加覆叠、动画标题、旁白和背景音乐。这些元素被安排在不同的轨上。对某一轨进行修改不会影响到其他的轨。图1-23为会声会影 X2 简体中文版的主界面。

图 1-23　会声会影 X2 简体中文版主界面

例 1.2　使用“影片向导”建立影片。

① 在主界面中选择【影片向导】,打开“会声会影影片向导”,如图 1-24 所示。

② 可以在会声会影影片向导中选择素材库,选择视频或者图像的来源。选择【插入图像】选项,重复【插入图像】,可以得到如图 1-25 所示的素材。

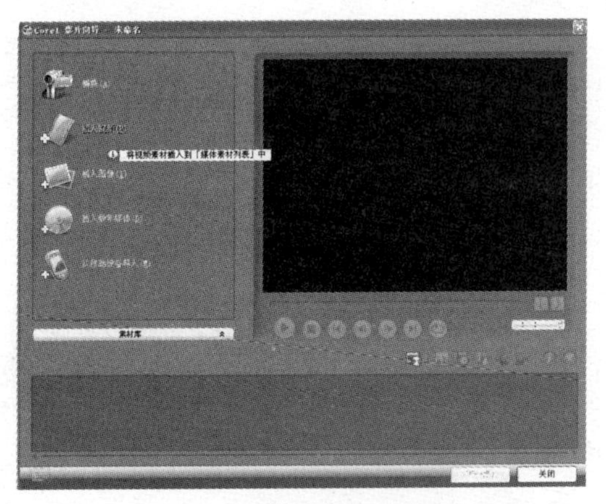

图 1-24　会声会影影片向导

图 1-25　影片向导中插入素材

③ 可以通过单击 ⓘ(显示素材属性)看到素材的相关描述,如图 1-26 所示。

④ 在素材中选择一个素材,单击【下一步】,进入“主题模板”的选取。在“主题模板”中选择【HD—家庭影片】中的【家人 01】,在右下的标记素材 中,选择添加的视频数据,单击“预览窗口”中的播放按钮 ,得到如图 1-27 所示效果。

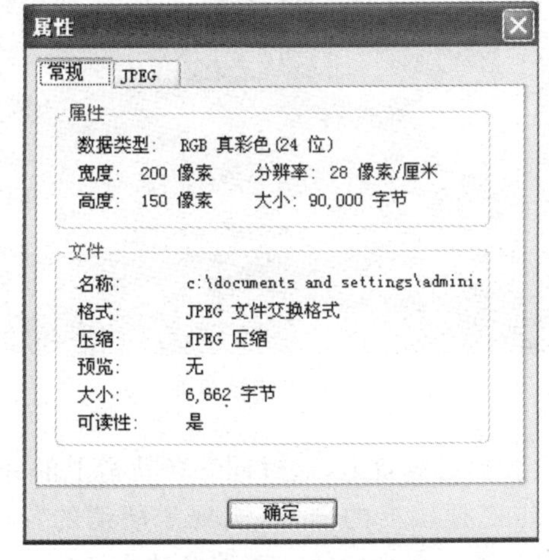
属性

常规　JPEG

属性

数据类型:　RGB 真彩色(24 位)

宽度:　200 像素　　分辨率:　28 像素/厘米

高度:　150 像素　　大小:　90,000 字节

文件

名称:　c:\documents and settings\adminis

格式:　JPEG 文件交换格式

压缩:　JPEG 压缩

预览:　无

大小:　6,662 字节

可读性:　是

确定

图 1-26　插入的素材属性

图 1-27　选择模板下的素材预览

⑤ 在“主题模板”中单击【下一步】,弹出保存的设置窗体。有三条路可走:第一,创建视频文件可以存储到硬盘中;第二,可以直接创建光盘;第三,可以直接进入会声会影进一步编辑处理。在这里我们选择创建视频文件,单击【创建视频文件】,如图 1-28 所示,给出了很多格式。

例 1.3 用“会声会影”合成影片。

在主界面中选择【会声会影编辑器】,弹出图 1-29 所示窗体。在此窗体中,会声会影将影片创建的步骤简化为 7 个简单的步骤:捕获、编辑、效果、覆盖、标题、音频和分享。可以根据属性页在不同步骤之间切换。

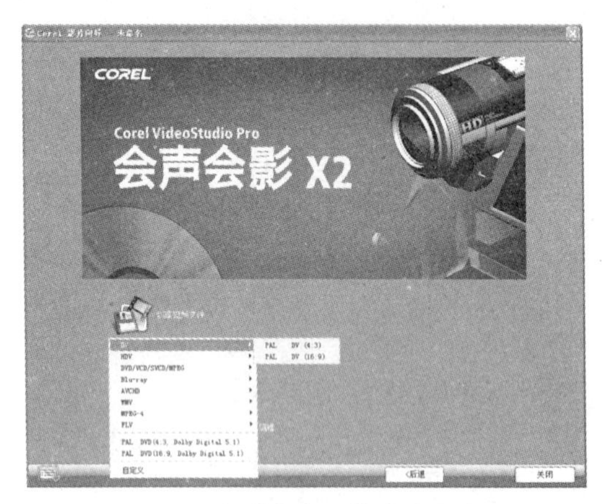

图 1-28 创建视频文件的格式选择

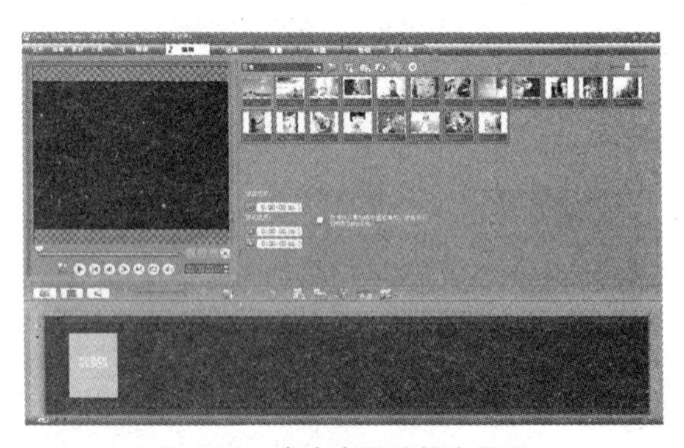

图 1-29 会声会影编辑主界面

① 捕获:在【捕获】选项卡中可以直接将视频录制到电脑的硬盘上。来自磁带上的节目可以被捕获成单独的文件或自动分割成多个文件。此步骤允许您捕获视频和静态图像,如图 1-30 所示。

② 编辑:在【编辑】选项卡中可以整理、编辑和修整视频素材。您还可以将视频滤镜应用到素材上。如图 1-31 为编辑界面。

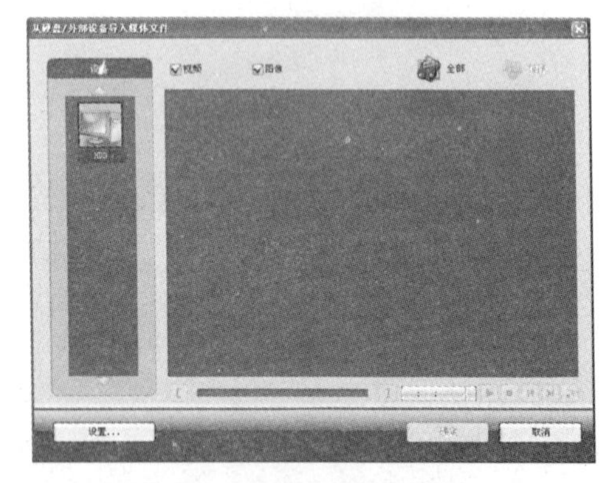

图 1-30 “从硬盘/外部设备导入媒体文件”对话框

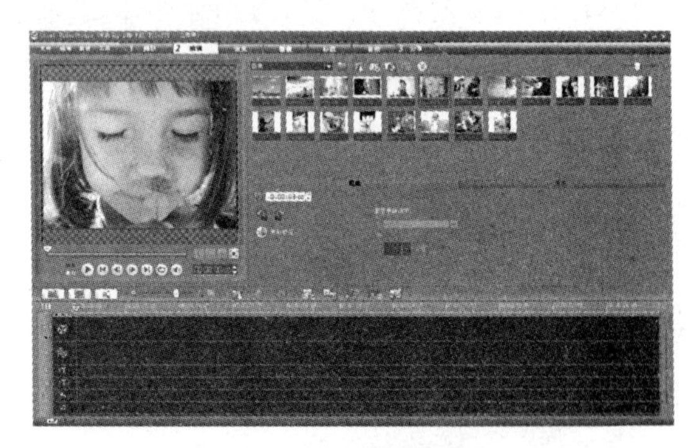

图 1-31 编辑界面

在编辑过程中,我们可以通过拖曳素材到视频轨上和覆叠轨上,通过同一条轨道上的先后顺序决定播放的顺序,而覆叠轨则可以用小窗口挡住视频轨上的内容,实现了所谓的“画中画”。而后的编辑是针对每个视频子段可以做单独的处理。在视频轨或者覆叠轨上选中素材,可以设置数字视频的色彩校正、旋转角度、翻转视频、淡入和淡出等。

③ 覆叠：对于覆叠轨上的数字视频由于画面是在视频轨上，所以可以在属性中选择进入和退出的样式、遮罩和色度等，如图 1-32 所示。

④ 视频滤镜：在中间的下拉列表中，可以选择视频滤镜，当你选中某个数字视频的时候可以通过选择某个滤镜效果来增加特效。图 1-33 是通过在视频滤镜中选择【镜头闪光】实现特效。

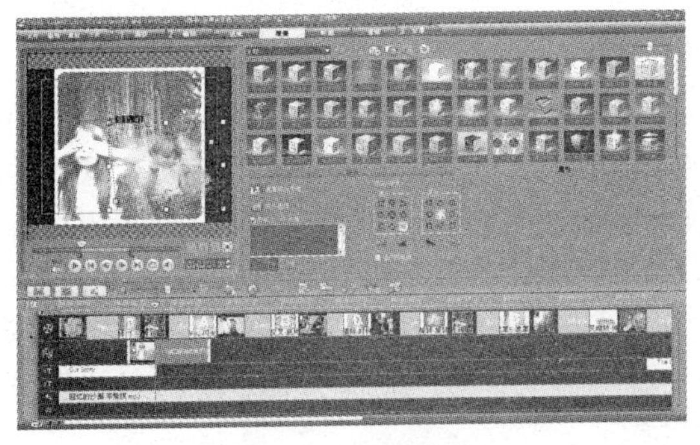

图 1-32　覆叠界面

图 1-33　视频滤镜效果图

⑤ 效果：在【效果】选项卡中可以让您在项目的视频素材之间添加转场。图 1-33 为效果图，数字视频的转场通过拖拽【效果】到场间隙来实现。

⑥ 标题：没有开幕词、字幕和闭幕词的影片是不完整的。在【标题】选项卡中，您可以创建动态的文字标题或从素材库的各种预设值中选择。通过在数字视频文件上双击可以插入标题视频，如图 1-34 所示实现字幕效果。

⑦ 音频：如图 1-35 所示实现配音效果。

⑧ 分享：保存制作的影片。

图 1-34　标题窗体显示字幕

图 1-35　音频属性界面

1.2.6　动画素材

动画是多媒体产品中最具有吸引力的素材，具有表现力丰富、直观、易于理解等特点。

1. 动画的概念

计算机动画的原理与传统动画基本相同，只是在传统动画的基础上把计算机技术用于动画的处理和应用。简单地讲，计算机动画是指采用图形与图像的数字处理技术，借助编程或动画制作软件生成一系列的景物画面。其中，当前帧画面是对前一帧的部分修改。

计算机动画的种类很多，可以从不同的角度对其分类。例如按空间视觉效果分类，动画分为二维动画和三维动画。它们的主要区别在于采用了不同的方法获得动画中景物的运动效果。二维画面是平面上的画面,它是对手工传统动画的改进。通过输入和编辑关键帧、计算和生成中间帧、定义和显示运动路径,并进行画面上色、控制运动速度等操作而产生连续的运动效果。三维动画是由计算机用特殊的动画软件给出的一个虚拟的三维空间,通过建造物体模型,把模型放在这个三维空间的舞台上,从不同的角度用灯光照射,然后赋予每个部分动感和强烈的质感得到的效果。

2. 动画文件格式

(1) GIF 格式。GIF 的原意是“图像互换格式”,是 CompuServe 公司在 1987 年开发的图像文件格式。GIF 文件的数据,是一种基于 LZW 算法的连续色调的无损压缩格式。其压缩率一般在 50%左右,它不属于任何应用程序。目前几乎所有相关软件都支持它,公共领域有大量的软件在使用 GIF 图像文件。GIF 图像文件的数据是经过压缩的,具有压缩比高的特点。GIF 格式的另一个特点是其在一个 GIF 文件中可以存多幅彩色图像,如果把存于一个文件中的多幅图像数据逐幅读出并显示到屏幕上,就可构成一种最简单的动画。但 GIF 只能显示 256 色,是一种在网络上非常流行的图形文件格式。

(2) SWF 格式。SWF(shock wave flash)是 Macromedia(已被 ADOBE 公司收购)公司的动画设计软件 Flash 的专用格式,是一种支持矢量和点阵图形的动画文件格式,被广泛应用于网页设计,动画制作等领域,SWF 文件通常也被称为 Flash 文件。Flash 动画文件其实是一种“准”流形式的文件,即用户观看的时候,可以不必等到动画文件全部下载到本地后再观看,而是随时可以观看,哪怕后面的内容还没有完全下载到硬盘,用户也可以开始欣赏动画。

(3) FLIC(FLI/FLIC)格式。FLIC 格式由 Autodesk 公司研制而成,在 Autodesk 公司出品的 Autodesk Animator 和 3DMAX 等动画制作软件中均采用了这种动画文件格式。FLIC 是 FLC 和 FLI 的统称,FLI 是最初的基于 320×200 分辨率的动画文件格式;而 FLC 进一步扩展,采用了更高效的数据压缩技术,所以具有比 FLI 更高的压缩比,分辨率也有很大提高。

3. 动画素材准备

常用的动画制作工具有 3DMAX、Cool 3D、Animator Pro、Animator Studio 、Ulead GIF Animator 等。其中 3DMAX,虽然它功能强大,但却是一个十分复杂的专业工具,一般用户要全面掌握它需要大量的时间和精力。如果我们只制作一些动态立体字,可以用 Cool 3D;Animato Pro 和 Animator Studio 具有小巧、实用及简单易用等优点,对硬盘要求也很低;另外,也可直接利用多媒体编辑合成软件提供的动画功能制作动画,比如 Authorware 能让屏幕对象以直线或曲线运动,Director 能制作文字特技动画、物体转动效果等,非常适合一般教学人员业余制作课件。另外,Flash 动画是目前最流行的二维动画技术。用它制作的 SWF 动画文件存储量很小,但在几百至几千字节的动画文件中,却可以包含几十秒钟的动画和声音,使整个页面充满了生机,Flash 动画还有一大特点是,其中的文字、图像都能跟随鼠标的移动而变化,可制作出交互性很强的动画文件。

习题 1

一、选择题

1. 下列软件不能用于多媒体课件编辑的是(　　)。

A. Powerpoint　　B. Authorware　　C. Flash　　D. Windows

2. 下面(　　)文件格式是声音文件。

A. TXT　　B. BMP　　C. WAV　　D. JPG

3. 下面(　　)文件格式都是视频文件。

A. AVI 和 MPG　　B. RTF 和 MPG　　C. PIC 和 MP3　　D. HTM 和 MOV

4. 多媒体课件中的音频信息在教学中的作用主要有(　　)。

A. 音效和配乐　　B. 语音和配乐

C. 语音,音效和配乐　　D. 语音和音效

5. 截取计算机屏幕上的图像,最简捷的方法是(　　)。

A. 复制屏幕　　B. 用数字照相机摄取　　C. 用扫描仪扫描　　D. 用抓图软件

二、填空题

1. 多媒体课件是指应用了多种媒体的新型课件,它是以计算机为核心,交互地综合处理________、________、________、________、________、________等多种信息的一种教学软件。

2. 多媒体课件具有以下特性：________、________和________。

3. 声音的常见文件格式：________、________、________、________、________。

4. 图像分为两大类型：________和________。其中一种类型的图像任意缩放不变形,它是________。另外一种类型经常用 Photoshop 软件进行处理,它是________。

5. 根据动画反映的空间范围,动画分为________和________。

三、上机练习

1. 自己录制一段声音,并进行剪辑处理。

2. 使用视频制作软件会声会影 X2 编辑视频文件。

第二章 Authorware 7.02 概述

Authorware 是目前非常优秀的多媒体创作工具软件，由于其功能强大，操作简单，易学易用，无需代码编程就可以制作出具有交互功能的多媒体作品，因而深受广大多媒体软件开发者的欢迎，曾有“多媒体大师”的美誉。

Authorware 由美国 Macromedia 公司在 1991 年 10 月开发至今，其版本已从 1.0 升级到现在的 7.02，本书将向读者介绍 Authorware 7.02 的具体应用。

2.1 Authorware 7.02 集成环境

启动 Authorware 7.02，首先出现一个“新建”对话框，如图 2-1 所示。用户可以选取知识对象，单击【确定】按钮来创建新文件，或单击【取消】，或【不选】按钮，建立一个空白的新文件。

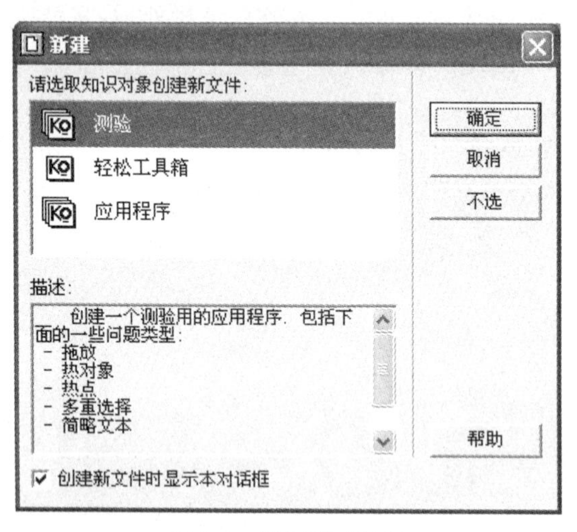

图 2-1 “新建”对话框

这里单击【取消】或【不选】按钮，就可以看到 Authorware 7.02 的工作界面了，如图 2-2 所示。

Authorware 7.02 的工作界面主要由标题栏、菜单栏、常用工具栏、图标面板、流程设计窗口等组成，下面将对各部分进行简单的介绍。

2.1.1 标题栏

标题栏位于窗口的最顶端。左侧显示 Authorware 的控制图标，单击可以弹出控制菜单；控制图标右侧显示的是标题，由 Authorware 软件名称和程序文件名称组成；右侧是窗口控制按钮，包括【最小化】按钮、【还原】→【最大化】按钮和【关闭】按钮，分别完成窗口的最小化、还原→最大化和退出的操作。

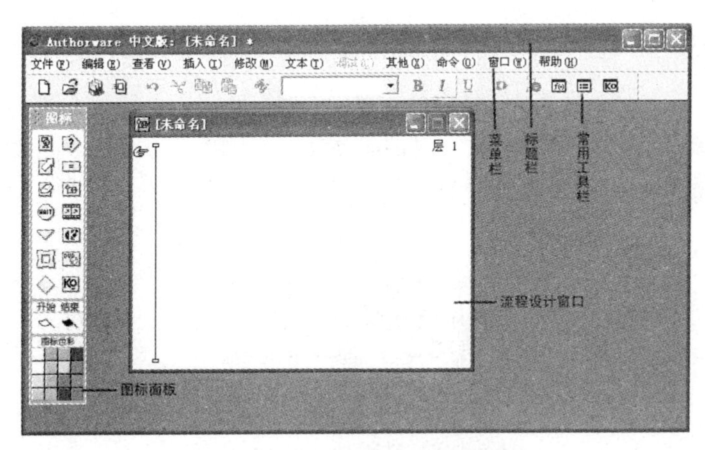

图 2-2 Authorware 工作界面

2.1.2 菜单栏

Authorware 7.02 的菜单栏包括【文件】、【编辑】、【查看】、【插入】等 11 个菜单项，菜单的使用方法与其他标准的 Windows 应用程序类似，下面将简要介绍各菜单项的基本功能。

【文件】菜单：该菜单包括有关文件操作的基本命令，用于文件的新建、打开、关闭、保存和发布等。

【编辑】菜单：该菜单包括【撤销】、【剪切】、【复制】、【查找】等一些命令。

【查看】菜单：该菜单用于实现菜单栏、工具栏、控制面板等的显示和隐藏。

【插入】菜单：该菜单用于插入图标、图像、OLE 对象和多媒体对象等。

【修改】菜单：该菜单用于修改图像、图标、文件的属性，将图标或对象编组、解组等。

【文本】菜单：该菜单用于设置文本的字体、大小、风格和对齐方式等。

【调试】菜单：该菜单主要用于调试程序，包括播放、停止和复位等一些命令。

【其他】菜单：该菜单可以使用高级控制，如库的链接、查找文本的拼写错误，将 WAV 格式的文件转换为 SWA 格式的文件等。

【命令】菜单：该菜单包括关于 LMS 的相关信息，以及转化工具、RTF 对象编辑器、查找 Xtras 等命令。

【窗口】菜单：该菜单用于实现演示窗口、函数窗口、计算窗口、各种面板的显示与隐藏等。

【帮助】菜单：该菜单提供了有关 Authorware 7.02 的帮助信息。

2.1.3 常用工具栏

Authorware 7.02 窗口中的常用工具栏，如图 2-3 所示。每个按钮对应菜单栏中使用频繁的一个命令，熟练掌握常用工具栏，可以使工作效率大大提高。

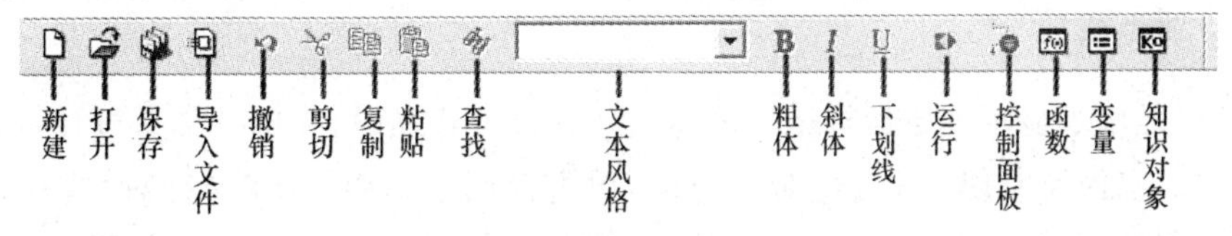

图 2-3 常用工具栏

2.1.4 图标面板

图标面板在 Authorware 7.02 窗口的左边，是 Authorware 的核心部分，如图 2-4 所示。图标面板由 14 个设计图标、用于调试程序的开始旗、结束旗和为图标设置颜色的图标调色板组成。各个图标的功能和用法在后面的章节中将详细介绍。

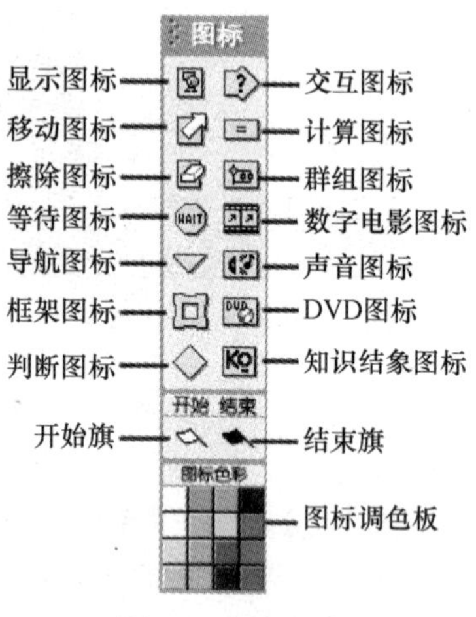

图 2-4　图标面板

2.1.5 流程设计窗口

流程设计窗口是 Authorware 进行程序设计的主窗口。在 Authorware 中，程序的设计主要是对流程线的设计，将设计图标合理地放置到流程线上，再对图标进行内容和属性的设置，如图 2-5 所示。

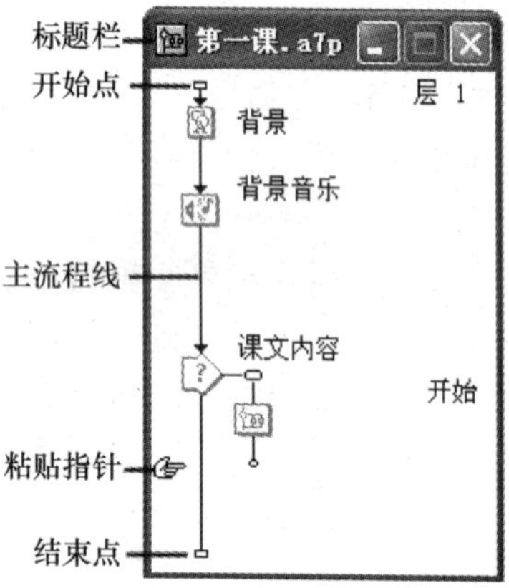

流程设计窗口主要包括标题栏、主流程线和粘贴指针三个部分。

标题栏：由标题(显示当前设计的程序名称)和窗口控制按钮组成。

主流程线：位于流程设计窗口左侧的直线为主流程线，在上面放置图标就可以进行程序设计。主流程线的两端有两个小矩形标记，上面的小矩形标记为程序的开始点，下面的小矩形标记为程序的结束点。

粘贴指针：流程线上的手型标志，称为粘贴指针，主要用以指示图标在流程线上的插入位置。在进行粘贴操作时，剪贴板上的对象会复制到粘贴指针所在的位置。

图 2-5　流程设计窗口

2.1.6 演示窗口

演示窗口是用于显示程序运行结果的窗口。在设计作品时，完成一部分设计后，通常要查看作品的效果，以便及时修改不足之处。这时，单击常用工具栏上的【运行】按钮，就会出现演示窗口，将程序的运行结果显示出来。图 2-5 中设计的程序运行后，演示结果如图 2-6 所示。

若要退出演示窗口，可以单击演示窗口右上方的关闭按钮，或执行演示窗口左上方【文件】菜单中的【退出】命令。

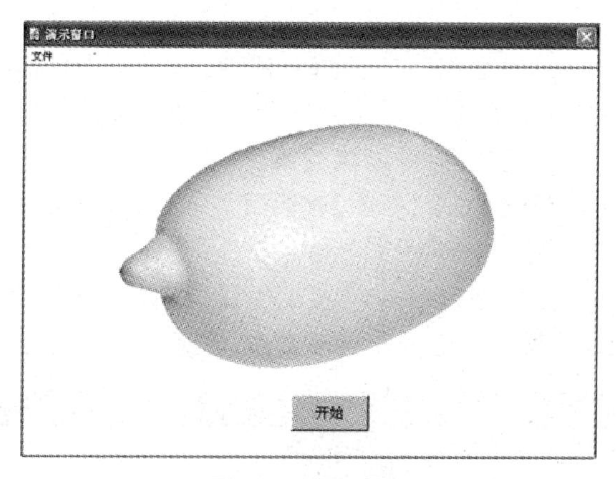

图 2-6　演示窗口

2.1.7　变量、函数、知识对象面板过大问题

在 Authorware 程序设计过程中，如果没有及时关闭变量、函数或知识对象面板，而直接退出 Authorware，再重新启动 Authorware 时，就会出现如图 2-7 所示的面板过大问题，此时将无法进行程序设计，如何解决这个问题呢？

此种现象是 Authorware 软件本身的缺陷，解决这个问题的方法很多。比较简单的解决办法是下载 Authorware 面板补丁程序，将其存放到 Authorware 安装目录下的 commands 文件夹下。重新启动 Authorware 程序后，【命令】菜单下多了一个【面板补丁】命令，执行该命令，出现图 2-8 所示的窗口，单击【Patch】按钮出现如图 2-9 所示的窗口，单击【OK】按钮，再单击【Exit】按钮，问题得以解决。为了避免以后再出现面板过大问题，建议保留此补丁，以免重复下载。

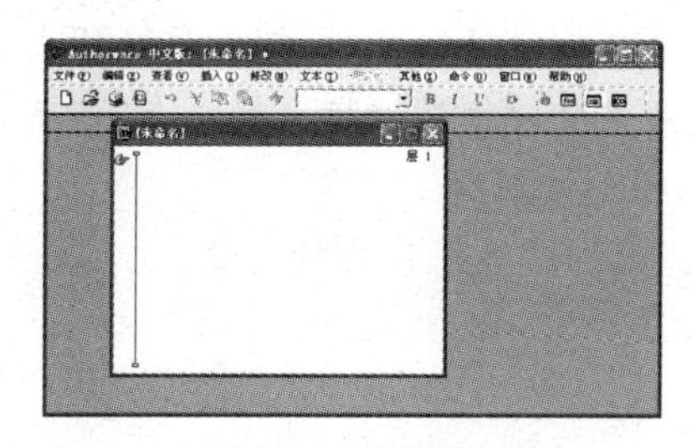

图 2-7　面板过大

图 2-8　Authorware 面板补丁

图 2-9　确认窗口

2.2　Authorware 作品制作流程

制作一个 Authorware 作品，需要新建或打开文件，拖曳图标，设计图标内容及属性，保存文件等流程。本节主要介绍文件的基本操作、文件的属性设置和流程线的操作。

2.2.1 文件的新建与打开

1. 新建文件

每次启动 Authorware 后，都会出现【新建】对话框，可以单击【确定】按钮，利用知识对象创建新文件，或单击【不选】或【取消】按钮，建立一个空白的新文件。

若在设计程序的过程中新建文件，可以执行菜单【文件】→【新建】→【文件】命令或单击常用工具栏上的【新建】按钮，同样会出现【新建】对话框，可以建立新文件。

2. 打开文件

若要对一个已经存在的文件进行编辑，就要打开此文件，选择【文件】→【打开】，弹出一个级联菜单，如图 2-10 所示，选择一个已有的程序文件、库文件或者最近打开过的程序文件。

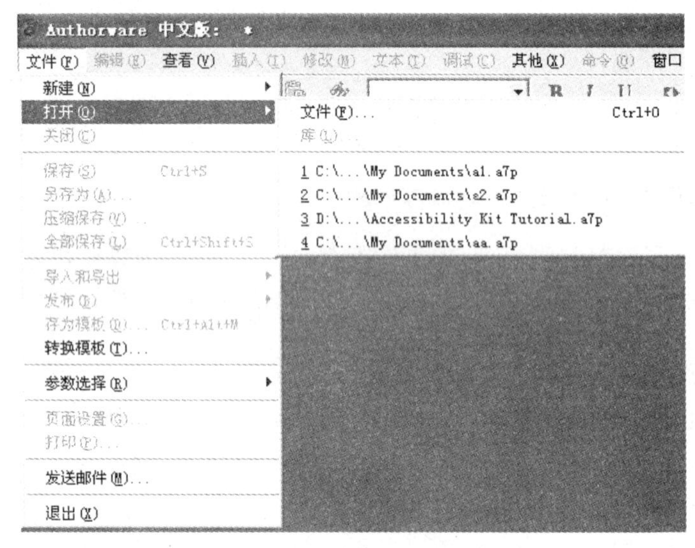

图 2-10 打开文件

注意：在 Authorware 中不能同时打开两个文件。当一个文件已经打开时，如果要打开或新建另一个文件，则当前打开的文件则会自动关闭。若想要两个文件都处于打开的状态，则需要启动两个 Authorware 程序，在两个 Authorware 程序窗口中分别打开。

建议最好不要同时打开两个 Authorware 程序，这样会造成程序运行过慢的现象。

2.2.2 文件属性设置

新建一个 Authorware 文件，在程序设计之前，对文件属性的合理设置是非常重要的。对文件属性进行设置，选择菜单【修改】→【文件】→【属性】命令，打开“属性：文件”面板，如图 2-11 所示。

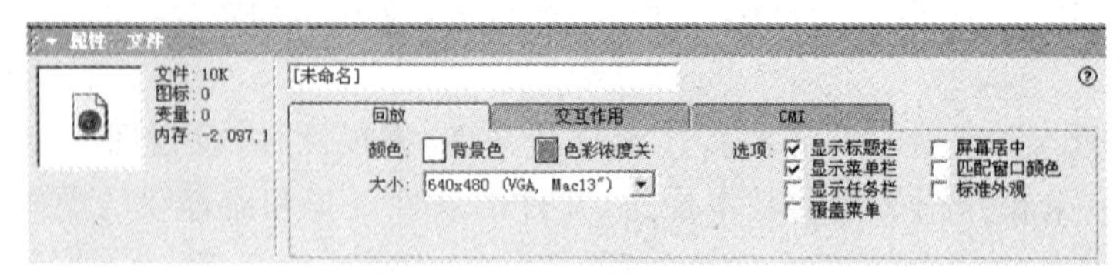

图 2-11 文件属性面板

注意：在 Authorware 中，基本上所有的选项都有其默认的设置，这些默认的设置大大减少了设计者的工作量。

在该属性面板中，有三个选项卡，这里主要介绍【回放】选项卡，对文件进行基本的设置。

1. 文件标题文本框

属性面板最上面的文本框可以设置文件的标题，当运行程序时该标题将显示在演示窗口的标题栏上。

2. 【颜色】选项

有两个颜色方框，一个是背景色颜色方框，另一个是色彩浓度颜色框。背景色颜色方框可以用来设置演示窗口的背景色，默认的背景色是白色的。若要改变背景色，单击左边的颜色方框，可以打开“颜色”对话框，如图 2-12 所示，选择所需要的颜色，单击【确定】按钮即可。色彩浓度颜色框是在计算机上有视频卡，在屏幕上播放模拟视频时需要用到，目前很少用。

3. 【大小】选项

该选项可以设置演示窗口的大小。单击右侧的箭头，在展开的下拉列表中选择演示窗口的大小，窗口大小基本分三类，分别为“根据变量”（运行程序时大小可调）、“A * B”的形式（设置具体的值）、“使用全屏”（占满整个屏幕），如图 2-13 所示，默认演示窗口的大小是 640 * 480。设计者要根据实际的需要，选择合适的大小，这项设置是非常关键的一步，直接关系到作品的演示效果。如果程序设计完成后再修改演示窗口的大小就比较麻烦了，因为窗口中的许多对象可能都需要做调整，会增加很大的工作量。

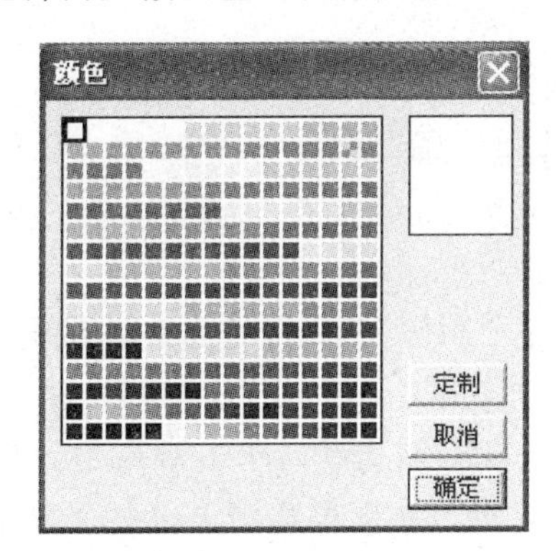

图 2-12　“颜色”对话框

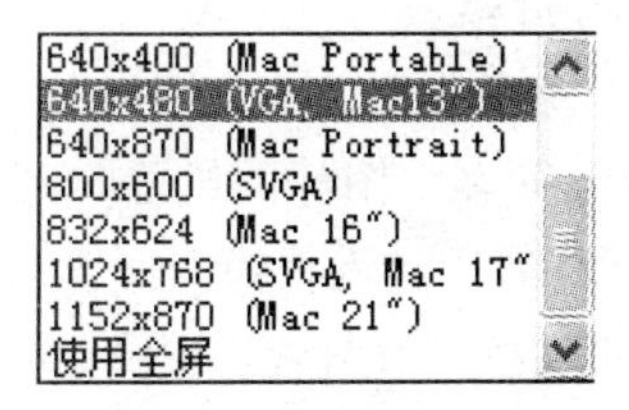

图 2-13　【大小】选项的下拉列表

4. 【选项】选项

【显示标题栏】复选框：选中该项，在演示窗口中显示标题栏。默认是选中的。

【显示菜单栏】复选框：选中该项，在演示窗口中显示菜单栏。该项默认是选中的，运行时演示窗口中有一个菜单栏，只有一个【文件】菜单，该菜单里有一个【退出】命令。

【显示任务栏】复选框：选中该项，在演示窗口中显示任务栏。若不选，当演示窗口被系统的任务栏遮盖时，不会显示程序的任务栏。

【覆盖菜单】复选框：选中该项，位于演示窗口顶部的一部分画面将不会被显示。

【屏幕居中】复选框：选中该项，演示窗口出现在屏幕的中央。

【匹配窗口颜色】复选框：选中该项，演示窗口的背景色为用户设置的 Windows 系统窗口的颜色，设定的背景颜色将不起作用。

【标准外观】复选框：选中该项，演示窗口中的3D对象(如系统按钮等)将采用所设定的颜色。

2.2.3 流程线操作

在Authorware 7.02中进行程序设计，主要是对流程线的设计。只有将图标拖曳到流程线上的合适位置，再编辑图标的内容，设计图标的属性才能开发出多媒体作品。因而进行程序设计时，在流程线上对图标的添加、删除、命名等基本操作要熟练掌握。

1. 添加图标

在图标面板选择图标后，按下鼠标左键，将其拖到流程线上的合适位置后松开鼠标左键，图标就添加到流程线上了。

2. 选择图标

在对图标操作前，要先选择图标。若选择一个图标，单击流程线上的图标即可；若选择连续的多个图标时，可用鼠标拖出一个虚线框将需要选择的图标框住，图标都高亮显示，表明图标同时被选中了；若选择不连续的多个图标时，可以按下“Shift”键的同时用鼠标逐个单击待选图标即可；若选择流程线上的所有图标，选择菜单【编辑】→【选择全部】命令。

3. 删除图标

要想删除流程线上已有的图标，选择图标后，再按“Delete”键即可删除。

4. 重命名图标

添加图标后，默认的图标名称为“未命名”。为了增强程序的可读性，可以为图标重新命名。在流程线上选中需要命名的图标，此时图标右侧的图标名也被选中，直接输入新的名称即可。

5. 移动图标

若要将流程线上的一个图标移到其他位置，先选中这个图标，然后将其拖曳到所需位置即可；当需要改变多个图标的位置时，要先选中图标，再单击常用工具栏上的【剪切】按钮或“Ctrl＋X”快捷键，然后在流程线上所需位置处单击(这时会出现粘贴指针)，单击常用工具栏上的【粘贴】按钮或按“Ctrl＋V” 快捷键粘贴这些图标即可。这种方法同样适用于将一个程序中的图标，移动到另一个程序中。

6. 复制图标

若要对流程线上的图标进行复制，要先选择图标(一个或多个图标)，单击常用工具栏上的【复制】按钮或“Ctrl＋C”快捷键，然后在流程线上所需位置处单击(这时会出现粘贴指针)，再单击常用工具栏上的【粘贴】按钮或按“Ctrl＋V”快捷键粘贴这些图标，图标就复制完成了。

2.2.4 文件保存

程序设计完成后，如果要将文件保存起来，选择菜单【文件】→【保存】命令，或者单击常用工具栏上的【保存】按钮，弹出“保存文件为”对话框，如图2-14所示。选择文件保存的位置，输入文件名，单击【保存】按钮即可。

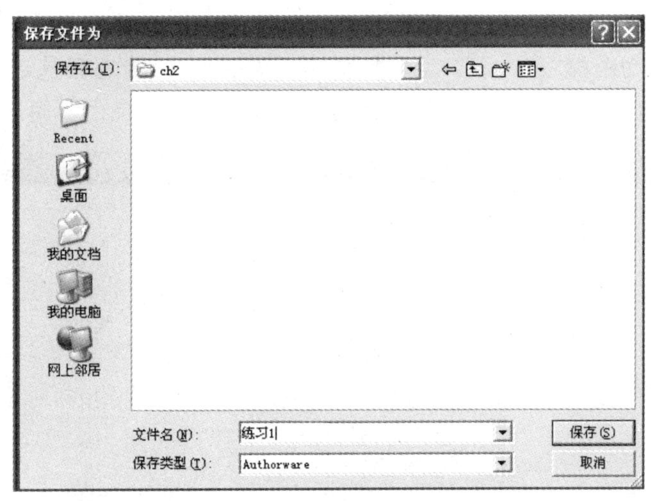

图 2-14　“保存文件为”对话框

下面通过一个实例来说明 Authorware 程序的建立、设计和保存。

例 2.1　Authorware 的程序建立。下面以一个升太阳的实例来说明 Authorware 程序的创建过程。

设计要求：要求运行程序，太阳将从东方升起，西方落下，周而复始的运动，太阳运行一周用时 24 秒。

① 新建一个文件，命名为“Authorware 的程序建立. a7p”，程序设计流程如图 2-15 所示。

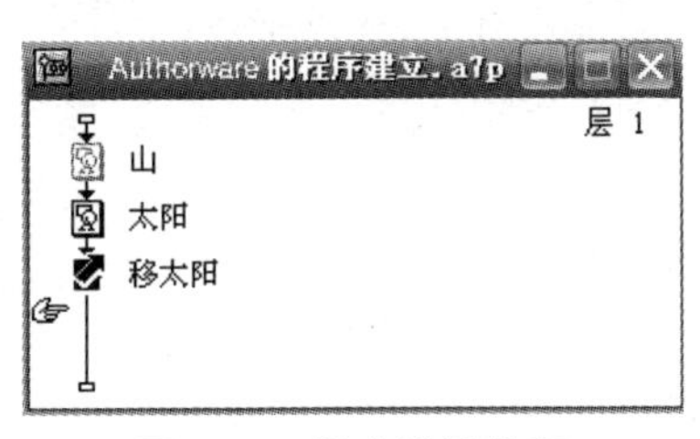

图 2-15　程序设计流程

② 拖曳一个显示图标到流程线上，命名为“山”，双击打开“山”显示图标，利用【多边形】工具绘制一个简易的山，同时填充绿色。调整山的【层】为 1。

③ 再拖曳一个显示图标到流程线上，命名为“太阳”，双击打开“太阳”显示图标，利用【椭圆】工具绘制一个简易的太阳，同时填充红色，边线设为黄色，调整边线线宽，将太阳调整到窗口的右下角，能看到太阳的边缘即可。

④ 拖曳一个移动图标到流程线上，命名为“移太阳”，双击打开移动图标“移太阳”，选择太阳为移动对象，属性设置如图 2-16 所示。

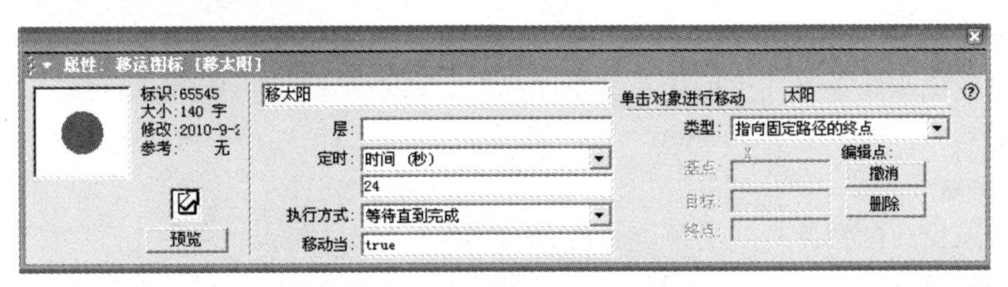

图 2-16　移动图标属性设置窗口

⑤ 绘制太阳的路径如图 2-17 所示。双击打开“山”的显示图标,按“Shift”键双击打开太阳显示图标,点击移动图标“移太阳”,用鼠标拖动太阳的边缘,沿路径拖动到第 1 个路径结点处放开,路径将显示出来,继续完成路径的绘制工作。使路径环绕山一周。

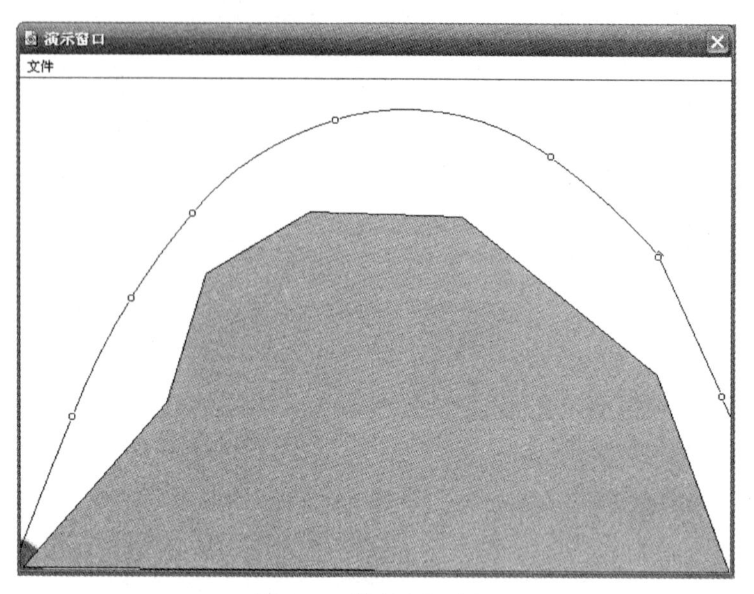

图 2-17　绘制太阳路径

⑥ 运行程序,太阳将周而复始地沿路径运动,运行程序时路径不可见,对文件进行保存。这就是一个典型的 Authorware 程序设计过程。

程序设计结束。

习题 2

一、选择题

1. 以下不是包含在【编辑】菜单的命令是(　　)。

A. 撤销　　B. 复制　　C. 发布　　D. 查找

2. 群组命令包含在(　　)菜单里。

A. 文件　　B. 编辑　　C. 修改　　D. 文本

3. 工具栏上按钮的功能是(　　)。

A. 保存　　B. 查找　　C. 导入　　D. 复制

4. 工具栏上按钮的功能是(　　)。

A. 新建　　B. 运行　　C. 导入　　D. 复制

5. 如果在流程线上不连续地选择多个图标时,可以按下(　　)键辅助完成。

A. Ctrl　　B. Shift　　C. Alt　　D. Alt+Shift

二、填空题

1. 将演示窗口的标题栏和菜单栏去掉,应打开________面板。

2. Authorware 的界面窗口包括________、________、________、________、________和演

示窗口等。

3. ________菜单主要用于调试程序文件。

4. Authorware 的图标面板上有________个设计图标、开始旗、结束旗和图标调色板。

5. 图标调色板的作用是________。

三、上机练习

1. 练习流程线上图标的添加、删除、重命名等基本操作。

设计要求：

① 在流程线上添加两个显示图标，分别命名为“背景”与“标题”；

② 在流程线上添加一个移动图标，命名为“移动标题”；

③ 将“背景”和“标题”两个显示图标复制到“移动图标”的下方；

④ 删除复制的“标题”显示图标。

2. 练习程序文件的新建、打开和保存操作。

设计要求：

① 新建一个文件，设置文件的属性。将演示窗口的背景色设为蓝色，大小为 800 * 600，不显示标题栏。运行程序时演示窗口出现在屏幕中央。

② 在流程线上添加两个显示图标。

③ 将文件保存为“练习 1. a7p”。

④ 打开文件“练习 1. a7p”，将文件另存为“文件基本操作. a7p”。

第三章　显示图标的应用

在计算机的应用中，文字、图形和图像的处理无疑是最基本且最重要的功能。Authorware中显示图标的作用就是在屏幕上显示文本、图形和图像，并力求将这三类最常见的基本元素完美地融合在一起。显示图标是Authorware中使用最多的图标之一。本章主要讲解显示图标中常见的三类元素的使用方法和技巧。

3.1　显示图标的功能

设计普通的演示型课件，最重要的设计图标就是显示图标，演示型课件的文本、图形和图像对象都要建立在该图标中。

3.1.1　文本的应用

文本编辑是一个多媒体课件制作中最基本的组成部分。在显示图标中，可以直接在演示窗口中输入文字，也可以先在其他的文字编辑软件中进行编辑，然后再导入到Authorware中。

1. 利用文本工具创建文本

利用文本工具创建文本的步骤如下：

(1) 新建一个文件，在流程线上放置一个显示图标，命名为“文本输入”，双击该显示图标打开演示窗口和绘图工具箱。在绘图工具箱中选择文本工具〔A〕，在演示窗口中需要创建文本对象处单击，得到一个水平的标尺，如图3-1所示。

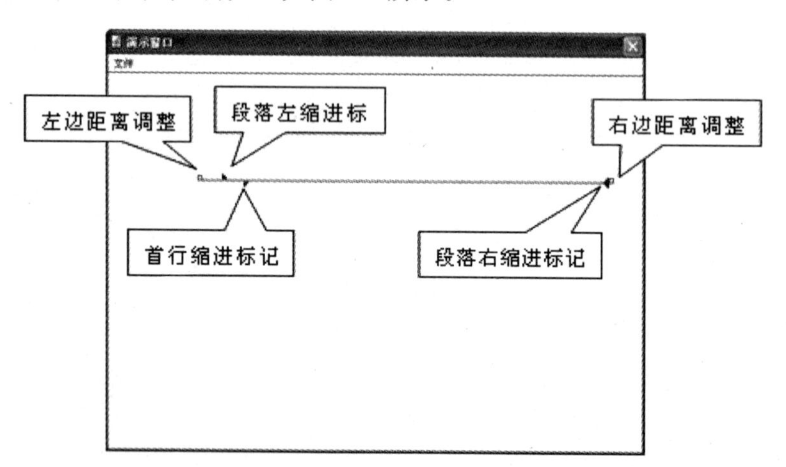

图3-1　演示窗口中的水平标尺

(2) 输入一段文字并设置段落的首行缩进和左右缩进，设置后的样式如图3-2所示。

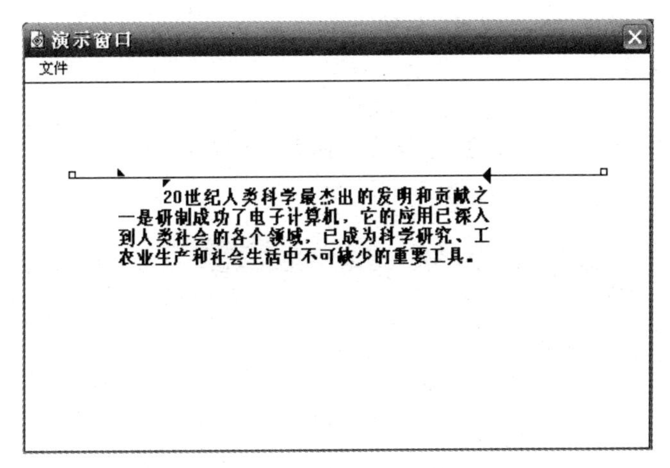

图 3-2　输入的文本对象

下面介绍标尺上各标记的作用：

① 标尺的两端有两个白色小方框的控制点，用来调整文本输入区域的大小。

② 标尺的右端有一个黑色小三角标志，即文本右缩进标志，它定义文本的右边界。当输入文本到这个标志位置时，会自动换行。

③ 文本左边距的标志分为上下两个三角形，上边的三角形是左缩进标志，代表文本的左边界。下边的三角形是首行缩进标志，当另起一行时，新的一行从该标志开始。

注意：如果在水平标尺上单击，会出现字符制表符，在输入文字时，按“Tab”键，光标会自动跳到下一个制表符。若在字符制表符上再次单击则字符制表符会变为小数点制表符，输入数字时，小数点会自动对齐。图 3-3 所示为一个学生成绩统计表。表中“人数”这一列上方的黑色倒三角即为字符制表符，表中“百分比(%)”这一列上方的黑色向下箭头即为小数点制表符。

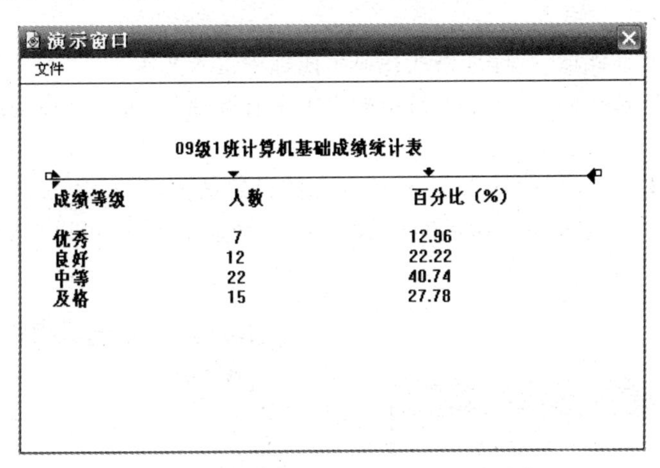

图 3-3　利用制表符设计学生成绩统计表

2. 引用外部文本

在有大量文本需要处理的情况下，可以直接导入外部文件中的文本，以简化文本的输入，Authorware 提供了对 txt 和 rtf 这两种文件格式的文本的支持。也可以在其他文字处理软件(如 Microsoft Office Word，WPS 等)中输入文本后，再将文本复制粘贴到 Authorware 中。

例 3.1 将“荷塘月色.txt”中的文本导入到显示图标中。

具体制作步骤如下：

① 新建一个文件，命名为“文本导入.a7p”。

② 选择【文件】→【导入和导出】→【导入媒体】菜单命令，打开导入文件对话框，使用该对话框找到需导入的文本文件，如图 3-4 所示。

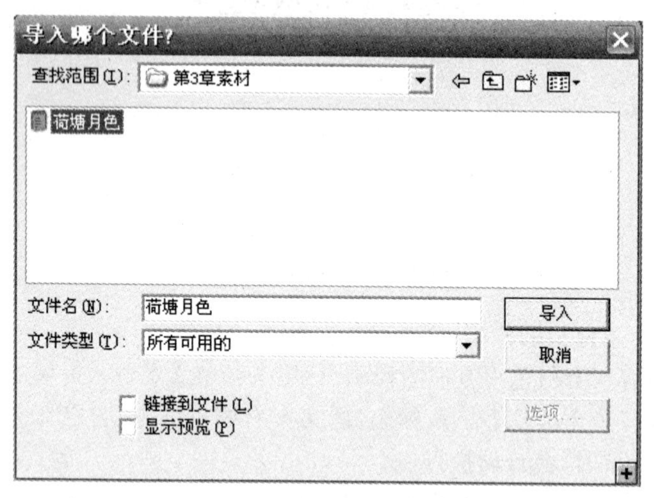

图 3-4 导入文件对话框

③ 单击【导入】按钮导入文本，此时会弹出“RTF 导入”对话框，如图 3-5 所示。导入文件对话框各项设置的含义如下：

【忽略】选项：选择此项，将忽略分页符，把文本全部输入到一个显示图标中。

【创建新的显示图标】选项：选择此项，当遇到分页符时，会在流程线上自动创建新的显示图标。

【标准】选项：选择此项，以标准格式在显示图标中输入文本。

【滚动条】选项：选择此项，演示窗口中的文本带有滚动条，可通过拖动滚动条来查看全部文本。

④ 单击【确定】按钮，将“荷塘月色.txt”文件按设定的方式导入。此时 Authorware 会自动在流程线上创建一个如图 3-6 所示的显示图标，打开显示图标，可以看到文本带有滚动条，如图 3-7 所示。

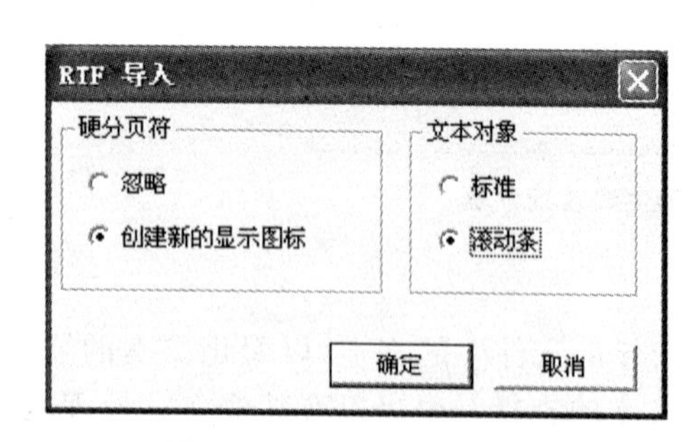

图 3-5 “RTF 导入”对话框

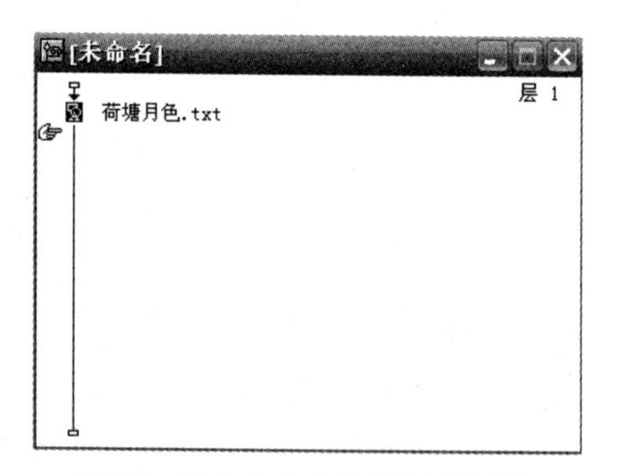

图 3-6 导入文本自动创建显示图标

程序设计结束。

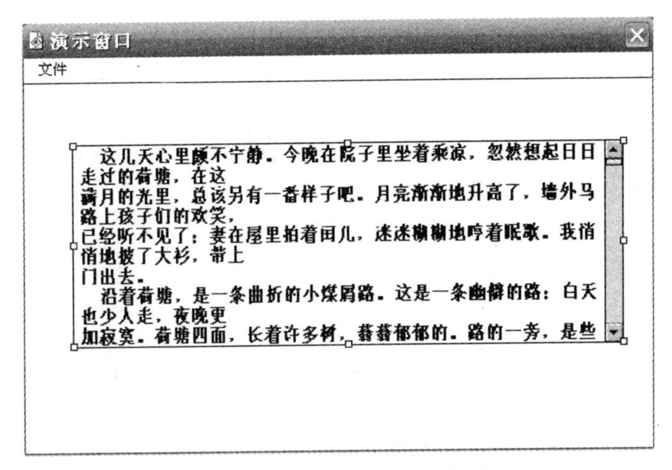

图 3-7　演示窗口中带有滚动条的文本

注意：要导入外部文本也可以直接将其拖入到 Authorware 程序中，找到目标文件(txt 或 rtf 文件)，将目标文件用鼠标拖曳到 Authorware 流程线上，此时在流程线上将会出现一个名字与所导入文件名同名的显示图标。

例 3.2　将 Word 中文本复制粘贴到显示图标中。

具体制作步骤如下：

① 新建一个文件，命名为“文本粘贴. a7p”，添加一个显示图标，并打开该图标。

② 打开 Microsoft Office Word 文字处理软件，输入文本，然后选择文本，按“Ctrl+C”组合键复制选择的对象，如图 3-8 所示。

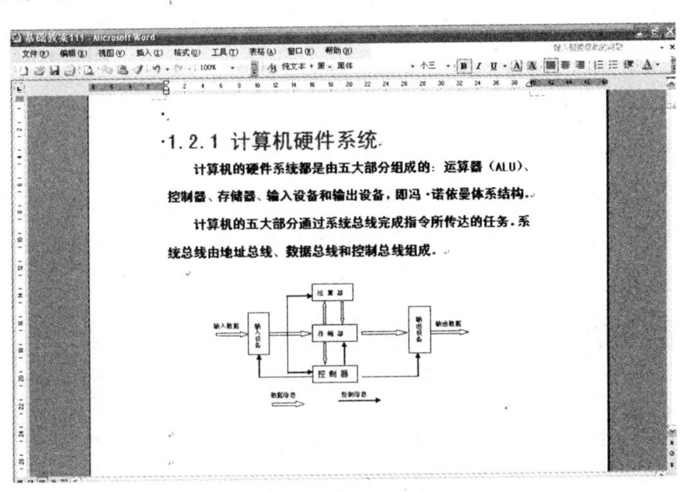

图 3-8　在 Word 中编辑内容并复制

③ 在 Authorware 流程线上新建一个显示图标，名为“复制文本”，打开显示图标，选择【编辑】→【选择性粘贴】菜单命令，打开“选择性粘贴”对话框。在对话框的【作为】列表中选择“Microsoft Office Word 文档”选项，如图 3-9 所示。

④ 单击【确定】按钮，完成粘贴工作，Word 中选择的文字和图形会被粘贴到显示图标中，

如图 3-10 所示。

程序设计结束。

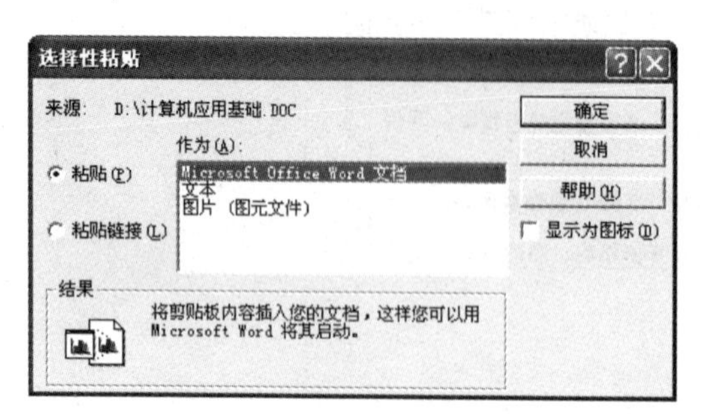

图 3-9 “选择性粘贴”对话框

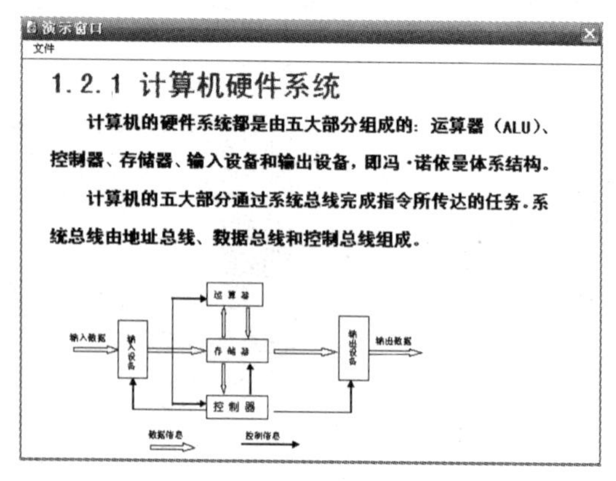

图 3-10 粘贴到显示图标中的对象

3. 利用 OLE 对象功能加载文本

OLE 对象，即 Object Linking and Embedding(对象链接与嵌入)，是 Windows 资源共享的重要方式。简单地说，就是把其他软件产生的结果作为一个对象插入到目前正在使用的软件中。当被插入的对象需要修改时，只需要直接双击此对象，即可返回到创建此对象的软件中修改。修改后，即可将其插入到目前正在使用的软件中。

使用 Authorware 7.0 制作的文字效果很有限，有时需要一些特殊的字体效果，如艺术字体。这就需要在其他软件中制作，然后用 OLE 对象功能插入到 Authorware 中。下面我们来看一下具体的实现方法。

例 3.3 在显示图标中使用艺术字。

具体制作步骤如下：

① 新建一个文件，命名为“艺术字.a7p”。

② 拖曳一个显示图标到流程线上，命名为“艺术字”。

③ 双击“艺术字”显示图标，打开演示窗口。选择【插入】→【OLE 对象】命令，打开“插入对象”对话框，选择【新建】单选按钮，在【对象类型】列表中选择“Microsoft Word 图片”选项，如图3-11 所示，单击【确定】按钮，进入 Word 编辑环境。

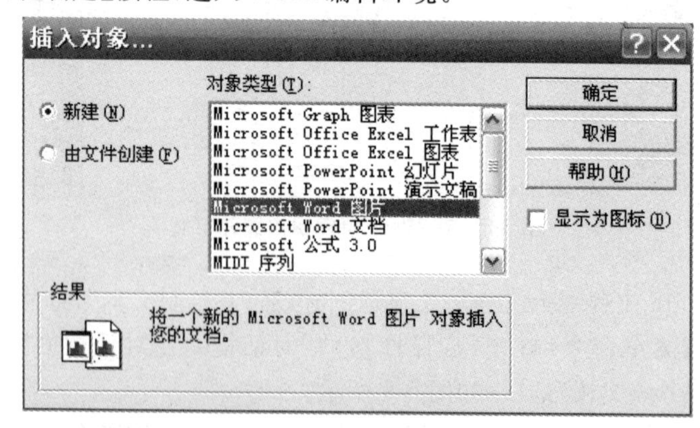

图 3-11 “插入对象”对话框

④ 在 Word 中编辑艺术字“散文精粹”，并设置艺术字的风格，如图 3-12 所示。

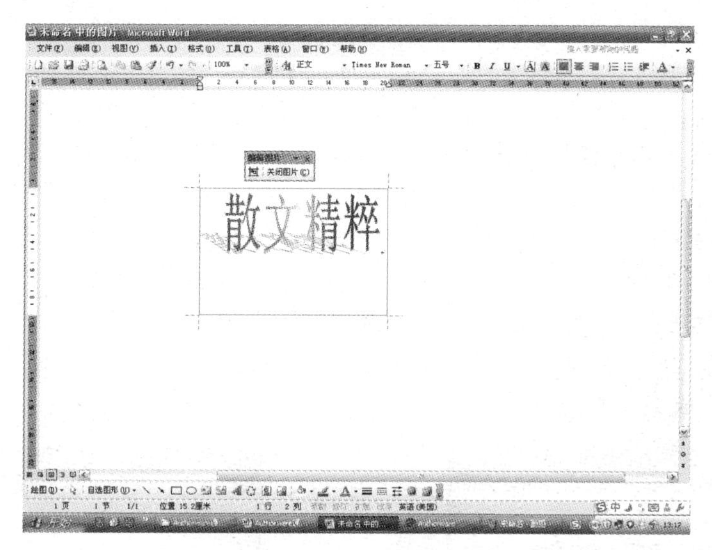

图 3-12　输入并编辑艺术字

⑤ 关闭 Word，即在演示窗口中增加了艺术字，如图 3-13 所示。

图 3-13　演示窗口中的艺术字

程序设计结束。

4. 设置文本格式

文本显示格式的设置是进行文本编辑的一个很重要的方面。在显示图标中输入文本后，可以在 Authorware 中对文本格式进行设置。Authorware 提供了丰富的文本格式设置，包括文本的字体、字号、风格、对齐方式、消除锯齿、卷帘文字等格式内容。用户也可以创建并应用自定义的文本样式来设置文本格式。

(1) 选取文本。对文本格式进行设置，首先要选中待编辑的文本，当要选中的是文本中的一部分时，这部分文本的选中要用显示图标工具中的文本工具来进行。双击显示图标打开演示窗口后，在【工具】箱中选择文本工具，单击文本的起始位置，使文本进入编辑状态，将鼠标移到要选中的文本部分的起始位置,按住鼠标的左键,在要选中的文本上拖动鼠标,选中的文本以高亮显示。在选择文本时,也可以按住"Shift"键,然后移动键盘上的方向键,选取所需的文本块。

(2) 设置字体。在工具箱中,选择文本工具,在创建的文本对象中选择需要改变字体的文字,选择【文本】→【字体】→【其他】菜单命令,打开如图3-14所示的"字体"对话框。在【字体】下拉列表中为文字选择一种字体。单击【确定】按钮关闭对话框,完成字体的设置。

(3) 设置字号。在进行文字编辑时,开始使用的文字字号是系统默认选项,可以将输入的文本设置为用户需要的字号。选择需要改变字号的文字,选择【文本】→【大小】→【其他】菜单命令,打开"字体大小"对话框,在【字体大小】文本输入框中输入字体大小值(以磅为单位),在预览框中可输入自己的文字以便预览改变字号大小后的效果,如图3-15所示。单击【确定】按钮关闭对话框,完成文字大小的设置。

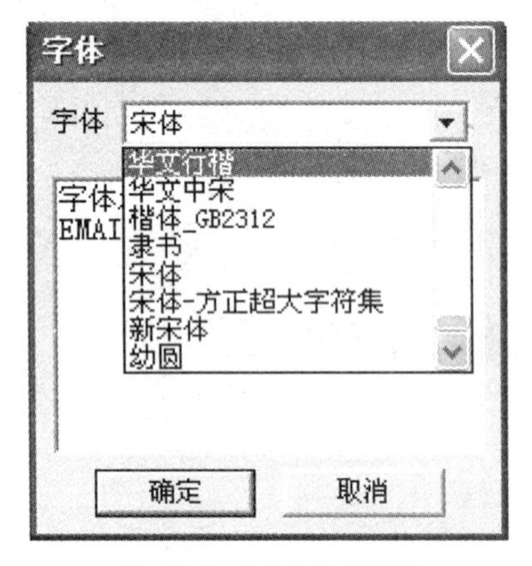

图3-14 "字体"对话框

图3-15 "字体大小"对话框

(4) 设置文本风格。在进行文本处理时,通常要进行文本风格的设置,选择【文本】→【风格】菜单命令,在打开的子菜单中可以选择文字的风格效果。包括【常规】、【加粗】、【倾斜】、【下划线】、【上标】和【下标】。图3-16所示为选择了【加粗】和【下划线】菜单命令后的文字效果。

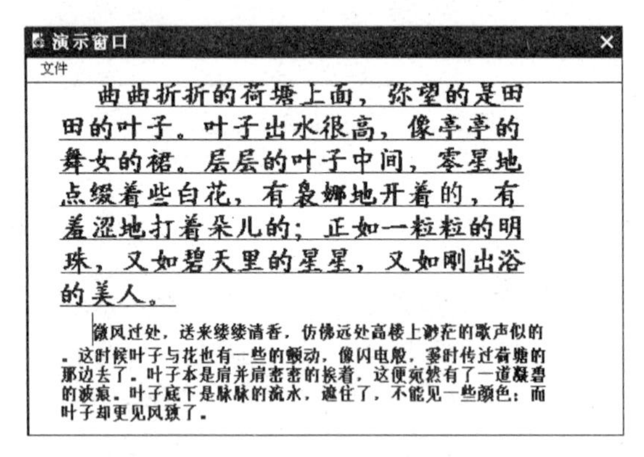

图3-16 进行风格设置后的文本

(5) 设置文本对齐方式。输入的文本经过字体、字号和风格的设置,可能变得不那么整齐,这就需要设置文本的对齐方式。在选中了要设置对齐方式的文本后,选择【文本】→【对齐】

菜单项，这时会弹出子菜单，如图 3-17 所示。

Authorware 中有四种对齐方式，允许按照【左齐】、【居中】和【右齐】的方式编辑文本。【正常】选项表示所选中的文本不做调整，维持目前的状态。

(6) 设置文本的颜色。作为一个多媒体制作软件，文本的颜色是十分重要的，会为制作的软件增色不少。在显示图标中输入的文本颜色默认为黑色，在选中了要着色的文本以后，单击绘图工具面板中的 ，打开【调色板】窗口。在【调色板】中选择所需的颜色单击即可更改文字的颜色，如图3-18 所示。

✔ 左齐(L)　Ctrl+[
居中(C)　Ctrl+\
右齐(R)　Ctrl+]
正常(J)　Ctrl+Shift+\

图 3-17　【对齐】子菜单

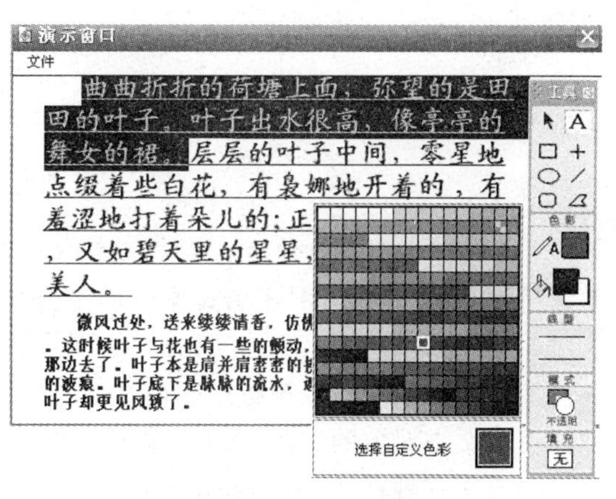

图 3-18　设置文本颜色

(7) 设置卷帘文本。当输入的文本过长，比如超过演示画面，就可使用滚动文本，使用户可以通过拖动滚动条的滑块来阅读文字。进行文本滚动效果的设置，将会使文本在外观上显得有组织，同时也节省了显示空间。

选择【工具】箱中的选取工具即指针，再单击文本，文本周围出现调节方块时即被选定，然后选择【文本】→【卷帘文本】菜单命令，该文本就会转化为滚动文本，如图 3-19 所示。

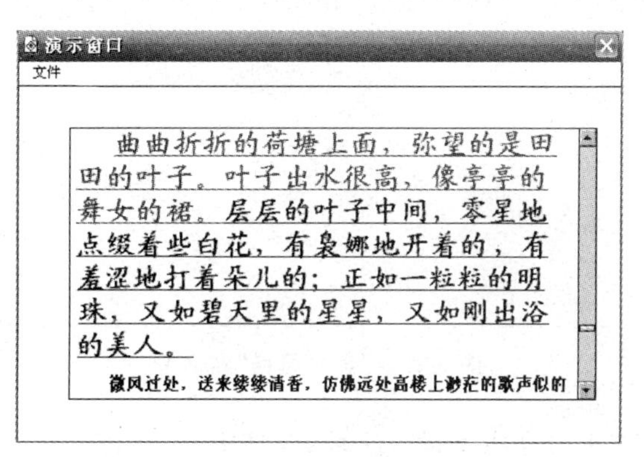

图 3-19　设置卷帘文本

(8) 消除文本锯齿。文本的字号越大，锯齿(即文本边上的毛刺)越明显，为了有更好地显示效果，可以消除文本锯齿。选中文本对象，选择【文本】→【消除锯齿】命令，该文本的锯齿就会被消除，如图 3-20 所示。

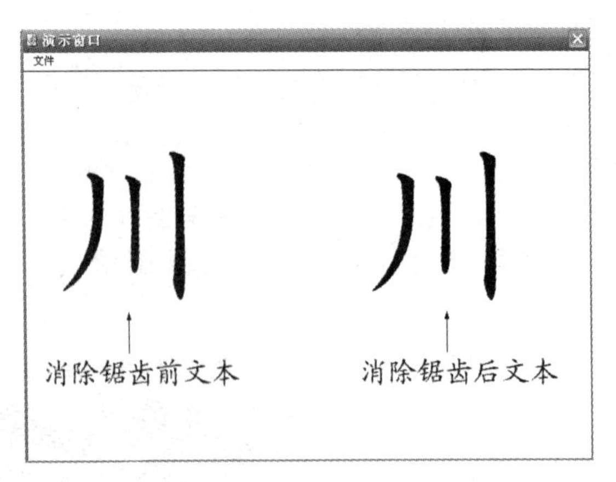

图 3-20　文本消除锯齿前后比较

(9) 保护文本原始分行。选中文本后，选择【文本】→【保护原始分行】菜单命令，可以使文本保持原有的状态，并且不管文本中的字体如何变化，都不会重新定义长度。

(10) 样式的应用。用上面的方法来设置文本的格式显得有些麻烦，Authorware 允许用户使用样式对正文对象进行迅速格式化。样式指的是包含一组字符格式化信息的总称。通过样式可将文本对象的字体、颜色、风格等设置好后，直接将这个样式用于其后创建的文本对象。

要定义一种样式，可选择菜单【文本】→【定义样式】，就会弹出"定义风格"对话框，如图3-21所示。单击【添加】按钮，然后在标题文本框中输入自定义样式的标题，如输入"newstyle"。如果在标题列表框中选择某一样式标题，然后单击【删除】按钮可将其删除。

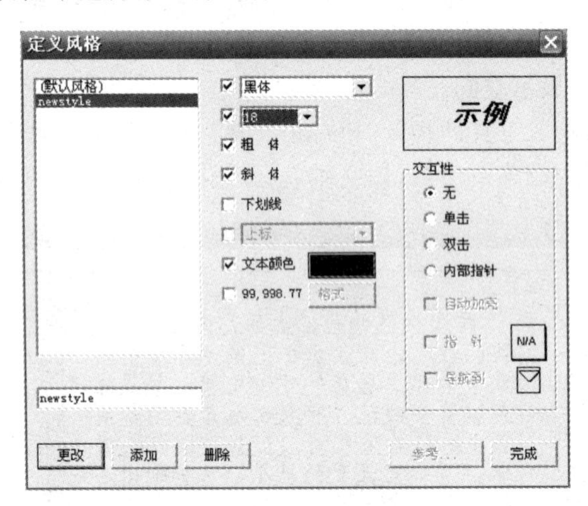

图 3-21　"定义风格"对话框

对话框中间一列复选框分别用来设置字体、字体大小、粗体、斜体、下划线、上标或下标、文本显示颜色和数字格式。在对话框的右侧【交互】栏设有很多选项，是用来设置文本的交互属性。交互将会在以后的章节中做介绍。

设置完"newstyle"所有的选项后，单击【完成】按钮，Authorware 将生成名为"newstyle"的文本样式。

上面定义过的样式"newstyle"可以应用于文本对象了。首先选中要定义格式的文本，然后选择【文本】→【应用样式】菜单项，在【应用样式】对话框中勾选“newstyle”样式，就会将设定的格式应用于所选文字，如图 3-22 所示。

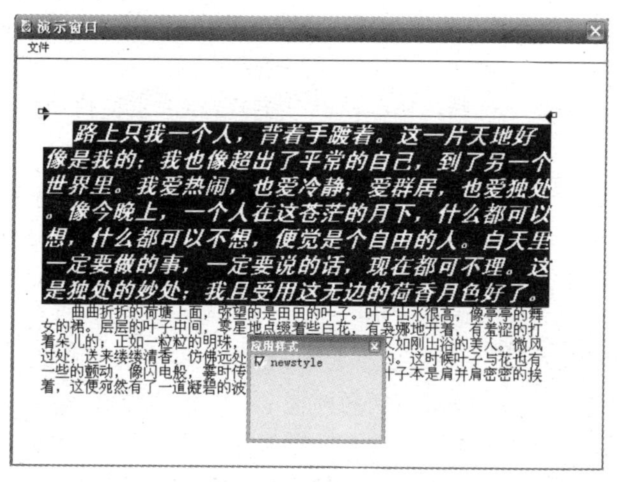

图 3-22　“应用样式”对话框

3.1.2　图形的应用

Authorware 中的绘图功能简单易用。利用绘图工具可以绘制矩形、直线、椭圆、斜线、圆角矩形和多边形等简单的图形。Authorware 的绘图工具箱由五个部分构成，分别为：绘图工具按钮、色彩设置、线型设置、图形模式设置和图形填充设置，如图 3-23 所示。

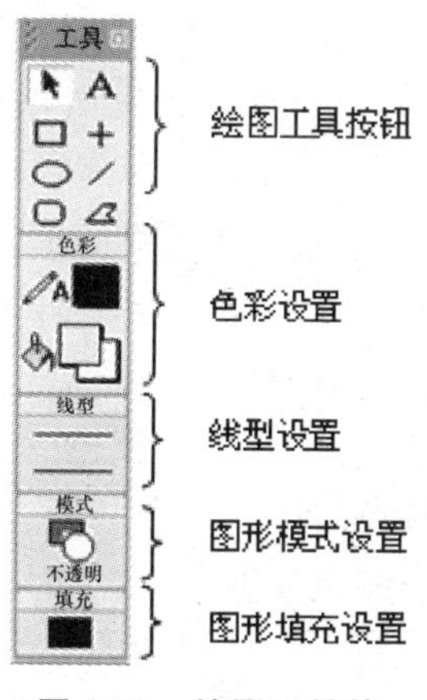

图 3-23　绘图工具箱

1. 利用绘图工具来绘制图形

下面介绍如何利用绘图工具箱中的工具按钮来绘制图形。

【指针】工具：用于选择、移动对象或调整一个对象的大小。选择演示窗口中的对象，被选中的对象的四周会出现八个矩形小方框，拖动这些小方框可以改变图形或图像的大小。（如果选中的是文字对象，它的周围只会出现 6 个矩形小方框；直线只有两个小方框）

【文本】工具 A：用于输入或编辑文本对象。

【矩形】工具：用于绘制长方形或正方形。选择该工具，在演示窗口中按下鼠标拖动可以画出一个矩形。在按住“Shift”键的同时按下鼠标拖动可以画出一个正方形。

【直线】工具：选择该工具，在演示窗口中拖动鼠标，可以绘制出水平、垂直或与水平成45°角的直线。

【椭圆】工具：用于绘制椭圆或圆。选择该工具，在演示窗口中按下鼠标拖动可以画出一个椭圆。在按住“Shift”键的同时按下鼠标拖动可以画出一个圆形。

【斜线】工具：用于绘制任意角度的直线。选择该工具，在演示窗口中拖动鼠标，可以绘制出任意方向的直线。在按住“Shift”键的同时拖动鼠标，可以实现直线工具的功能。

【圆角矩形】工具：用于绘制带圆角的矩形。选择该工具，在演示窗口中按下鼠标拖动可以画出一个圆角矩形。在按住“Shift”键的同时按下鼠标拖动可以画出一个正圆角矩形。在画出的圆角矩形的左上方，有一个矩形小方框，在这个小方框上拖动鼠标，可以改变圆角矩形的圆角大小，向外拖动最多能变成矩形，向内拖动最多能变成圆形。

【多边形】工具：用于绘制一个任意多边形。选择该工具，在演示窗口中连续单击鼠标，可以绘制任意形状的多边形，在终点处双击可以停止多边形的绘制。这个多边形可以是起点和终点相连的，也可以是不相连的，但最终给多边形填充颜色时可以将多边形内部完全填满。如果想要修改多边形，使用选择工具选中多边形后，只能改变其整个图形的大小。而保持多边形的选中状态，再选择多边形工具，则可以调节各个小方框的位置达到修改多边形形状的目的。不管使用什么工具绘制出来的图形，都可以在刚刚绘制出来的时候，直接拖动它周围或两端的矩形小方框，调整其大小或长度。如果图形已经取消选择，可以使用【选择→移动】工具，将其选中，再进行调节。

2. 图形着色

绘制了图形之后，还可以对图形进行着色。这里面包括图形的边线颜色和图形内部的颜色。图 3-23 所示的绘图工具箱中的颜色区里面共有两个选项，分别是文本颜色工具和颜色填充工具。

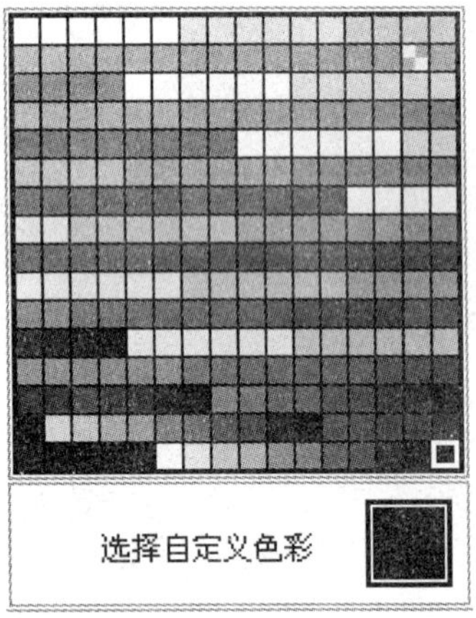

文本颜色工具按钮用来设定文本或绘制对象的线条颜色。选中对象后，再单击这个按钮就会打开如图 3-24 所示的调色板，选取某一颜色后，所选对象的线条颜色就会变成设定的颜色。

选择自定义色彩

图 3-24　调色板

颜色填充工具按钮用于设置背景色和前景色。在该按钮区有两个重叠放置的方形色块，上面的色块代表前景色，下面的色块代表背景色。

对于封闭图形，设置了前景色和背景色后，如果图形的填充模式为“不填充”或“纯色填充”，Authorware 将用前景色填充图形；如果图形的填充模式为“纯白色填充”，Authorware 将用背景色填充图形。

3. 图形模式的设置

当一个对象叠加在另一个对象上时，通常用模式设置来调整它们之间是否透明，不论这个对象是在 Authorware 中建立的，还是由其他软件创建再导入到 Authorware 中的，都可以应用模式，模式是非常重要的一项设置，我们将在图像的应用中针对模式设置做深入介绍。

4. 图形填充样式的设置

绘制了封闭图形（圆、矩形、椭圆等）之后，可以对图形内部用斜线或网格线等进行填充。选中该图形，用鼠标单击绘图工具箱中的【填充】按钮，打开如图 3-25 所示的填充样式选择框。

在对一个对象使用了某种填充样式后，如果在同一个显示图标中绘制其他对象，新绘制的对象会自动使用前面图形的填充样式进行填充。但如果选中填充样式面板中的"纯色填充"，就会消除先前默认的填充样式，采用当前选中的颜色进行填充。如果在填充样式面板中选了"无填充"，则会取消填充即将填充的颜色取消。

5. 线型设置

线型面板的上部用来设定线宽，在演示窗口中选定了对象后，单击线型设置框，会看到如图 3-26 所示的线型设置面板，单击所要选择的线宽选项，图形的线宽就会随之变化，虚线常用来产生不可见的直线，在线型面板的下部用来确定线段箭头的位置，设置直线箭头的选择方法与设置直线的线宽相同。如果选择了不带箭头的细线，则将不会给直线加上箭头或将一条已加上箭头的直线取消其箭头。

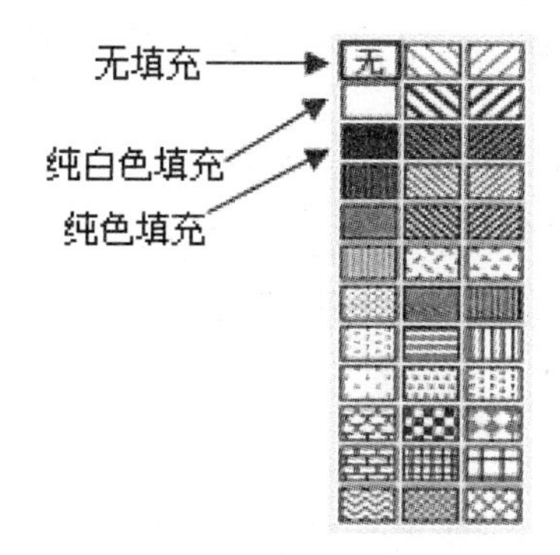

图 3-25　填充样式选择框

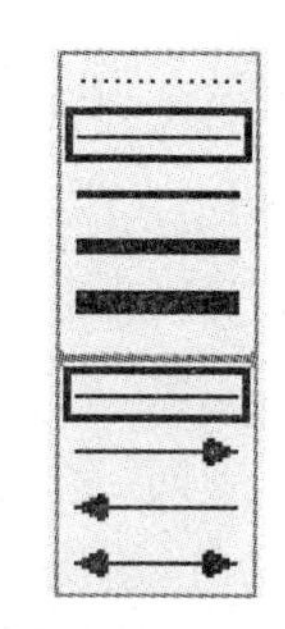

图 3-26　线型设置框

3.1.3　图像的应用

利用 Authorware 自身提供的绘图工具箱只能绘制一些简单的图形，如果想要在课件中使用精美复杂的图形图像，还需引入外部图像。这就使得在设计课件时可以借助丰富的外部素材，设计出更加理想的课件作品。

1. 导入图像

在 Authorware 中，外部图像可以导入到显示图标或交互图标中。导入图像的方法与导入文本类似。

(1) 导入一个或多个图像到显示图标中。

导入一个图像到显示图标的方法如下：

① 新建一个 Authorware 文件，拖曳一个显示图标到流程线上，命名为"一个图像"。

② 在流程线上双击该显示图标打开演示窗口，单击工具栏中的【导入】按钮或选择【文件】→【导入和导出】→【导入媒体】菜单命令，打开导入文件对话框。使用该对话框找到需要的文件，并选择该文件，如图 3-27 所示。选择需导入的文件，单击【导入】按钮即可将选定的文件导入到演示窗口中。

如果选中【链接到文件】复选框,则选择的文件不会导入到演示窗口中,只是作为链接文件的形式存在。如果选中【显示预览】复选框,则对话框右侧会出现一个预览窗格,显示所选图像的缩略图。

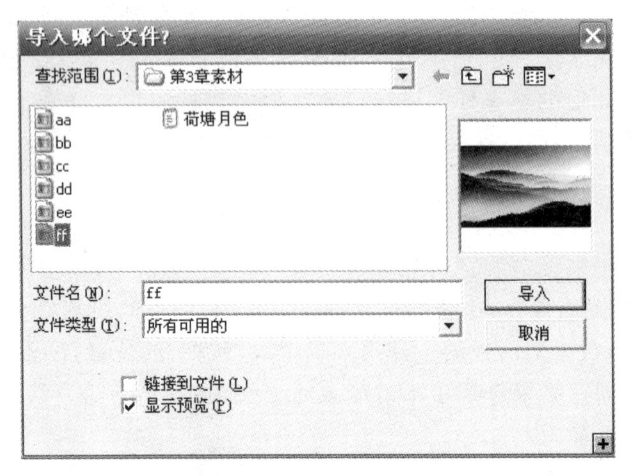

图 3-27 导入文件对话框

要想导入一个图像到显示图标中,也可以将“手型”指针指向 Authorware 流程线上的某个位置,单击工具栏中的【导入】按钮,就会弹出图 3-27 所示的对话框,选择要导入的图像文件后,单击【导入】按钮,此时在流程线上就会出现一个包含导入图像的显示图标,该图标的名字与图像文件名同名。

导入多个图像到同一个显示图标的方法如下:

① 新建一个文件,拖曳一个显示图标到流程线上,命名为“多个图像”。

② 打开显示图标的演示窗口,单击工具栏中的导入按钮,打开导入文件对话框。单击对话框右下方的按钮,将对话框展开,如图 3-28 所示。可以将待导入的图像文件逐一添加到【导入文件列表】,然后单击【导入】按钮,就可以将多个图像一次导入到显示图标中。若单击【添加全部】按钮,可将当前文件夹中的所有 Authorware 支持的图像文件全部添加到【导入文件列表】中。在【导入文件列表】中,选择某个图像文件名后,单击【删除】按钮,可将选择的文件从列表中删除。

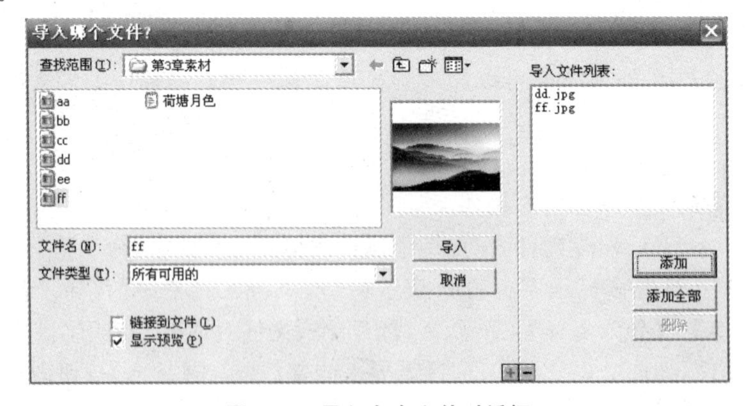

图 3-28 导入多个文件对话框

③ 单击【导入】按钮，可将列表框中的文件一次导入到当前的显示图标中。

一次导入多个图像到不同的显示图标方法如下：

将多个图像导入到同一个显示图标中，在对图像进行处理时会有些麻烦，有时为了需要可将多个图像导入到各自独立的显示图标中。

① 将"手型"指针指向流程线上想要加入图片的位置。

② 单击工具栏上的【导入】工具按钮，打开导入文件对话框。可以单击【加号】按钮，打开扩展面板，使用前面讲解的方法选择多个图像文件，单击【导入】按钮，将选中的图像文件全部导入到流程线上，导入几个图像文件，则在流程线上生成几个显示图标，如图 3-29 所示。

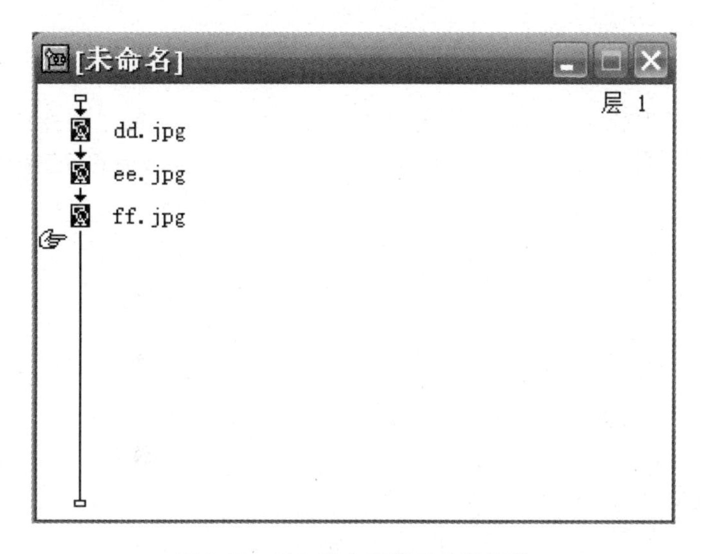

图 3-29　导入多个图像后的流程线

使用导入快捷工具直接导入多张图片到流程线上的方法非常实用，它避免了在同一个显示图标中多个图片难以选择和调整的弊端，使工作效率大大提高。

(2) 图像的复制与粘贴。

在进行图像的导入时还有一个方法，就是直接利用复制和粘贴的方法。首先，在进行图片编辑的软件中选中要导入的图片并复制，然后在打开的 Authorware 演示窗口中粘贴就可以了。在 Authorware 中进行图片的导入还有其他的方法，如使用 Windows 的 OLE 功能等。

2. 图像的属性设置

导入外部图像后，在演示窗口中导入的图像四周会出现句柄，可以利用绘图工具箱中的指针工具来对图像进行缩放和拖动，将图像调整到一个适当的尺寸和位置。使用图像属性对话框来对图像进行属性设置。

在演示窗口中双击导入的图片，在屏幕上会弹出图像属性对话框，如图 3-30 所示。在【属性：图像】对话框的左侧有一个预览窗口，可以看到引入图像的格式对应的图标，下面是一个【导入】按钮，单击该按钮，可以再次打开导入文件对话框，重新选择导入的图像。

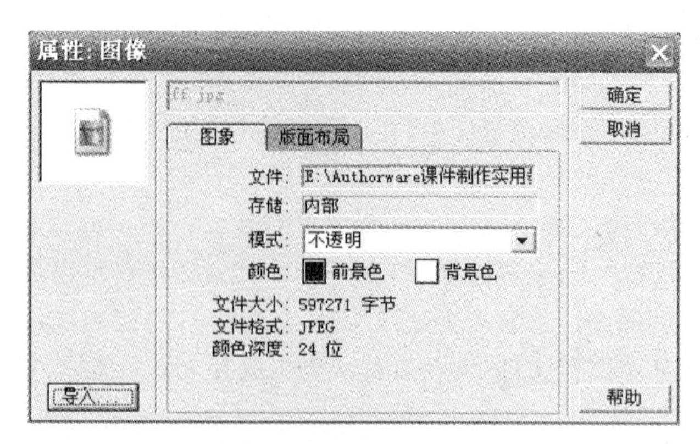

图 3-30　图像属性对话框

在图像属性对话框的中间部分的最上方是一个文本框,显示的是图片所在的显示图标的名称。在对话框的下面有两个选项卡,分别是【图像】选项卡和【版面布局】选项卡。

(1)【图像】选项卡。在【图像】选项卡里设置的是有关导入图像的相关选项。在对话框里,有些选项是可以修改的,而有些则显示为灰色表示不能在此进行修改。下面就相关选项做介绍:

【文件】:它后面的文本框中显示的是导入图像文件的路径及文件名。

【存储】:表示文件存储的方式。在导入图片时所出现的对话框中有【链接到文件】复选框,选中这个选项表示图像文件作为外部文件调用,否则作为内部文件。

【模式】:图像文件的模式设置。

【颜色】:设置单色图像的前景色和背景色。

【文件大小】:表示图像占用存储空间的大小。

【文件格式】:表示文件的存储格式。

【颜色深度】:表示位图的颜色位数。

(2)【版面布局】选项卡。该选项卡主要是包括一些图像的位置和尺寸等信息,可以通过对该选项卡中内容的调整,精确调控图像的位置和大小,如图 3-31 所示。

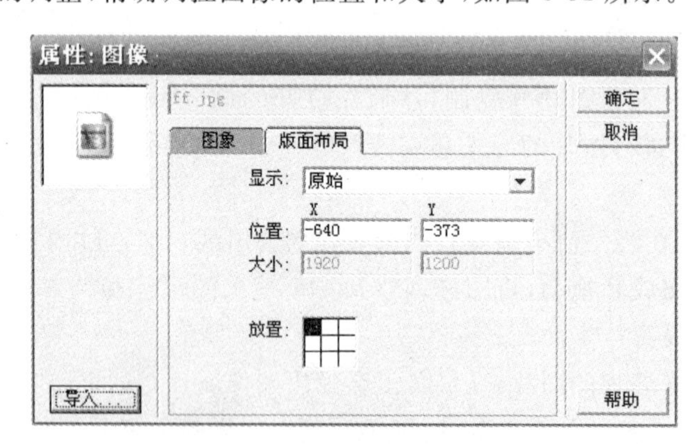

图 3-31　【版面布局】选项卡

需要说明的是可以在演示窗口中直接单击鼠标选中图片,拖动图片四周的拉伸句柄来调节图片的尺寸,但此方法只能对图像进行粗略调整。

版面布局选项卡里主要包含这样一些内容。【显示】后面的下拉列表框中包含"原始"、"比例"和"裁切"三个选项。

"原始"：在默认情况下选择的是"原始"选项，可以在这里设置它的位置，但不能调整图片的大小，如图 3-31 所示。

"比例"：这个选项是较为常用的一个选项，它可以调整图片的位置、大小或按比例缩放，如图 3-32 所示。

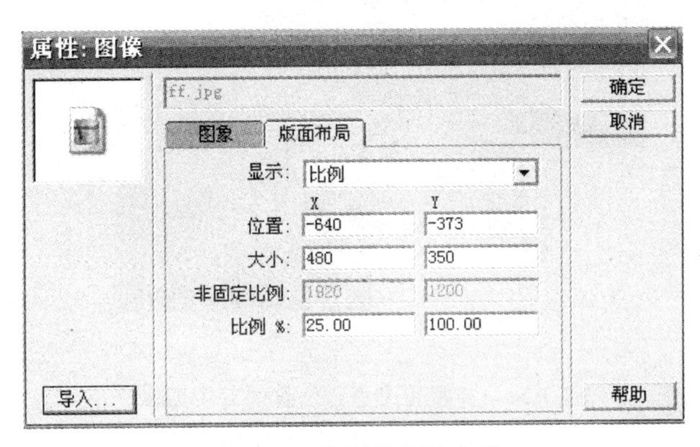

图 3-32　比例选项的内容

"裁切"：将图像进行剪切，在【放置】后面有个带网格的方框，共有 9 个网格，单击某个网格表示选中图像中的这部分进行剪切。"裁切"所包含的设置项如图 3-33 所示。【位置】表示剪切后的图片左上角点的位置，【大小】表示裁剪后图像的大小，【非固定比例】表示图片的原始大小。设置好"裁切"各选项的内容以后，单击【确定】按钮回到演示窗口，再调整图片四周的八个矩形小方框仍然可以达到调整裁剪图像位置的目的。

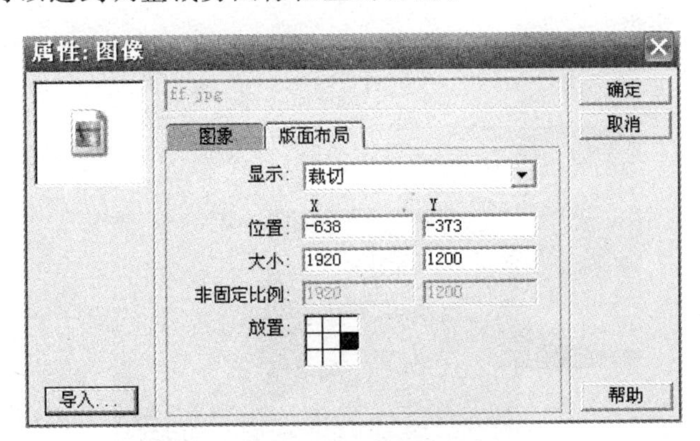

图 3-33　裁切选项的内容

3.1.4　图像的编辑

当演示窗口中的显示对象多于一个时，为了提升演示效果，我们可以设置多个对象的对齐方式、叠放次序和模式等。

1. 叠放次序的调整

在一个显示图标中导入了三个图像，并设置成相同的尺寸，适当调整了位置，如图 3-34

所示。

图 3-34 调整完尺寸和位置的三个图像

注意：可以通过拉伸句柄先调整其中一个图像的尺寸，查看“属性：图像”对话框记录下该图像的位置和大小，再依据这些信息调整另外两个图像。

如果想把图 3-34 中处于中间位置的一张图像显示在最前面，可以在中间的图像上单击，将其选中，然后选择【修改】→【置于上层】菜单命令，就可以把图像移动到演示窗口最上层的位置了，如图 3-35 所示。如果想做其他的调整，比如想把这张图像调整到最下层，同样要先选中该图像，不过执行的是【修改】→【置于下层】命令，图像就会被移动到演示窗口的最下层了。

图 3-35 调整完叠放次序的三个图像

2. 对齐方式的调整

如果显示图标中有多个显示对象，为了得到好的演示效果，对象的排列就显得尤其重要了。对齐方式的调整可以使用手动调整和工具调整两种方法，分别介绍如下：

(1) 使用排列对象面板工具调整(工具调整)。排列面板是用来调整一个图标里的多个对象的位置的。它不仅可以调整显示图标里的对象,还可以调整交互图标里的按钮,热区等的位置。选择【修改】→【排列】菜单命令,此时会自动弹出排列对象面板,如图 3-36 所示。

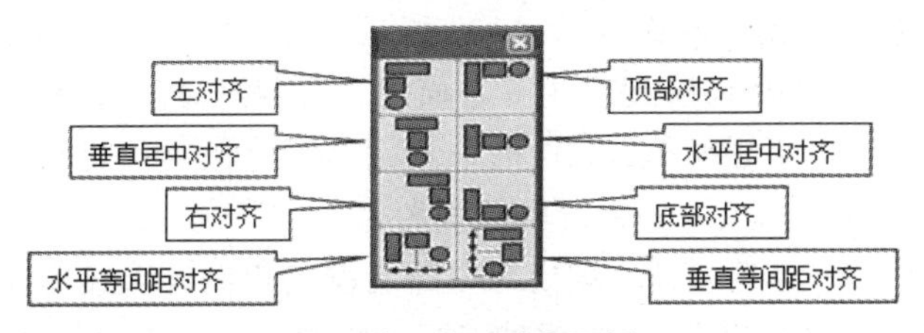

图 3-36　排列对象面板

下面我们介绍各种排列的功能:

左对齐:在垂直方向,各选中对象以各自左边缘为准对齐。

垂直居中对齐:在垂直方向,各选中对象以各自的竖直中心线为准对齐。

右对齐:在垂直方向,各选中对象以各自右边缘为准对齐。

垂直等间距对齐:各选中对象在垂直方向上等间距排列。

顶部对齐:在水平方向上,各选中对象以各自上边缘为准对齐。

水平居中对齐:在水平方向上,各选中对象以各自水平中心线为准对齐。

底部对齐:在水平方向上,各选中对象以各自下边缘为准对齐。

水平等间距对齐:各选中对象在水平方向上等间距排列。

(2) 使用网格调整(手动调整)。选择【查看】→【显示网格】菜单命令,可以在演示窗口显示网格线,如图 3-37 所示。选择【查看】→【对齐网格】菜单命令,可以在拖动图像到新位置后使其被网格捕捉,也就是就近停靠在网格线上,但这种借助辅助网格来排列,会存在一定的偏差。

图 3-37　使用网格线对齐

需要说明的是,网格线是用来对照调整图像、图形和文字的位置的,在程序运行和打包后网格线不会出现在演示窗口中。

3. 模式的调整

双击一个带有叠加关系对象的显示图标，打开演示窗口选择要进行显示模式设置的文本或图形对象。然后，双击绘图工具箱中的指针工具按钮或选择"模式"，可以打开显示模式面板，如图3-38所示。

Authorware提供了6种模式，下面我们逐一来介绍：

(1) 不透明模式：此时前景完全覆盖在背景图案上，并以原来的颜色显示。此显示模式为系统默认设置。

(2) 遮隐模式：该模式与透明模式相似。当选择这种模式时，图形边缘的空白区域被移去，只保留了显示对象的内部部分。

(3) 透明模式：在此显示模式下，图形对象中的所有白色部分将变成透明的，包括被对象完全包围的部分，背景色可以透过白色显示出来。

(4) 反转模式：该模式会使所有的像素可见，同时它把前景图形和背景图形相交的部分做了反转，以相反颜色进行显示，具体变成什么颜色，视具体情况而定。

不透明
遮 隐
透 明
反 转
擦 除
阿尔法

图3-38 模式面板

(5) 擦除模式：当覆盖在上面的对象使用擦除模式时，这个覆盖对象将设定用文件属性对话框中设置的文件背景色来确定。如果前景色是一个有图形的位图，当它被设为擦除模式，会产生不可预见的结果。

(6) 阿尔法模式：该模式充分利用阿尔法通道，所谓阿尔法通道就是所有或一部分图形的透明设置，可以从透明到清楚连续变化。阿尔法通道可以使图像看起来与后面的图形进行了一定的混合。

例3.4 绘制虚边线椭圆。

具体制作步骤如下：

① 新建一个文件，命名为"虚线椭圆.a7p"。拖曳一个显示图标到流程线上，命名为"椭圆"，双击打开"椭圆"显示图标，用椭圆工具绘制椭圆，再用矩形工具画一长约等于椭圆长轴、宽稍大于椭圆短轴的矩形，将矩形覆盖在椭圆上面，如图3-39所示。

② 选择矩形，双击【线型】工具，打开线形工具箱，单击最上方的线形，用以去除矩形边框。

③ 双击【填充】工具，打开填充模式工具箱，选择第二行中的第二种或第三种填充样式。

④ 双击绘图工具箱中的选择工具，打开叠加模式设置工具面板，选择透明方式。

⑤ 打开【色彩】设置工具，设置此矩形的填充色与演示窗口的背景色相同。

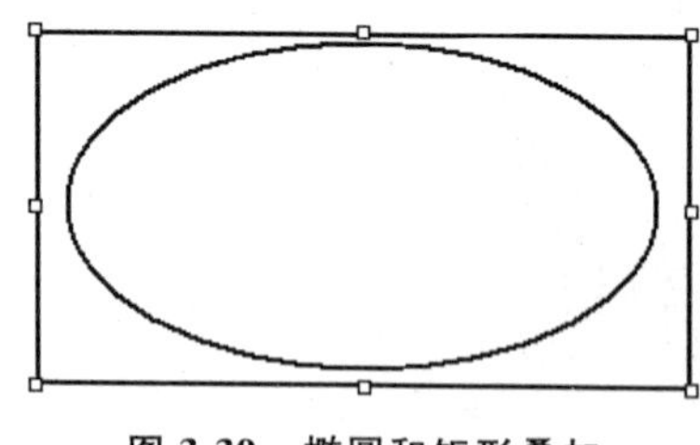

图3-39 椭圆和矩形叠加

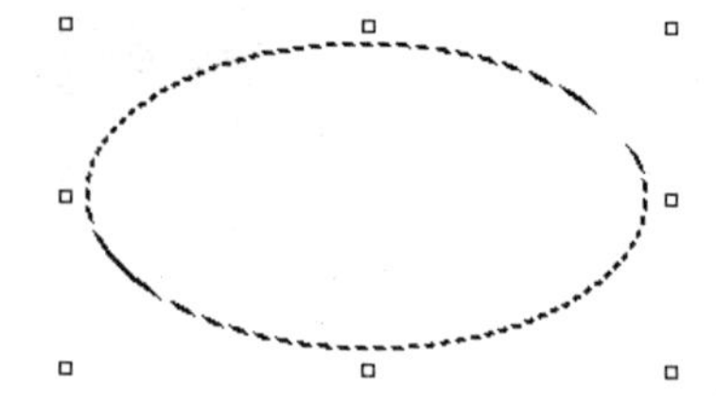

图3-40 绘制的虚边线椭圆

⑥ 利用选择工具，框选矩形框，选择【修改】→【群组】命令，如图3-40所示的虚边线椭圆绘制完成。

程序设计结束。

例 3.5 制作阴影效果的文字。

具体制作步骤如下：

① 新建一个文件，命名为“特效文字 1.a7p”，拖曳一个显示图标到流程线上并命名为“阴影字”。双击显示图标打开演示窗口，用文本工具输入“美丽人生”四个字，设置文字字体（楷体）、大小（72）、颜色（浅灰）、文本风格（加粗）。

② 选取文本对象，按“Ctrl＋C”组合键复制文本，再按“Ctrl＋V”组合键，粘贴文本，新生成的文本颜色设为黑色，模式设为“透明”，如图 3-41 所示。

③ 将两文本对象叠加在一起，浅灰文字在下，黑色文字在上，可用键盘上的光标键微调，产生阴影效果，如图 3-42 所示。

④ 框选两个文本，选择【修改】→【群组】菜单命令，程序设计结束。

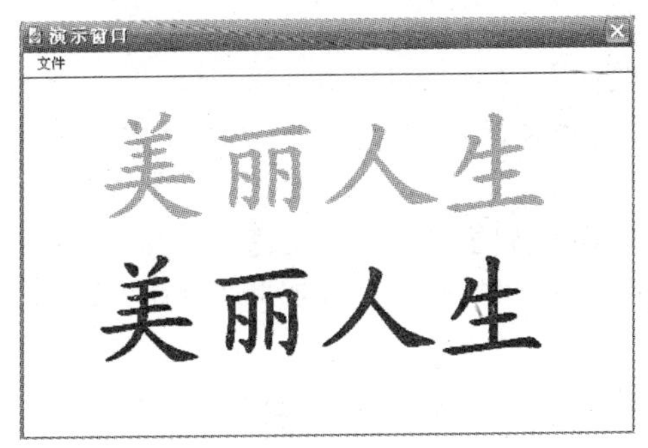

图 3-41 叠加前的文本对象

图 3-42 阴影效果文本

程序设计结束。

例 3.6 制作空心文字。

具体制作步骤如下：

① 新建一个文件，命名为“特效文字 2.a7p”，拖曳一个显示图标到流程线上并命名为“空心字”。双击显示图标打开演示窗口，输入文本“美丽人生”，设置字体为“楷体”，字号为 60，文本风格为“加粗”。

② 选取文本对象，按“Ctrl＋C”组合键复制文本，再按“Ctrl＋V”组合键，粘贴文本，将新生成的文本模式设为“反转”，如图 3-43 所示。

③ 将新生成的文本放在原输入文本上面，进行叠加，用键盘微调文字的位置（如果不完全重合、效果会更好）。

④ 点击选取工具，框选两个文本对象，选择【修改】→【群组】命令得到如图 3-44 所示的空心文字。

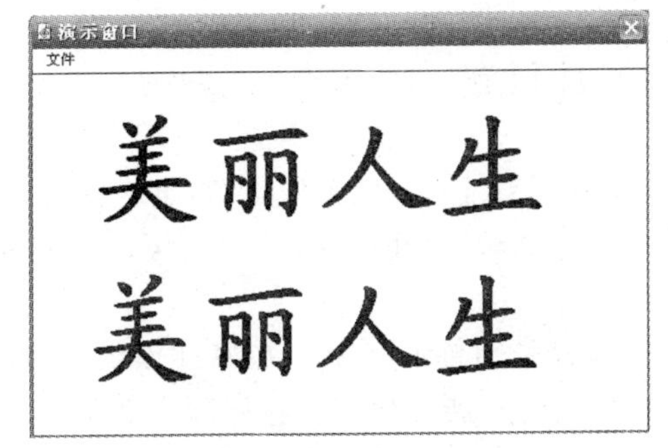

图 3-43 叠加前的文本对象

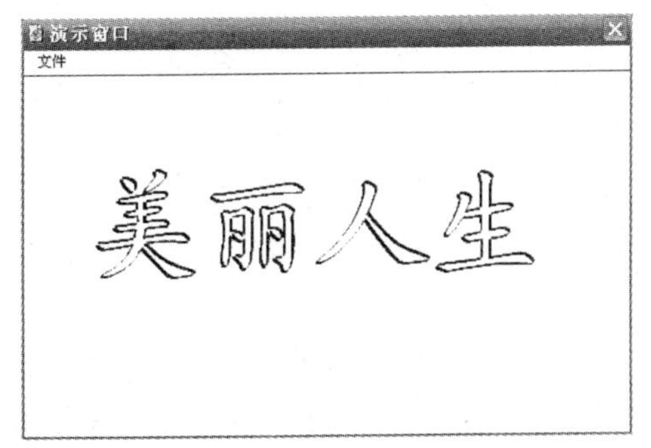

图 3-44 空心效果文本

程序设计结束。

4. 多个对象的组合

如果想用鼠标拖动的办法来同时移动这些对象或按比例调整所有的显示对象的大小,那么上述的方法就不太适合了。Authorware 允许将一组对象进行组合,成为一个对象,这样拖动这些对象的本身就可以移动它,拖动对象四周的句柄,就可以将所有对象按同一比例进行缩放。如果要对一个组合对象中的某一个进行特殊编辑,那么就需要解除这种组合。

要组合多个显示对象,首先要选择这些对象,然后选择【修改】→【群组】命令即可将这些对象组合成一个对象。有三种方法可以同时选中多个对象:

(1) 单击绘图工具箱中的指针工具按钮,然后在第一个要选择的显示对象上单击,按住"Shift"键,再在第二个对象上单击,重复这样的操作,直到所有要选择的对象选中为止。使用该方法可以任意选取不相邻的几个对象。

(2) 单击绘图工具箱中的指针工具按钮,按住鼠标左键拖动鼠标在屏幕上画出一个虚线框,当所有要选择的对象全部落在这个虚线框内时,松开鼠标左键,此时凡是落在虚线框内的对象均被选中。使用该方法可以选中一组相邻的对象。

(3) 如果想选中演示窗口中大多数对象,可以使用【编辑】→【选择全部】菜单命令,或者按下组合键"Ctrl+A",选中全部显示对象,然后按住"Shift"键逐一单击那些并不想选择的对象,这样就可以解除对单个对象的选择。

将一组对象组合成一个新对象后,新的组合对象周围共有 8 个句柄,如图 3-45 所示。

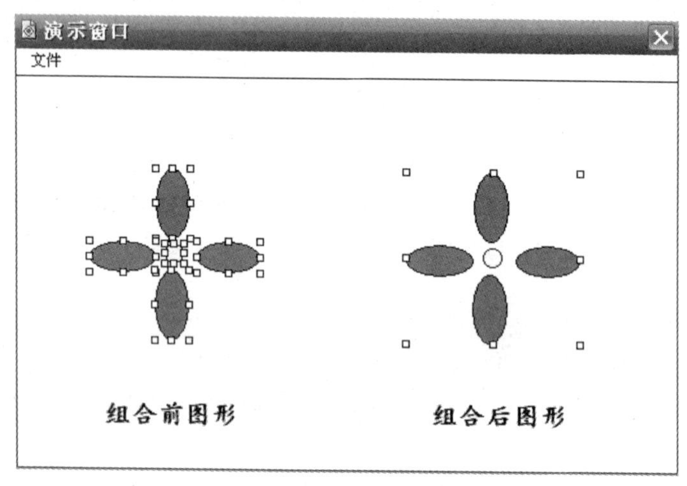

图 3-45 图形组合前后比较

3.2 显示图标的属性设置

显示图标的属性是在其属性面板中设置的。选中流程线上名为"图像 1"的显示图标,然后选择【修改】→【图标】→【属性】菜单命令,编辑区下方将出现显示图标的属性面板,如图3-46所示。

在显示图标的属性面板的标题栏中,标题的最后部分是图标的名字。在属性面板标题栏的最前面有一个向下的小三角箭头,说明这时候属性面板处于展开状态。在标题栏上单击,可

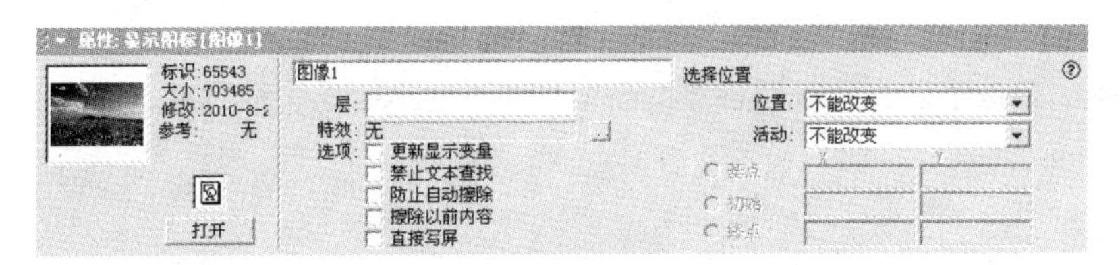

图 3-46　显示图标属性对话框

以将属性面板缩小到操作区的最下方以最小化方式显示，小三角箭头的方向变成了向右，再次在该标题栏上单击，可以将属性面板恢复为展开方式。

在属性面板的左侧，有一个预览窗口以及关于显示图标的一些基本信息，包括软件标识、显示图标的大小、最后的修改时间和是否使用函数等内容。左下方有一个【打开】按钮，单击该按钮，可以打开该图标。

在属性面板的中部，是一些比较重要的关于图标内容的显示设置，下面来做介绍。

【文本框】：用来输入显示图标的名字，它的内容和应用设计窗口中显示图标的名字是对应的。

【层】：用来设置显示图标中对象的层次，在后面的文本框中可以输入一个数值，数值越大，显示对象越会显示在上面。此外在文本框中还可以输入一个变量或表达式。

如果将对象分别放置在不同的显示图标里，显然更容易调整单个对象的位置，而且还不会影响到其他显示图标的内容。默认情况下，在流程线下方的显示图标的内容总是会显示在其上方显示图标内容的上面，尽管它们默认的层都是“0”。

例 3.7　通过改变层次值来实现不同显示图标中图像位置的变化。

具体制作步骤如下：

① 新建一个文件，利用前面学过的导入多个图像的方法，导入三个图像文件到不同的显示图标中，可以看到在流程线上多了三个显示图标，名称分别是“aa.jpg”、“cc.jpg”、“ee.jpg”，如图 3-47 所示。

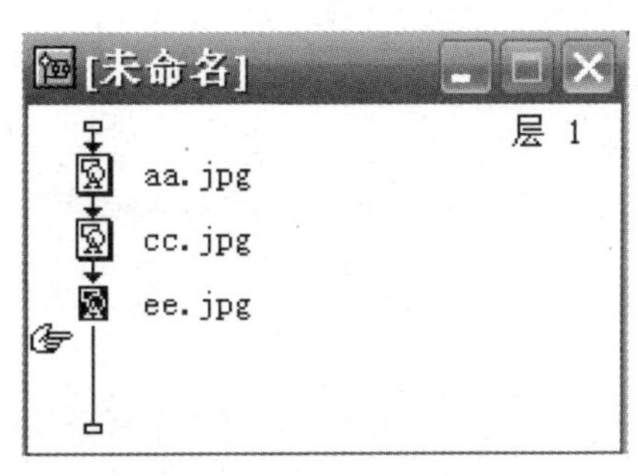

图 3-47　流程线上的图标

② 三个图标属性默认的层数都是“0”，分别调整三个显示图标中图像的尺寸和位置。运行程序，流程线上后面的显示图标的图像覆盖了前面的显示图标的图像，如图 3-48 所示。

③ 如果希望不管三个显示图标在流程线上的次序如何调整，都能够使名称为“aa.jpg”的显示图标中的内容显示在演示窗口的最上层，可以在该图标上单击，调出显示图标的属性面板，在【层】后面的文本框中输入“3”，就可以把这个图标的对象所在的层数设置为“3”，重新运行程序，显示结果如图 3-49 所示。可以看到，不管怎样调整 aa.jpg、cc.jpg、ee.jpg 在流程线上

的顺序,名为“aa.jpg”的图片始终出现在演示窗口的最上层。

图 3-48 层次设置前的显示效果

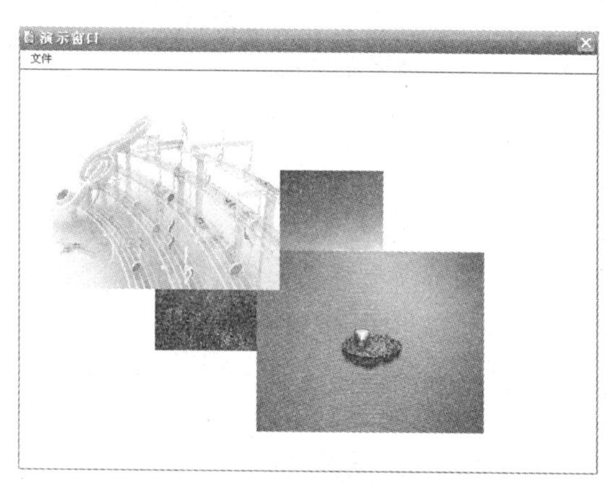

图 3-49 层次设置后的显示效果

程序设计结束。

【特效】:默认情况下,在它后面的文本框中显示的是“无”,表示没有任何显示效果,显示图标的内容会直接显示在演示窗口中。单击文本框右侧的展开按钮,可以打开“特效方式”对话框,如图 3-50 所示。选择需要的特效方式,显示图标的内容就会按照选定的特效方式进行显示。

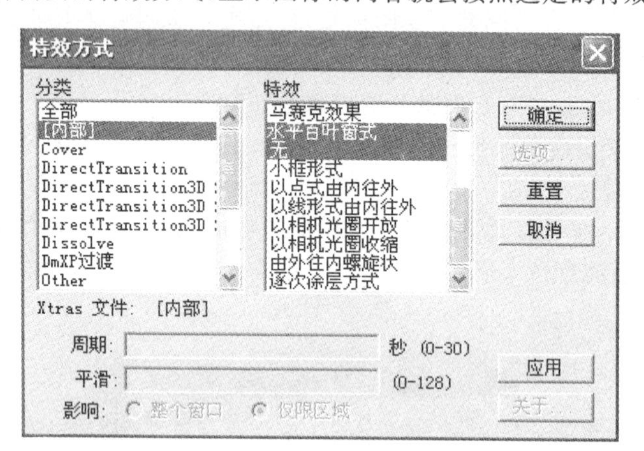

图 3-50 “特效方式”对话框

例 3.8 用特效方式来显示图像。

具体制作步骤如下:

① 新建一个文件,拖曳两个显示图标到流程线上,分别命名为“图像 1”和“图像 2”。

② 向两个图标中分别导入两个图像。

③ 设置“图像 1”图标的显示特效为“DmXP 过渡”中的“激光展示 1”;设置“图像 2”图标的显示特效为“[内部]”中的“水平百叶窗式”。

④ 运行程序,显示效果如图 3-51 和图 3-52 所示。

程序设计结束。

【选项】:它后面的复选内容主要是一些关于显示方面的设置。

更新显示变量:图标中不仅可以显示文字和图片,还可以显示一些变量的值,选中此项,在运行程序时,可以使演示窗口中的变量内容随显示变量的值变化而变化。

禁止文本查找：这项功能的用处不是很大，选中此项，可以在利用查找工具对文字进行查找和替换时对该图标的内容不起作用。

防止自动擦除：在 Authorware 中有许多图标具有自动擦除以前图标内容的功能，选中此项，可以使图标内容不能被自动擦除，除非遇到擦除图标将其选中擦除。

擦除以前内容：这个复选项和上面【防止自动擦除】的功能是相反的，选中此项后，在显示该显示图标内容的时候，会把以前没有选中【防止自动擦除】复选项的图标中的内容擦除掉。

直接写屏：选中此项，图标的内容将总是显示在屏幕的最前面，并且在【特效】中设置的显示效果自动失效。

图 3-51　“图像 1”图标的显示效果

图 3-52　“图像 2”图标的显示效果

例 3.9　制作倒计时显示牌。

设计要求：制作高考(6 月 7 日 9 时)倒计时显示牌，要求显示天数、小时、分和秒的倒计时，高考前 10 秒钟时，显示 10、9、8、7、6、5、4、3、2、1、0 的倒计时，之后显示“＊＊＊＊年高考开始”；5 秒钟后显示“＊＊＊＊年高考进行时”；72 小时后显示下一年的高考倒计时；同时在每天的 9 时进行剩余天数的文本及音频提示。

具体制作步骤如下：

① 新建一个文件，命名为“倒计时显示牌.a7p”。拖曳一个计算图标、显示图标、计算图标和两个群组图标到流程线上，分别命名为“年变量初值”、“a”、“变量赋值”、“b”和“c”，程序设计流程如图 3-53 所示。

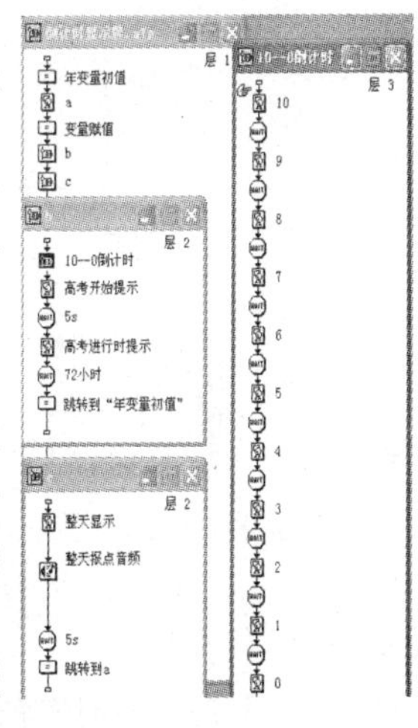

图 3-53　程序流程

② 双击打开“年变量初值”计算图标，求解年变量的初值 k(年变量的后两位)，求解方法如图 3-54 所示。

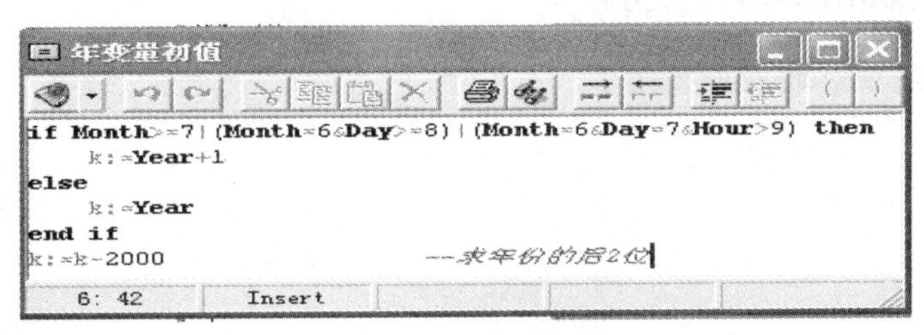

图 3-54　求解年变量的后两位

③ 双击打开“变量赋值”计算图标,输入内容如图 3-55 所示。

图 3-55 计算图标的内容

注意:“变量赋值”计算图标中所使用的函数 DateToNum(Day,Month,Year)表示当前日期距离 1900 年 1 月 1 日的天数,这里的 Day、Month 和 Year 是三个系统变量用于返回系统当前日期中的日、月份和年份。

④ 打开“a”显示图标的属性对话框,在【选项】中勾选“更新显示变量”,如图 3-56 所示。

图 3-56 设置属性面板

⑤ 双击打开“a”显示图标,编辑内容如图 3-57 所示。

⑥ 双击打开“b”群组图标,拖曳如图 3-53 所示的图标到流程线上,双击打开“10—0 倒计时”群组图标,在对应的显示图标内分别输入“10”、“9”、“8”、“7”、“6”、“5”、“4”、“3”、“2”、“1”、“0”,等待图标均设成 1 秒;双击打开“高考开始提示”显示图标,输入内容如图 3-58 所示,“高考开始提示”属性设置为【更新显示变量】和【擦除以前内容】,“5s”显示图标设置时间为 5 秒;“高考进行时提示”显示图标输入“20{k}年高考进行时”,属性设置为【更新显示变量】和【擦除以前内容】;“72 小时”等待图标【时限】选项输入“3600 * 72”,“跳转到‘年变量初值’”计算图标内输入 GoTo(IconID@“年变量初值”)。

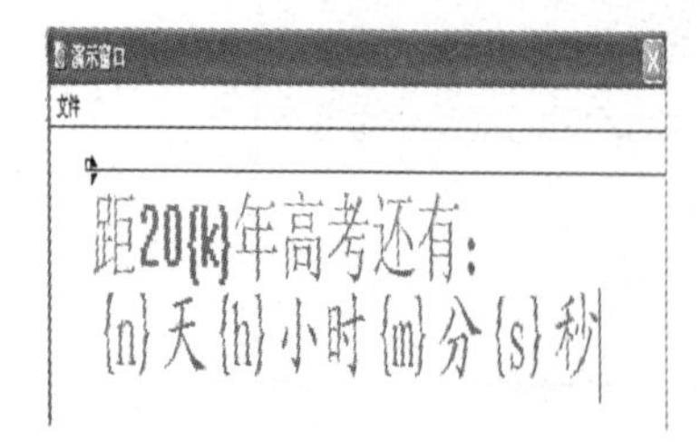

图 3-57 编辑“a”显示图标

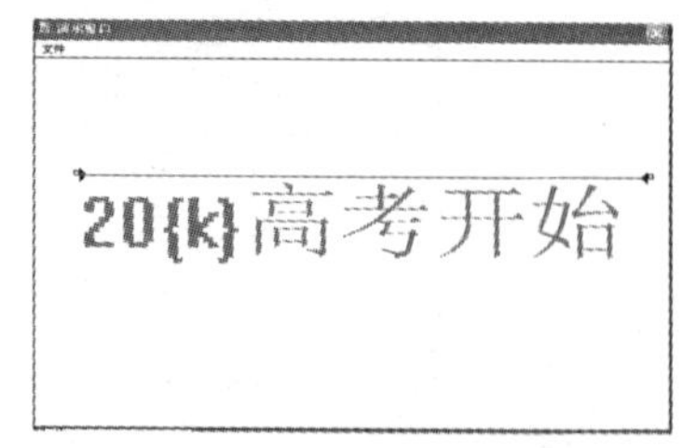

图 3-58 高考开始提示编辑

⑦ 双击打开"c"群组图标，拖曳如图 3-53 所示的图标到流程线上，双击打开"整天显示"显示图标，输入"{n+1}天"，" 整天显示"显示图标属性设置为【更新显示变量】和【擦除以前内容】；双击打开"整天报点音频"音频图标，导入报点音频；双击打开"5s"等待图标，输入【时限】为 5 秒；双击打开"跳转到 a"计算图标输入"GoTo(IconID@"a")"。

程序设计结束。

版面布局：在显示图标属性面板的右侧是关于版面布局的设置选项。使用这部分内容可以设计出类似于【移动】图标的程序。【移动】图标的内容，我们将在后面的章节做详细介绍。

【位置】：用来设置显示图标中的对象在演示窗口中的位置。在该选项中，默认选中的是"不能改变"，选择该项，在程序打包或发布后，显示图标中对象的位置是不能改变的。单击它后面的下拉按钮，打开下拉列表框，可以看到它包含如下几项内容：

在屏幕上：表示显示对象在演示窗口中的某一特定位置上显示。

在路径上：表示显示对象可以在固定的线路上的某点上显示。

在区域内：表示显示对象可以在某一个固定的区域里的某点上显示。

【活动】：表示在程序打包后显示图标里的对象是否可以移动。在该选项中，默认选中的是"不能改变"，表示在程序打包或发布后显示图标中对象的位置是不可移动的。单击【活动】后面的下拉按钮，打开下拉列表框，可以看到它包含这样几项内容，分别是："不能改变"、"在屏幕上"和"任意位置"。

依据【位置】和【活动】两者组合的不同，显示图标内对象的显示位置及形式将会有多种选择。

例 3.10　利用显示图标属性设置实现小球在方格内随机显示。

具体制作步骤如下：

① 新建一个文件，命名为"显方格.a7p"。拖曳图标到流程线上，并分别命名，如图 3-59 所示。

② 在两个显示图标中依次绘制方格和小球，显示效果如图 3-60 所示。

③ 设置【等待】图标的等待时间为"0.3"秒，打开"返回"的计算图标，输入语句：

GoTo(IconID@"圆圈")　　——返回到名为"圆圈"的图标继续执行

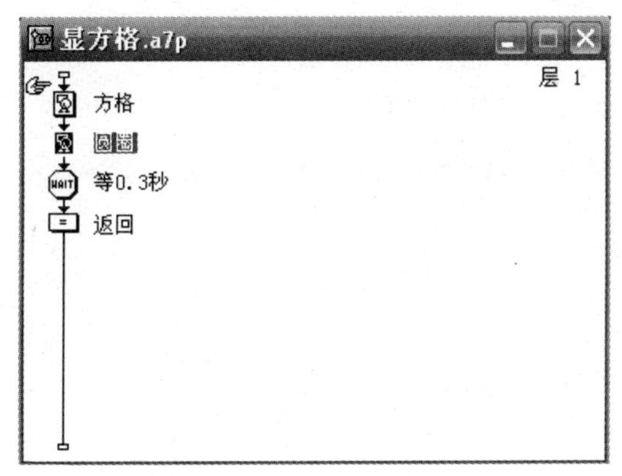

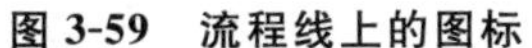
图 3-59　流程线上的图标

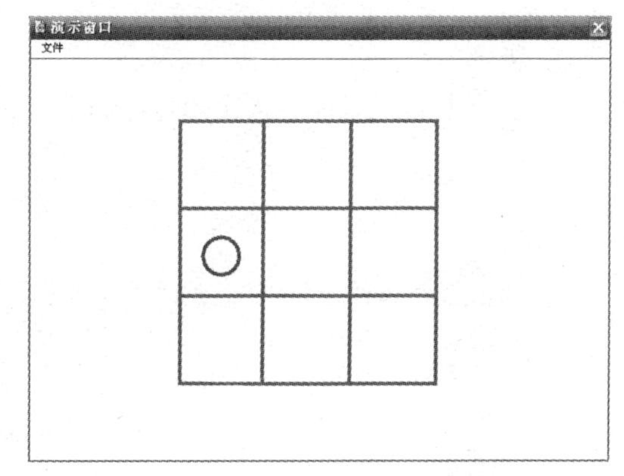

图 3-60　两个显示图标中的内容

④ 先打开"方格"显示图标，再按住"Shift"键，双击打开名为"圆圈"的显示图标，双击设置"圆圈"显示图标的显示属性对话框，设置内容如图 3-61 所示。

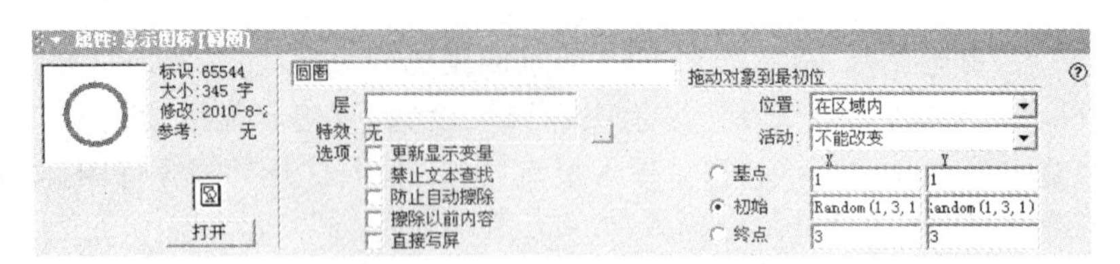

图3-61 “圆圈”图标的属性设置

注意：Random(min,max,units)的用法，产生一个从min到max的，是units的倍数的随机数。

⑤ 设置圆圈的显示区域，如图3-62所示。

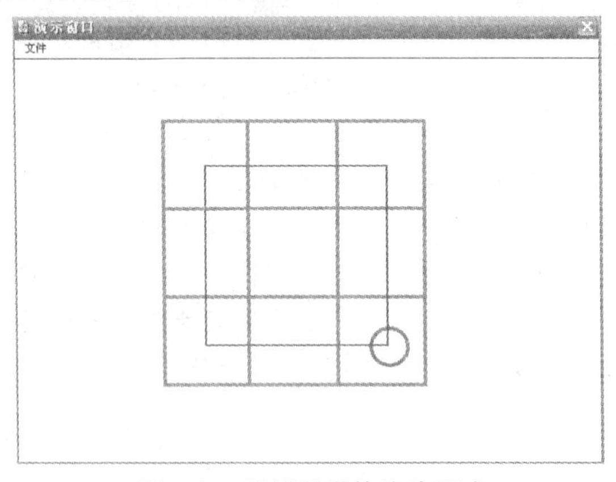

图3-62 设置圆圈的移动区域

⑥ 保存并运行程序，程序运行后就会看到小球在各个方格内随机显示。

程序设计结束。

例3.11 秒表的制作。

设计要求：在一个模拟表盘的圆周上，放置一个模拟秒针的小球，小球绕圆周显示一周用时为60秒，在小球绕圆周显示的过程中在表盘中心动态显示秒数。

具体制作步骤如下：

① 新建一个文件，命名为“秒表.a7p”。程序设计流程如图3-63所示。

② 在两个显示图标中依次绘制表盘和小球，显示效果如图3-64所示。

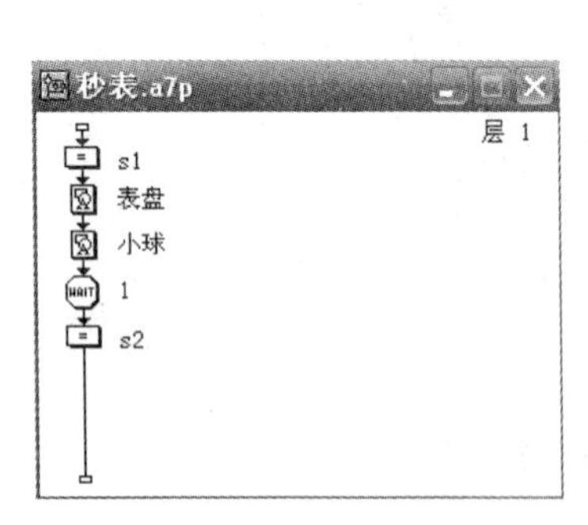

图3-63 流程线上的图标

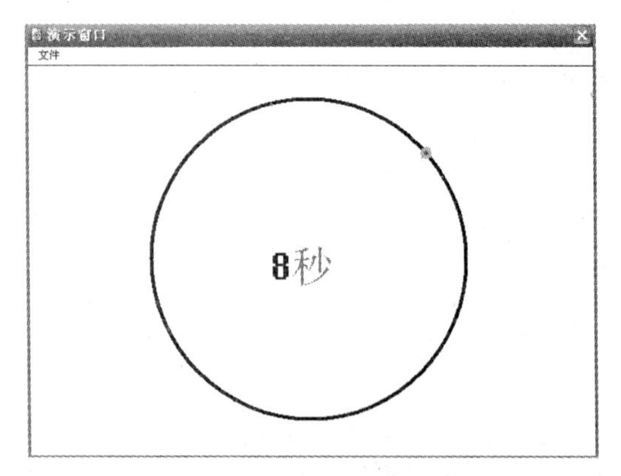

图3-64 两个显示图标中的内容

③ 在“s1”计算图标中对变量 a 和 b 分别赋值为 0，变量 a 用于控制小球绕圆周显示，变量 b 用于确定表盘上显示的秒数，即 $\begin{cases} a=0 \\ b=0 \end{cases}$。

④ 在“s2”计算图标中编辑内容，如图 3-65 所示。

注意：这里使用 GoTo 函数的作用是将程序跳转到名为“小球”的图标继续执行。

⑤ 打开“表盘”显示图标，利用文本输入工具在表盘中心输入“{b}秒”，前面提到变量 b 表示秒数，将变量名用大括号括起来，在程序运行时就会显示出该变量的值。

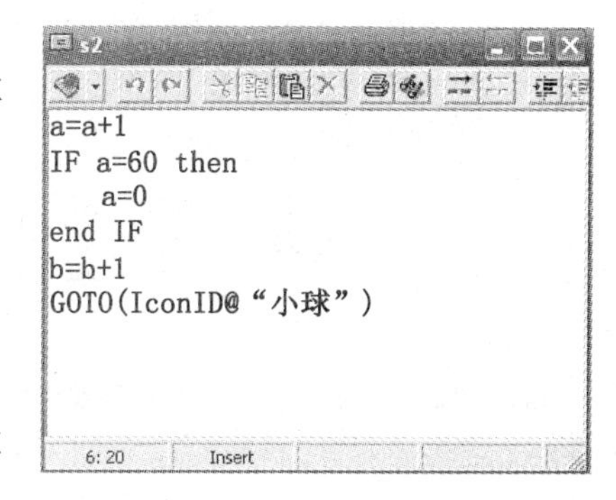

图 3-65　两个显示图标中的内容

⑥ 设置“小球”显示图标的属性，如图 3-66 所示。编辑小球的显示路径如图 3-67 所示。

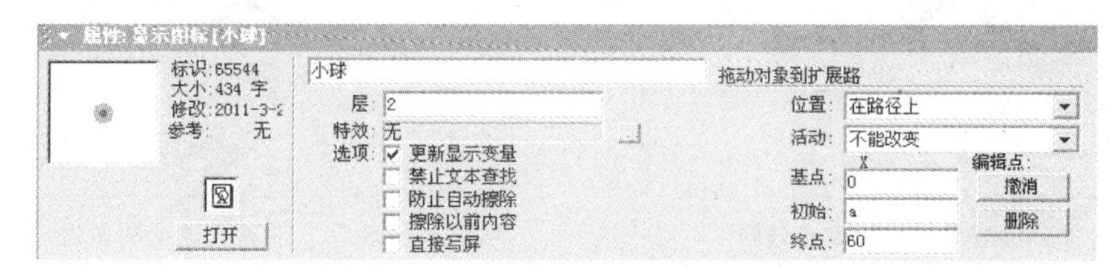

图 3-66　“小球”显示图标属性设置

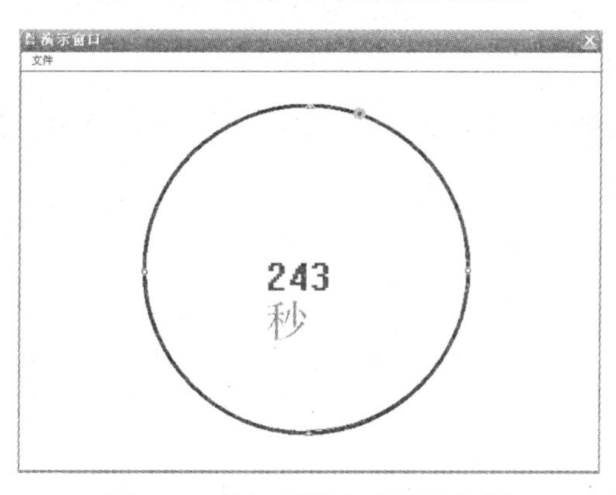

图 3-67　“小球”显示路径的编辑

显示路径为自圆周顶端开始，按顺时针方向的，与表盘圆周相重合的一个圆周路径。

⑦ 保存并运行程序。

程序设计结束。

例 3.12　利用显示图标及其特效的设置来实现模拟书写汉字“文”的笔画，显示“文”字的颜色为红色、字体为“华文行楷”、字号为 150 号。

图 3-68　流程线上的图标

具体制作步骤如下：

① 新建一个文件，命名为“书写汉字.a7p”。

② 拖曳 5 个显示图标到流程线上，分别命名为“文”、“第 1 笔”、“第 2 笔”、“第 3 笔”和“第 4 笔”，程序流程如图 3-68 所示。

③ 双击打开“文”图标，输入“文”字，文本字体为“华文行楷”，字号设为 150。

④ 按住“Shift”键的同时,双击打开“第1笔”显示图标,选择“多边形工具”,设置边线颜色和填充颜色均为红颜色,然后沿“文”字的第一笔,绘制多边形,所绘制的多边形覆盖在第一笔(点)的上面,如图3-69所示。

⑤ 按住“Shift”键的同时,双击打开“第2笔”显示图标,选择“多边形工具”,设置边线颜色和填充颜色均为红颜色,然后沿“文”字的第二笔,绘制多边形,所绘制的多边形覆盖在第二笔(横)的上面,如图3-70所示。

图3-69 沿第一笔绘制多边形

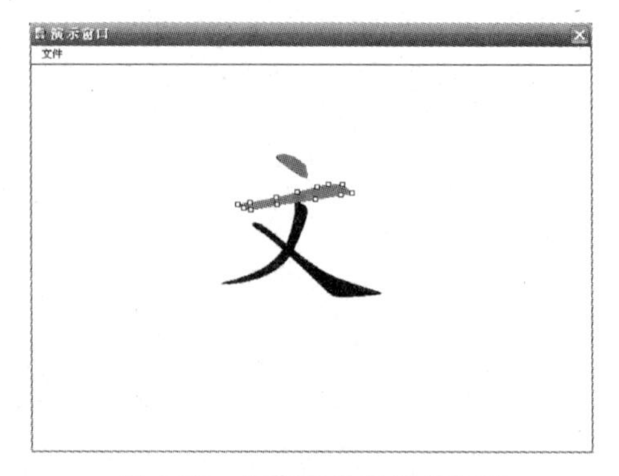

图3-70 沿第二笔绘制多边形

⑥ 按照上面的方法,沿第三笔(撇)绘制多边形,如图3-71所示。沿第四笔(捺)绘制的多边形,如图3-72所示。

图3-71 沿第三笔绘制多边形

图3-72 沿第四笔绘制多边形

⑦ 将“第1笔”到“第4笔”这四个图标的显示特效,依次设置为“Reveal”分类中的“Reveal Up-Right”、“Reveal Right”、“Reveal Up-Left”和“Reveal Up-Right”。

⑧ 运行程序,就会看到汉字笔画的书写效果。

程序设计结束。

习题3

一、选择题

1. Authorware支持导入的外部文本格式是(　　)。

A. doc和rtf　　　　B. doc和txt

C. txt 和 rtf　　D. WPS 和 txt

2. 在【填充】面板中单击第 1 行第 1 列的按钮，则会获得(　　)的图形填充效果。

A. 以设定的背景色填充

B. 以设置的前景色填充

C. 将对象填充为白色

D. 取消对象的底纹填充

3. 在【模式】面板中有(　　)叠加模式。

A. 4 种　　B. 5 种

C. 6 种　　D. 7 种

4. 将多个图形设置为“群组”，使用的快捷键是(　　)。

A. Ctrl+G　　B. Ctrl+K

C. Ctrl+M　　D. Ctrl+P

5. 排列对象面板中第 3 行第 1 列的按钮的功能是(　　)。

A. 左对齐　　B. 垂直等间距对齐

C. 底部对齐　　D. 右对齐

二、填空题

1. 在演示窗口中要想绘制一个正方形，应该________________________。

2. 要想取消演示窗口中文本显示的滚动条，应该________________________。

3. 在 Authorware 中如果包含空的显示图标，在运行程序时会出现____________的状况。

4. 显示图标属性面板中的【层】用来设置显示图标中对象的层次，在其后面的文本框中可以输入一个数值，数值越________，显示对象越会显示在下面。

5. 要想设置显示图标中对象的显示特效，应该________________________。

三、实验题

1. 导入“爱莲说.TXT”文件，并将文本设置为“华文行楷”、24 号字、带滚动条。

2. 一次导入“1.jpg”、“2.jpg”和“3.jpg”图像文件到同一个显示图标中，并设置图片尺寸相同，将“2.jpg”文件中的图像显示在最上层，“3.jpg”文件中的图像显示在最下层。

3. 在显示图标中，加入艺术字，效果如图 3-73 所示。

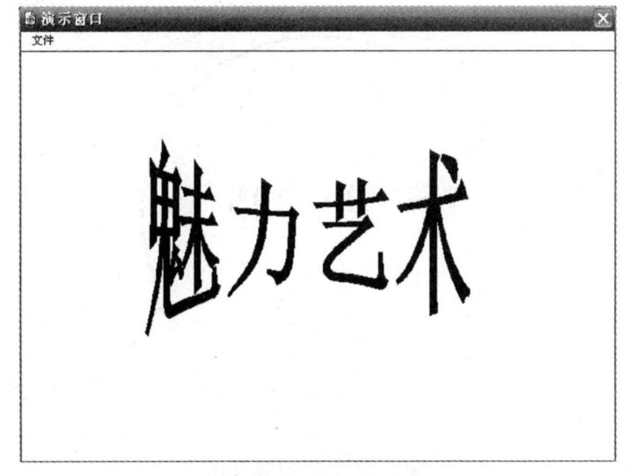

图 3-73　加入艺术字

4. 制作带图案的文字“中国”。

提示:

(1) 新建一个 Authorware 文件,拖曳一个显示图标到流程线上。

(2) 编辑该显示图标,利用文本工具在演示窗口中输入文本“中国”,设置字体为“华文新魏”、字号为 60 号。

(3) 绘制一个矩形框要求能把文本完全遮住,设置矩形框用图案填充,并设置矩形框的边线颜色、前景色、背景色与演示窗口的背景色同色,设置矩形框的模式为“透明”。

(4) 框选两个对象:选择修改→群组。

5. 制作图形如图 3-74 所示,并将图形设为组合图形。

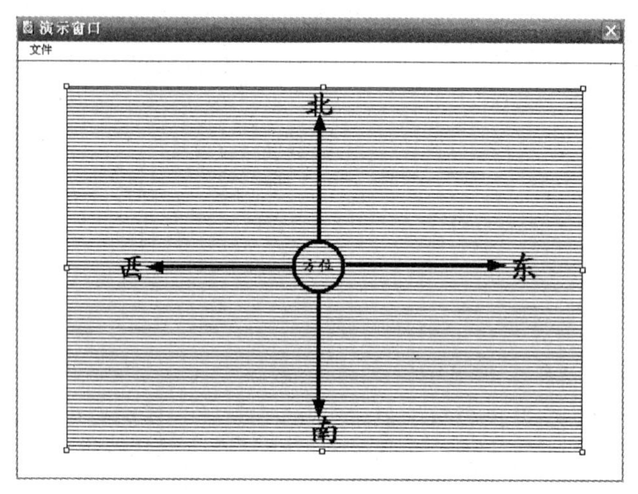

图 3-74 组合图形

6. 制作一个时钟显示器。

设计要求:可参照例 3.11 秒表的设计,在表示表盘的圆周上放置大、中、小三个圆球分别表示时针、分针和秒针。将表盘圆周 60 等分,秒针绕行一周分针走一分,分针绕行一周时针走一小时。在圆周中央显示几时几分几秒,程序运行效果如图 3-75 所示。

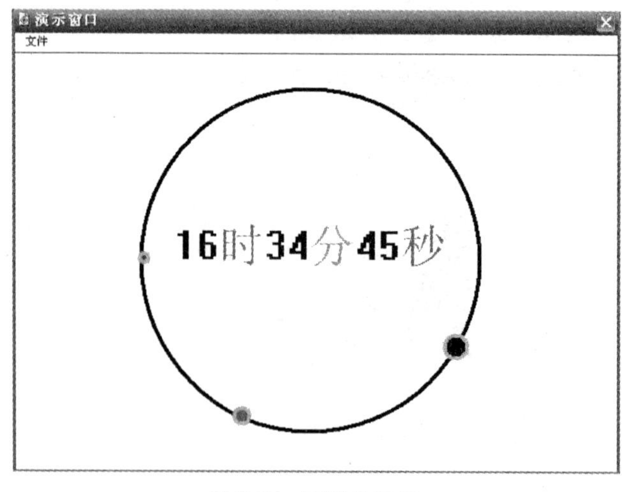

图 3-75 时钟效果图

提示：

(1) 新建一个文件，命名为“时钟”，拖曳一个计算图标到流程线上。在计算图标中设置三个变量来控制时针、分针和秒针。输入如下代码：

```
a:=Sec
b:=Minute
if Hour>12 then
  c:=Hour-12
else
  c:=Hour
end if
d:=Hour
```

其中 Sec 、Minute 和 Hour 为系统变量，用于返回系统当前时间的秒、分和小时数。

(2) 拖曳四个显示图标，分别命名“表盘”、“秒”、“分”和“时”。在四个显示图标中依次绘制表盘和代表秒、分、时的小、中、大三个圆球。对小、中、大三个圆球所在的三个显示图标进行属性设置。在“表盘”显示图标的表盘中心输入文本“{d}时{b}分{a}秒”。

(3) 再在流程线上拖曳一个计算图标，编辑内容如下：

```
a:=a+1
if a=60 then
   a:=0
   b:=b+1
   if b=60 then
      b:=0
      c:=c+1
      d:=d+1
      if c=12 then
         c:=0
      end if
      if d=24 then
        d:=0
      end if
   end if
end if
GoTo(IconID@“秒”)
```

第四章　等待图标、擦除图标、群组图标及计算图标的应用

等待图标、擦除图标、群组图标、计算图标都是功能性图标，等待图标可以设置程序暂停；擦除图标可以擦除无需在界面上保留的显示信息；群组图标可以把流程线上具有同一性能或完成某一任务的一组图标进行组合，形成二级流程使程序更规范，更具可读性；计算图标是代码编程的场所。本章就对这四种图标进行详细讲解。

4.1　等待图标

4.1.1　等待图标的功能

等待图标可以使程序暂时停止运行，让用户有时间看清楚程序的演示效果。程序结束等待的方式有四种：单击按钮、按键盘上的任意键、单击鼠标或等待一个规定的时间。这四种情况可以同时设置，只要有一种情况满足条件将结束等待。

4.1.2　等待图标的属性

从图标面板拖曳一个等待图标到流程线上，为图标命名为“等待 5 秒”，在窗口下面弹出面板，如图 4-1 所示。

图 4-1　等待图标属性面板

1. 基本信息

属性面板的左边，是一些关于等待图标的基本信息，包括按钮预览、图标标识、图标占用存储空间的大小、修改时间、图标名称是否应用变量等信息。

2. 图标名称文本框

属性面板上面的文本框，用于设置等待图标的名称。

3.【事件】复选框

设置使用何种事件结束等待，触发程序继续运行。选中【单击鼠标】，表示用户在屏幕上任意位置单击鼠标程序会结束等待，继续运行。选中【按任意键】，表示用户按下键盘上的任意键程序结束等待，继续运行。

4.【时限】文本框

用来设置等待的时间。可以输入一个表示时间的常数或表达式，单位为秒。程序运行时，

设定的等待时间一到，自动结束等待继续运行。

5.【选项】复选框

【显示倒计时】复选框：只有在【时限】文本框输入时间值后，该选项才可用。选中该项，在预览窗口会出现一个小闹钟。程序运行时，在演示窗口左下角会出现一个倒计时秒表。若想调整小闹钟的位置，此时直接按下鼠标拖动闹钟即可。

【显示按钮】复选框：该项默认是选中的。程序运行时，演示窗口中会出现一个标签为“继续”的按钮，单击该按钮，程序会继续运行。若想调整【继续】按钮的大小和位置，单击常用工具栏上的【控制面板】按钮，打开控制面板窗口，如图 4-2 所示。单击上面的【暂停】按钮(第四个按钮)，再单击演示窗口中的【继续】按钮，用鼠标拖曳按钮周围的控制点调整按钮的大小，或拖动按钮改变其位置。

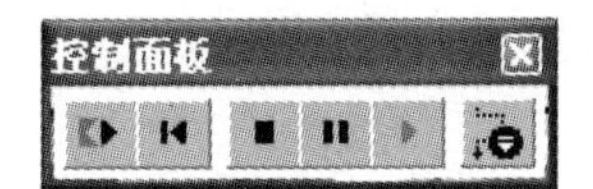

图 4-2　控制面板窗口

另外，系统默认的等待按钮是标签为【继续】的矩形按钮，如果要改变其外观，可选择菜单【修改】→【文件】→【属性】命令，出现“属性：文件”面板，选择【交互作用】选项卡，如图 4-3 所示。

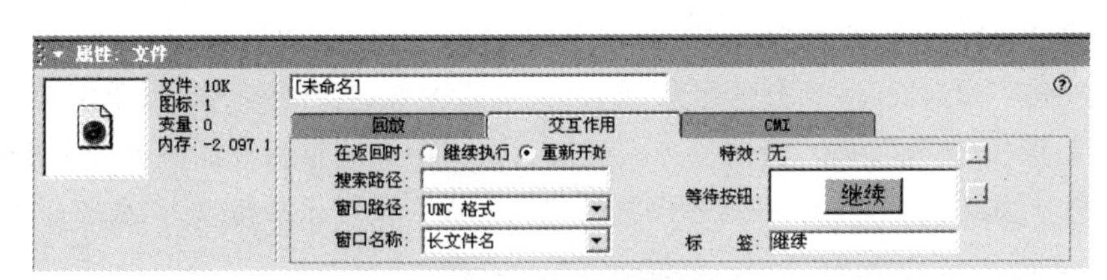

图 4-3　文件属性面板

面板右侧，【等待按钮】框可以改变按钮的风格。单击【等待按钮】框中的按钮，或右侧的按钮，会弹出“按钮”对话框，如图 4-4 所示。

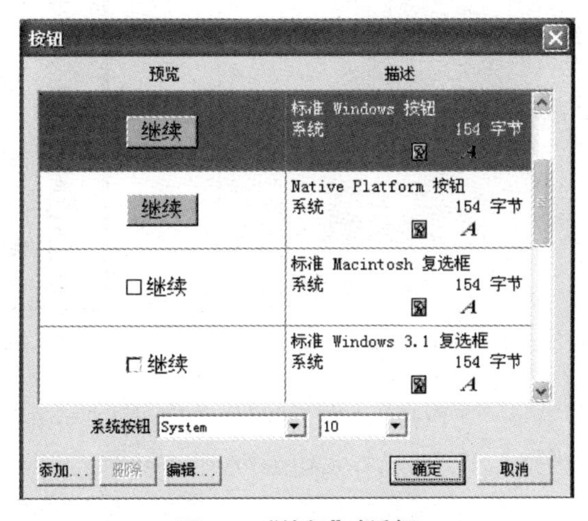

图 4-4　“按钮”对话框

在按钮列表框中,有很多系统提供的按钮样式供用户选择,如果用户对按钮列表中的按钮不满意,还可以对已有的按钮进行编辑、修改或添加自定义按钮。

【等待按钮】框下方的【标签】文本框中输入文本可以改变按钮上的标签,例如按钮标签改为"开始答题",运行程序时,按钮的标签就变成"开始答题"。

4.1.3 等待图标实例

例 4.1 制作课件——认识水果。

设计要求:制作一个认识水果的课件,课件将依次展示 4 张水果的图片,展示每一张图片后出现【继续】按钮,单击【继续】按钮程序继续运行。

具体制作步骤如下:

① 新建文件,在文件的属性面板中,单击背景色颜色方框,设置演示窗口的背景色为绿色。

② 从图标面板拖曳 5 个显示图标到流程线上,图标名称分别为"标题"、"葡萄"、"苹果"、"西瓜"、"桃子"。

③ 双击名称为"标题"的显示图标,打开演示窗口,输入文本"认识水果",并设置字体为"黑体"、字号为 36 磅、颜色为橙色、模式为"透明",调整文字将文字纵向排列,放到演示窗口左侧。为了让各个图片在演示窗口中的位置和大小都相同,在演示窗口的中间绘制一个黑色矩形框,所有的图片都以该矩形框做参考。

④ 按下"Shift"键的同时,双击名称为"葡萄"的显示图标,打开演示窗口,单击常用工具栏上的【导入】按钮,选择"葡萄"图片,将图片导入到演示窗口中。调整图片的位置和大小,将图片放到黑色矩形框中,如图 4-5 所示。在显示图标的属性面板中设置显示特效为"水平百叶窗式"。

图 4-5 调整图片的位置和大小

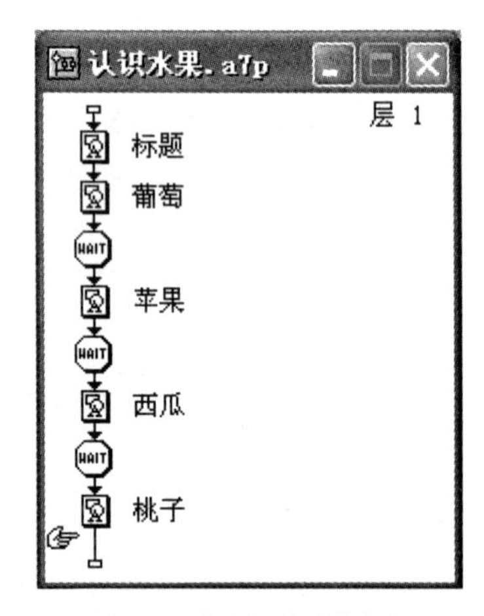

图 4-6 "认识水果"流程

⑤ 用相同的方法,将"苹果"、"西瓜"、"桃子"图片分别导入"苹果"、"西瓜"、"桃子"三个显示图标中,调整图片的位置和大小,显示特效均为"水平百叶窗式"。

⑥ 从图标面板拖曳一个等待图标到流程线上,放置在"葡萄"和"苹果"显示图标之间,在窗口下面弹出属性:等待图标面板,只选中【显示按钮】复选框,其余不选。单击常用工具栏上

的【运行】按钮，出现葡萄图片后程序暂停，在演示窗口的左上角出现【继续】按钮。下面调整【继续】按钮的位置，单击常用工具栏上的【控制面板】按钮，打开控制面板窗口，单击上面的【暂停】按钮，再单击演示窗口中的【继续】按钮，按钮处于选中的状态，把它拖到图片的下方。

⑦ 将等待图标复制，分别粘贴在“苹果”和“西瓜”显示图标之间及“西瓜”和“桃子”显示图标之间。

⑧ 流程如图 4-6 所示，运行程序，观察运行效果，最后保存文件名为“认识水果.a7p”。

程序设计结束。

4.2　擦除图标

4.2.1　擦除图标的功能

擦除图标可以擦除演示窗口中的显示对象，包括文本、图形、图像和数字电影等。一旦擦除一个显示对象，该对象所在的这个图标中包含的所有内容都会被擦掉。如果只希望擦除图标中的一部分内容，则需要把这部分内容放到单独的图标中。

使用擦除图标擦除对象时，可以像显示图标设置显示特效一样设置各种擦除效果，使设计的作品更加精彩。

4.2.2　擦除图标的属性

为了更好地理解擦除图标的属性及使用方法，下面以一个实例来讲解。具体的操作步骤如下：

① 新建一个文件，命名为“擦除图标.a7p”，拖曳一个显示图标放到流程线上，命名为“荔枝”，同时导入一张荔枝图片。

② 拖曳一个等待图标到流程线上“荔枝”图标的下面，命名为“等待 10 秒”，设置等待时间为 10 秒，其他选项不选。

③ 拖曳一个擦除图标到流程线上等待图标的下面，命名为“擦除荔枝”。

④ 双击“荔枝”显示图标，打开演示窗口。单击“擦除荔枝”擦除图标，出现“属性：擦除图标”面板，如图 4-7 所示。

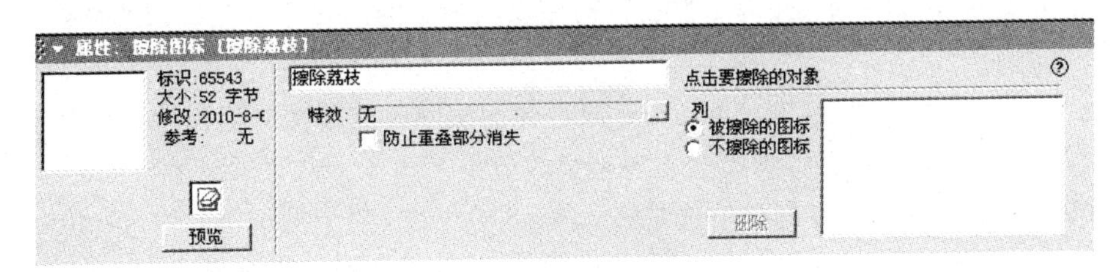

图 4-7　擦除图标的属性面板

在面板右上方有一行提示信息：【点击要擦除的对象】，提示用鼠标单击演示窗口中要擦除的对象。当单击擦除对象后，擦除的对象就从演示窗口中消失。同时，面板右侧的【列】列表框中就会出现擦除对象的图标。

这里用鼠标在演示窗口中单击荔枝图片,荔枝就从演示窗口中消失了,面板右侧的【列】列表框中出现了“荔枝”显示图标,表示此图标是被擦除的对象,如图 4-8 所示。

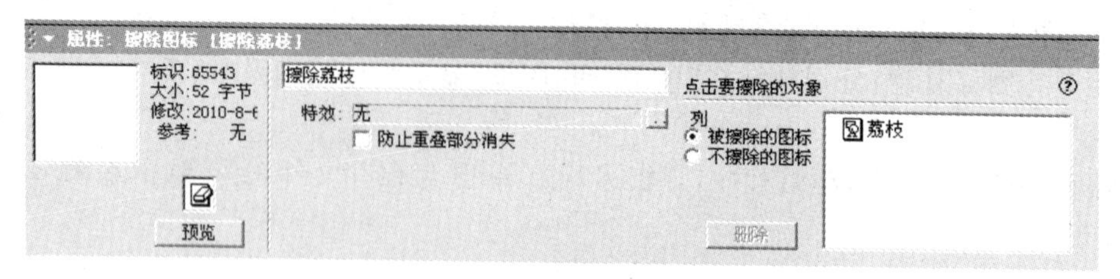

图 4-8 擦除图标的属性面板

下面详细介绍擦除图标的属性面板。

【预览】按钮:当设置完擦除对象和擦除特效后,单击【预览】按钮可以在演示窗口中预览擦除效果。

【图标名称】文本框:属性面板上面的文本框,可以设置擦除图标的名称。

【特效】选项:这里提供了丰富的擦除效果。默认情况下,特效为“无”,表示没有任何擦除效果,单击 按钮,可以打开“擦除模式”对话框,形式与显示图标的特效设置对话框基本相同,如图 4-9 所示。

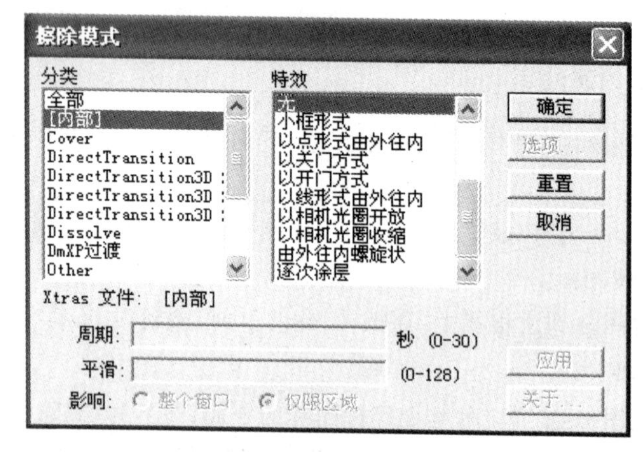

图 4-9 “擦除模式”对话框

选择一种擦除效果后,单击【确定】按钮,被擦除图标中的内容会按照选定的特效方式进行擦除。

【防止重叠部分消失】复选框:当几个对象叠加而擦除时需要按先后次序并使用相同的特效方式擦除时一定要选用该项,否则达不到理想的效果。

【列】单选按钮组:下面有两个单选按钮。

【被擦除的图标】按钮:选中该项,则右侧列表框中列出的图标全被擦除。

【不擦除的图标】按钮:选中该项,则右侧列表框中列出的图标要保留,其余的图标被擦除。

在列表框中选择某一图标后,【删除】按钮变为可用状态,可以将该图标从列表中删掉。当演示窗口中显示的对象较多时,【被擦除的图标】和【不擦除的图标】要合理选择,可以使工作效率大大提高。

⑤ 设置完成后，运行程序，可以看到荔枝图片出现。10 秒后，图片被自动擦除。

另外，擦除对象的设置除了可以使用上例的方法外，还可以在程序运行时设置。因为当程序运行到没有设置擦除对象的擦除图标时就会自动停下来，出现【擦除】图标的属性面板，这时单击演示窗口中要擦除的内容设置擦除对象就可以了；一个擦除图标可以擦除多个图标的全部显示对象。

4.2.3 擦除图标的实例

例 4.2 广告牌循环演示的实例制作。

设计要求：制作一个广告牌循环演示的实例，用显示图标、等待图标、擦除图标。同时加显示与擦除特效。

具体制作步骤如下：

① 新建一个文件，单击工具栏上的【保存】按钮，弹出“保存文件”对话框，将文件保存为“广告牌循环演示.a7p”。

② 拖曳一个显示图标放到流程线上，命名为“车 1”。双击显示图标，打开演示窗口，导入一张名车图片。调整图片大小，与演示窗口的大小相同。在显示图标属性面板中设置显示特效为“开门方式”。

③ 拖曳一个等待图标到流程线上“车 1”显示图标的下面，命名为“等待 10 秒”，设置时限为 10 秒，其他项不选，如图 4-10 所示。

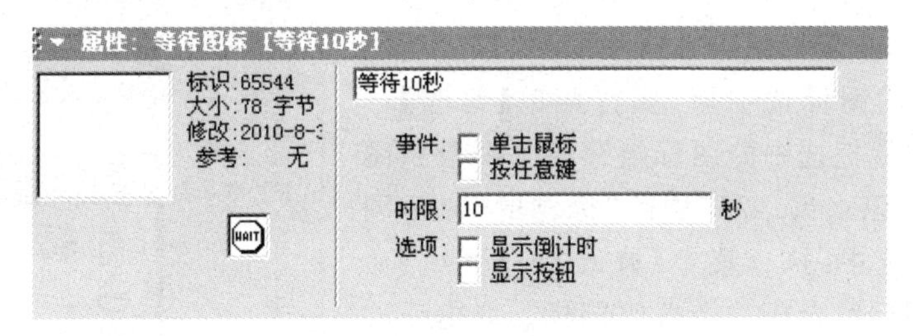

图 4-10 等待图标的属性设置

④ 拖曳一个擦除图标到流程线上等待图标的下面，命名为“擦除车 1”。双击“车 1”显示图标，打开演示窗口。单击“擦除车 1”擦除图标，单击演示窗口出现的名车图片为擦除对象，设置擦除特效为“马赛克效果”，如图 4-11 所示。

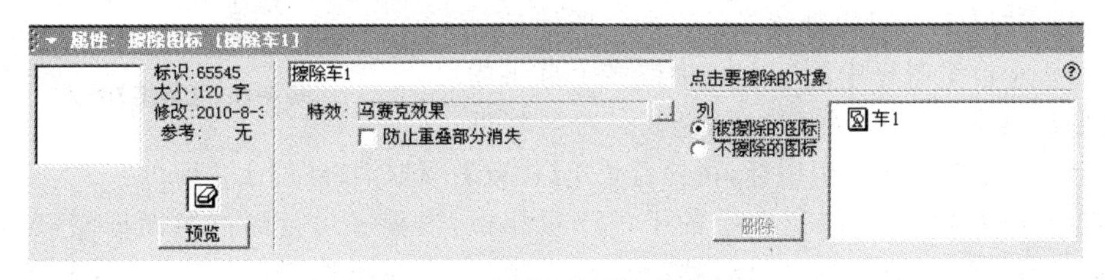

图 4-11 擦除图标的属性设置

⑤ 重复步骤②～④，将显示图标、等待图标和擦除图标拖曳到流程线上，并重新命名，共 3 组。具体流程设计如图 4-12 所示。

⑥ 分别将名车的图片导入到名称为“车 2”、“车 3”、“车 4”的显示图标中。调整各张图片

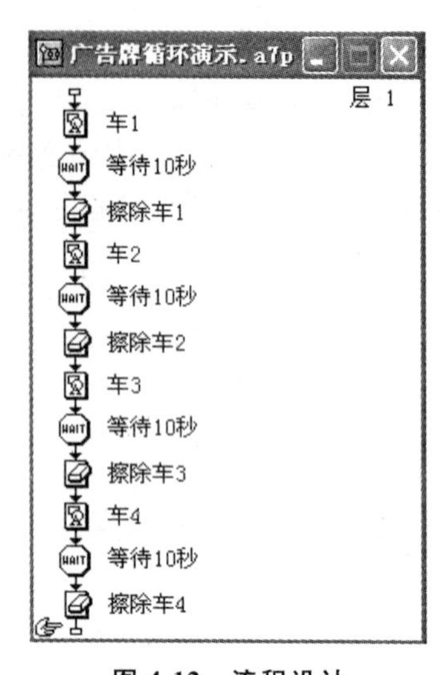

图 4-12 流程设计

的大小,与演示窗口的大小相同。设置显示特效均为“开门方式”。

⑦ 等待图标的设置与步骤③中的相同,设置等待时限为“10 秒”。

⑧ 名称为“擦除车 2”、“擦除车 3”、“擦除车 4”的擦除图标分别擦除名称为“车 2”、“车 3”、“车 4”的显示图标,设置擦除特效均为“马赛克效果”。

⑨ 拖曳一个计算图标到流程线上名称为“擦除车 4”的擦除图标的后面,命名为“从头开始”。双击计算图标,打开计算图标窗口,在代码编辑区中输入代码:Goto(Iconid@“车 1”)。其中 Goto 函数的功能是跳转到指定的图标继续执行。在这里将跳到第一个图标重新开始。

⑩ 运行程序,观看到 4 张名车图片循环演示。最后保存文件。

程序设计结束。

4.3 群组图标

Authorware 在设计程序时,会出现流程线上图标较多而屏幕无法完全显示的情况,此时可以利用群组图标将多个图标组合,使流程设计窗口更清晰,更具有可读性。

把图标组合成群组图标的方法很简单,只要把流程线上几个连续的图标选中后,执行菜单【修改】→【群组】命令,这样就把选中的图标组合成一个群组图标。如将课件“认识水果. a7p”中除“标题的”显示图标外的所有图标选中,执行菜单【修改】→【群组】命令,这时选中的图标组合成一个群组图标。双击该群组图标,会打开一个二级程序设计窗口,在该窗口的右上方有标志“层 2”,如图 4-13 所示。在流程线上可以放置图标继续进行程序设计,完成设计后关闭窗口,就回到一级程序设计窗口(主流程线所在的窗口右上方有标志“层 1”),可以继续设计。群组图标是允许嵌套的,一个群组图标中可以有一个或多个群组图标,嵌套层次越深,其窗口的层次就越高。若要将群组图标解组,只要先选中群组图标,再执行菜单【修改】→【取消群组】命令即可。

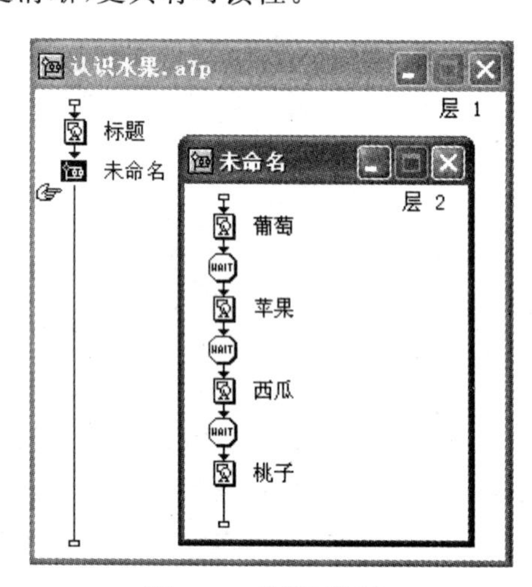

图 4-13 【群组】图标

群组图标的执行与高级语言中的子程序很相似,当程序运行到群组图标时,就进入群组图标,执行群组图标内部的图标,执行完群组图标后,跳出群组图标,继续执行流程线上该群组图标下面的图标。所以有了群组图标,使程序更容易模块化,流程更清晰,便于阅读。如例 4.2,我们把流程线上显示图标、等待图标、擦除图标三个图标进行群组,效果会更好,如图 4-14 所示。在后面的章节里有很多地方都用到群组图标,请读者细细体会模块化的程序设计思想。

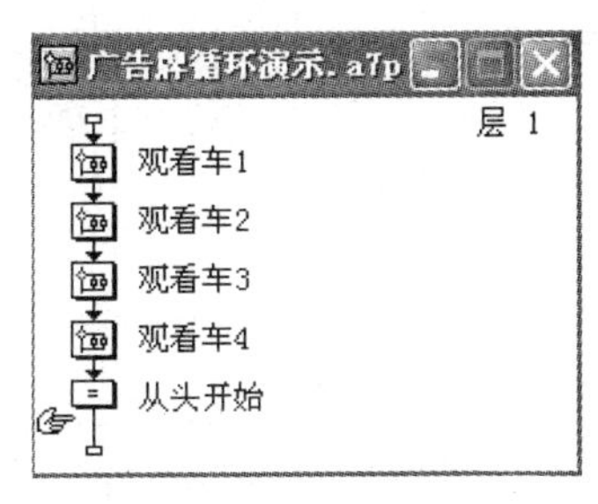

图 4-14 群组图标实例

4.4 计算图标

计算图标的功能很多,使用计算图标可以自定义变量、计算表达式的值、调用系统函数和系统变量、编写代码和添加注释等。

4.4.1 计算图标的属性

拖曳一个计算图标[=]到流程线上,将图标命名为"计算图标实例",窗口下方出现"属性:计算图标"面板,如图 4-15 所示。

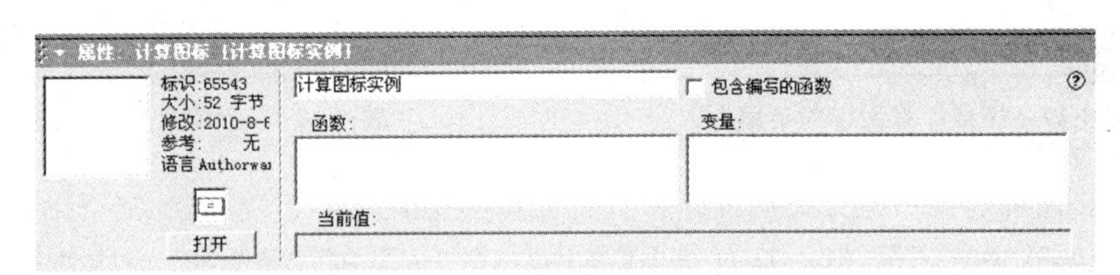

图 4-15 计算图标的属性面板

【打开】按钮:单击【打开】按钮可以打开计算图标。

【图标名称】文本框:属性面板上面的文本框,用于设置计算图标的名称。

【函数】列表框:列出该计算图标中使用的所有函数。

【变量】列表框:列出该计算图标中使用的所有变量。

【当前值】框:在【变量】列表框中选中某变量,【当前值】框中就会显示该变量的当前值,该值是只读的。

4.4.2 计算图标的使用

计算图标的使用方式有两种,一种方式是将计算图标拖放到流程线上。计算图标可以出现在流程线上的任何位置。双击计算图标,会出现计算图标窗口,如图 4-16 所示。该窗口由标题栏、工具栏、代码编辑区和状态栏组成。其中的代码编辑区是设计人员输入代码的区域。在代码编辑区可以为程序添加注释,如输入"--这是一个计算图标的例子",其中,两个减号是注释符;可以定义变量,如输入" x:=1 ";可以调用系统函数,如输入" quit() ",其中 quit( )是退出函数,其作用是退出程序。

关闭窗口后,出现要求保存的对话框,如图 4-17 所示。如果代码中包含了用户自定义变

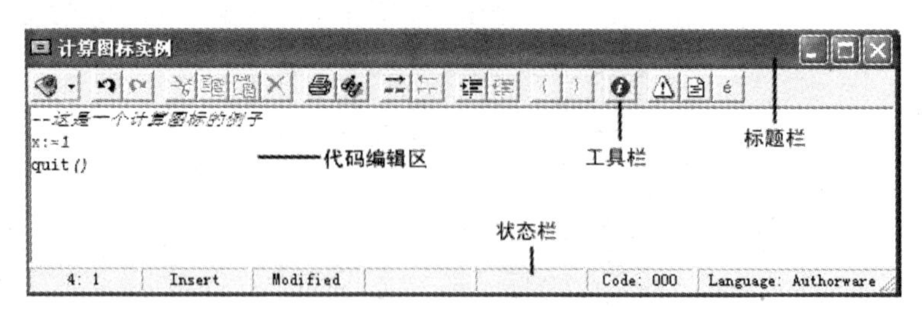

图 4-16　计算图标窗口

量并且是首次使用,则还会弹出新建变量对话框,需要为首次使用的变量命名、赋初值或给出变量的一些说明,如图 4-18 所示。

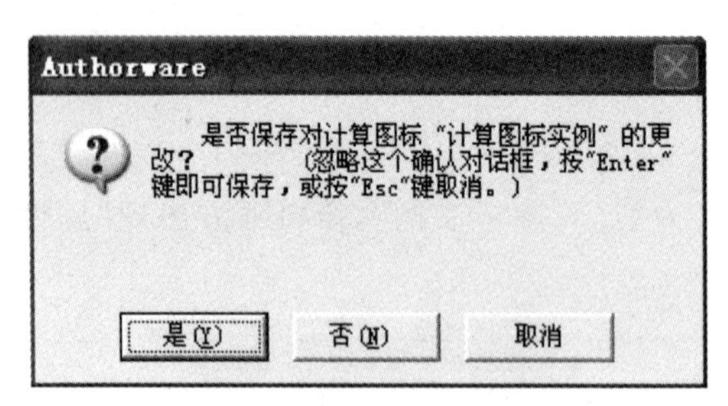

图 4-17　保存计算图标对话框

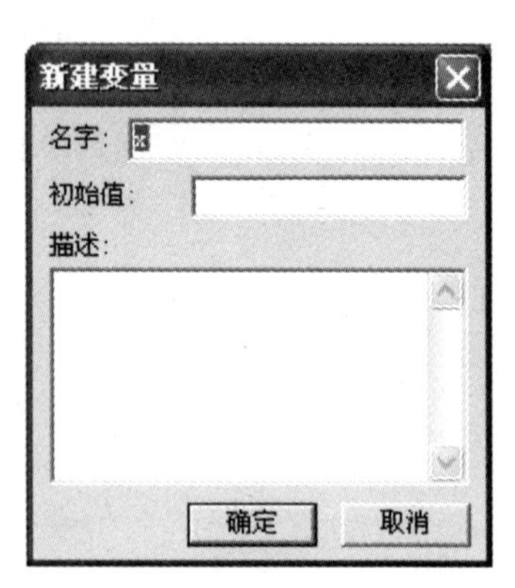

图 4-18　"新建变量"对话框

使用计算图标的另一种方式是将计算图标附着在其他图标上,若要将某个图标附着一个计算图标,只需选中该图标,然后执行菜单【修改】→【图标】→【计算】命令或按快捷键"Ctrl+="，就会出现计算图标窗口,这时就可以和第一种方式一样使用计算图标了。关闭窗口后,就可以在图标的左上角看到一个"="号,表明该图标被附着了计算图标,如图 4-19 所示。当执行到这个图标时,先执行计算图标,再执行所附着的这个图标。双击"=",就会打开计算图标窗口。若要将附着的计算图标删除,只要将计算图标窗口中的代码编辑区全部清除,关闭窗口后保存即可。

图 4-19　附着计算图标

4.5　课件制作实例——桂林山水

到目前为止,利用我们所学的知识已经可以制作简单的直线型课件了。直线型课件是一种结构简单的课件,整个流程按直线顺序向下依次运行,没有任何分支。这种课件制作过程简单,演示方便,在实际的教学活动中应用广泛。下面制作一个简单的直线型课件,希望读者通过课件的制作过程，更好地掌握群组、等待、计算和擦除图标。

例 4.3　制作直线型课件——桂林山水。

设计要求：制作一个展示桂林风光的直线型课件，程序运行无需控制，桂林山水的图片自动显示，图片之间的等待用变量控制。

具体制作步骤如下：

① 新建一个文件，单击工具栏上的【保存】按钮，弹出【保存文件】对话框，将文件保存为“桂林山水.a7p”。

② 从图标面板中拖曳四个群组图标到流程线上，对其分别命名，图标名称如图 4-20 所示。

图 4-20　设计流程

③ 双击名称为“界面”的群组图标，打开流程设计窗口。从图标面板拖曳一个显示图标到流程线上，命名为“背景”。双击“背景”显示图标，打开演示窗口，导入图片“封面.jpg”，调整与演示窗口同样大小。

从图标面板拖曳一个等待图标到流程线上，窗口下面出现等待图标的属性面板。设置时限为 1 秒，其他项都不选中。

从图标面板拖曳一个显示图标到流程线上，命名为“文字”。双击“文字”显示图标，打开演示窗口，输入文字“桂林山水”，设置字体为“黑体”、字号为 60 磅。在窗口下面出现的显示图标属性面板中，设置显示特效为“开门方式”。

从图标面板拖曳一个等待图标到流程线上，窗口下面出现等待图标的属性面板。设置如图 4-21 所示。

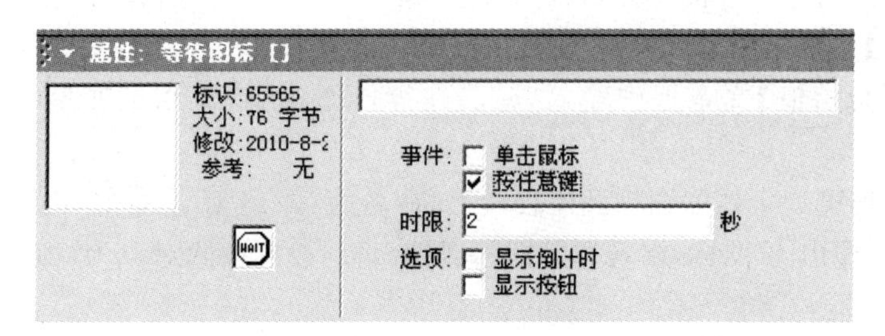

图 4-21　等待图标的设置

从图标面板拖曳一个擦除图标到流程线上，命名为“擦除背景和文字”。单击工具栏上的【运行】按钮，运行程序，当程序运行到“擦除背景和文字”擦除图标时，自动停下来。同时下方出现擦除图标的属性面板。在演示窗口中单击要擦除的内容，相应的图标出现在擦除列表中，同时设置擦除特效。具体设置如图 4-22 所示，可以单击属性面板左边的【预览】按钮，进行预览。

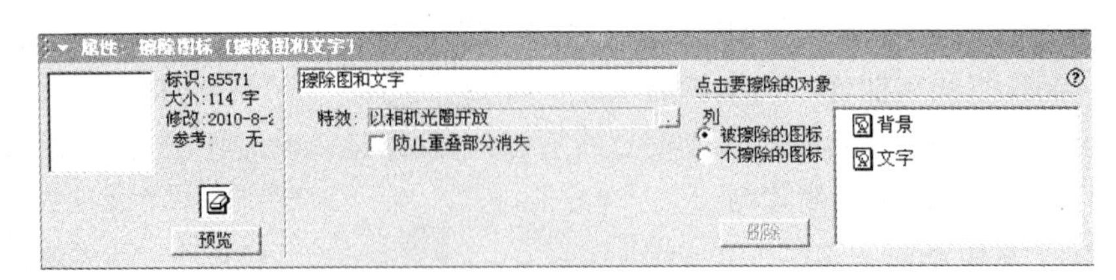

图 4-22　擦除图标的设置

④ 双击名称为“桂林山”的群组图标,打开流程设计窗口。从图标面板拖曳一个显示图标到流程线上,命名为“桂林的山”。双击“桂林的山”显示图标,打开演示窗口。输入文字“桂林的山”,设置字体为“黑体”、字号为 48 磅,调整文字纵向排列。

从图标面板拖曳一个等待图标到流程线上,窗口下面出现等待图标的属性面板。设置时限为 2 秒,其他项都不选。

从图标面板拖曳一个显示图标到流程线上,命名为“山 1”。双击“山 1”显示图标,打开演示窗口,导入图片“山 1.jpg”。双击图片,弹出“属性: 图像”对话框,选择【版面布局】选项卡。设置图片的位置和大小,如图 4-23 所示。在显示图标属性面板中设置显示特效为“水平百叶窗式”。

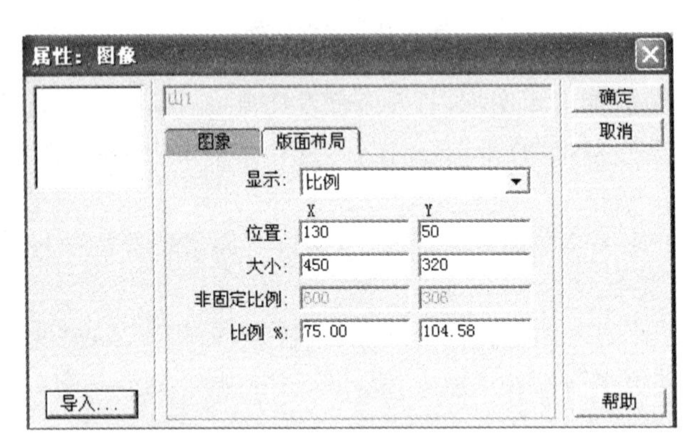

图 4-23　图像的设置

从图标面板拖曳一个等待图标到流程线上,窗口下面出现等待图标的属性面板。在属性面板中,在【时限】文本框中输入变量“x”,在其他位置处单击,出现如图 4-18 所示的“新建变量”对话框。在【初始值】文本框中输入“5”。在等待图标中,使用了变量“x”来控制等待的时限。

从图标面板拖曳一个擦除图标到流程线上,命名为“擦山 1”。双击“山 1”显示图标,打开演示窗口。单击“擦山 1”图标,出现擦除图标属性面板,设置擦除对象为“山 1”显示图标,擦除特效为“关门方式”。

在流程线上拖曳三个图标:显示图标(名称为“山 2”)、等待图标和擦除图标(名称为“擦山 2”)。显示图标中导入图片“山 2”,图片的大小位置和显示特效同“山 1”显示图标。等待图标的设置,时限为 x 秒,其他项不选。擦除图标设置擦除对象为“山 2”。

在流程线上再拖曳三个图标:显示图标(名称为“山 3”)、等待图标和擦除图标(名称为“擦山 3”)。显示图标中导入图片“山 3”,图片的大小位置和显示特效同“山 1”显示图标。等待图标的设置，时限为 x 秒，其他项不选。擦除图标设置擦除对象为“山 3”。

⑤ “桂林水”群组图标中的内容与“桂林山”群组图标中的内容类似。流程如图 4-24 所示。

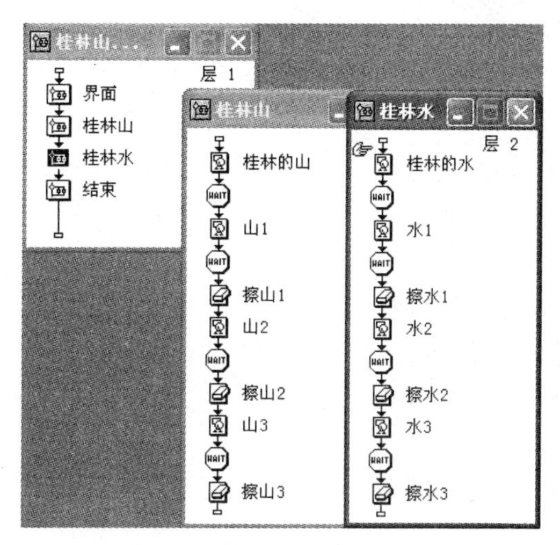

图 4-24 流程设计

⑥ 双击名称为“结束”的群组图标，打开流程设计窗口。从图标面板拖曳一个显示图标到流程线上，命名为“封底”。双击“封底”显示图标，打开演示窗口，导入图片“封底.jpg”，调整与演示窗口同样大小。

从图标面板拖曳一个等待图标到流程线上，窗口下面出现等待图标的属性面板。设置时限为 5 秒，其他项都不选。

从图标面板拖曳一个计算图标到流程线上，命名为“退出”。双击计算图标，打开计算图标窗口，在代码编辑区中输入代码：Quit()。

关闭窗口，保存设置。

⑦ 至此程序设计完成，运行程序观看结果。若满意，则保存程序。

注意：等待图标中的变量初始值为 5 秒，如果感觉效果不好，可以在流程线的最上方插入计算图标，对变量初始值进行设定。假设变量初始值要设为 10 秒，打开计算图标窗口，在代码编辑区中输入代码：x=10。

程序设计结束。

习题 4

一、选择题

1. 下列(　　)方式不属于等待图标的控制方法。

A. 单击鼠标　　B. 单击按钮　　C. 等待时间　　D. 等待条件

2. 利用计算图标为程序添加注释，需要在语句前面添加(　　)。

A. /*　　B. --　　C. (　　D. %

3. 是(　　)图标。

A. 计算图标　　B. 群组图标　　C. 显示图标　　D. 等待图标

4. 以下(　　)是擦除图标。

A.　　B.　　C.　　D.

5. Quit()函数的作用是(　　)。

A. 交互　　B. 显示　　C. 退出　　D. 等待

二、填空题

1. 有时等待图标属性面板中的【时限】文本框中无法输入数字，如果想正确输入数字，必须将输入法切换到________输入法状态。

2. 计算图标的使用方式有________和________两种。

3. 将群组图标解组(取消群组)，应使用________命令。

4. 要想调整等待图标中继续按钮的位置，须单击控制面板上的________按钮停止程序运行后，才可以拖动改变其位置，或运行程序，按________组合键来完成。

三、上机练习

1. 课件实例：正方形和矩形的关系。

设计要求：

(1) 流程线上添加三个显示图标。在第一个显示图标中画一个黄色的正方形，第二、三个显示图标中分别画一个红色的矩形和一个紫色的矩形，两个矩形大小相同，长宽比均为 2∶1，将两个矩形上下摆放，组成一个正方形，将黄色的正方形正好覆盖。

(2) 流程线上添加一个等待图标，设置等待时间为“2 秒”。

(3) 流程线上添加两个擦除图标，一个用来擦除红色的矩形，擦除特效为从上往下，一个用来擦除紫色的矩形，擦除特效为从下往上。

(4) 运行程序，保存文件为“正方形和矩形的关系. a7p”。运行效果及流程如图 4-25 所示。

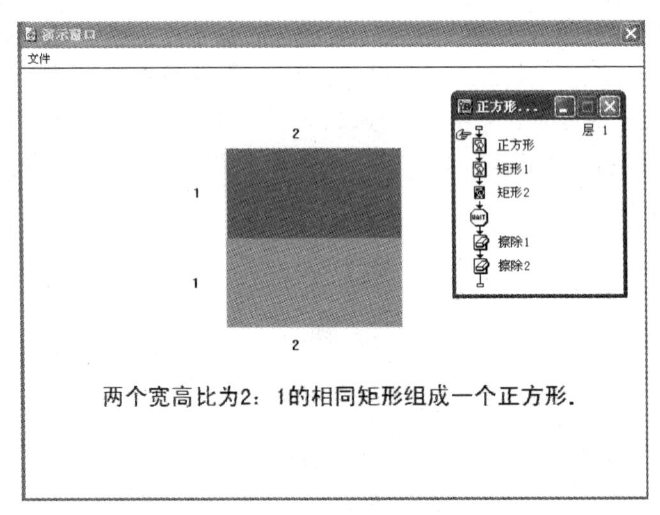

图 4-25　运行效果及流程

2. 制作幻灯片(练习等待图标的控制方法)，使图片循环展示。

设计要求：使用显示图标和等待图标，制作幻灯片展示的实例。要求至少显示 5 张生活图片，展示时每张图片的大小相同，并使用不同的显示特效。等待图标分别使用按钮、鼠标、键盘和时间来控制等待方式，最后使用 GoTo 函数，使图片循环演示。

3. 制作课件——花卉展览。

设计要求：制作一个花卉展览的课件。要求使用四组显示图标、等待图标、擦除图标（放在群组图标中），能依次展示四张花卉图片，要求设置不同的显示特效和擦除特效，等待图标均采用按钮控制，按钮的位置要一致。最后使用计算图标，使程序自动退出。运行效果及流程如图 4-26 所示。

图 4-26　运行效果及流程

第五章　移动图标的应用

在多媒体软件设计中，动画已经成了一个十分基本的要素。动画比之静止的画面更具有吸引力，动画的运用可以激发学生的学习兴趣。

Authorware 提供的移动图标可以控制演示窗口中的应用对象按照指定的路径及方向移动，从而产生动画效果。

5.1　关于移动图标

在 Authorware 程序中，利用移动图标可以把显示对象从演示窗口的一个位置以指定的方式移动到另一个位置。移动图标可以控制对象移动的时间、速度、基点、终点、路径，但却没有办法改变对象的尺寸、形状等，这实际上是一种二维路径动画，简单而实用。将移动图标与变量、函数有机地结合可以获得更加理想的动画效果。如果想要设计复杂多变的动画，Authorware 就无能为力了，还需借助专门的动画制作软件。

本节将重点介绍移动图标的功能和属性。

5.1.1　移动图标的功能

移动图标本身并不包含要移动的对象，它只是移动包含在其他图标中的显示对象。一个移动图标只能移动一个显示图标或交互图标中全部的对象。如果想移动单个的对象，则必须将该单个的对象单独放到一个显示图标中。多个移动图标可以作用于同一个显示对象，并且可以使用不同的移动方式，但在同一时间，只能有一个移动图标对同一个显示对象起作用。

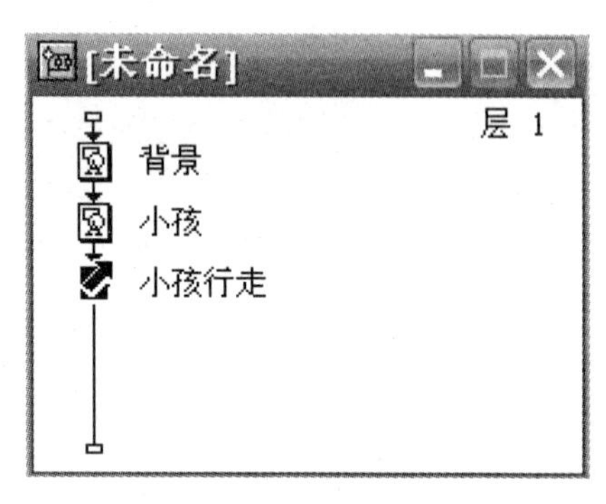

图 5-1　流程线上的图标

要想移动某个图标中的显示对象（这里包括图像和文本），就必须要将移动图标放到该图标的后面，如图 5-1 所示。要想移动多个对象，则需要将多个对象放到不同的图标中，并且使用多个移动图标来控制它们。

Authorware 的移动图标提供 5 种移动方式。它们是“指向固定点”（两点间的运动），“指向固定直线上的某点”（点到直线上计算点的运动），“指向固定区域内的某点”（点到矩形区域内计算点的运动），“指向固定路径的终点”（沿任意路径到终点）和“指向固定路径上的任意点”（沿任意路径到指定点）。

5.1.2　移动图标的属性

要想正确使用移动图标，属性设置是必不可少的，只有属性设置正确了，才能获得有效合理的动画效果。双击流程线上的移动图标可打开其对应的“属性：移动图标”面板，如图 5-2 所示。

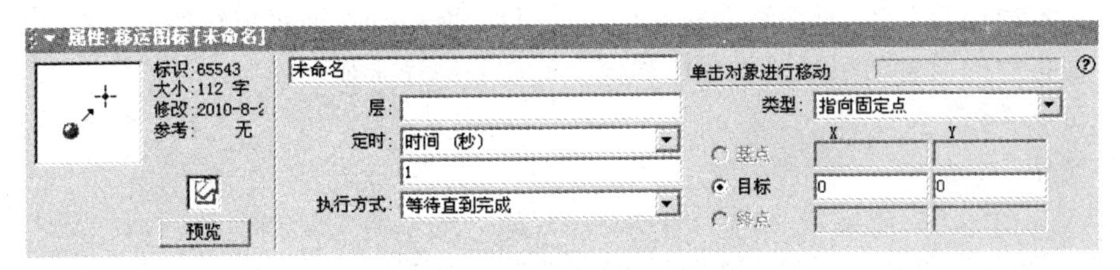

图 5-2　“属性：移动图标”面板

在图 5-2 所示属性面板的右上方，可以看到这样的提示项即【单击对象进行移动】，该项内容就要求选择移动对象，这一项操作也是制作动画的前提步骤。比如，双击图 5-1 所示流程线上的“小孩行走”图标，就会打开该图标对应的属性面板，同时会自动打开演示窗口，可以单击演示窗口中出现的小孩图像，此时在属性面板左侧的预览窗口中出现了刚刚单击过的小孩图像，这就意味着小孩图像被作为移动对象了，如图 5-3 所示。

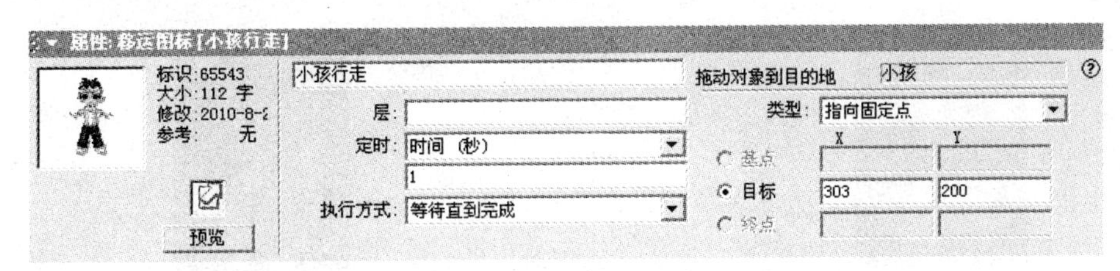

图 5-3　选取移动对象后的属性面板

选取移动对象后，就可以进行动画的设计了，下面介绍属性面板的各项设置。

1. 【类型】选择框

移动图标可以设置 5 种类型的移动方式。用户可以在“属性”面板的【类型】下拉列表中进行选择，如图 5-4 所示。

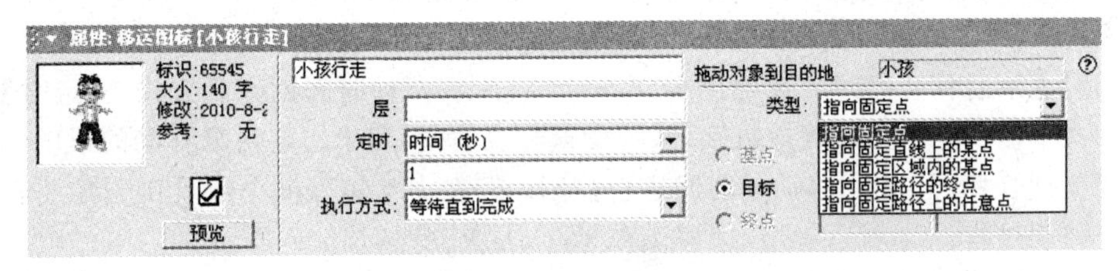

图 5-4　选择移动类型

类型下拉列表的区域(包括【基点】、【目标】和【终点】)用于对移动的起点和终点坐标进行设置，不同的移动类型，会有不同的设置项。

2. 【层】输入框

【层】选项为设置层次的文本框，在该文本框中输入要移动的对象在演示窗口中显示时所处的层。在设置对象移动的动画效果时，如果同时有多个显示对象，则很容易会出现不同显示对象之间的重叠现象。在重叠时为了决定哪个显示对象在上面、哪个显示对象在下面，以产生不同的动画效果，Authorware 提供了层的概念，利用显示对象层次的高低来决定重叠时它们之间的关系。当两个显示对象重叠时,层次级别高的显示对象显示在层次级别低的显示对象的上面。显示对象的层次可以设置为正整数、负整数和零,默认值为零。

这里设置的层级关系,只在移动时起作用。当移动停止时,演示窗口的静止对象按照各图标"属性"面板中的设置的层级关系或流程线上的放置顺序来显示。

例 5.1 对象移动过程中层的运用。

具体制作步骤如下:

① 新建一个文件,命名为"移动中运用层.a7p"。拖曳两个显示图标到流程线上,分别命名为"球"和"矩形",再拖曳一个移动图标,命名为"移动球"。

② 在两个【显示】图标中分别绘制球形和矩形,对象在静止时的显示效果如图 5-5 所示。

③ 在"移动球"图标的【属性】面板中,选择球为移动对象,在【层】文本框中输入"3"。

④ 运行程序,移动开始后,球将位于演示窗口的最上层,如图 5-6 所示。

程序设计结束。

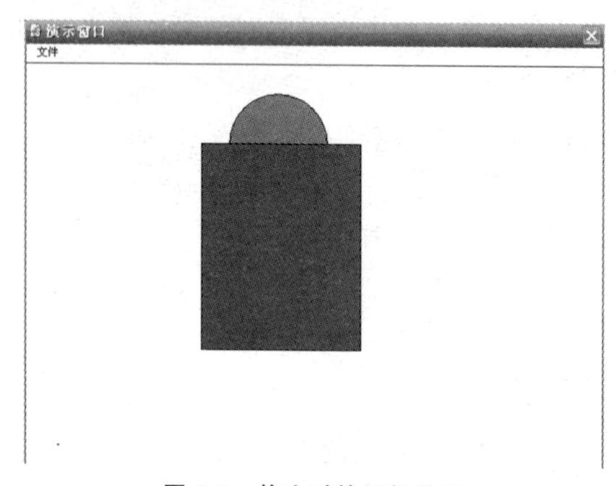

图 5-5 静止时的层级关系

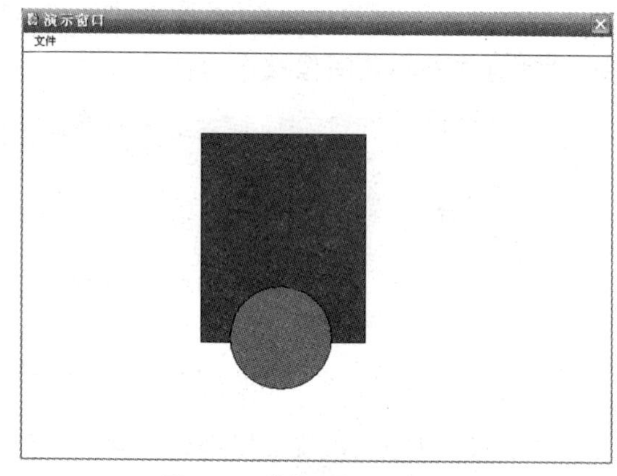

图 5-6 移动时的层级关系

需要注意的是在设置移动层时,当对象所在显示图标的属性面板中的【直接写屏】复选框被选中时,这里的移动层数无论设置为多少,对象都将被显示在最上面。

3.【定时】控制选项

【定时】表示对移动时间的选项控制,Authorware 有两种时间的控制方式。【定时】下拉列表下面的文本输入框中可以输入数字、系统变量和表达式,用于指定对象移动的速度。

选择"时间(秒)":使用移动的时间进行控制。若在文本输入框中输入 6,对象将在 6 秒钟完成整个移动过程。

选择"速率(in/sec)":使用移动速率(英寸/秒)来进行控制。若在文本输入框中输入"6",对象将以每秒移动 6 英寸的速率完成整个移动过程。

4.【执行方式】选项

【执行方式】选项的功能是决定对象开始移动后,Authorware 程序中的其他图标是否并发执行。除了"指向固定点"运动以外的其他 4 种运动方式的【执行方式】均有 3 种选项。

"等待直到完成":选择该项后,在该移动图标执行时,须等到该移动图标完成后,再执行下一个图标。

"同时":选择该项后,在该移动图标执行时,继续执行下一个图标。

"永久":选择该项后,Authorware 会持续移动指定对象,除非其被擦除。

5.2 “指向固定点”的运动

指向固定点是 Authorware 的默认对象移动方式，该方式使对象从起点移动到目标点，做两点间的匀速直线运动。

5.2.1 “指向固定点”的属性

指向固定点运动方式设置的结果是使移动对象从原来的位置沿一条直线移动到终点。

双击图 5-1 所示流程线上的“小孩行走”图标，打开移动属性面板，【类型】后面默认显示的是“指向固定点”，如图 5-7 所示。

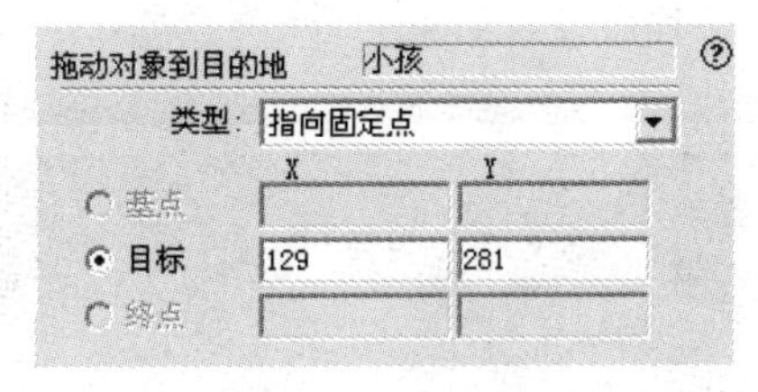

图 5-7 属性面板

在【类型】下拉列表框的下面，有三个设置项分别为：【基点】、【目标】和【终点】，但此时【基点】和【终点】的设置区呈灰色显示，表示不可进行设置，只有【目标】设置区被激活，该设置区的两个文本框中的数字表示移动对象最终停留的位置。位置是用(x,y)的坐标形式表示的，演示窗口的左上角的位置是(0,0)，即坐标原点，向下是 y 轴的正方向，向右是 x 轴的正方向。窗口的默认大小为 640×480 像素。

5.2.2 实例制作

下面将通过小孩行走和升旗两个实例，就指向固定点的运动做详细介绍。

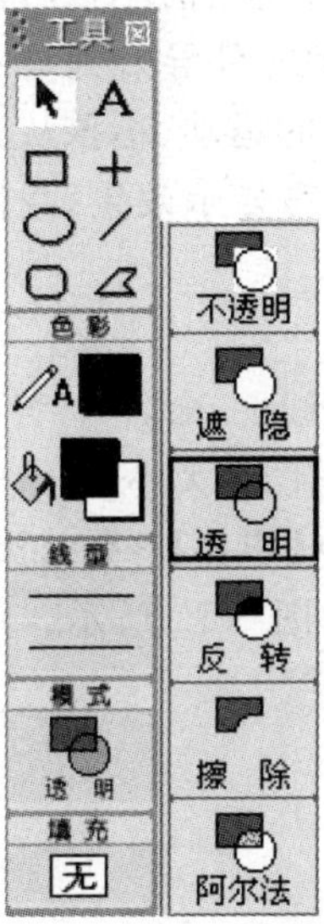

例 5.2 实现小孩从左向右的直线运动。

设计要求：实现卡通人物小男孩从左向右做匀速直线运动。

具体制作步骤如下：

① 新建一个文件，命名为“小孩行走. a7p”。拖曳两个显示图标和一个移动图标到流程线上，如图 5-1 所示。

② 双击“背景”图标，打开演示窗口，导入一个名为“动画. GIF”的图像做背景，调整图像大小使之占满整个演示窗口。

③ 用同样的方法，在“小孩”图标中导入一个小男孩的图像，将图像调整到适当的位置，选中该图像，在绘图工具箱找到“模式”面板把模式设置为“透明”，如图 5-8 所示，这样图像的白色背景就看不到了。

图 5-8 “透明”模式设置

④ 双击“小孩行走”图标，打开移动属性面板，此时单击演示窗口中的小孩图像，把小孩图像作为移动对象，在【类型】下拉列表框中选择“指向固定点”，拖动小孩图像到目标位置，【定时】选项设置为“时间(秒)”，然后在“时间(秒)”下面的文本框内输入数字“3”，表示运动时间为 3 秒，如图 5-9 所示。如果将时间设置为 0 秒，可以获得对象从起点直接跳到终点的效果。

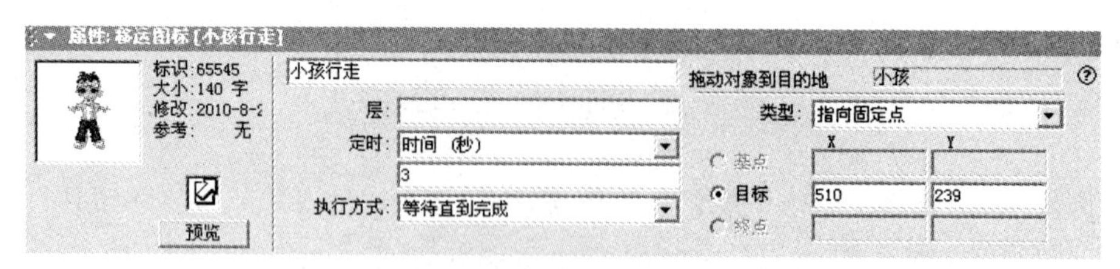

图 5-9 设置移动属性

⑤ 运动前的画面效果如图 5-10 所示,单击工具栏上的【运行】按钮运行程序,动画完成后的画面效果如图 5-11 所示。

程序设计结束。

图 5-10 运行前的效果图

图 5-11 运行后的效果图

本实例的制作,还可以用另外一种不同的效果显示出来。在动画中所使用的小孩图像是 GIF 类型文件,这类文件本身就设计了一些动画在里面,如果把 GIF 类型文件导入到显示图标中,那么它自身的动画效果就看不到了,学生看到的只是一个静态图像的运动,小孩从左向右移动的过程中会始终保持一个姿势,为了看到 GIF 图像更具魅力的动态显示效果,我们给出本实例的另外一种制作方法。

具体制作步骤如下:

① 新建一个文件,命名为"小孩行走 1. a7p"。拖曳一个显示图标到流程线上,命名为"背景",用上面做过的方法在"背景"图标中导入一个名为"动画. GIF"的图像,并调整图像大小。

② 将"手型"指针指到流程线上"背景"图标的下面,然后选择【插入】→【媒体】→【Animated GIF Asset Properties】菜单命令,此时,会弹出 GIF 属性设置对话框,如图 5-12 所示。单击

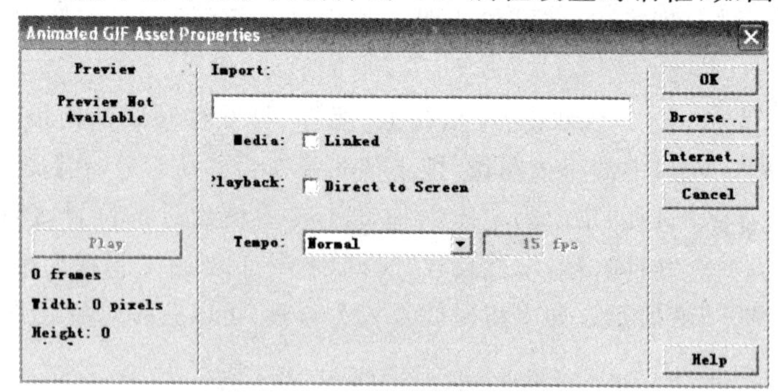

图 5-12 GIF 属性设置对话框

【Browse】按钮，会弹出打开GIF文件对话框，如图 5-13 所示，选择文件列表中名为“小孩”的文件。单击【打开】按钮，会看到图 5-14 所示对话框中【Import】下面的文本框中显示出了导入文件的路径和文件名。单击【OK】按钮，会看到流程线上添加了一个 GIF 图标，可以将该图标命名为“运动的小孩”。

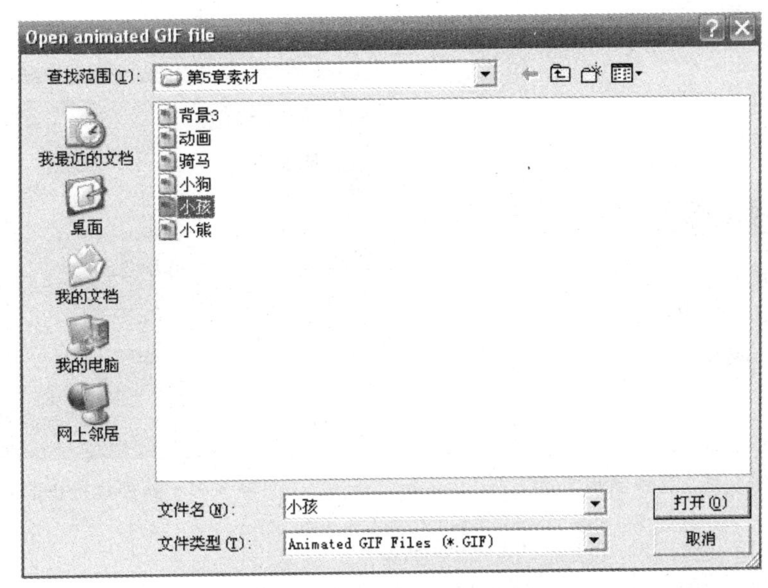

图 5-13　打开 GIF 文件对话框

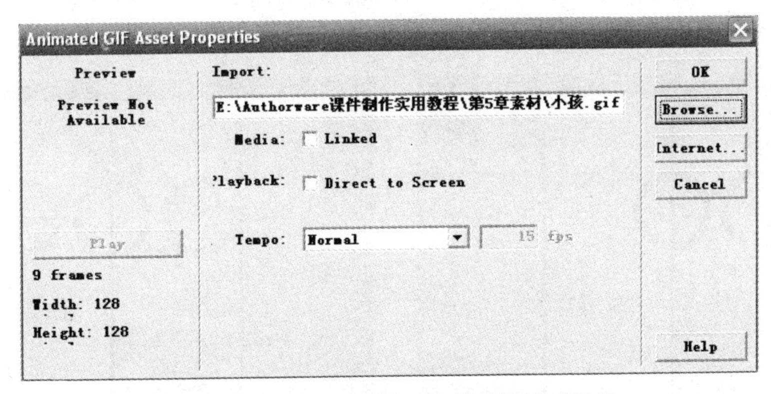

图 5-14　导入文件后的 GIF 属性设置对话框

③ 双击“运动的小孩”图标，弹出“属性：功能图标”面板，单击【显示】选项卡，设置【模式】选项为“透明”，如图 5-15 所示。这样图像的白色背景就看不到了，单击【运行】工具按钮，运行程序，在演示窗口中调整小孩图像的位置到运动的起点。

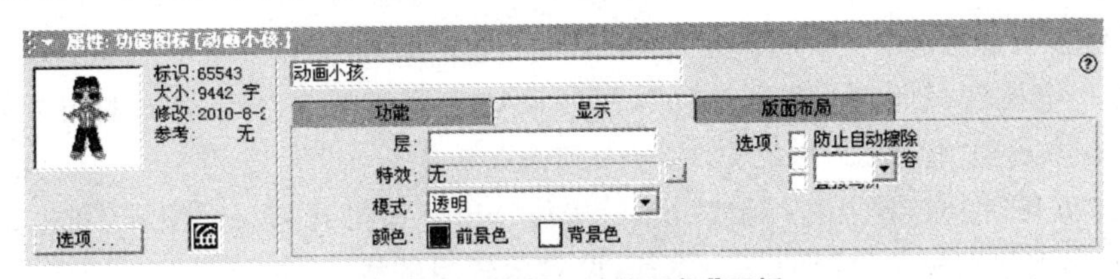

图 5-15　“属性：功能图标”面板

④ 在"运动的小孩"图标下面拖曳一个移动图标并命名为"小孩行走",程序流程如图 5-16 所示,"小孩行走"图标与图 5-9 的设置相同,并拖动小孩到目的地的位置。

⑤ 单击工具栏上的【运行】按钮运行程序,可以看到小孩一边挥舞手脚运动,一边向右沿直线移动,动画运行中的画面效果如图 5-17 所示。

程序设计结束。

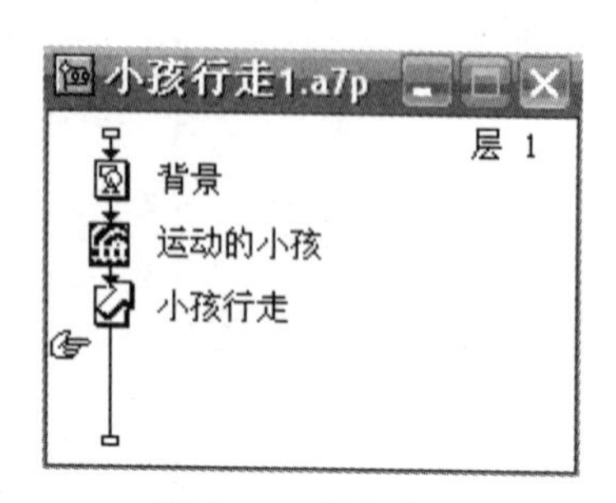

图 5-16 程序流程

图 5-17 程序运行中的效果

例 5.3 利用点到点的直线运动制作升旗场景。

在体育比赛中经常能够看到升旗的场面,本例可以利用移动图标模拟升旗的场景。在介绍制作步骤之前,我们先来看一下动画开始时的效果,如图 5-18 所示,升旗后的显示效果,如图 5-19 所示。

图 5-18 程序运行初始画面

图 5-19 程序运行后的画面

程序流程如图 5-20 所示。

具体制作步骤如下:

① 新建一个文件,命名为"升旗.a7p",程序设计流程如图 5-20 所示。打开"背景"图标,在素材文件夹中找到"背景 6.JPG"文件,导入到该图标中。

② 打开"五环"图标,导入五环图片,然后按住"Shift"键打开"旗杆"图标,利用直线工具绘制三个旗杆,选中该图标中绘制的三个旗杆,设置为较粗的线条,如图 5-21 所示。

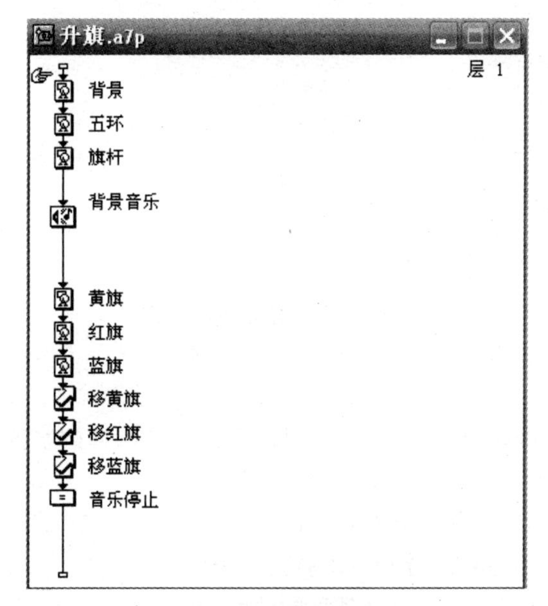

图 5-20 程序流程

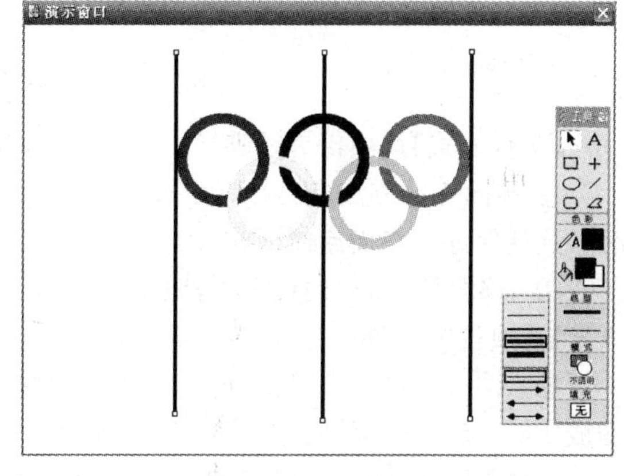

图 5-21 编辑旗杆

③ 双击打开"背景音乐"音频图标，弹出"属性：声音图标"面板，单击【导入】按钮，出现导入文件对话框，在素材文件夹中找到"背景音乐. MP3"文件，然后单击【导入】按钮，回到【属性：声音图标】面板，如图 5-22 所示。

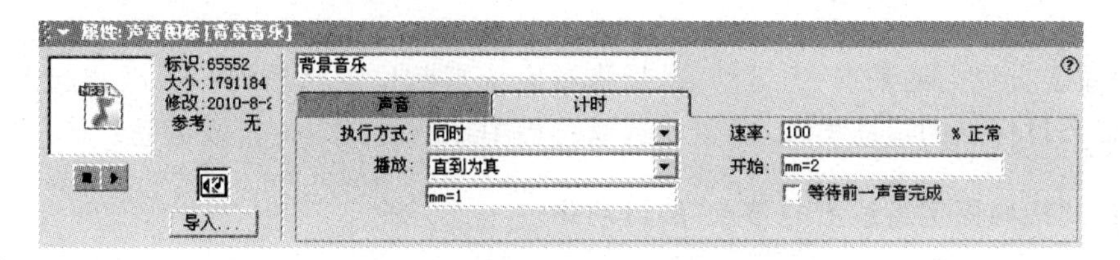

图 5-22 设置"属性：声音图标"面板

在图 5-22 的属性面板中，可以看到导入的声音文件名出现在属性面板中间上方的文本框中。

【执行方式】选项设为"同时"，表示"背景音乐"图标执行的时候，同时执行该图标下面的其他图标。

【播放】选项设为"直到为真"，表示为声音文件的播放设置了条件，当条件为"真"时，停止播放声音文件，"直到为真"下方的本文框内输入播放条件"mm＝1"，表示当变量 mm 的值变为 1 时，声音文件的播放就会停止。

【速率】后面的文本框内输入"100"，表示声音文件以正常的速度播放。

【开始】选项的文本框内输入"mm＝2"，表示当变量 mm 的值为 2 时，音频图标开始播放。变量 mm 的初值设为 2。

④ 在"黄旗"、"红旗"和"蓝旗"三个图标中，利用"矩形"和"斜线"工具，分别绘制出如图 5-18 所示的三面旗帜。

⑤ 双击"移黄旗"图标，打开"属性：移动图标"面板，选择黄旗作为移动对象，然后将其拖

曳到目标位置,其他设置如图 5-23 所示。

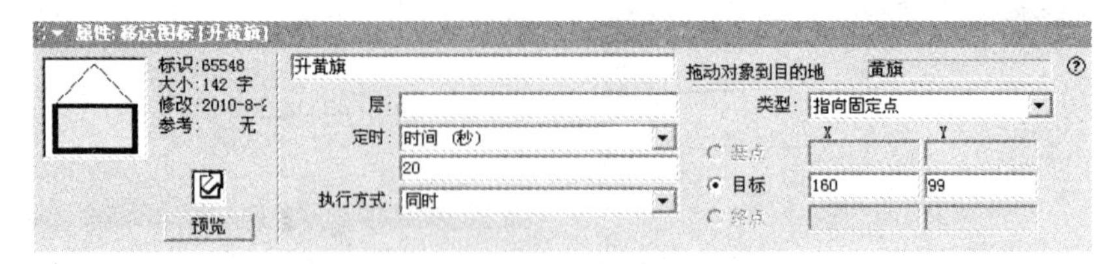

图 5-23 设置"属性: 移动图标"面板

【执行方式】选项设为"同时",表示该图标执行的时候,其下方的其他图标同时执行。

⑥ 用同样的方法,设置"移红旗"图标,运动时间设为 20 秒,【执行方式】选项也设为"同时",这就保证了三面旗能同时开始升起。

⑦ "移蓝旗"图标的设置方法也和其他两个移动图标一样,运动时间也设为 20 秒,【执行方式】选项设为"等待直到完成",表示该图标执行完成后,再去执行其下面的图标。

⑧ 双击名为"音乐停止"的计算图标,在代码编辑窗口中输入:mm=1,当变量 mm 的值变成 1 时,满足了"属性: 声音图标"中所设置的停止条件,背景音乐就会停止。

⑨ 运行程序,会看到三面旗帜在音乐声中徐徐升起,当旗升到目的地时,音乐也将停止。

程序设计结束。

同学们可以考虑制作 2008 年北京奥运会男子乒乓球的颁奖仪式的场景。

5.3 "指向固定直线上的某点"的运动

"指向固定直线上的某点"的运动,是指将对象从当前位置移动到一条已知起点和终点的直线上的某个目标点的运动类型,对象在运动过程中仍然是做匀速直线运动。

5.3.1 "指向固定直线上的某点"的运动属性

在流程线上添加一个移动图标,打开其对应的"属性: 移动图标"面板,在【类型】后面的下拉列表框中选择"指向固定直线上的某点"的运动方式,如图 5-24 所示。

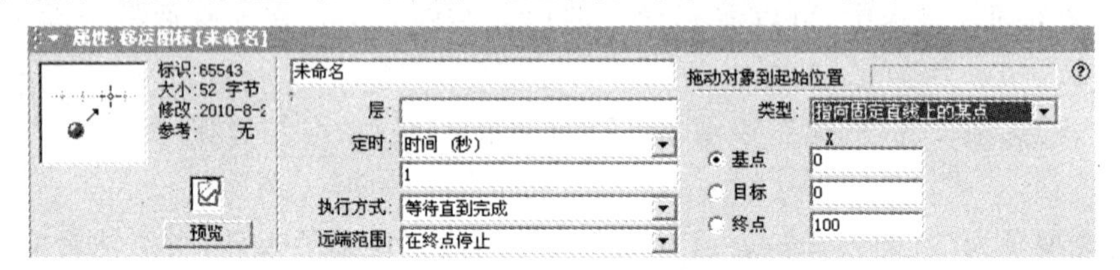

图 5-24 设置"属性: 移动图标"面板

此时的移动属性面板与图 5-2 中所示相比,左侧预览窗口中的样式有了改变,右侧关于移动位置的设置项发生了改变,此时【基点】、【目标】和【终点】设置项都处于激活状态,运动的对象最终要停留在以基点和终点为两个端点的线段上,运动对象在线段上停留的位置即为目标点。

【执行方式】下拉列表框有三项内容,分别为"等待直到完成"、"同时"、"永久",假若选择"永久"选项,则当该移动图标执行时,如果给定的表达式为真,则将执行对象的移动。此后在程序的运行过程中,Authorware 将时刻监视着设置有【永久】选项的移动图标的触发条件,一旦条件值为真,则 Authorware 自动执行该移动图标来移动显示对象,直到该显示对象被删除，或者由另一个移动图标来取代对该显示对象的移动控制。

在【执行方式】选项下面多了一个【远端范围】下拉列表框，【远端范围】下拉列表给出了当【目标】值超过预先设置的【基点】和【终点】值时的处理方式。其中共有三个选项，分别是“循环”、“在终点停止”和“到上一终点”。其中“在终点停止”表示将对象移到终点处就停止移动，即当【目标】值大于【终点】值时，对象将停留在终点位置，而不会继续向前移动。

5.3.2　实例制作

本小节将通过小熊入盒的实例来详细讲解“指向固定直线上的某点”运动设计的具体过程。

例 5.4　设计制作小熊随机进入等间距房间的动画。

设计要求：本例中在演示窗口的下侧放置了四个代表房间的等间距的正方形框，顺序编号为“1”、“2”、“3”、“4”。程序运行后，小熊会随机进到某一房间当中。

具体制作步骤如下：

① 新建一个文件，命名为“小熊进入房间.a7p”。拖曳一个显示图标到流程线上，命名为“背景”，打开“背景”图标，将素材文件夹中的“背景 5.JPG”文件导入到演示窗口中。

② 拖曳一个显示图标到流程线上，命名为“房子”。双击打开“背景”图标，然后按住“Shift”键，双击打开“房子”图标，对“房子”图标进行编辑，但背景依然保留在演示窗口中，可以作为参照。在“房子”图标中绘制一个正方形，填充颜色为深绿色。选中正方形并进行复制，然后粘贴三次，这样演示窗口中就有四个正方形了，利用文本工具在每个正方形上添加数字编号，将每个数字与其所对应的房子构成一个群组。将这四个正方形排列开，但要想让它们等间距排列在一条直线上，还需选中四个正方形，然后选择【修改】→【排列】菜单命令，弹出排列对象面板，如图 5-25 所示，依次选择“顶部对齐”和“水平等间距对齐”，排列后的效果如图 5-26 所示。

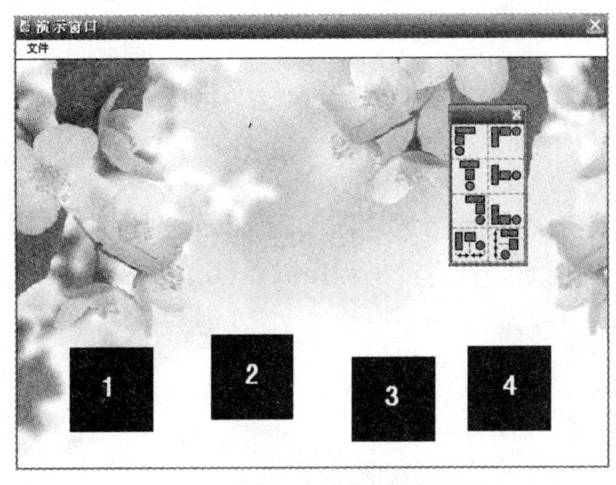

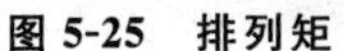

图 5-25　排列矩

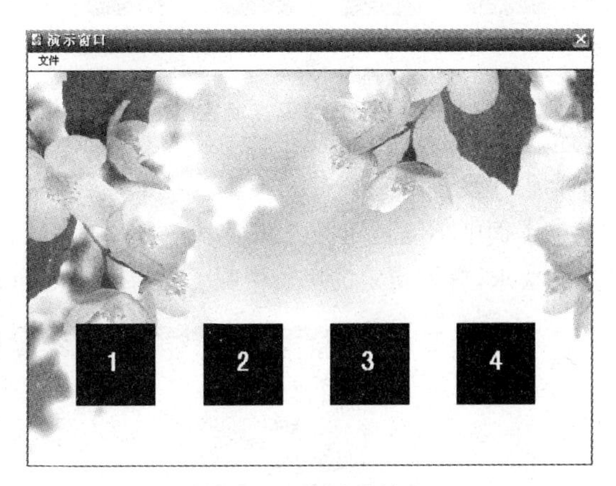

图 5-26　排列后效果

③ 拖曳一个显示图标到流程线上，命名为“小熊”。将素材文件夹中的“小熊.GIF”图像文件导入到该图标，将小熊图像调整到演示窗口上方中间位置，并将【模式】选项设为“透明”。

④ 拖曳一个计算图标到流程线上，命名为“目标”。打开计算图标，在编辑窗中输入代码：mb=random(1,4,1)。这行代码表示会生成[1～4]范围内的一个随机整数赋给变量 mb。

⑤ 拖曳一个移动图标到流程线上,命名为“移动小熊”。双击该图标,弹出移动属性面板,先把小熊选做目标对象,所做设置如图 5-27 所示。

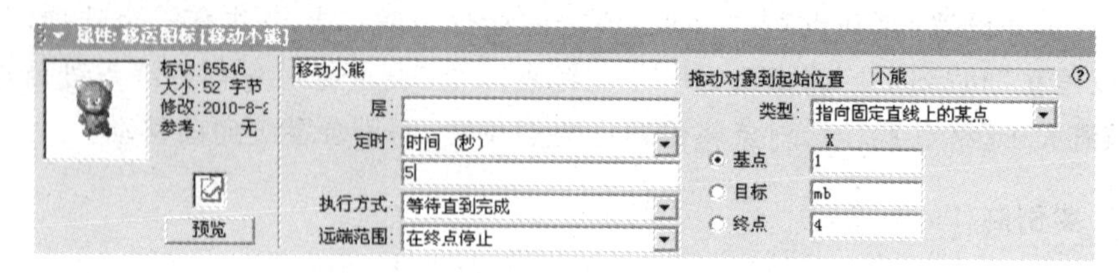

图 5-27　设置“属性: 移动图标”面板

⑥ 按照属性面板右上方的提示信息,单击【基点】单选按钮把小熊拖曳到起始位置(基点编号为 1 的正方形中心),单击【终点】单选按钮,把小熊拖曳到结束位置(终点编号为 4 的正方形中心)。这时,会看到以 1 号正方形为起点和 4 号正方形为终点的一条直线段,四个正方形就可以当做是线段上的四个等分点,如图 5-28 所示。小熊运动的目标就是这四个点中的某一个,也就是指向固定直线上的某点。

⑦ 运行程序,显示效果如图 5-29 所示。

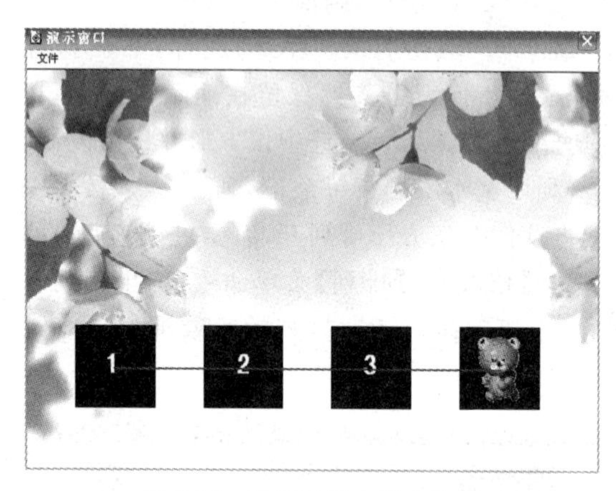

图 5-28　设置目标点所在直线

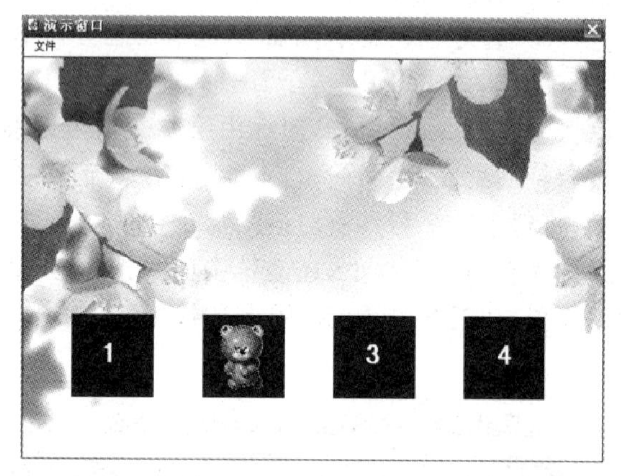

图 5-29　程序运行效果

程序设计结束。

本例中小熊是随机进入某个房子,小熊的行为具有不可预测性,可以试想能否让小熊按照用户的要求,进入指定的房子中呢? 结果是肯定可以实现的。首先给出程序流程,如图 5-30 所示。

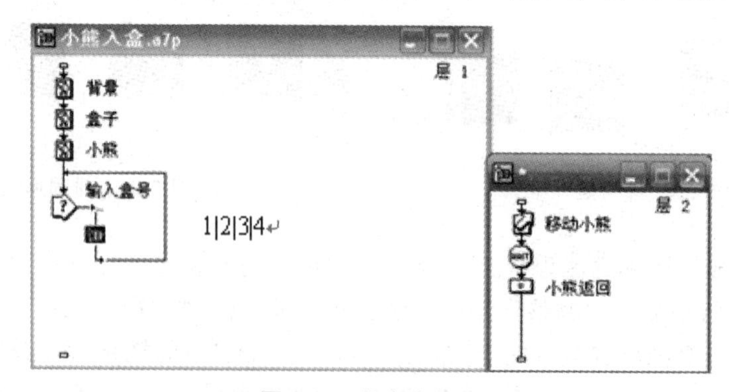

图 5-30　程序流程图

具体制作步骤如下：

步骤①、②、③与例 5.4 相同，因此，我们从步骤④开始介绍。

④ 拖曳一个交互图标到流程线的下方，命名为“输入房间号”。双击该图标，打开演示窗口，单击绘图工具箱的【文本】工具，在演示窗口输入文本“请输入房间编号：”。单击绘图工具箱的【选择】工具，选中文本将文本拖曳到演示窗口左下方的位置，并设置文本的字体为“楷体”、大小为 18。将一个带有向右箭头的虚线文本框拖动到“请输入房间编号：”文本的后面。

⑤ 拖曳一个群组图标到交互图标的右下方，出现一个“交互类型”对话框，将【文本输入】前面的单选钮选中，如图 5-31 所示，单击【确定】按钮，再将群组图标命名为“1|2|3|4”。

⑥ 双击群组图标，打开二级流程设计窗口。从图标栏中拖曳一个移动图标到二级流程线上，命名为“移动小熊”。双击该图标，打开移动图标属性面板，把演示窗口的小熊图像选做移动对象。在【类型】下拉列表框中选择“指向固定直线上的某点”。在【基点】后面的文本框中输入“1”，在【终点】后面的文本框中输入“4”，在【目标】后面的文本框中输入“EntryText”，单击【基点】单选按钮将小熊拖到编号为 1 的正方形中心，单击【终点】单选按钮，将小熊拖到编号为 4 的正方形中心，如图 5-32 所示。

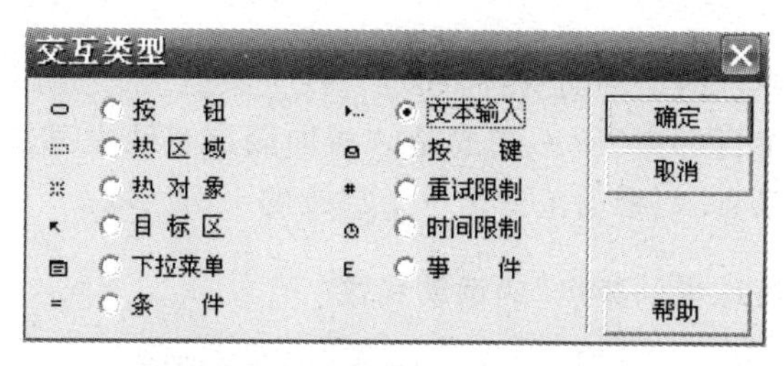

图 5-31　“交互类型”选择对话框

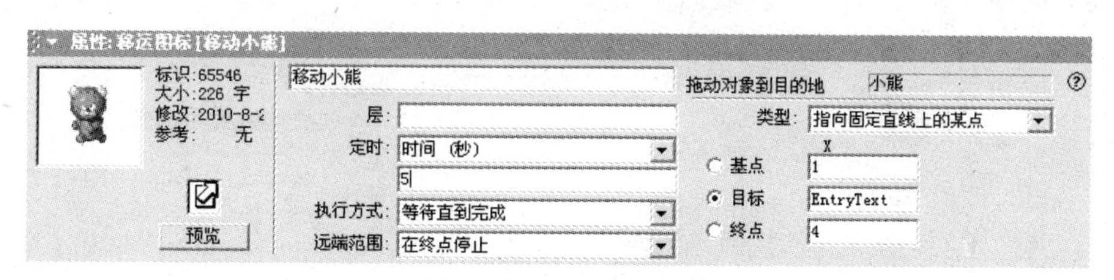

图 5-32　移动属性的设置

注意：“EntryText”是一个字符型的系统变量，该变量存放用户最后一次交互中最后一次响应的文本内容。

⑦ 拖曳一个等待图标到二级流程线的下方，在其属性面板中【时限】后面的文本框中输入“1”，表示等待时间为 1 秒，其他选项均不勾选。

⑧ 拖曳一个计算图标到二级流程线的下方，命名为“返回”。双击打开编辑窗口，输入代码：goto(Iconid@”小熊”)。GoTo 函数是一个跳转函数，这里使用它跳转到名字为“小熊”的图标处。

⑨ 运行程序，显示效果如图 5-33 所示。

程序设计结束。

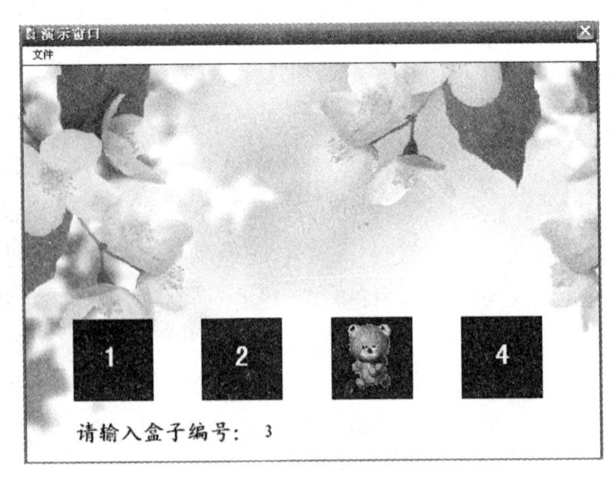

图 5-33 程序运行效果

5.4 “指向固定区域内的某点”的运动

“指向固定区域内某点”的运动与“指向固定直线上某点”的运动有些类似，都是移动到一个先设定的范围内的某个目标点，所不同的是，“指向固定直线上某点”的移动范围是一条直线，而“指向固定区域内某点”的移动范围是一个二维的平面区域。

5.4.1 “指向固定区域内的某点”的运动属性

从图标面板上，拖曳一个移动图标到流程线上，打开移动图标的属性面板，在【类型】后面的下拉列表框中选择“指向固定区域内的某点”，如图 5-34 所示。

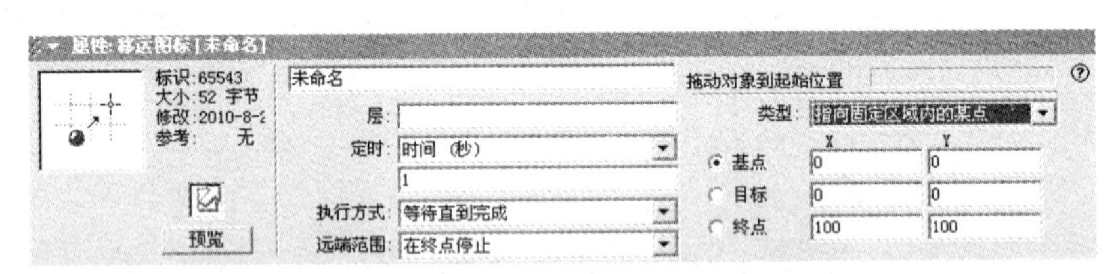

图 5-34 设置“属性：移动图标”面板

【基点】后面的文本框中输入一对坐标值，它是采用(x，y)的形式来表达的。【终点】后面的文本框中也输入一对坐标值。移动的目标区域就是以【基点】和【终点】为对角线的一个矩形区域。同样可以在【目标】后面的文本框中输入数值，来确定运动最终到达的目标位置。

5.4.2 实例制作

本小节仍然要以小熊进入房间为例，我们可以增加一排房间，这样就会形成一个矩形区，就可以制作“指向固定区域内的某点”的动画了。

例 5.5 设计制作小熊随机进入等间距矩形区域内某个房间中寻找食物的动画。

设计要求：在演示窗口的左右两侧有两排房子，每列有四个房间，共计八个房间。水平方向上每两个房间在一条水平线上，垂直方向上各房间之间保持等间距排列，这样八个房间就形成了一个矩形区域，小熊在屏幕中央。随机在某个盒子中放入食物，小熊随机进入盒子寻找食物，如找到显示“太幸运了”的字样，如没找到显示“太倒霉了”的字样，结果显示 3 秒后自动退出程序。

具体制作步骤如下：

① 新建一个文件，命名为“小熊寻找食物.a7p”。

② 拖曳一个显示图标到流程线上，命名为“背景”，双击打开“背景”图标，从素材文件夹中找到“背景 5.JPG”文件，导入到演示窗口中。

③ 拖曳一个显示图标到流程线上，命名为“盒子”，按照例 5.4 步骤②的方法先建立一列正方形，然后对这一列正方形再进行复制粘贴，最后调整两列正方形的位置，形成一个矩形区域。在流程线下方拖曳一个显示图标，命名为“小熊”，编辑方法和例 5.4 中一样，调试前三个图标，得到如图 5-35 所示的显示画面。

④ 拖曳一个计算图标到流程线上，命名为“目标”。打开“目标”计算图标，在编辑窗中输入代码，如图 5-36 所示。

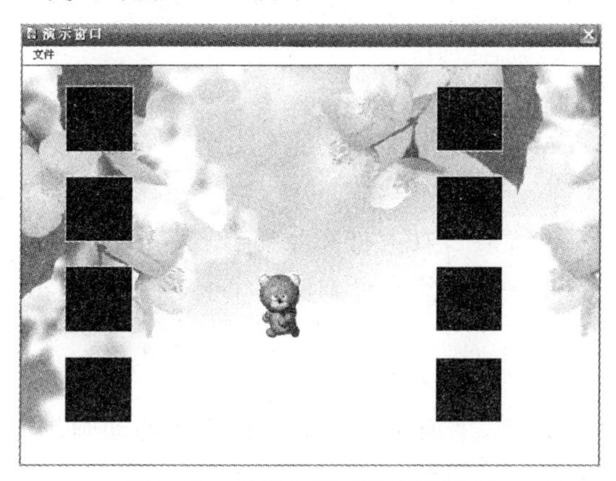

图 5-35　前三个图标的运行效果

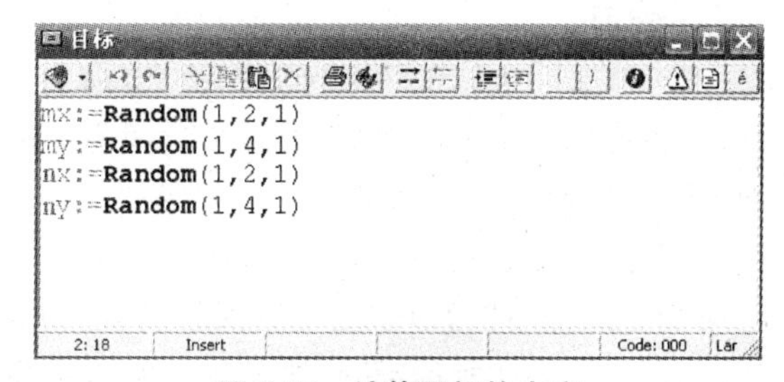

图 5-36　计算图标的内容

在这里，对变量 mx、nx 的赋值是一个[1,2]范围内的随机整数，对变量 my、ny 的赋值是一个[1,4]范围内的随机整数，这样就保证存放食物的房间与小熊进入的房间的随机性。

⑤ 拖曳一个移动图标到流程线上，将其命名为“移动”。打开移动图标的属性面板，选取小熊图像为移动对象。在属性面板的【类型】下拉列表框中将移动类型设置为“指向固定区域内的某点”，其他项的设置如图 5-37 所示。

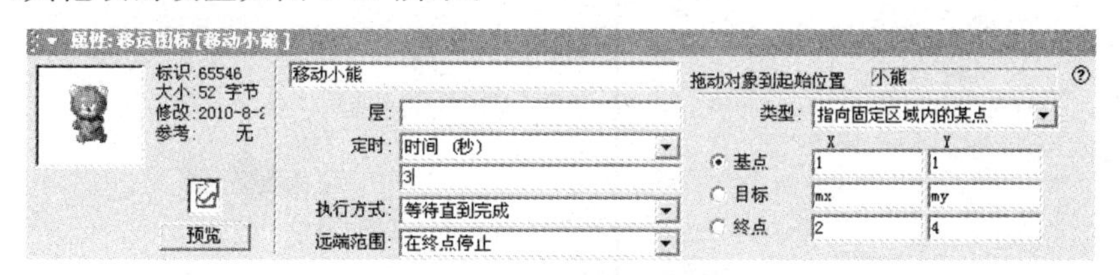

图 5-37　设置移动属性面板

⑥ 拖曳一个显示图标，命名为“香蕉”，导入香蕉图片，调整图片大小，并设置属性使香蕉图片显示在以左上角的房间的中心点为基点(1,1)，右下角的房间的中心点为终点(2,4)的区域(nx、ny)点上。

⑦ 按照移动属性面板上的提示信息，拖动小熊到左上角的矩形中心，作为运动区域的起始点，该点的坐标表示为(1,1)，再拖动小熊到右下角的矩形中心，作为运动区域的终点，该点的坐

标表示为(2,4),系统就会以这两点间的直线为对角线构造一个矩形区域,作为运动的目标区,如图5-38所示,程序运行的效果如图5-39所示。(也可以考虑人为控制小熊进入房间。)

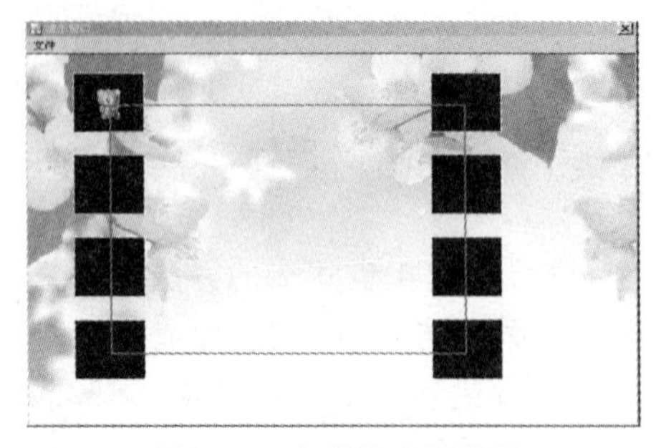

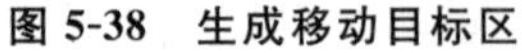

图 5-38　生成移动目标区

图 5-39　运行效果图

⑧ 拖曳一个计算图标,命名为"判断",双击打开"判断"的计算图标输入如下内容,

```
IF  mx=nx& my=ny  Then
  a="太幸运了"
ELSE
  a="太倒霉了"
End IF
```

⑨ 拖曳一个显示图标到流程线上,命名为"显示结果",双击打开"显示结果",输入文本{a}。再拖曳一个等待图标,设等待时间为3秒。拖曳一个计算图标到流程线上,命名为退出,双击打开"退出"计算图标,输入quit(0)。

程序设计结束。

为了加深对"指向固定区域内某点"运动方式的理解,下面制作一个鼠标跟随的动画。程序流程如图5-40所示,动画的运行效果如图5-41所示。

例 5.6　鼠标跟随动画的制作。

设计要求:设计动画使得当鼠标运动时,鼠标指针后面陆续跟随着"多"、"媒"、"体"这三个文本和一个心形图片。当鼠标停止时,三个文本和心形图片重叠在一起,且心形图片将"多"、"媒"、"体"三个对象覆盖。

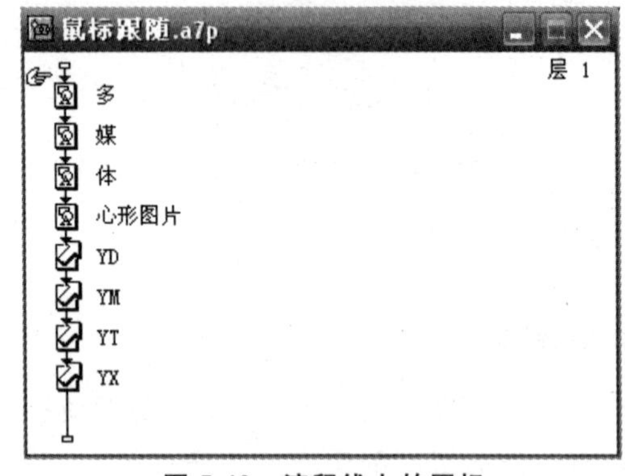

图 5-40　流程线上的图标

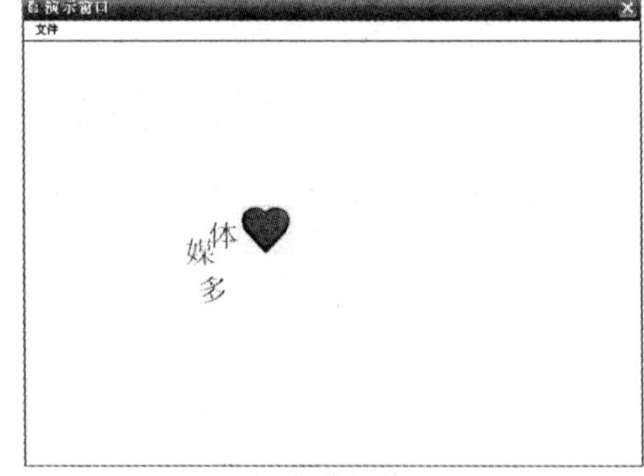

图 5-41　鼠标跟随效果图

具体制作步骤如下:

① 新建一个文件,命名为"鼠标跟随.a7p"。

② 依次拖曳四个显示图标到流程线上，前三个显示图标中分别输入“多”、“媒”、“体”三个字，并设置不同的颜色，文本字体为“宋体”，大小为“24”号字，调整三个字的相对位置。在名为“心形图片”的图标中，利用复制、粘贴方式，加入一个带心形的图片，四个对象均设成透明模式。

③ 依次拖曳四个移动图标到流程线上，图标名为“YD”表示移动“多”字；“YM”表示移动“媒”字；“YT”表示移动“体”字；“YX”表示移动“心形图片”。

④ 双击“YD”的移动图标，打开移动图标属性面板。选择“多”字作为运动对象，【类型】选择为“指向固定区域内的某点”，拖曳区域，始点在演示窗口的左上角，终点在演示窗口的右下角。其他项的设置如图 5-42 所示。

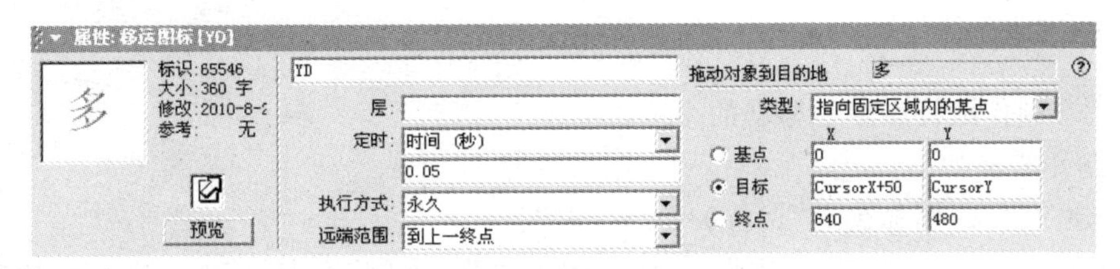

图 5-42　移动属性面板的设置

由于鼠标跟随需要在整个演示窗口有效，也就是说把演示窗口作为移动的区域，演示窗口的默认的大小是 640×480。因此，【基点】的坐标值为(0,0)，【终点】的坐标值为(640,480)，在【目标】后的文本框内用到了两个系统变量 CursorX 和 CursorY，分别表示鼠标指针在演示窗口中移动时 X 和 Y 的坐标值，加 50 是因为跟随对象离开鼠标 50 像素，点击鼠标更方便。

【执行方式】选项设为“永久”，表示该动画在程序运行后一直有效。【远端范围】选项设为“到上一终点”表示当鼠标的移动范围超出演示窗口，也可以说超过运动的区域时，运动对象就会停留在超出区域前，最后一次它在演示窗口中的位置上。

⑤ 除了运动时间外，其他移动图标的属性设置均与图 5-42 中的设置相同，“YM”的时间为 0.07 秒，“YT”的时间为 0.15 秒，“YX”的时间为 0.25 秒。

程序设计结束。

此实例可以放在任何一个实例的前面，使鼠标跟随效果贯穿程序运行的始终。

5.5　“指向固定路径的终点”的运动

“指向固定路径的终点”的运动，是让对象从其在演示窗口中的位置沿着设定的路径移动到终点。与前面三种运动方式的路径不同，其路径可以是包含拐角和曲线的复杂路径。

5.5.1　“指向固定路径的终点”的运动属性

打开移动图标的属性面板，在【类型】后面的下拉列表框中选择“指向固定路径的终点”移动方式，其属性面板如图 5-43 所示。

属性面板中部偏下的位置多了一个【移动当】选项，后面的文本框用来输入移动的参数，这个参数可以是变量，也可以是一个表达式，如果不输入内容或输入内容的值为“假”，运动对象不能被运动；输入内容的值为“真”，则运动对象将沿路径循环运动，程序运行到终点将停止。

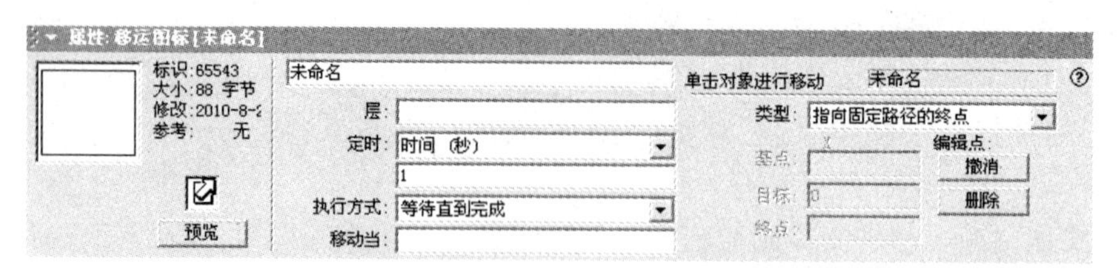

图 5-43　设置“属性：移动图标”面板

属性面板的右侧，只有【撤销】和【删除】两个按钮是可选的，其他内容都已经变成灰色，表示不可使用。这两个按钮用来撤销上一步的节点和删除节点。

5.5.2　实例制作

例 5.7　制作沿特殊路径移动的小球。

具体制作步骤如下：

① 新建一个文件，命名为“奇特的小球.a7p”。

② 拖曳一个显示图标到流程线上，命名为“小球”。在“演示窗口”中绘制一个简单的小球图形，并设置小球的填充色和边线颜色均为红颜色。

③ 拖曳一个移动图标到流程线上，命名为“移动小球”。双击该图标，打开移动属性面板。将小球选为移动对象，【类型】选择“指向固定路径的终点”移动方式。

④ 按属性面板的提示信息，单击小球进行移动，小球中心便显示出一个实心的三角形，表示移动路径的起点。把移动对象拖动到路径的下一个控制点，然后释放鼠标，则出现另一个三角点标记。按照相同的方法，继续拖动移动对象到下一个控制点上释放鼠标以创建路径。每创建一个控制点时，便会出现一个小的三角形标记。每两个控制点之间都用直线路径或弧线路径连接起来，这样在两个路径的交点处会出现拐角。双击该标记，可将标记形状由小三角形变为圆形，同时此控制点两端的路径将变为光滑的曲线，再次双击该曲线点标记，就又把它恢复成一个有角度的拐角点标记。运动的路径如图 5-44 所示。

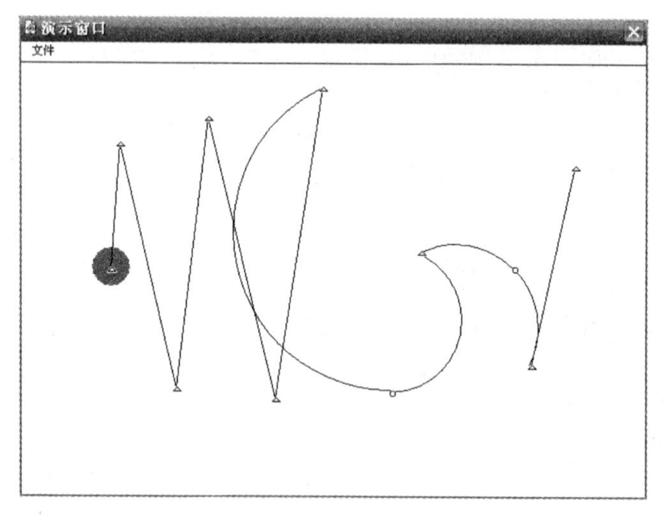

图 5-44　运动的路径

注意：当创建完对象移动的路径后，还可以对路径上的控制点进行编辑，如增添、删除、或移动等。

⑤ 打开移动属性对话框面板，对移动属性做一些设置，如图 5-45 所示。

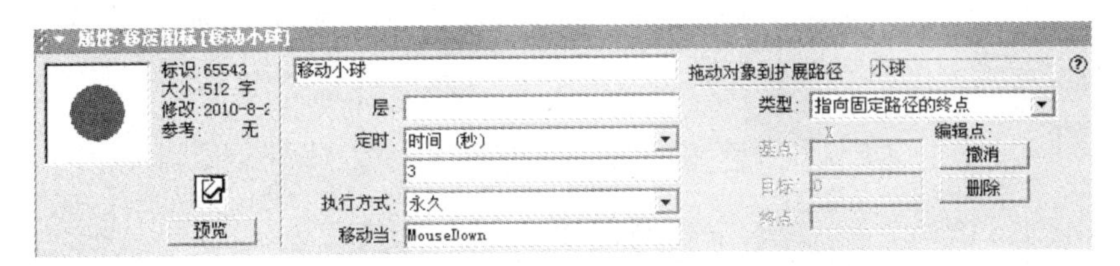

图 5-45　设置“属性：移动图标”面板

这里【执行方式】选择“永久”是有条件限制的。【移动】设为“MouseDown”，MouseDown 是一个系统变量，当单击时其值为 True，这时才可以做运动，如果一直按下鼠标左键，MouseDown 的值总是为真，就可以持续做运动。

程序设计结束。

例 5.8　制作沿圆周路径循环移动的文字。

设计要求：设计程序能够实现“共”、“同”、“战”、“胜”、“困”、“难”六个字在圆环上沿逆时针做等分圆周的匀速圆周运动，“大家携起手”五个字在圆环中心的水平直线上从右向左循环滚动。

本例的制作效果如图 5-46 所示。

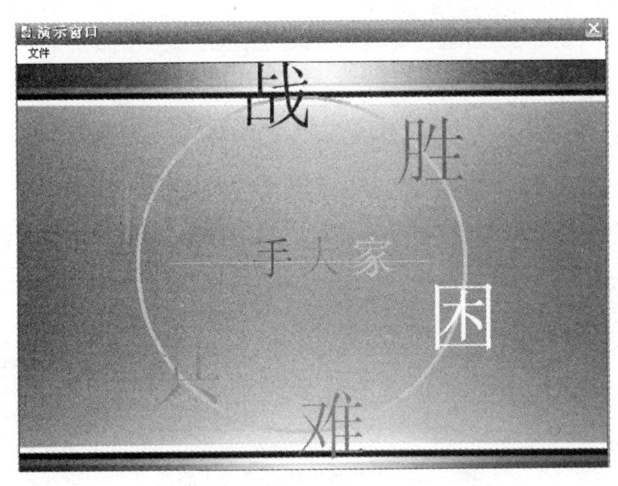

图 5-46　程序运行效果

运行程序可以看到圆环上的文字循环移动，中心线上的文字也在不停地循环移动。

具体程序流程如图 5-47 所示。

具体制作步骤如下：

① 新建一个文件，命名为“路径终点运动.a7p”。

② 拖曳两个显示图标到主流程线上，分别命名为“背景”和“轨迹”。把素材文件夹中的“背景 4.JPG”文件导入到“背景”图标中。打开“轨迹”图标，利用椭圆工具和直线工具绘制图 5-46 所示的圆形轨迹和直线轨迹。

③ 拖曳两个群组图标到主流程线上,分别命名为“沿圆周运动”和“沿直线运动”。

④ 打开“沿圆周运动”群组图标,二级流程线上的图标如图 5-47 所示。其中名为“1”、“2”、“3”、“4”、“5”、“6”的显示图标中分别输入“共”、“同”、“战”、“胜”、“困”、“难”的文本字样,文本字体设为“楷体”,文本大小为 60 号字,文本颜色可按个人要求分别进行设置,同时显示模式设为“透明”,此文字用复制、粘贴的方法,制作更方便。

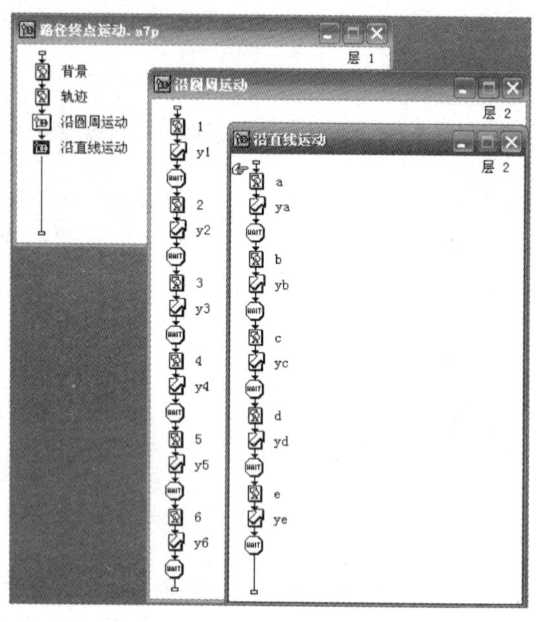

图 5-47　程序流程图

该群组中所有等待图标的属性面板中的等待时间项都设为 1 秒,其余的选项均不勾选。该群组中包含的所有移动图标的属性面板中,除了移动对象不同,其余设置均相同。双击名为“y1”(表示移动“1”图标中的文本)的移动图标,弹出“属性:移动图标”面板,如图 5-48 所示。

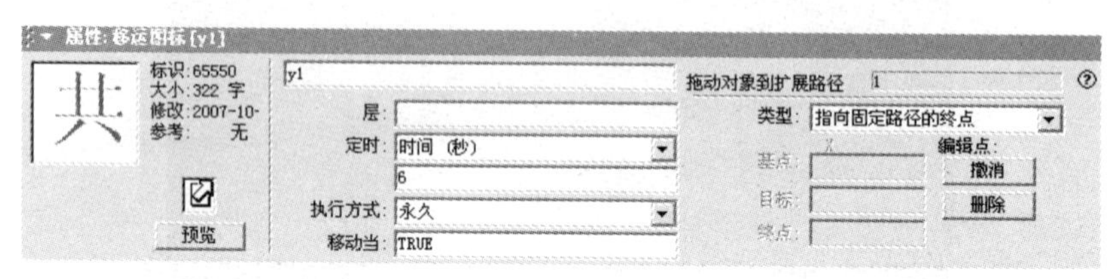

图 5-48　“属性:移动图标”面板

“y1”～“y6”图标的移动路径,是以圆周顶端为路径起点,沿逆时针方向的圆周路径,移动时间是几个字就设成几秒。

⑤ 打开“沿直线运动”的群组图标,二级流程线上的图标如图 5-47 所示。其中名为“a”、“b”、“c”、“d”、“e”的显示图标中分别输入“大”、“家”、“携”、“起”、“手”的文本字样,文本字体设为“楷体”,文本大小为“36”号字,文本颜色可按个人要求进行设置,模式均设置为透明。

该群组中所有等待图标的属性面板中的等待时间项都设为 1 秒,其余的选项均不勾选。该群组中包含的所有移动图标的属性面板中,除了移动对象不同,其余设置均相同。“ya”～“ye”图标的属性设置与“y1”～“y6”的几乎相同,只是运动路径是直线轨迹,运动时间为 5 秒。

注意：显示、移动图标要先设置好一个，再用复制的方式，进行设置与修改。

程序设计结束。

5.6 "指向固定路径上的任意点"的运动

"指向固定路径上的任意点"的运动，是指移动对象可以沿着用户建立的路径移动到路径上的指定点。此种移动类型中，移动对象的路径设置与沿路径至固定点的路径设置完全相同，这里的路径可以是折线，也可以是曲线。

5.6.1 "指向固定路径上的任意点"的属性

从图标栏中拖动一个移动图标到流程线上，同时操作区下方的属性面板变为移动图标的属性面板。在移动图标的属性面板中，在【类型】后面的下拉列表框中选择"指向固定路径上的任意点"移动方式，如图 5-49 所示。

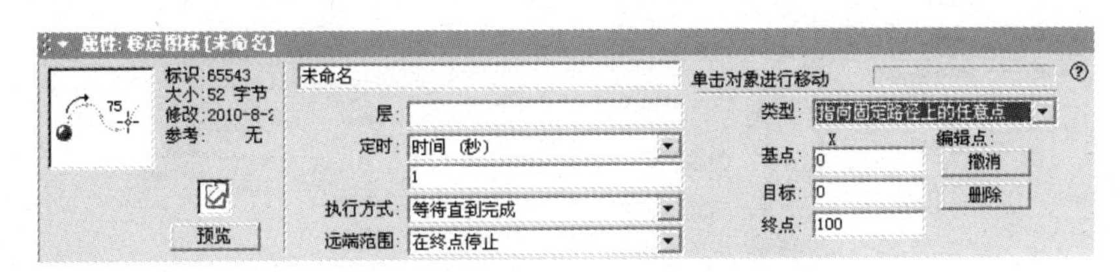

图 5-49　设置"属性：移动图标"面板

在【远端范围】后面的下拉列表框中只有两个选项"循环"和"在终点停止"两项。

【基点】、【目标】和【终点】设置项均处于激活状态，其中【基点】表示的是移动的初始位置，【终点】表示的是移动的终点位置，而【目标】表示的是移动对象到达的位置。可以看到，它们的位置都是用一个数字表示的，这就是说位置不是在二维空间里计算的，而是指把整个移动路径的长度按百分数分开，到达位置占整个路线长度的百分之几来计算的。

5.6.2 实例制作

例 5.9　制作到固定路径上的某点的动画。

设计要求：该动画实现的是沿指定的路线骑马前行，每次运行程序时，对象运动后会停止在不同的目标点上。运动路径要尽量设计成近似直线的轨迹，每次运动具有不同的速度。

程序的设计流程如图 5-50 所示。

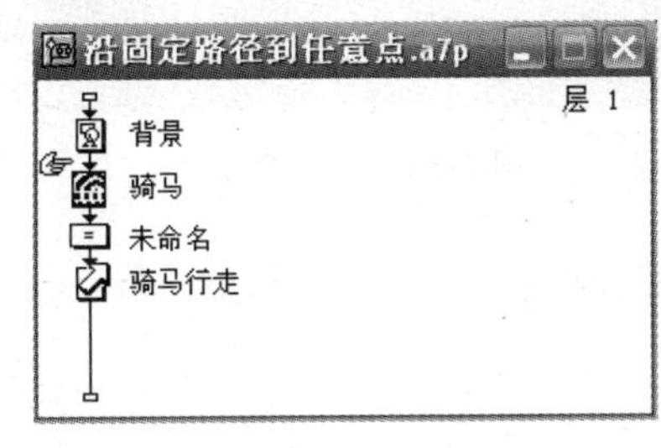

图 5-50　程序流程

具体制作步骤如下：

① 新建一个文件，命名为“沿固定路径到任意点.a7p”。拖曳一个显示图标到流程线上，命名为“背景”，在“背景”图标中导入一个名为“沙漠.JPG”的图像。

② 将“手型”指针指到流程线上“背景”图标的下面，然后选择【插入】→【媒体】→【Animated GIF】菜单命令，在弹出的 GIF 属性设置对话框中单击【Browse】按钮，会弹出打开 GIF 文件对话框，选择素材文件夹中的名为“骑马”的文件，单击【打开】按钮，导入“骑马.GIF”文件，单击【OK】按钮，流程线上就自动添加了一个 GIF 图标，可以将该图标命名为“骑马”。

③ 双击“骑马”图标，会弹出“属性：功能图标”面板，将【显示】选项卡的【模式】选项设置为“透明”。

④ 拖曳一个计算图标到“骑马”图标的下面，打开该图标，输入代码：

m=random(0,100,1)

⑤ 拖曳一个移动图标到流程线的最下方，命名为“骑马行走”。双击该图标，打开移动属性面板，移动图标的属性设置如图 5-51 所示。

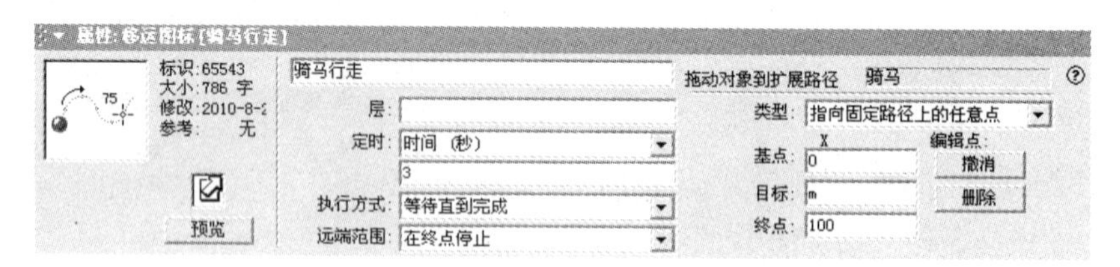

图 5-51 “沿固定路径到任意点”属性设置

⑥ 按照“指向固定路径的终点”的方法设置运动路径，如图 5-52 所示。

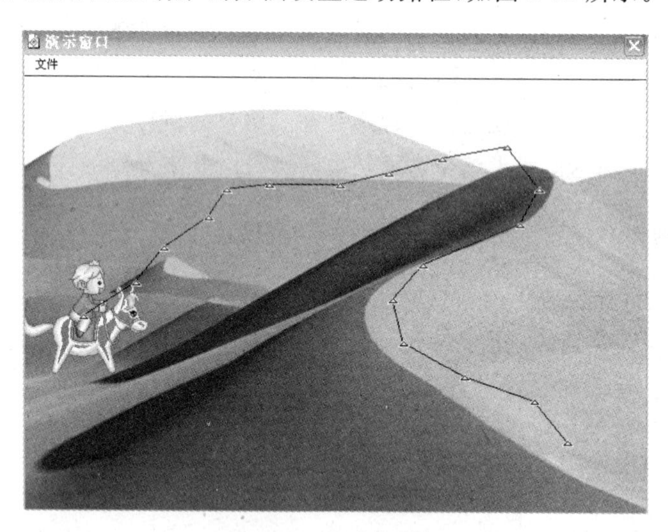

图 5-52 运动的路径

注意：路径最好设成前行路径，近似直线形，因 Authorware 制作的动画是路径动画，运动对象不能转弯。

程序设计结束。

习题 5

一、选择题

1. 下面(　　)运动方式不能由移动图标提供。

A. 指向固定空间内的某点　　B. 指向固定区域内的某点

C. 指向固定直线上的某点　　D. 指向固定路径的终点

2. 要想实现分别在4个不同显示图标内的对象的移动,可以利用(　　)个移动图标来实现。

A. 1个　　B. 2个　　C. 3个　　D. 4个

3. 在Authorware中,移动图标要放在移动对象的(　　)。

A. 后面　　B. 前面　　C. 左面　　D. 上面

4. 下面(　　)能实现对象移动时间的控制。

A. 时间(秒)　　B. 时间(分)　　C. 加速度　　D. 速率(in/min)

二、填空题

1. 移动图标提供的5种运动方式分别是________、________、________、________和________。

2. 移动图标属性面板的“层”选项,用于设置________________。

3. “指向固定直线上某点”的运动方式指的是________________。

4. “指向固定区域内某点”的运动方式指的是________________。

5. “指向固定路径的终点”的运动方式指的是________________。

三、实验题

1. 让动态小火车在平直轨道上从一端匀速运行到另一端。运行效果如图5-53所示。

提示:本题采用的移动方式为“指向固定点”。

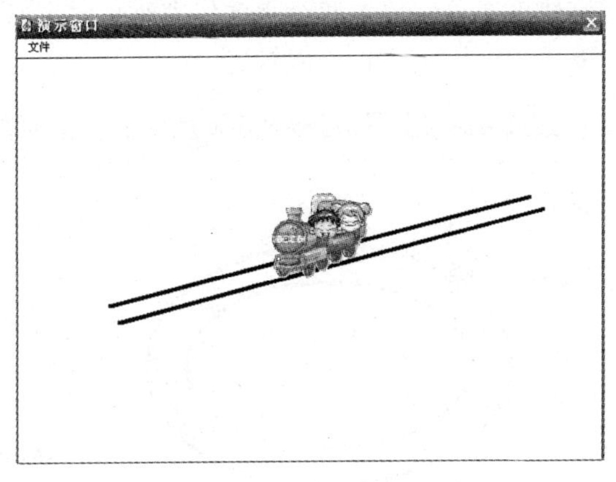

图 5-53　运行效果图

2. 制作猫捉老鼠的游戏。

设计要求:矩形区域内放置六只卡通鼠,每只卡通鼠的左耳上都有数字编号。通过设置对象的运动方式,使得猫能够靠近矩形区内的某只卡通鼠,从而表示猫可以捉住该卡通鼠。

程序设计后,可得到如图 5-54 所示的效果图。

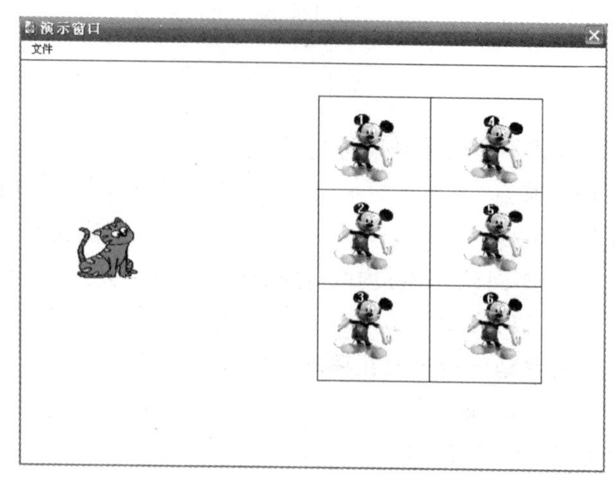

图 5-54　运行效果图

提示:

(1) 新建一个文件,拖曳一个显示图标到流程线上,导入卡通猫图片。

(2) 再拖曳一个显示图标,导入卡通鼠图片。

(3) 拖曳一个计算图标,设置猫运动的目标点坐标值。

输入 x:=random(1,2,1)

　　y:=random(1,3,1)

(4) 拖曳一个移动图标,编辑该移动图标,选择猫为移动对象,移动方式为"指向固定区域内的某点",并建立移动区域。

3. 制作地球的两颗同步卫星。

设计要求:在两个椭圆轨道上分别放置两个小球代表两颗同步卫星,当按下鼠标键时,两个小球同时绕各自的轨道运行,效果如图 5-55 所示。

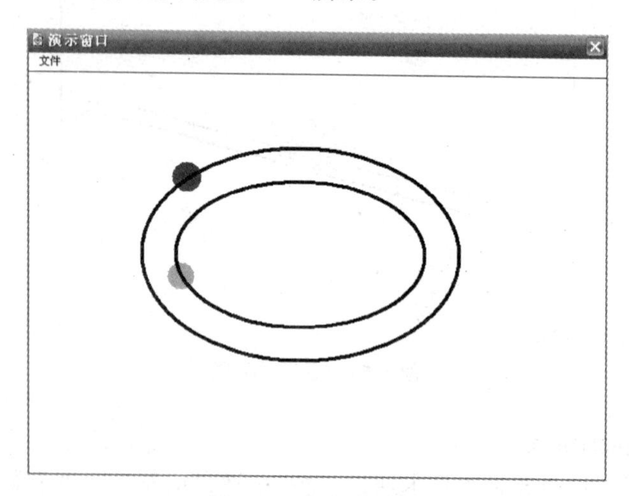

图 5-55　运行效果图

4. 制作弹跳的小球。

设计要求：设计一个小球，使得小球能够在一条垂直的轨道上往复运动，实现类似弹跳的效果。

提示：小球的运动方式为“指向固定路径的终点”。

5. 制作赛车游戏。

设计要求：在起点上停放三辆小车，编号分别为“1”、“2”、“3”。当单击“开始”按钮的时候三辆小车同时以各自的速度向终点方向运动，运行结束时，在界面显示三个小车的运行时间，及获胜小车的车号。效果如图5-56所示，要求每辆车的运行速度随机产生。

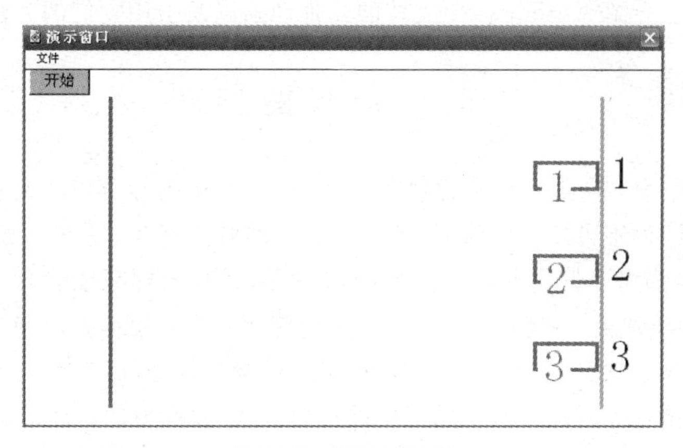

图5-56　运行效果图

提示：

(1) 参赛的三辆小车应放置在三个不同的显示图标里。

(2) 应有三个移动图标控制三辆小车的运动，三个移动图标的运动方式均设置为“指向固定直线上的某点”，运动速度各不相同，前两个移动图标的执行方式设置为“同时”。

(3) 三辆车的运行时间为x、y、z。x、y、z由Random()函数产生。

第六章　音频图标、数字电影图标及媒体动画的应用

在多媒体课件中，经常要加入音频、视频和动画等多媒体信息，Authorware 本身不能制作这些媒体，但可以通过音频图标导入数字声音，通过数字电影图标导入视频信息。

本章主要介绍两种图标的使用，以及在 Authorware 中加入音频的方法、导入和播放数字电影的方法，其次，还介绍 Authorware 支持的几种动画以及引用它们的方法。

6.1　音频图标

为了使用音频信息，Authorware 提供了音频图标，音频图标可以用来插入并控制音频信息。音频是多媒体课件不可缺少的素材，课件中优美的背景音乐、课文的领读、某个内容的解说、交互的提示音等都离不开音频。但是要指出一点，音频图标只能管理 WAV 等类型的声音，而不能插入 MIDI 音乐，要播放 MIDI 音乐必须使用外部多媒体扩展函数来实现。

通常可以用音频数据实现语音解说、背景音乐、场景音效等，以丰富多媒体程序的表现力，甚至可以在制作模拟程序时模拟真实情况下的环境音效，提高模拟程序的真实性。

音频图标的功能是在 Authorware 中播放一段音频。我们可以使用音频图标来加载和播放音频文件，当然还可以设置音频的播放速度、播放条件以及播放次数等。

6.1.1　音频素材的导入

在 Authorware 中通过音频图标将音频文件导入，然后通过设置音频图标的属性进一步对声音进行控制。下面详细介绍有关音频图标的使用过程。

1. 音频的导入

导入音频文件的方法通常有以下 3 种：

(1) 通过音频图标导入音频文件。

① 从图标面板中拖曳一个音频图标到流程线上，将图标名称更改为“音乐 1”。双击音频图标打开音频图标的“属性：声音图标”对话框，如图 6-1 所示。

② 单击【导入……】按钮，打开导入文件对话框。使用该对话框找到所需的音频文件，如图 6-2 所示。单击【导入】按钮，即可将选择的音频文件导入到音频图标中。

在对话框的下端有两个复选框，单击选中【显示预览】对话框，其右侧多出了一个预览窗口，在对话框的列表中选择一个文件，在预览窗口中并没有预览对象出现，说明对于音频图标该复选项是无效的。如果选中【链接到文件】可以使声音文件不嵌入到图标内，而是采用外部链接的方式将它链接到音频图标上。不选中该复选框，就会把声音文件嵌入到音频图标之内。

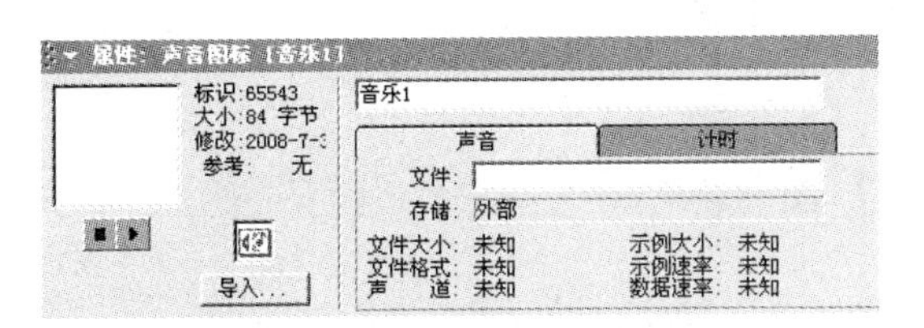

图 6-1　音频图标的属性对话框

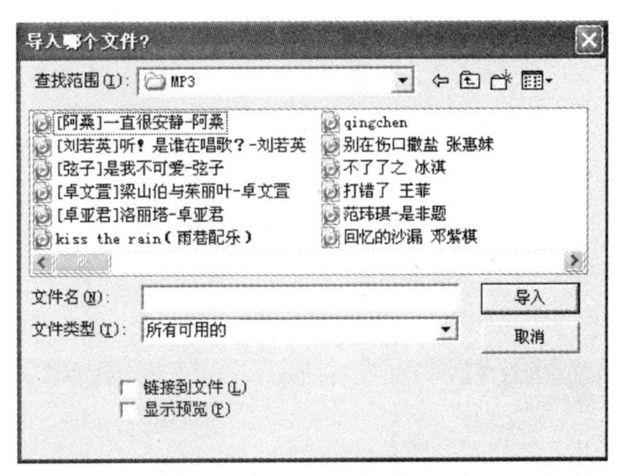

图 6-2　导入文件对话框

③ 单击【导入】按钮，可以将声音文件导入到音频图标里，在这期间，会出现一个处理音频数据的进度框，如图 6-3 所示。

(2) 通过菜单或工具栏中的【导入】命令导入音频文件。

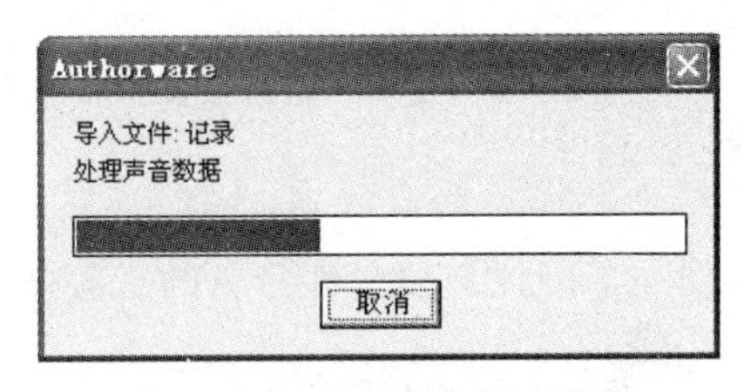

图 6-3　处理声音数据进度框

具体制作步骤如下：

① 图 6-4 所示，单击【文件】菜单，选择【导入和导出】菜单中的【导入媒体】命令。弹出如图 6-5 所示导入文件对话框之二。

细心的读者可能已经发现图 6-2 所示的对话框与图 6-5 所示的对话框的区别，在图 6-5 的右下角多了一个“+”按钮。单击此按钮，会弹出导入文件对话框的扩展部分，此时可以选择多个声音文件进行导入，如图 6-6 所示。

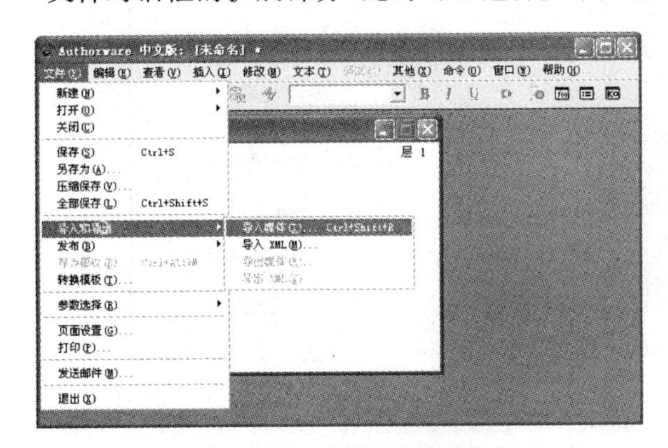

图 6-4　【导入和导出】菜单命令

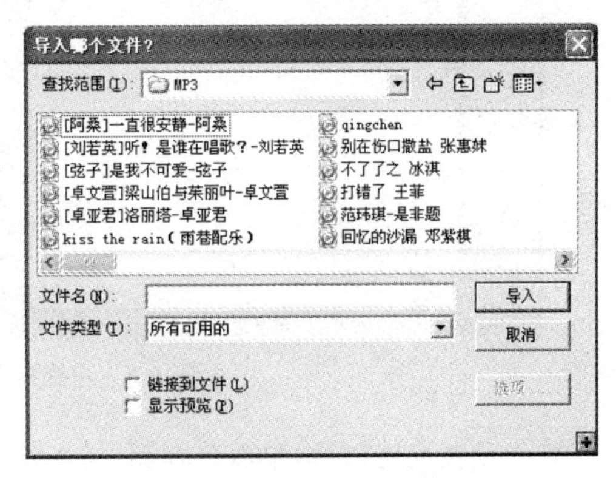

图 6-5　导入文件对话框之二

② 单击【导入】按钮，可看到在主流程线上导入了选中的声音图标，并且图标的名称与音频文件的名称相同，如图 6-7 所示。

(3) 用拖曳释放法导入声音文件。

① 打开 Authorware 应用程序设计窗口。

② 打开资源管理器，找到所要导入的声音文件。

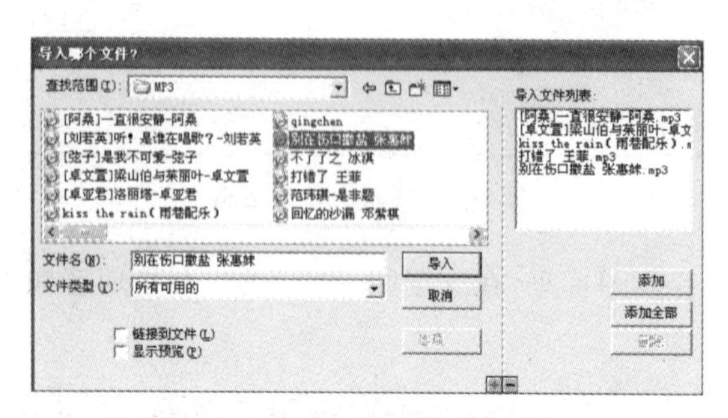

图 6-6　导入文件对话框及其扩展部分图

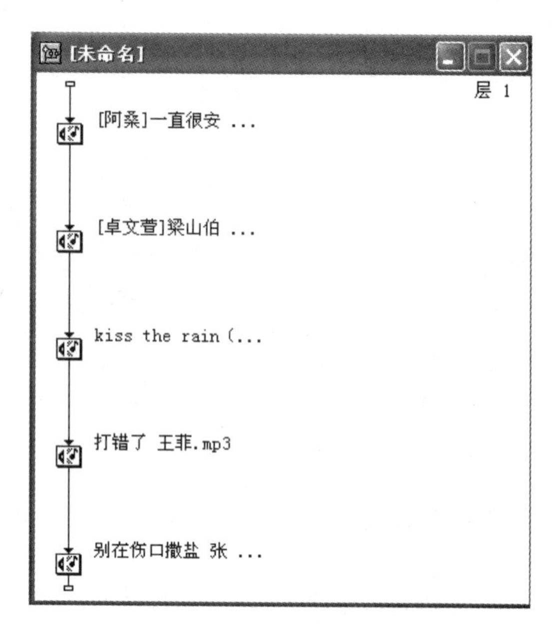

图 6-7　导入多个声音文件的流程图

③ 拖曳音频文件到 Authorware 主流程线上释放。这时,在 Authorware 主流程线上就会看到一个以该音频文件命名的音频图标,如图 6-8 所示。

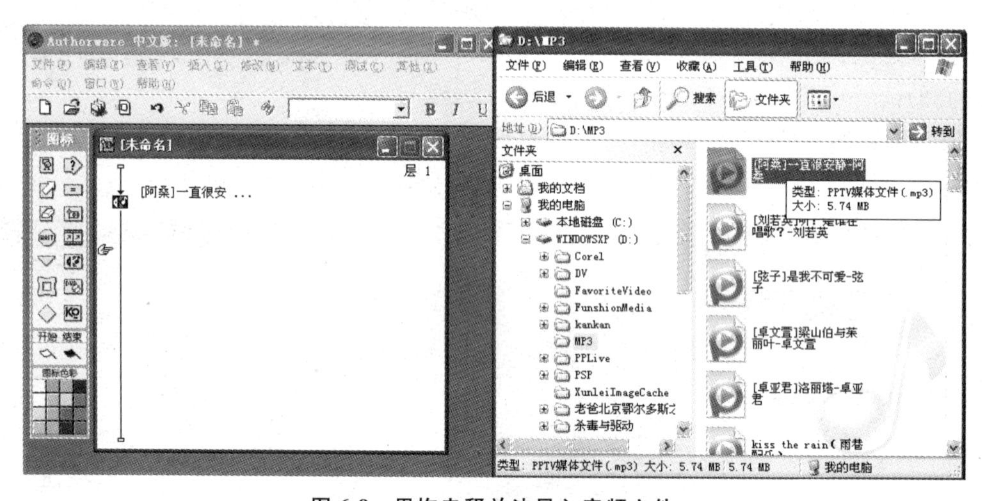

图 6-8　用拖曳释放法导入音频文件

导入音频文件以后,单击音频图标【属性】面板左侧的【播放】按钮,可以对声音文件进行试听。单击【停止播放】按钮,音频停止。

2. 设置音频图标的属性

【属性】对话框中有两个选项卡,分别是【声音】选项卡(导入声音文件后的各项含义)和【计时】选项卡(播放设置)。

① 【声音】选项卡,如图 6-9 所示,各项功能如下:

图 6-9 【声音】选项卡

【文件】文本框：显示导入的音频文件的文件名(含路径)。

【存储】文本框：显示导入的音频文件的保存方式。导入的音频文件有两种保存方式，分别是内部和外部方式。

文件信息：在存储文本框下面是插入的音频文件的一些信息，分别是：

【文件大小】：音频文件的大小。

【文件格式】：音频文件的格式。

【声道】：播放音频文件的声道，有单声道、立体声等。立体声播放效果好，但占用磁盘空间大。

【示例大小】：音频文件的采样大小。通常为“16bits”，采样越大相应的音频效果越好。

【示例速率】：音频文件的采样频率。通常采样频率有三个标准，分别为 44.1 KH(适用于高保真效果)、22.05 KH(适用于音乐效果)、11.025 KH(适用于语音效果)。采样频率越高相应的音频效果越好。

【数据速率】：读取数据的速度，即当 Authorware 播放音频文件时从硬盘上读取该文件的传输速率。

② 【计时】选项卡，如图 6-10 所示，各项作用如下：

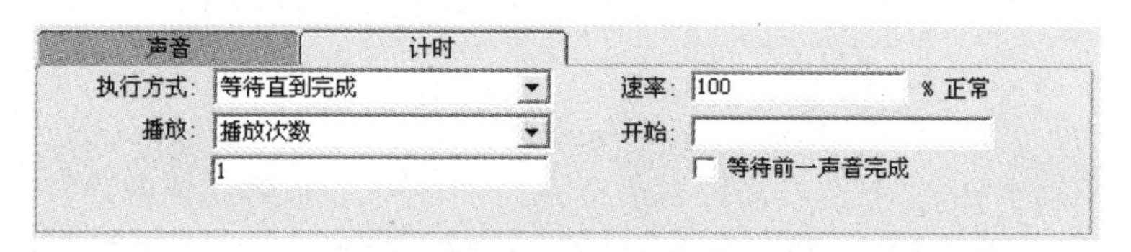

图 6-10 【计时】选项卡

【执行方式】：该下拉列表框中包含“等待直到完成”、“同时”和“永久”这三个选项，它们的含义是“等待直到完成”：选择此项时，Authorware 将等待音频文件播放完后，再执行流程线上的下一个图标；“同时”：选择此项时，Authorware 将在播放音频文件的同时执行流程线上的下一个图标；“永久”：选择该项时，Authorware 将保持音频图标永远处于被激活状态，同时监视【开始】文本输入框中表达式的值，一旦为 True，即开始播放。

【播放】：该下拉列表框中包含“播放次数”和“直到为真”这两个选项，它们的含义是“播放次数”：此项决定音频的播放次数，选择该项时，Authorware 将按照其下面的文本输入框中输入的数字或表达式的值确定音频播放的次数，其默认值为 1；“直到为真”：此项决定音频的播放条件，选择该项时，在下面的文本框中输入控制播放的条件变量，或表达式，当条件为

"True"时,就停止播放音频;

【速率】:此项用来设置音频播放的速度,100%表示按音频文件正常的速度播放,可以增大或减少这个量来改变播放速度。此文本输入框可输入变量或表达式。

【开始】:此项用来设置开始播放音频文件的条件,可以输入变量或表达式。只要该文本框输入的变量或表达式的值为"True",系统开始播放此音频文件,若该文本框中的值为"False"则系统会略过此音频文件继续向下执行。

选中"等待前一音频完成"复选框时,将等待前一音频文件播放完后再开始本音频文件的播放,否则将中断前面音频文件的播放直接开始本音频文件的播放。

例 6.1 制作课件的解说词。程序运行后,用音频图标播放课件的解说词,在显示图标中输入所播放的解说词的文本,试听效果。

具体制作步骤如下:

① 进入 Authorware,建立一个新的程序文件,命名为"制作解说词. a7p"。向流程线上拖曳一个音频图标并命名为"朗读词. a7p",如图 6-11 所示。

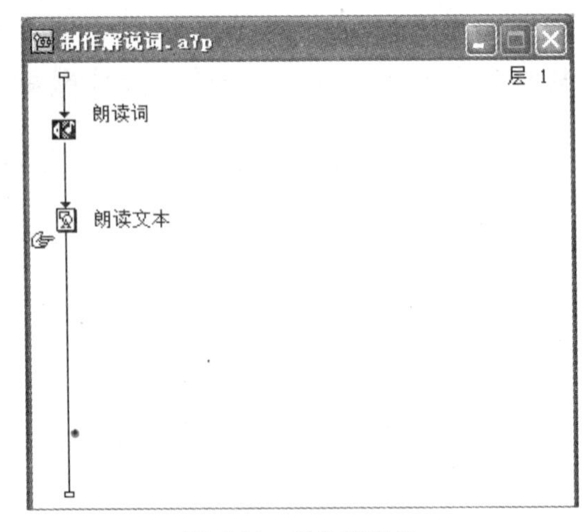

图 6-11 制作解说词

② 双击"朗读词"图标,打开其属性对话框,向其中导入存放解说词的声音文件,单击按钮预听声音,单击【停止】按钮停止预听声音。在【声音】选项卡中,可以清楚地了解到导入的声音文件的基本属性,如果预听到的声音不符合要求,可以再单击【导入】按钮。导入新的声音文件。在【计时】选项卡中,将【执行方式】属性设为"同时"。

③ 拖曳一个显示图标,命名为"朗读文本",双击打开"朗读文本"图标,用文本输入工具输入文本内容。

④ 运行程序,视听效果。

程序设计结束。

6.1.2 声音文件压缩

WAV 文件占用存储空间过大,如果导入的时候没有选中【链接到文件】复选框的话,导入后,因为【存储】为"内部"方式,声音文件变成自带的内容,课件就变得非常大。可以使用

Authorware自带的压缩功能进行压缩，它能够迅速地将 WAV 格式的文件转化为 SWA 格式的文件，SWA 格式声音容量较小，而且具有较好的声音品质。

具体创建步骤如下：

1. 打开转换对话框

选择【其他】→【其他】→【转换 WAV 为 SWA】菜单命令，如图 6-12 所示，弹出“转换WAV 文件到 SWA 文件”对话框。如果更改【位率】(比特率)为 8 位，【精确度】为【正常】，选中复选框“立体声转换为单声道”，则声音文件大小可缩为原来的几十分之一。

2. 转换

单击【添加】按钮，选择一个 WAV 文件，这里选择“静夜思朗读. WAV”文件，单击【转换文件的目标文件夹】按钮选择转换后文件所在的文件夹，如图 6-13 所示，单击【转换】按钮完成转换工作。

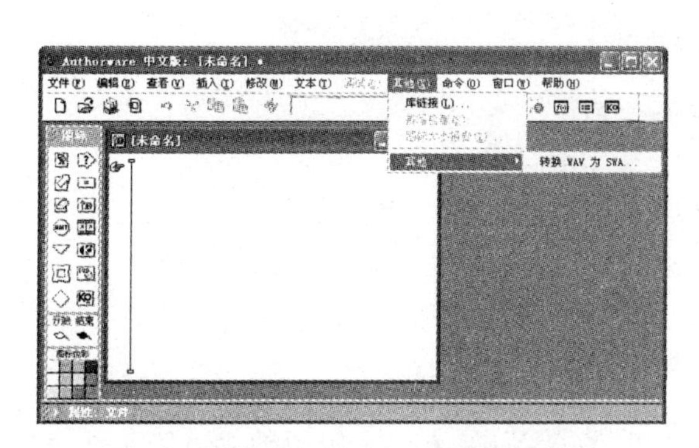

图 6-12　【转换 WAV 为 SWA】菜单命令

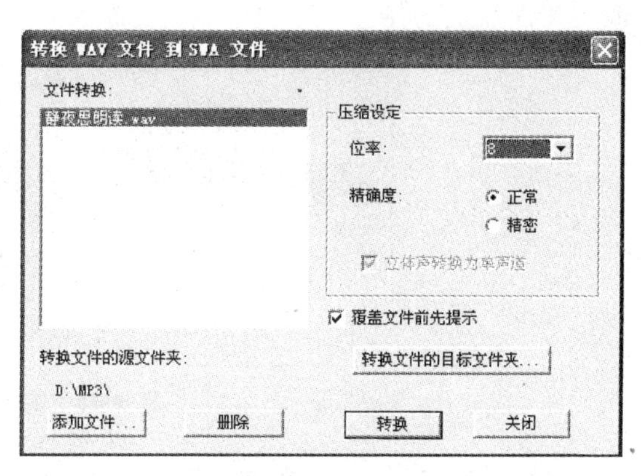

图 6-13　“转换 WAV 文件到 SWA 文件”对话框

3. 验证大小

拖曳一个音频图标到程序设计窗口，双击音频图标，在属性面板中单击【导入】按钮，在弹出的【导入文件】对话框中选择“静夜思朗读. swa”文件，可以看到文件格式是 SWA，如图 6-14 所示。SWA 格式的文件大小为 48 040 字节，而 WAV 格式文件大小为 8 856 556 字节，压缩后的 SWA 格式文件要比 WAV 格式文件小好多，而音质却差不多。有时候为了考虑课件的容量大小，一般选择 SWA 或 MP3 格式的文件。

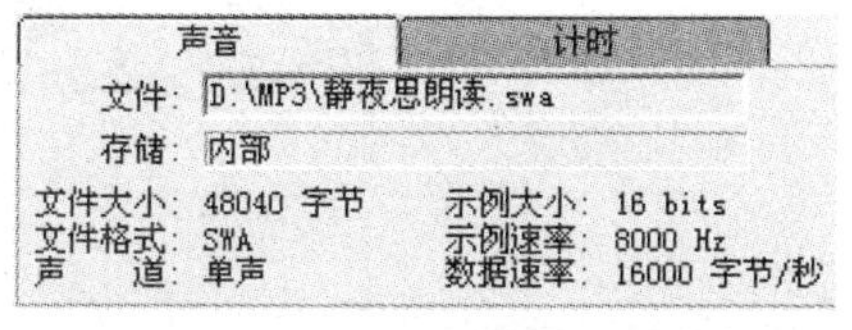

图 6-14　SWA 声音文件属性

例 6.2　控制声音播放。

具体制作步骤如下：

① 新建一个文件，命名为“控制声音播放. a7p”。从图标面板中拖曳一个音频图标到流程线上，将图标命名为“MP3”。

② 导入一个 MP3 文件后，在属性面板中选择【计时】选项，【执行方式】选择“同时”，【播放】选择“直到为真”。这时该声音文件就可以循环播放了，如图 6-15 所示。

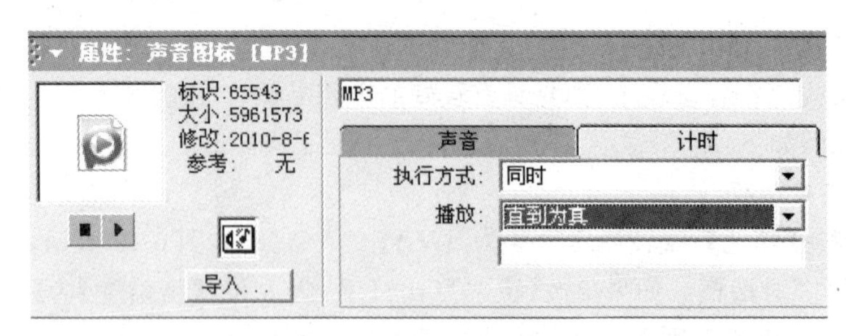

图 6-15 执行方式设置

③ 在程序设计窗口的音频图标后添加一个等待图标，命名为“STOP”。等待图标的功能是在流程线上设置一个等待时间，以及等待的结束条件。选中它，下方出现其属性面板，在“单击鼠标”、“按任意键”、“显示按钮”复选框前都进行勾选，如图 6-16 所示。这样，不管单击鼠标或者按键盘上的任意一个键时，程序都会继续向下执行，解除等待。

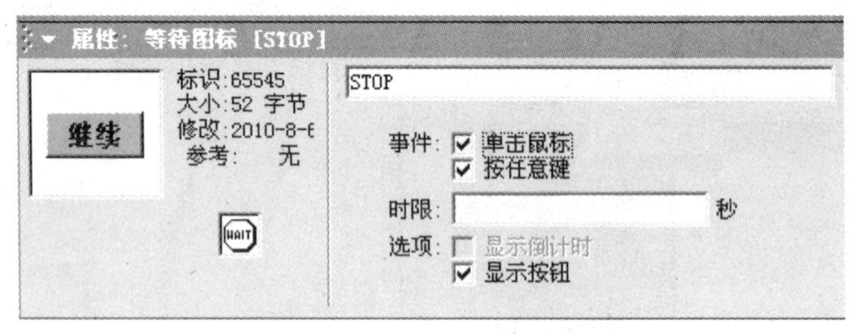

图 6-16 等待图标属性设置

④ 在等待图标后再拖曳一个音频图标，命名为“WAV”，导入一个很短的 WAV 文件，程序设计窗口最终有 3 个图标，如图 6-17 所示。程序执行开始循环播放 MP3 文件，单击【继续】按钮或者按任意键就播放 WAV 文件，利用这种方法，用一个很短的声音播放来停止前面声音的播放，可以达到停止声音播放的效果。

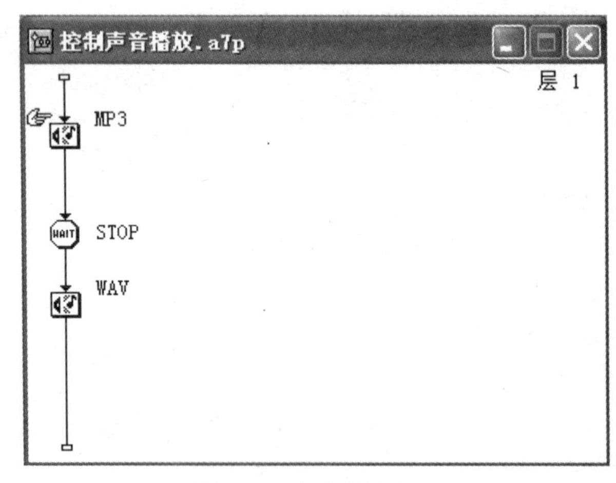

图 6-17 程序设计窗口

程序设计结束。

例 6.3　用【计算(变量)】图标停止和重新播放声音文件。

具体制作步骤如下：

① 新建一个文件，命名为“用计算图标停止和重新播放声音.a7p”。从图标面板中拖曳一个音频图标到流程线上，将音频图标命名为“音乐”。

② 双击打开音频图标属性面板，导入音乐文件，在属性面板中选择【计时】选项卡，【执行方式】选择“永久”，【播放】选择“直到为真”，【播放】下面文本框设置为 t=0，并设 t 初始值为 1，【开始】的文本框设置为“t=1”。这时候该声音文件就可以循环播放了，如图 6-18 所示。

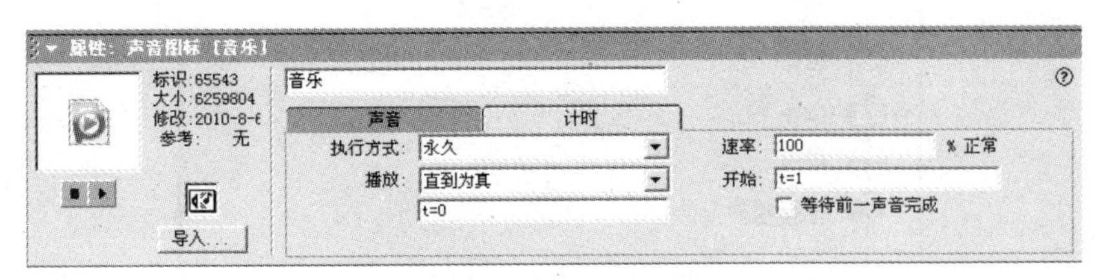

图 6-18　【执行方式】设置

③ 在程序设计窗口的音频图标后拖曳一个等待图标，命名为“等待”。等待图标的功能是在流程线上设置一段等待时间，以及等待的结束条件。双击等待图标打开属性面板，在“单击鼠标”、“按任意键”、“显示按钮”复选框前都打上钩，如图 6-19 所示。这样，不管单击鼠标或者按键盘上的任意一个键时，程序都会继续向下执行，解除等待。

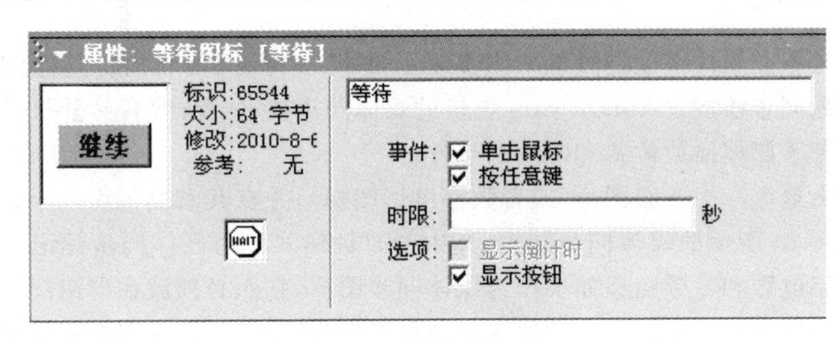

图 6-19　等待图标设置

④ 在等待图标后再拖曳一个计算图标，命名为“停止”，双击该图标打开计算图标程序窗口，输入“t=0”，如图 6-20 所示。

⑤ 在“停止”图标后再加一个等待图标，属性与上一个等待图标设置相同，在其后再添加一个计算图标，命名为“重新播放”，双击该图标打开计算图标程序窗口，输入 t=1，如图 6-21 所示，单击第一个【继续】按钮或者按任意键就使得 t 的值改为 0，播放停止条件满足，也就停止

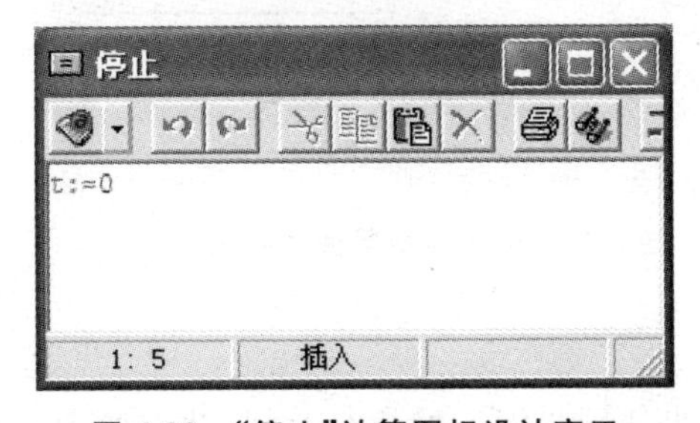

图 6-20　“停止”计算图标设计窗口

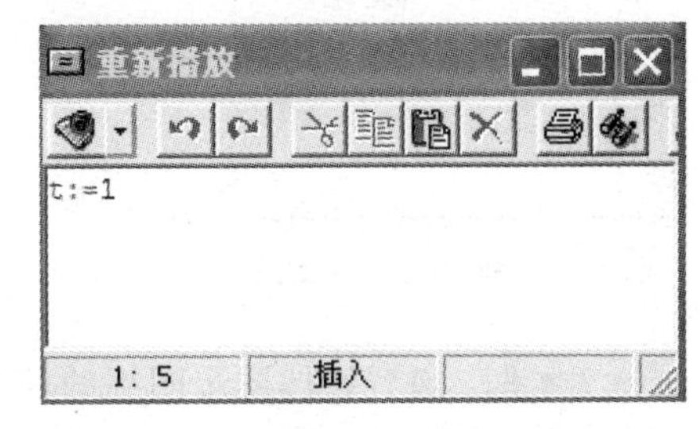

图 6-21　“重新播放”计算图标设计窗口

了声音的播放;单击第二个【继续】按钮或者按任意键时就使得 t 的值变为 1,开始条件重新满足,重新播放声音。程序结构如图 6-22 所示。

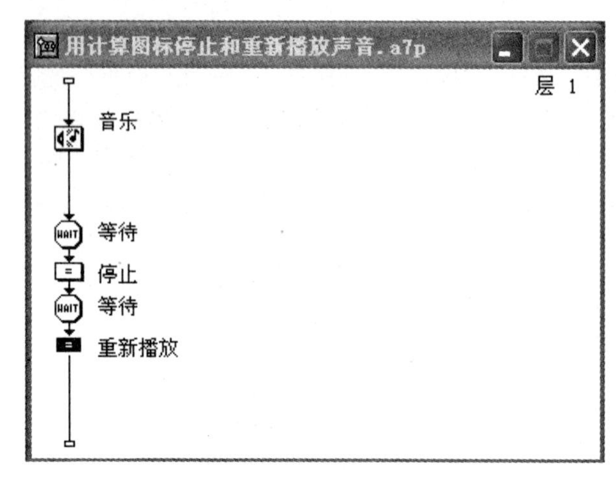

图 6-22 程序结构图

程序设计结束。

6.1.3 媒体同步

媒体同步是指在媒体播放的过程中同步显示文本、图形、图像和执行其他内容,比如解说声音和解说对象同步播放。Authorware 提供的媒体同步技术,允许【音频】图标和【数字电影】图标激活任意基于媒体播放位置和时间的事件。

在流程线上拖曳一个音频图标(或者数字电影图标),并在其右侧拖曳一个显示图标,就会出现一个如图 6-23 所示的媒体同步结构,其中的时钟样式称为媒体同步标记,值得一提的是交互、框架、数字电影和音频图标如果作为媒体同步图标,它们必须放在群组图标中。同时,如果音频图标和数字电影图标的"同步"属性已经被设置为"永久"方式,则在媒体同步结构中,会被自动转换为"同时"方式。

用鼠标双击媒体同步标记,打开如图 6-24 所示的媒体同步属性对话框。在其中,可以对媒体同步分支的同步属性进行设置,以决定媒体同步图标的执行情况。

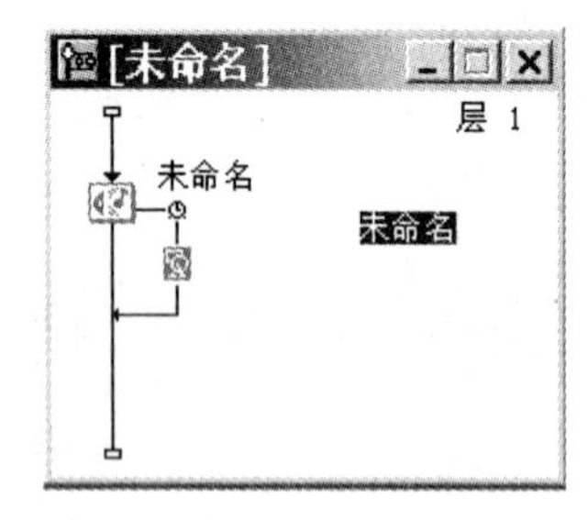

图 6-23 媒体同步分支图

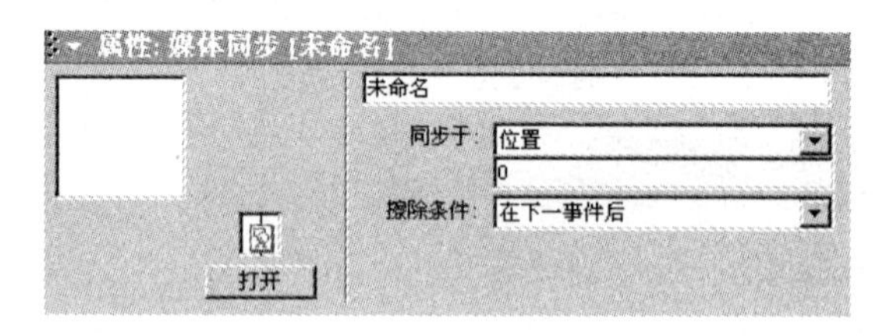

图 6-24 媒体同步属性对话框

(1) 文本框:设置媒体同步图标的标题。

(2)【同步于】下拉列表框:此列表框用于设置媒体同步图标的执行时间,共有两个选项。

“位置”：根据媒体的播放位置决定媒体同步图标的执行时间，此时必须在其下面的文本框中输入媒体的播放位置。对于音频图标播放位置以毫秒为单位（数字电影图标播放位置以帧为单位）；“秒”：根据媒体的播放时间决定媒体同步图标的执行时间，此时必须在其下面的文本框中输入媒体的播放时间，播放时间以秒为单位。

(3)【擦除条件】下拉列表框：此列表框用于设置媒体同步图标的擦除选项，共有4个选项。“在下一事件后”：在进入下次事件后擦除本图标的信息；“在下一事件前”：在进入下次事件前擦除本图标的信息；“在退出前”：在退出音频图标或数字电影图标时擦除本图标的信息；“不擦除”：不擦除本图标的信息。

单击该对话框的“打开”按钮，可以打开展示窗口，来显示和编辑本图标的内容。单击“确定”按钮，保存属性的改变。

6.1.4　播放 MIDI 音乐

在多媒体课件制作中，人们希望声音播放的同时有背景音乐伴随，提高课件的感染力，但 Authorware 不能使两个音频图标同时播放，也就是说同时只能有一个音频图标工作。背景 MIDI 加前景声音是 Authorware 提供的标准多音同放解决方案，在各种多媒体软件中使用广泛，它主要是通过多媒体扩展函数接口来实现 MIDI 的播放。然而，MIDI 函数不是 Authorware 自身的标准函数，它是由名为 MidiLoop. u32 或 A4wmme. u32、A5wmme. u32 的多媒体函数包提供的。这些函数包没有包含在 Authorware 中，需要到 Macromedia 的网站中去下载（免费）。MIDI 类型的音乐，适合做背景音乐。

1. 通过 MidiLoop. u32 函数包实现背景 MIDI 音乐播放

下面通过一个实例介绍此函数的使用方法。

例 6.4　MIDI 音乐的播放。

具体制作步骤如下：

① 新建一个 Authorware 文件，单击工具栏上的【保存】按钮，将文件保存为“MIDI 音乐实例. a7p”。

② 从图标面板中拖曳一个计算图标到流程线上，将其命名为“播放 MIDI”，在此图标上双击打开计算图标编辑窗口，如图 6-25 所示。

③ 单击常用工具栏上的【函数】按钮，打开【函数】浮动面板，在【分类】下拉列表中选择“MIDI 音乐实例”，如图 6-26 所示。

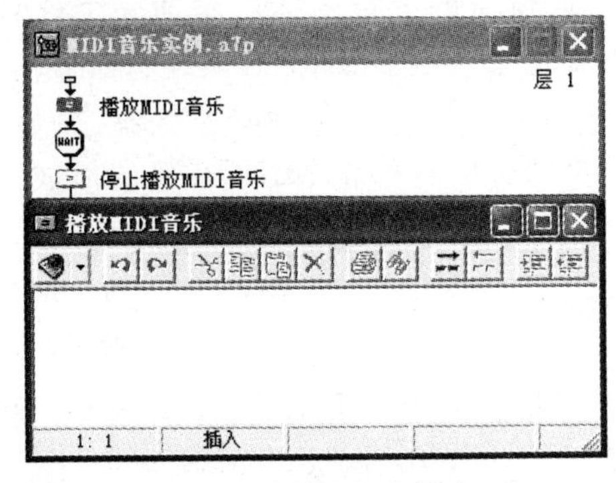

图 6-25　计算图标编辑窗口

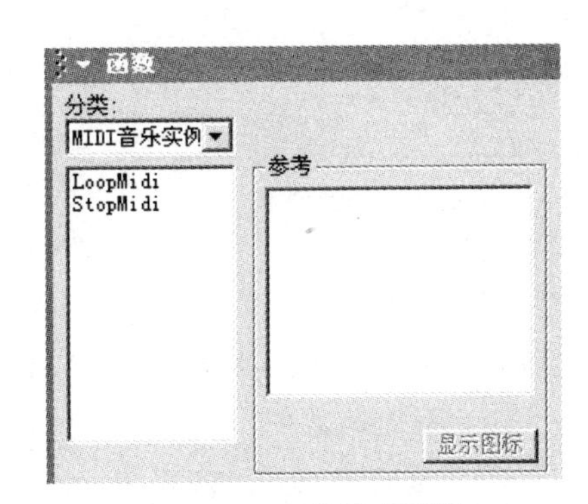

图 6-26　函数浮动面板

④ 单击【载入】按钮,打开【加载函数】对话框,找到 midiloop. u32 函数包,选择此函数包,并单击【打开】按钮,如图 6-27 所示。

⑤ 发现 midiloop. u32 函数包包含两个函数: loopmidi 和 stopmidi。选择这两个函数,并单击【载入】按钮。此时在"函数"浮动面板的"背景 MIDI 音乐实例"下方的列表框中出现了以上的两个函数,说明此两个函数可用,如图 6-28 所示。

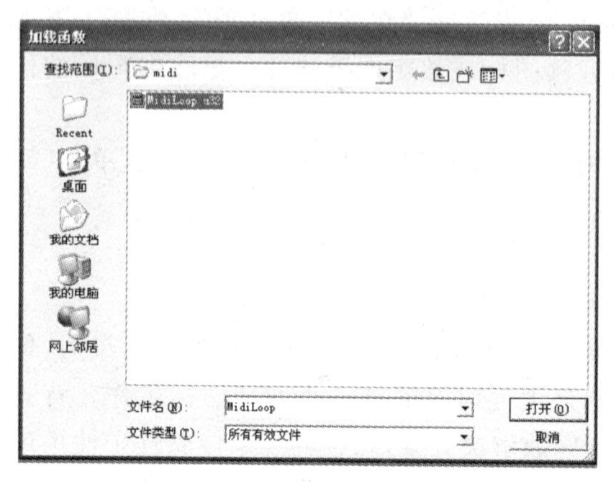

图 6-27 "加载函数"对话框

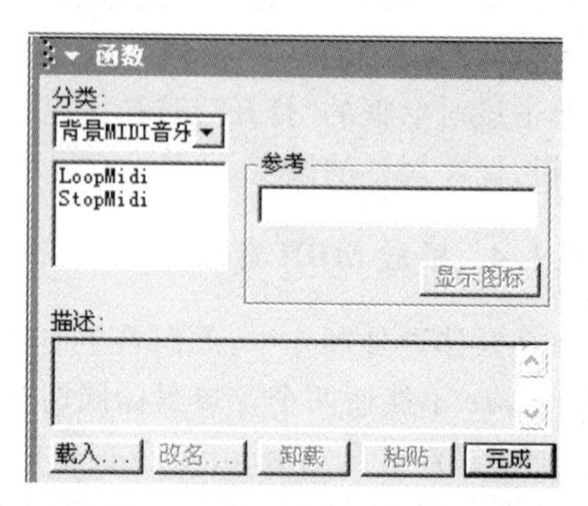

图 6-28 加载了函数的函数浮动面板

Result:=LoopMidi(File)

循环播放指定的 MIDI 文件。如: x=LoopMidi("c:\midi\metal. mid")。

若播放成功,返回值为 0,失败,返回值为 99。

Result:=stopMidi()

停止播放 MIDI 文件。

⑥ 在"播放 midi"计算图标编辑窗口中输入:

x:=LoopMidi("d:\midi\命运交响曲. mid")

关闭计算图标,则程序执行到此图标时就会播放"d:\midi\命运交响曲. mid"。

⑦ 在程序设计窗口的音频图标后添加一个等待图标,命名为"stop"。等待图标的功能是在流程线上设置一段等待时间,以及等待的结束条件。双击它,在"单击鼠标"、"按任意键"、"显示按钮"复选框前都打上钩,单击鼠标或者按键盘上的任意一个键时,程序都会继续向下执行,结束等待。

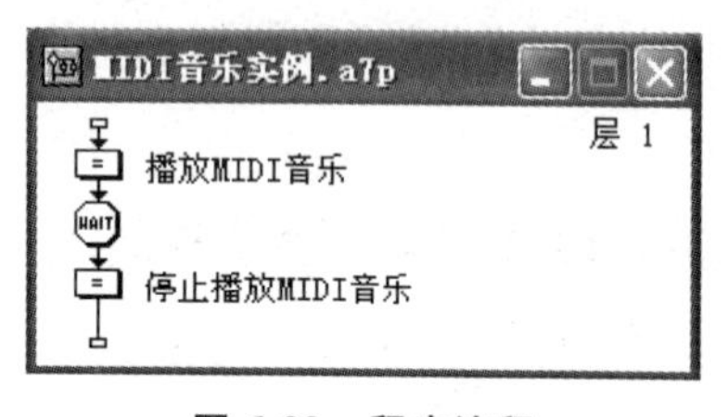

图 6-29 程序流程

⑧ 在程序设计窗口的等待图标后添加一个计算图标,命名为"停止播放"。双击此图标,在其编辑窗口输入:"x:=stopMidi()"。

执行到此计算图标时将停止 MIDI 音乐的播放。整个设计过程结束,程序流程如图 6-29 所示。

程序设计结束。

2. 通过 MIDIplay()函数实现 MIDI 音乐播放

在 MIDI 播放函数中,最重要的是两个函数: MIDIPlay 和 MIDIPlaying。MIDIPlay 函数用于对 MIDI 进行播放,其格式为: errorCode:=MIDIPlay(fileName,tempo,wait),其中,fileName 为要播放的 MIDI 文件名;tempo 为播放的节奏,一般为 100,即按标准速率播放;

wait 为 0 表示作为背景播放(图标继续向下执行),为 1 表示作为前景播放(等待播放完毕再向下执行)。MIDIPlaying 函数用于返回 MIDI 当前的播放状态,其格式为:result:= MIDIPlaying(),如果返回为 0 则表示没有播放,为 1 表示正在播放。

例 6.5　利用音频媒体同步功能及 MIDI 音乐播放功能,制作一个配乐诗朗诵,同时具有点读注释功能。

设计要求:程序运行时,随着背景音乐(北国之春.mid)的播放,伴有诗朗诵(静夜思)的音频,同时相应的文字诗句逐句显示在演示窗口中,文字诗句显示结束后,背景音乐(北国之春.MID)及诗朗诵(静夜思.MP3)同时停止,此时当鼠标滑过作者“李白”时,将有音频“李白”及“唐代诗人”的文字注释,鼠标离开时注释消失。显示效果如图 6-33 所示。

素材准备:到 Authorware 网站下载 A4wmme 多媒体扩展函数包,并将 A4wmme 函数包存放在 Authorware 文件夹下。录制音频“静夜思”(静夜思.wav(或静夜思.MP3))及“李白”(李白.Wav),网上下载“北国之春.mid”做背景音乐。

具体制作步骤如下:

① 新建一个文件,命名为“配乐诗朗诵点读注释.a7p”,并保存在“北国之春.mid”所在的文件夹下,程序设计流程如图 6-30 所示。

② 单击函数面板【f(x)】按钮,在函数面板上的分类文本框上选择“配乐诗朗诵点读注释.a7p”,点击【载入】按钮,出现载入对话框,选择文件夹 Authorware→A4Wmme 文件夹|German 文件夹的 A4wmme.u32 文件,单击”打开”按钮,出现“自定义函数在 A4wmme.u32”窗口,在“名称”文本框中选择与 MIDI 相关的六个函数,点击【载入】按钮,与 MIDI 相关的六个函数成功的被载入到作品中。

③ 拖曳一个计算图标到流程线上命名为“背景音乐”,双击打开“背景音乐”,选择函数面板上的分类文本框中的“配乐诗朗诵点读注释.a7p”,选择函数“MIDIPlay”,点击【粘贴】按钮,则 MIDIPlay(fileName, tempo, wait)被粘贴到“背景音乐”窗口内,选择“Name”输入:“Location^“\北国之春.mid””;选择“tempo”输入:“100”;选择“wait”输入“false”,关闭计算图标“背景音乐”窗口。

④ 拖曳一个【显示】图标到流程线上,将其命名为“静夜思背景”,在此图标上双击打开演示窗口,单击工具栏上的【导入】按钮,打开【导入文件】对话框。找到存放图片的文件夹,双击名称为“静夜思背景.jpg”的图片,将其导入到演示窗口,调整其大小,如图 6-31 所示。

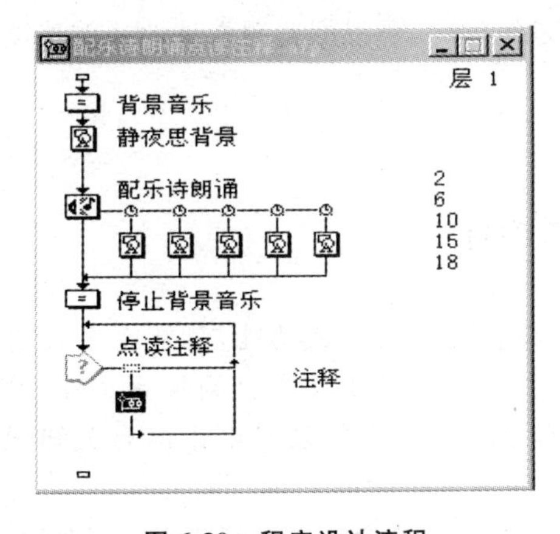

图 6-30　程序设计流程

图 6-31　背景图片

⑤ 拖曳一个【音频】图标到流程线上,将其命名为“静夜思朗读”。再拖曳一个【显示】图标到【音频】图标的右下方,命名为“2”,双击打开“2”上面的小秒表,打开【媒体同步属性】对话框,设置【同步于】为:“妙”;文本框内设为:“2”;【擦除条件】为:“不擦除”如图 6-32 所示。拖曳四个显示图标到“2”的右侧,并根据“静夜思朗读”的速度将其分别命名为 6、10、15、18 如图 6-30所示,双击打开对应的“小秒表”,分别设置时间为:6、10、15、18 秒。

⑥ 双击名称为“静夜思朗读”的【音频】图标,打开音频图标属性对话框。单击【导入】按钮,打开【导入文件】对话框,找到存放音频文件的文件夹,双击名称为“静夜思朗读.swa”的音频文件,将其导入到【音频】图标内(此文件可以自己录制)。

⑦ 双击名称为“2”的【显示】图标,打开演示窗口,输入标题及作者,并调整字体、字号、颜色及合适的位置,设置显示特效为:【Dmxp 过渡】→【向下滚动展示】,利用工具面板对文字进行透明处理。使用同样的方法完成其余 4 个显示图标内容的设置。显示效果如图6-33所示。

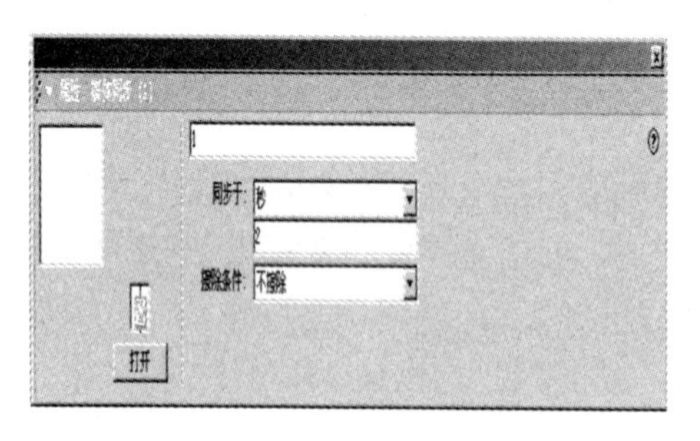

6-32 【媒体同步】属性对话框

图 6-33 显示效果

⑧ 拖曳一个交互图标到流程线上,命名为“点读注释”,拖曳一个群组图标到交互图标“点读注释”的右下方,命名为“注释”,响应类型选【热区响应】,并调整热区到诗句作者“李白”上,大小把李白文字包住即可,【响应】选项卡选擦除选项为“在下一次输入之前”,【热区】选项卡的【匹配】选项为“指针处于指定区域内”,双击打开“注释”群组图标,拖曳一个显示图标到流程线上,命名为“李白”,按 Shift 键双击打开“李白”,输入“唐代诗人”,调整位置到诗句李白的右上方,拖曳一个音频图标到显示图标“李白”的下面,命名为“李白音频”,双击“李白音频”导入音频“李白”。

注意:同步于下面的文本框里面的时间秒数不是绝对的,要根据音频文件的播放速度反复调整、直至显示诗句与媒体音频播放同步为准。

程序设计结束。

6.2 数字电影图标

作为一个优秀的多媒体制作工具,Authorware 具有强大的集成功能,能够将多种媒体形式结合起来。Authorware 除支持常见的声音文件外,也能够支持常见的视频文件,使多媒体课件中能够使用各种格式的数字电影文件。本节将详细介绍数字电影的有关知识和操作。

Authorware 的数字电影图标能够使用的电影形式按文件的存放类型可分为以下两种。

内嵌式电影：直接装载到 Authorware 文件中，执行速度快、可以使用擦除过渡效果，但会增加可执行文件的大小。在作品发布时不需要再包括这些电影文件。

外置式电影：把电影文件以链接的形式存放，不能使用擦除效果。在作品发布时需要把这些电影文件一起发布。

内嵌式电影支持 FLC、FLI、CEL、PIC 等电影文件格式，外置式电影支持 DIR、AVI、MOV、MPEG 等电影文件格式。一般利用数字电影图标主要播放 FLC、AVI 和 MPEG 等几种格式的电影。对于直接插入的数字电影在运行时一般不会有什么问题，但对于外部链接的数字电影，在 Authorware 中使用时，一方面要有一个合适的驱动程序，另一方面要使用在特定平台上可以播放的格式。因此在文件发行和打包时，必须要包含这些外部可链接的文件和合适的驱动程序。当使用不同类型的数字电影时，其属性设置对话框中可供选择的选项会有所不同。

6.2.1　导入数字电影文件

同导入音频文件一样，导入数字电影文件的方法有以下 3 种：

(1) 通过数字电影图标导入数字电影文件。

① 从图标面板中拖曳一个数字电影图标到流程线上，将图标名称更改为“数字电影”。单击数字电影图标打开数字电影图标的属性对话框，如图 6-34 所示。

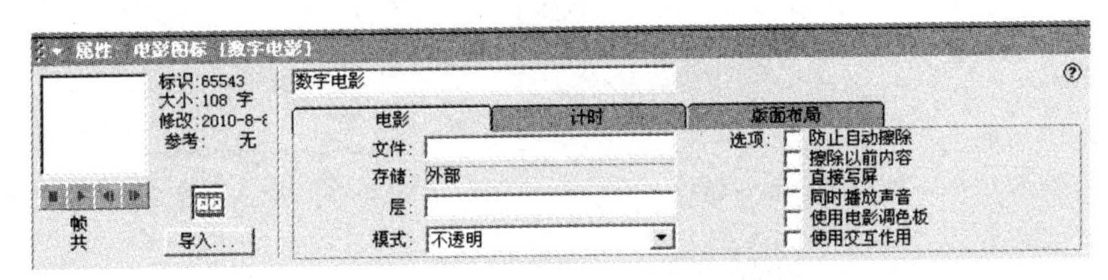

图 6-34　数字电影图标的属性对话框

② 单击【导入…】按钮，打开导入文件对话框。使用该对话框找到所需的数字电影文件，如图 6-35 所示。单击【导入】按钮，即可将选择的数字电影文件导入到数字电影图标中。

单击选中【显示预览】对话框，其右侧多出了一个预览窗口，在对话框的列表中选择一个文件，在预览窗口中预览数字电影。

③ 单击【导入】按钮，可以将数字电影文件导入到数字电影图标里。

(2) 通过菜单或工具栏中的【导入】命令导入数字电影文件。

具体制作步骤如下：

① 单击【文件】菜单，选择【导入和导出】菜单中的【导入媒体】命令，如图 6-36 所示，弹出导入文件对话框之二，单击图的右下角的按钮，弹出导入文件对话框的扩展部分，此时可以选择多个数字电影文件进行导入，如图 6-37 所示。

② 单击【导入】按钮，可看到在主流程线上导入了选中的数字电影图标，并且图标的名称与数字电影文件的名称相同，如图 6-38 所示。

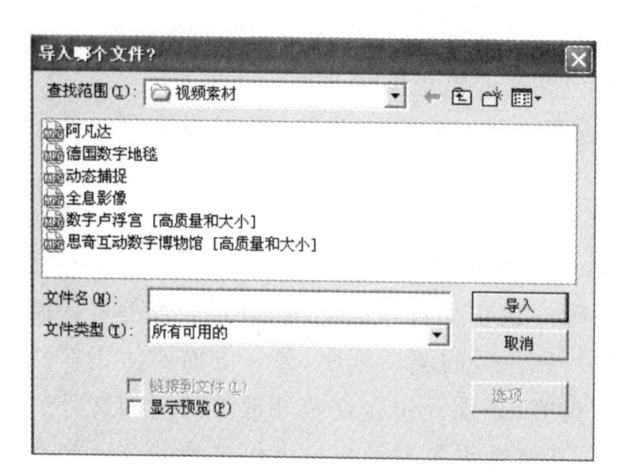

图 6-35 导入文件对话框

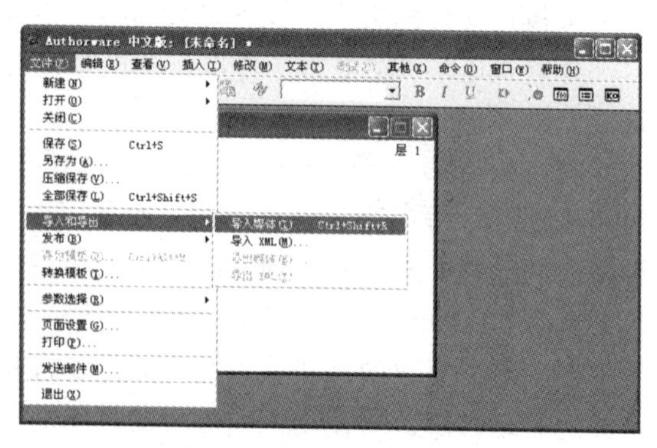

图 6-36 【导入和导出】菜单命令

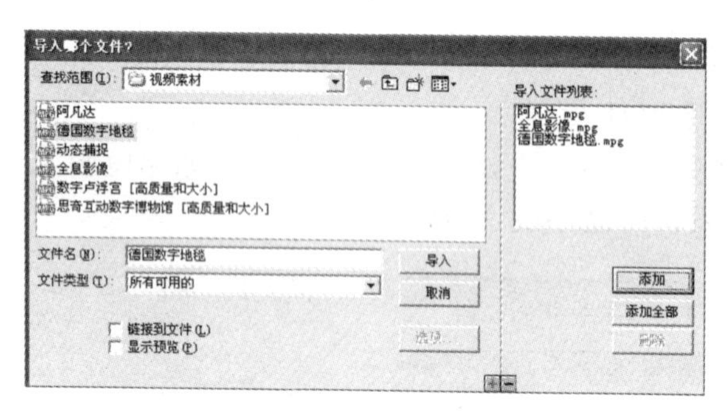

图 6-37 导入文件扩展对话框

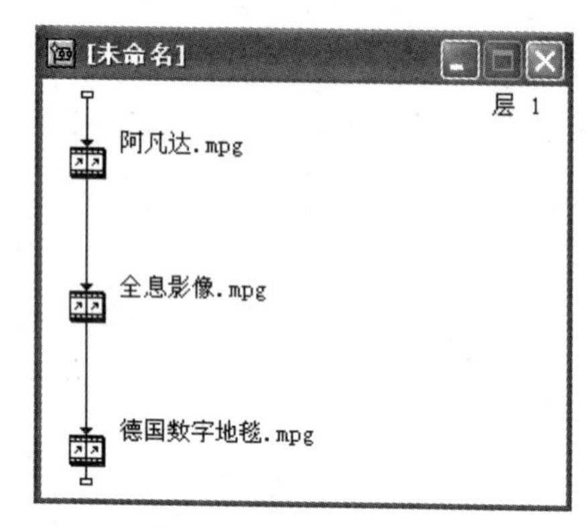

图 6-38 导入多个数字电影文件的流程图

(3) 用拖曳释放法导入数字电影文件。

① 打开 Authorware 程序设计窗口。

② 找到所要导入的数字电影文件。

③ 拖曳数字电影文件到 Authorware 主流程线上释放。在 Authorware 主流程线上就会看到一个以该数字电影文件命名的数字电影图标,如图 6-39 所示。

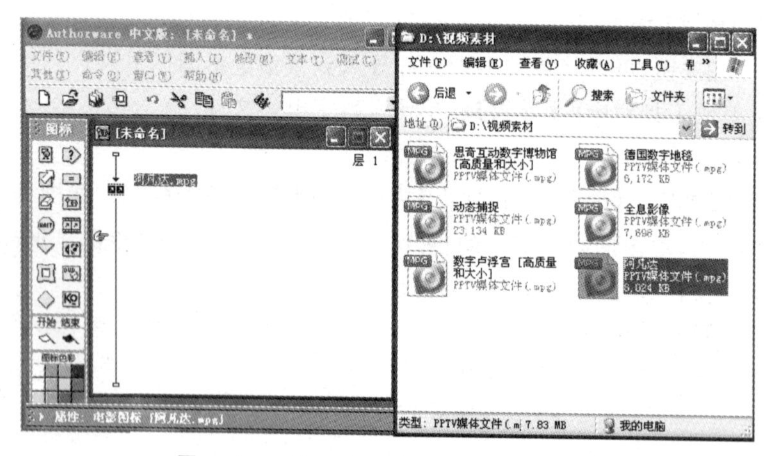

图 6-39 用拖曳释放法导入数字电影文件

6.2.2　数字电影图标属性设置

1. 预览电影

数字电影图标属性面板的左侧是预览窗口、预览控制按钮和一些关于电影的基本信息，如图 6-40 所示。

预览窗口中显示的是数字电影文件使用的播放器图标，在预览窗口下方的一排按钮，用于对数字电影文件进行预览时的控制按钮，使用它们，可以实现对数字电影的预览。

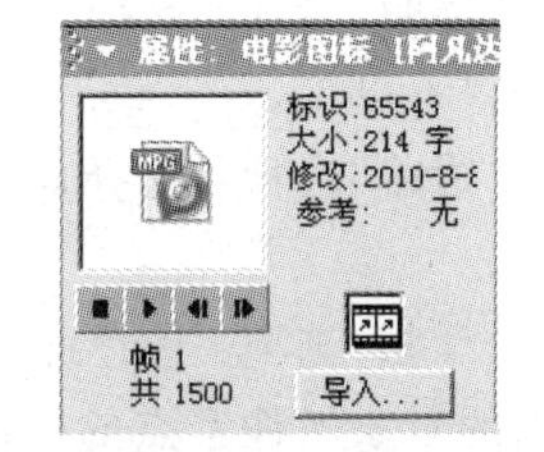

图 6-40　属性面板的左侧

■：停止正在播放的电影文件。

▶：播放数字电影。

◀|：播放前一帧。

|▶：播放后一帧。

在下面，是一个关于电影长度的信息，既可以看到电影的总长度，又可以在预览时监视电影运行的位置。

在制作 Authorware 课件时，会遇到插入的视频不能正常播放的情况，这是计算机系统缺少相应的视频播放插件或者视频解码软件的原因。要解决视频文件在 Authorware 中不能播放的问题，首先要判断该视频文件是何种压缩算法和编码方式制作而成的. 然后安装相应的视频播放插件或解码软件进行播放。例如要在 Authorware 中播放 MPEG-4 格式的视频文件，那么需要安装 DivX 解码软件，发行的课件也需要将这个插件一同发布，这样就能在没有安装该插件的电脑上顺利播放。

2. 设置电影图标的属性

属性面板主要包括三个选项卡，分别是【电影】、【计时】和【版面布局】。

(1)【电影】选项卡。

在【电影】选项卡里，主要是一些关于电影的基本信息及其设置，如图 6-41 所示。

图 6-41　【电影】选项卡

【文件】：可以输入数字电影文件的路径和名称，如果文件是通过【导入】按钮导入的，则会在这里显示出导入文件的路径和名称。

【存储】：显示的是文件的保存类型，文本框中的内容显示为灰色，这说明它是只读的。如果显示“外部”，说明文件是外部链接的，如果显示“内部”，则表示文件是内部嵌入的。

【层】：显示当前数字电影所在的层，默认情况下不填入数字，表示层数为“0”。也可以通过输入一个数字或一个变量来调整当前数字电影所在的层。对于外部链接的数字电影，它总是显示在演示窗口的最上方，设置层是没有意义的。但对于内部嵌入的数字电影是可以设置层的。

【模式】: 表示透明方式。对于外部链接文件来说,这一项都是发灰显示的,选择的都是"不透明",说明文件是不透明的。对于内部嵌入的文件,则会有 4 种模式提供选择:"不透明"、"透明"、"覆盖"和"反相"。

"不透明"选项: 选择此选项,则显示模式为不透明模式。数字电影的显示区将覆盖其下面的对象。

"透明"选项: 选择此选项,则显示模式为透明模式。数字电影中以透明颜色显示的像素点变得不可见。

"覆盖"选项: 选择此选项,则显示模式为遮隐模式。数字电影边缘部分的透明色被过滤掉。

"反相"选项: 选择此选项,则显示模式为反显模式。数字电影中像素点的颜色将变成它下面的对象的像素点的颜色的反色,从而产生一种反色显示效果。

【选项】: 提供了一些关于数字电影显示的内容。

"防止自动擦除"选项: 选中该选项后,该数字电影图标中的内容将不会被系统的自动擦除功能擦除。

"擦除以前内容"选项: 选中该选项后,当程序运行到该数字电影图标时,先将展示窗口中的其他内容擦除。

"直接写屏"选项: 选中该选项后,该数字电影的层数最大。

"同时播放声音"选项: 选中该选项后,如果数字电影本身带有伴音,则伴音有效。

"使用电影调色板"选项: 选中该选项后,数字电影将使用自带的调色板。这一选项在 256 色模式下才有效。

"使用交互作用"选项: 选中该选项后,该数字电影的交互操作有效。一般适用于 Director 教学课件。

(2)【计时】选项卡。

在【计时】选项卡里,提供了一些关于数字电影时间控制的选项,如图 6-42 所示。这些属性和音频图标的【计时】选项卡类似。

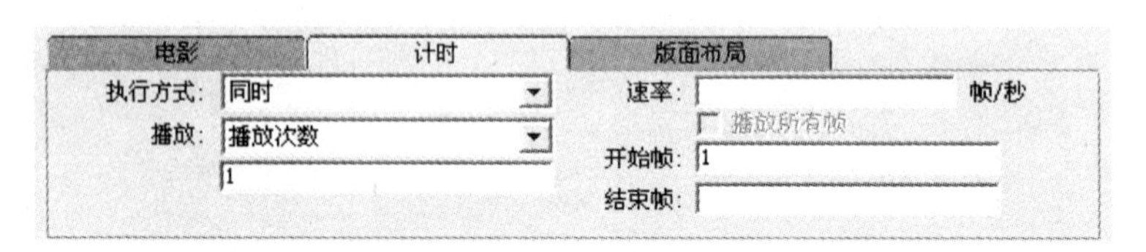

图 6-42 【计时】选项卡

【执行方式】: 共有三种选择,分别是"等待直到完成"、"同时"和"永久"。

"等待直到完成"选项: 选择该选项后,在程序运行时,要先播放完该数字电影图标插入的数字电影,然后才去执行流程线上后面的图标。

"同时"选项: 选择该选项后,在程序运行时,在播放该数字电影图标插入的数字电影的同时,执行后面的图标。

"永久"选项: 选择该选项后,Authorware 始终监视【播放】选项中"直到为真"表达式的值,当该值为 True 时,会以设置的方式播放数字电影。

【播放】: 用来设置电影的播放与其后面的图标在播放时间上的关系。

“重复”选项：选择该选项后，数字电影将重复播放。

“播放次数”选项：选择该选项后，数字电影将按照下面的文本框中指定的次数重复播放。

“直到为真”选项：选择该选项后，数字电影将连续播放，直到下面的文本框中表达式的值为 True 为止。

【速率】：可以输入数字电影播放的速率。在一般情况下，如果在后面的文本框中不输入数值，将按 Authorware 默认的速率进行播放，默认速率是 25 帧/秒，也可以输入一个数值作为设定的速率。输入的数值越小，插放速度越慢，数值越大，播放速度越快。

【播放所有帧】：选中此选项前面的复选框时，系统会强制播放电影文件的每一帧。

【开始帧】：默认情况下它后面的文本框中有一个数字 1，表示电影将从第一帧开始播放。但也可以在该文本框中输入一个数字或表达式，自定义电影播放的开始位置。

【结束帧】：在默认情况下，在它后面的文本框中没有数值，但如果需要对动画的结束加入控制条件，可以在这里输入一个数字或表达式。

(3)【版面布局】选项卡。

主要提供了一些版面布局方面的选项，它们主要用来确定数字电影的位置，其操作面板如图 6-43 所示。它的操作界面很像显示图标属性面板的右侧部分。

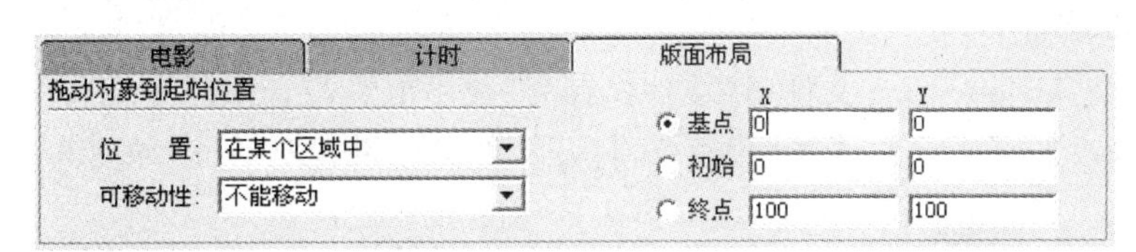

图 6-43　【版面布局】选项卡

【位置】：用来确定数字电影在演示窗口中的位置。

“不改变”选项：选择该选项，Authorware 将不在展示窗口中以任何方式定位该数字电影对象，它们通常定位在创建对象时所在的位置。

“在屏幕上”选项：选择该选项，则要在“基点”文本框中输入 X，Y 坐标值，Authorware 将在展示窗口中按照输入的 X，Y 坐标值定位显示该数字电影对象。

“沿特定路径”选项：选择该选项，系统提示用户要拖曳对象以创建一条路径，设置路径的“初始”位置、“终点”位置和“基点”位置。Authorware 将在展示窗口中按照初始位置来显示该数字电影对象。

“在某个区域中”选项：选择该选项，系统提示用户要拖曳对象以创建一个区域，设置区域的“初始”位置、“终点”位置和“基点”位置。Authorware 将在展示窗口中按照设置的区域来显示该数字电影对象

【可移动性】：用来确定电影文件在打包后是否可以移动，主要包括以下 4 个选项：

“不能移动”选项：选择该选项，当作品完成并打包发行后，用户是不能移动展示窗口内的对象的。

“在屏幕上”选项：选择该选项，用户可以移动展示窗口内的对象。

“在指定区域”选项：选择该选项，与【位置】下拉列表框中的“在某个区域中”选项一起使用，使得用户可以按照指定的区域移动展示窗口内的对象。

“任何地方”选项：选择该选项，用户可以任意移动展示窗口内的对象，包括将对象移动到

展示窗口外。

4. 更改电影的尺寸和位置

在前面的介绍中,电影的各项内容都可以改变,但就是无法改变其显示的大小。

下面介绍如何改变播放尺寸。

单击工具栏上的【控制面板】快捷工具,打开控制面板。单击【运行】按钮播放程序,当程序运行到电影出现后,单击【暂停】按钮,或在程序运行期间,按"Ctrl+P"组合键,使程序暂停运行。

单击演示窗口中的影片,在周围出现8个控制柄,拖曳控制柄可以改变影片在演示窗口中的大小,直接拖曳影片可以改变其在演示窗口中的位置。

6.2.3 数字电影与音乐同步

在前面我们分别学习了音频图标和数字电影图标的使用,对这两个图标的功能有了一定的了解,下面我们将同时使用这两种图标来制作一个程序,来看看这个程序能达到怎样的效果。

例6.6 数字电影与音乐同步的实例制作。

具体制作步骤如下:

① 新建一个Authorware文件,将文件保存为"数字电影与音乐同步.a7p"。

② 单击【修改】→【文件】→【属性】命令,打开文件属性设置对话框,如图6-44所示。

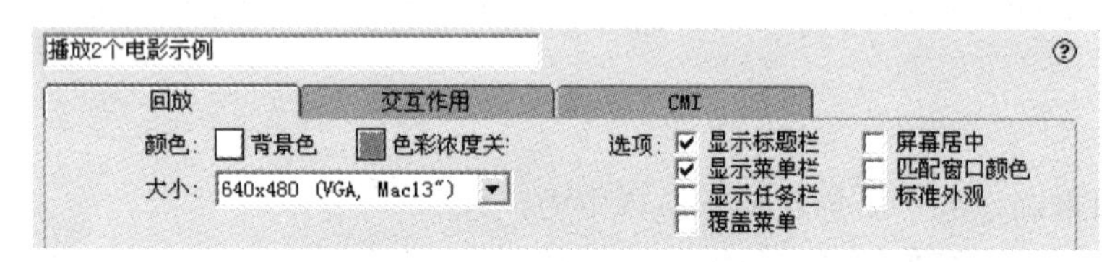

图6-44 文件属性设置对话框

③ 单击【背景色】前面的白方框,引出颜色设置对话框,如图6-45所示。单击右下角的黑颜色,单击【确定】按钮,把背景色设置为黑颜色。选取【屏幕居中】复选框,清除【显示菜单栏】复选框。

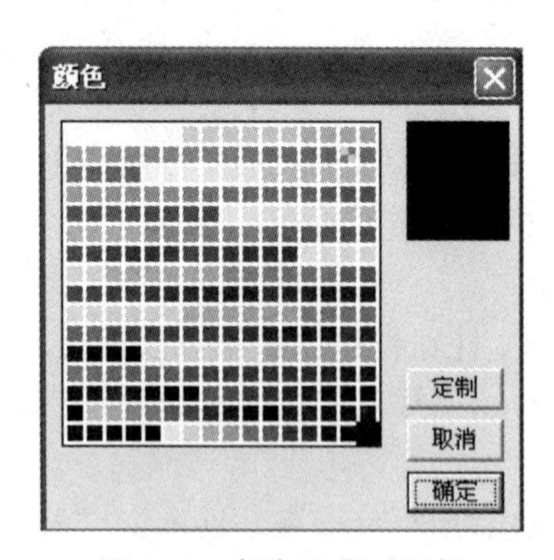

图6-45 颜色设置对话框

④ 拖曳一个音频图标,命名为"音乐"。打开"音乐"音频图标,单击属性设置对话框左侧

的【导入】按钮打开【导入文件】对话框，找到一个声音文件，单击【导入】按钮将声音文件导入。

⑤ 在音频图标下拖入一个数字电影图标，命名为“电影”。同样打开“电影”，从属性设置对话框的【导入】按钮打开【导入文件】对话框，导入一个数字电影。

⑥ 双击“声音”图标，打开属性设置对话框。在【计时】选项卡进行如图 6-46 所示的设置。

图 6-46　声音图标属性设置

在【播放】下拉列表框中选择“直到为真”，并在下面的条件栏内输入表达式“MediaPlaying@电影”。其中，MediaPlay 是系统函数，它的意义是“说明使指定图标中的数字电影开始播放，若已经在播放，则重启”。也即当电影播放时，声音也开始播放。

⑦ 双击“电影”图标，打开属性设置对话框。在【计时】选项卡进行如图 6-47 所示的设置。

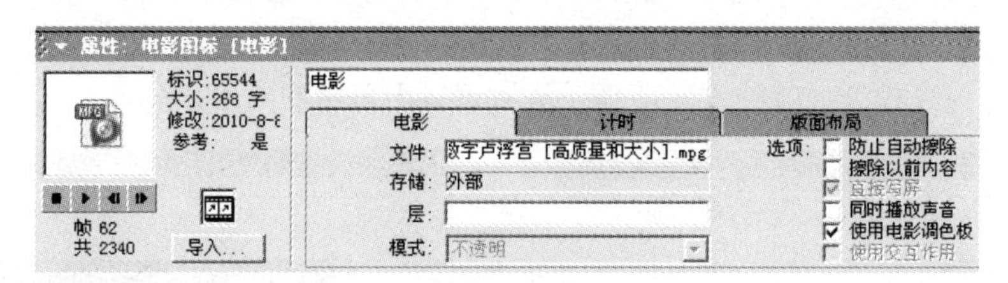

图 6-47　电影图标属性设置

⑧ 在【电影】选项卡中，默认的选项“同时播放音乐”复选框是被选中的，此时为了突出背景音乐效果，我们把录制中的电影声音屏蔽掉，突出电影的画面和背景声音的同步，在【计时】选项卡中设置“执行方式”为“等待直到完成”；在“开始帧”文本框输入“1”，含义是从电影中的第一帧开始播放电影，但如果是在“开始帧”文本框中输入“0”，则不能播放。程序流程如图 6-48 所示。

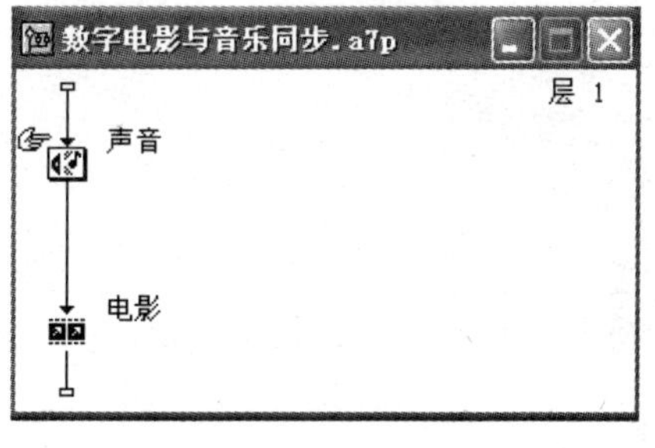

图 6-48　程序流程图

程序设计结束。

6.3　导入 Flash 动画

Flash 动画是目前较为流行的一种动画文件格式，它是一种基于向量图的动画，改变大小后不影响画面质量，另外，Flash 动画可以包含交互功能。由于在数字电影图标中也不能导入该种格式的动画文件，在 Authorware 中也有很多方法可以播放 Flash 动画。

6.3.1 在课件中导入 Flash 动画

Authorware 提供了对 SWF 格式的 Flash 动画文件的支持,并能够方便地对动画在演示窗口中的样式进行设置。

1. Flash 动画的插入

(1) 在 Authorware 课件中,将手形标志移到流程线上需要插入 Flash 动画的位置,打开【插入】菜单,选择【媒体】→【Flash Movie】命令,这时会自动显示一个【Flash Asset?】属性对话框。单击【浏览】按钮,可以打开选择文件的对话框,选择需要播放的 Flash 动画,如图 6-49 所示。

(2) 单击【打开】按钮关闭对话框,在【Flash Asset 属性】对话框的【链接】文本框中显示出该文件的文件名和存储路径。

(3) 单击【确定】按钮,即可插入 Flash 文件。

2. Flash 动画在演示窗口中的位置和演示大小的改变

如果想改变 Flash 动画在演示窗口中的位置和演示大小,可以先运行程序,然后按“Ctrl+P”组合键或单击控制面板中的【暂停】按钮暂停程序的运行。在演示窗口中的 Flash 动画上单击,动画周围会出现带有 8 个控制柄的边框,如图 6-50 所示。此时,拖曳动画可改变其在演示窗口中的位置,拖曳控制柄能够改变动画在演示窗口中显示的大小。

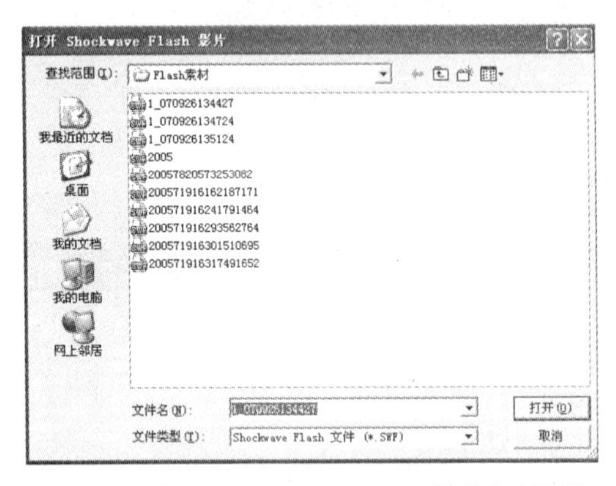

图 6-49 “打开 Shockwave Flash 影片”对话框

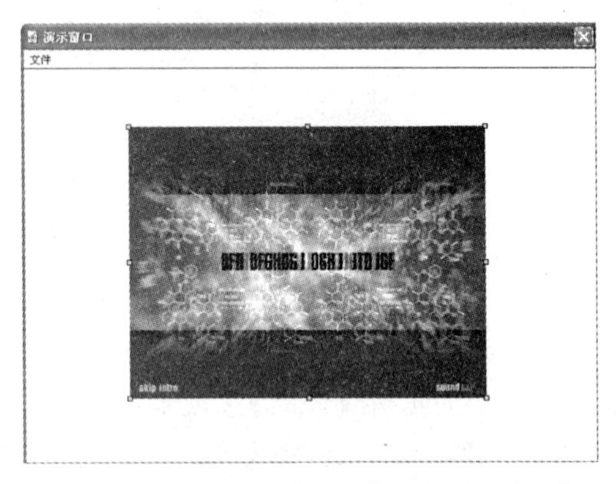

图 6-50 Flash 动画的周围带有控制柄的边框

6.3.2 Flash 动画属性的设置

1. 动画的属性面板

单击演示窗口中的动画,打开属性面板,在相应的选项卡中能进行动画在演示窗口的显示属性的设置,如图 6-51 所示。

图 6-51 属性面板的【功能】选项卡

其【显示】选项卡和【版面布局】选项卡中各设置项的含义与其他图标（如：数字电影图标）的含义大同小异，这里就不再详细介绍了。

与图片一样，插入的 Flash 动画也可以通过在【显示】选项卡中改变【层】文本输入框的数值来改变其与其他图标间的层次关系，从而获得某种遮盖效果。另外要注意，插入 Flash 对象只支持“不透明”和“透明”两种显示模式。

2. FlashAsset 属性的设置

单击属性面板中的【选项】按钮，可以再次打开“Flash Asset 属性”对话框，通过该对话框可对动画的属性进行设置，如图 6-52 所示。

【媒体】包括“链接”和“预载”两个选项。

“链接”：选中时，以外部文件形式连接到程序中。

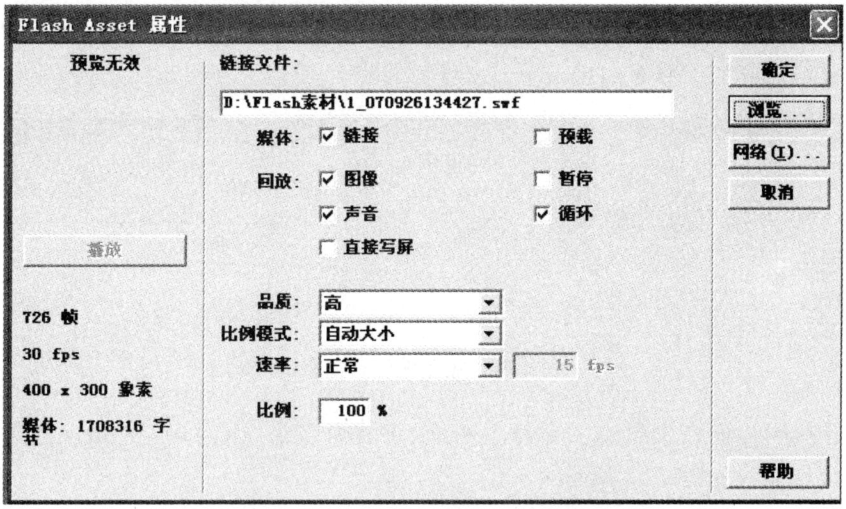

图 6-52　“Flash Asset 属性”对话框

预载：选中时，程序提前加载动画。此选中只有当【链接】被选中时有效。

【回放】包括以下四部分：

【图像】：选中时，同时显示图像。

【暂停】：选中时，暂停到第一帧。

【声音】：选中时，播放动画中的声音。

【循环】：选中时，循环播放。

【直接写屏】：选中时，以直接写屏的方式播放。

【品质】：动画显示画质控制。

【比例模式】：动画缩放控制。

【速率】：播放速度。

【比例】：设置动画在演示窗口中的大小与原始大小的百分比。

例 6.7　利用插入媒体功能导入 flash 动画。

具体制作步骤如下：

① 新建一个文件，将文件保存为“flash 动画. a7p”。

② 单击菜单中的【插入】→【媒体】打开导入 flash 对话框，找到存放 flash 文件的文件夹，

双击"从军行.swf",将其导入到演示窗口。

③ 从图标面板中拖曳一个等待图标,将其命名为"等待 30 秒",双击该图标,打开等待图标的属性窗口,设置如图 6-53 所示。

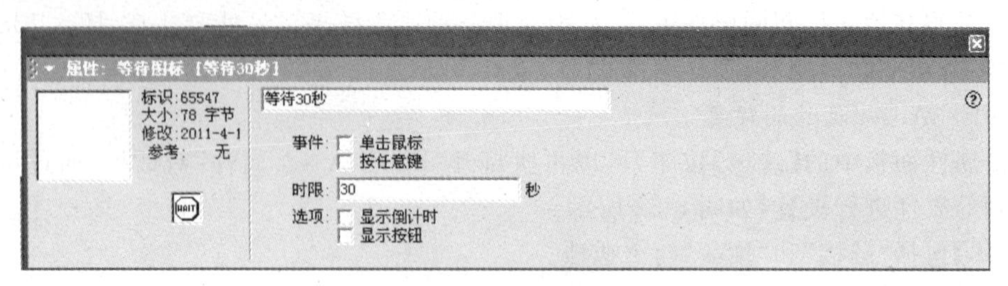

图 6-53 等待图标属性窗口

④ 从图标面板中拖曳一个擦除图标,将其命名为"擦除 flash",双击该图标,打开擦除图标的属性窗口,设置如下图 6-54 所示。

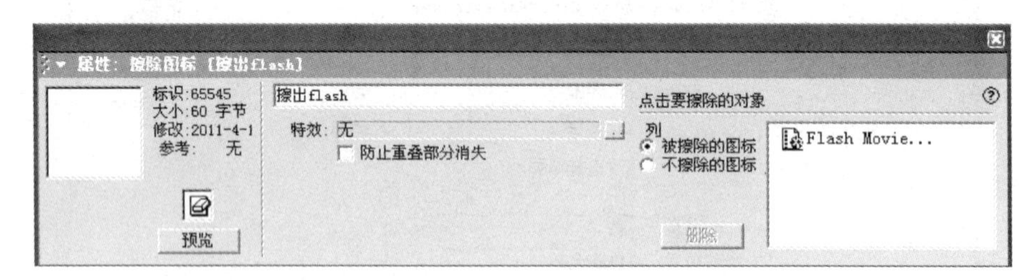

图 6-54 擦除图标属性窗口

⑤ 最后从图标面板中拖曳一个显示图标,将其命名为"谢谢观看" 输入艺术字"谢谢观看"。程序设计流程如图 6-55 所示。

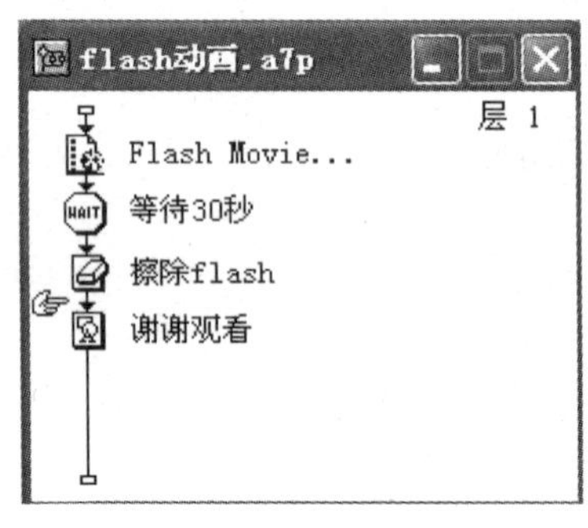

图 6-55 程序设计流程

程序设计结束。

6.4 导入 GIF 动画

GIF 动画是非常常见的一种动画文件格式,它是基于位图的动画,一般都制作成幅面小、播放长度短、容量较小的文件,但内容和形式生动活泼。在 Authorware 中使用显示图标导入动画 GIF 文件,在播放时往往只能看到动画的第一帧,而且在数字电影图标中不能导入 GIF

动画文件。因此，我们可以利用 Animated GIF 插件播放 GIF 动画。

6.4.1　利用 Animated GIF 插件播放 GIF 动画

(1) 在 Authorware 课件中，将手形标志移到流程线上需要插入 GIF 动画的位置，在主菜单下选择【插入】→【媒体】→【Animated GIF】命令，Authorware 即会打开"Animated GIF Asset属性"对话框，单击【浏览】按钮，在出现的对话框【打开 Animated GIF 文件】选择相应的 GIF 文件，如图 6-56 所示。

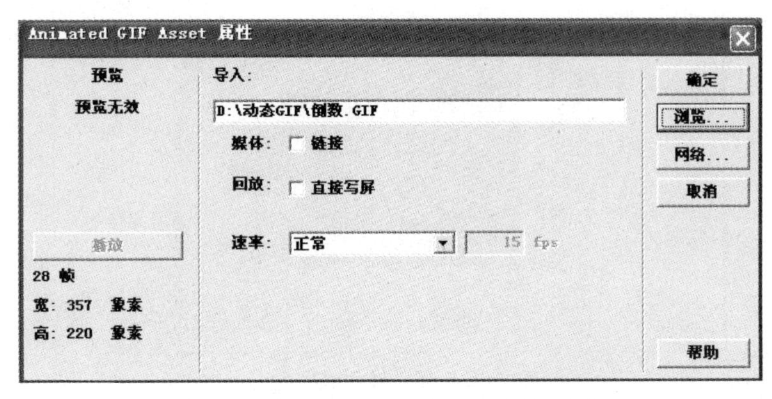

图 6-56　"Animated GIF Asset 属性"对话框

(2) 选择"链接"复选框，则将 GIF 动画作为外部文件连接到 Authorware 文件中，而不将其插入到内部；选择"直接写屏"复选框，则将 GIF 动画的层次设置为最高层；在【速率】下拉列表中可以选择 GIF 动画播放的速度，单位为帧/秒，默认为"正常"，正常速度为 15 帧/秒，如果选择列表中的"固定"，则可以将速度固定在某一设定的值。如果选择列表中的"锁定"，则可以将当前设置的速度锁定，不能更改。属性对话框的左下角显示了 GIF 动画的总帧数及显示画面的大小。

(3) 如果文件在网络上，可以单击【网络】按钮，打开网络路径对话框，输入 GIF 动画的 URL 地址即可，如图 6-57 所示。

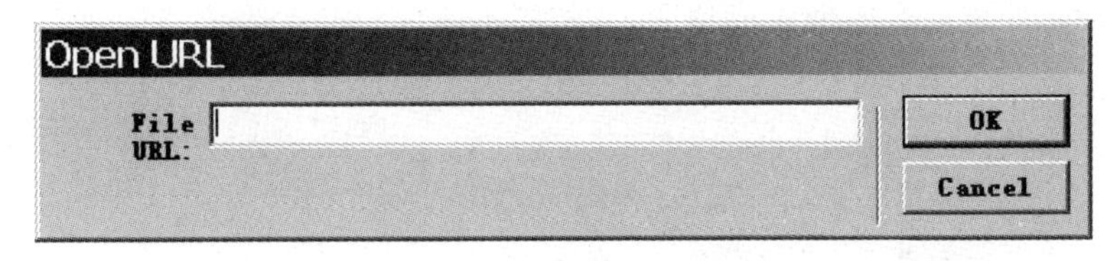

图 6-57　网络路径对话框

(4) 选中文件后，属性对话框中便显示此 GIF 动画的属性。单击【确定】按钮，关闭属性对话框，这时我们可以看见流程线上出现了一个 Animated GIF 图标。

(5) 保存文件并运行程序。程序设计结束。

例 6.8　利用插入媒体功能导入 gif 动画图片

具体制作步骤如下：

① 新建一个文件，将文件保存为"gif 动画图片.a7p"。

② 从图标面板中拖曳一个显示图标，将其命名为"我爱我的祖国"。制作艺术字"我爱我

的祖国”。

③ 单击菜单中的“【插入】→【媒体】”打开导入 gif 动画的对话框,找到存放 gif 动画文件的文件夹,双击“红旗. gif”,将其导入到演示窗口,如图 6-58 所示。

图 6-58　显示效果

④ 从图标面板中拖曳一个音频图标,将其命名为“我爱我的祖国歌曲”。双击声音图标,打开属性窗口,导入歌曲。程序设计流程如图 6-59 所示。

图 6-59 程序设计流程

程序设计结束。

6.4.2　如何设置 GIF 背景透明

接上例,单击 Animated GIF 图标可以打开此图标的属性对话框,如图 6-60 所示。

选择【显示】选项卡,将属性中的【模式】设定为“透明”,这一设定和图片本身有一定关系,要看图片的实际来处理。有的能设成透明,有的则不能。

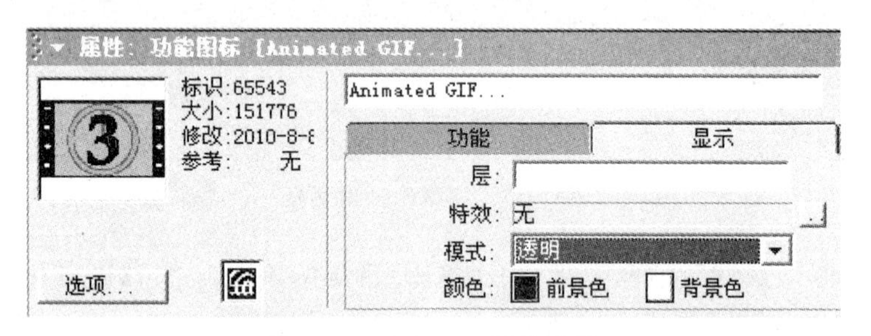

图 6-60　动态 GIF 属性设置

6.4.3　调用 DirectMedia Xtra 插件播放 GIF 动画

使用 DirectMedia Xtra 插件也可以播放 GIF 动画,跟播放视频文件和音频文件类似。在流程线上选择适当的位置，打开【插入】菜单，选择【Tabuleiro Xtras】→【DirectMedia Xtra】命令，这时会显示一个【DirectMedia Xtra】属性对话框。选择你所需要的 GIF 动画文件，并设置相应的属性即可。

单击预览区的【播放】按钮，可以预览该 GIF 动画的效果。单击【确定】按钮便插入一个 GIF 动画。

6.5　QuickTime 视频文件导入

前面介绍的【数字电影】图标、GIF 和 Flash 动画都可以播放外部视频文件，播放时将其直接显示到屏幕上，但在视频显示区域中都无法再叠加显示其他对象，即视频被置于最高层上。运用 QuickTime 播放功能则可以在视频显示窗中任意叠加显示其他对象，并扩充对视频的控制能力。

6.5.1　导入 QuickTime 文件

在导入 QuickTime 文件前，首先应该确认使用的计算机必须安装 QuickTime4.0 以上版本的软件，如没有安装则无法导入视频文件。

导入 QuickTime 文件的具体过程如下：

(1) 选择【插入】→【媒体】→【QuickTime】菜单命令，弹出“QuickTime Xtra 属性”对话框，如图 6-61 所示。

(2) 单击对话框中的【浏览】按钮，将会弹出“Choose a Movie File”对话框，如图 6-62 所示。在该对话框中可以导入“.avi”，“.gif”，“.swf”等多种格式视频文件。另外，也可以单击“QuickTime Xtra 属性”对话框中的“网络”按钮，打开“Open URL”对话框。在其中的文本框中输入视频文件所在的 URL 地址，实现对视频文件的链接。

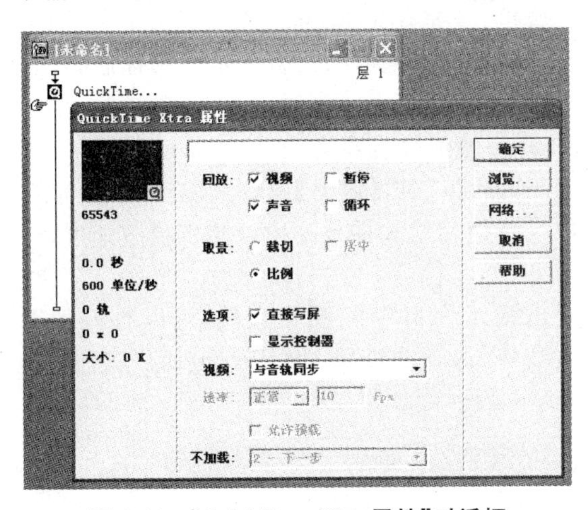

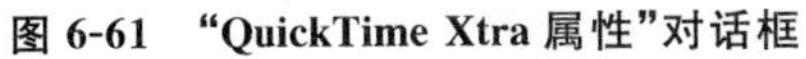
图 6-61　“QuickTime Xtra 属性”对话框

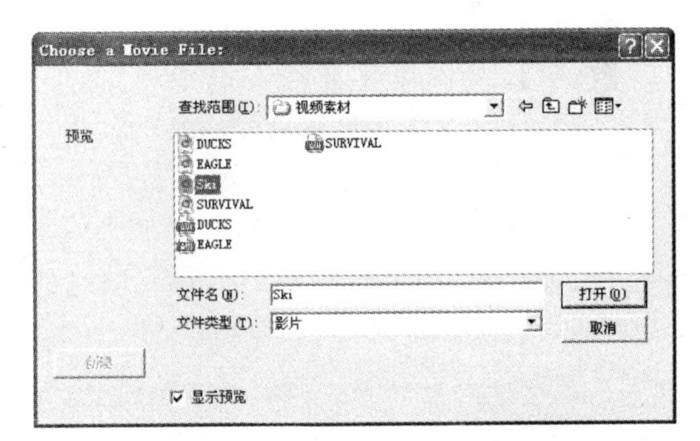

图 6-62　“Choose a Movie File”对话框

(3) 运行程序，即可看到所引入视频文件的效果，如图 6-63 所示。如果需要调整画面尺寸和位置，可以按“Ctrl+P”组合键，可以使画面暂停下来调整。

图 6-63　程序运行结果

6.5.2　设置 QuickTime 文件的属性

设置 QuickTime 文件的属性可以在两个对话框中进行,一个是“QuickTime Xtra 属性”对话框,一个是“属性:功能图标”对话框。

1. “QuickTime Xtra 属性”对话框

该对话框主要的属性有以下几项,如图 6-61 所示。

【回放】:控制 QuickTime 动画播放状态的一些选项,其中“视频”、“声音”、“暂停”、“循环”等选项分别控制动画是否可见、是否有声音、是否循环、出现时是否暂停等属性。

【取景】:定义了动画画面是按照显示边框裁减(选择“裁切”复选框)还是自动缩放(选择“比例”复选框),基准位置是在中心(选择“居中”复选框)还是在左上角。

【选项】:定义动画画面是否直接出观(选择“直接写屏”复选框)、是否显示动画控制条(选择“显示控制器”复选框)。

【视频】:定义动画播放是与声音同步还是播放每一帧但没有声音。

【速率】:动画播放速率。当【视频】属性为“与音轨同步”时,【速率】属性只能选择“正常”;若【视频】属性为“播放每一帧(静音)”时,用户可以选择使用最大播放速度或指定播放速度。

2. “属性:功能图标”对话框

双击设计窗口中的 QuickTime 图标,或者双击演示窗口中的视频文件,可以打开如图 6-64 所示的“属性:功能图标”对话框,该对话框的结构、选项和设置与 GIF 动画的“属性:功能图标”对话框相似,此处不再赘述。

图 6-64　“属性:功能图标”对话框

6.5.3　实例：视频叠加播放

1. 视频叠加文字

使用数字电影图标播放视频文件时，由于【电影】选项卡属性中的“最优显示”不能选择(FLC/FLI 文件除外)，所以视频文件总在屏幕最上方，造成显示图标的内容不能被显示在视频面上。如果想将显示图标的内容显示在视频面的上方，可以使用 QuickTime 插件播放视频文件。

有两种实现方法。

第一种方法：

(1) 选择【插入】→【媒体】→【QuickTime】菜单命令，在流程线上插入 QuickTime 播放图标。

(2) 在弹出的“QuickTime Xtra 属性”对话框中取消“直接写屏”复选框，如图 6-65 所示。单击【浏览】选中要播放的视频。

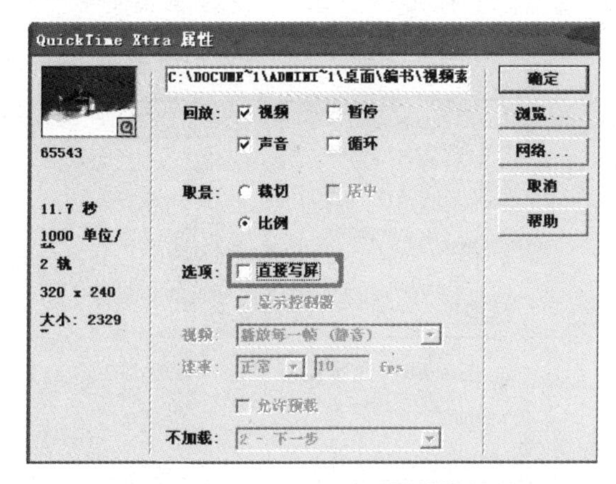

图 6-65　“QuickTime Xtra 属性”对话框

(3) 在 QuickTime 播放图标下拖曳一个显示图标，输入文字“高山滑雪”，调整到合适位置，并将【覆盖模式】设为“透明”。

(4) 程序运行效果如图 6-66 所示。

图 6-66　程序运行效果

第二种方法：

(1) 选择【插入】→【媒体】→【QuickTime】菜单命令,在流程线上插入 QuickTime 播放图标,并导入视频文件。

(2) 双击 QuickTime 图标,弹出属性：功能图标对话框,在 QuickTime 插件的属性设置中取消选择“直接写屏”复选框,如图 6-67 所示。

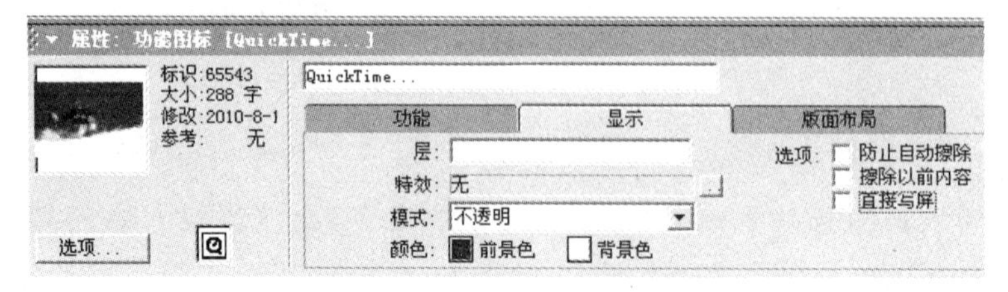

图 6-67　QuickTime 属性设置

(3) 在 QuickTime 播放图标下拖曳一个显示图标,输入文字“高山滑雪”,调整到合适位置,将【覆盖模式】设为“透明”,并且选中“直接写屏”复选框,如图 6-68 所示。

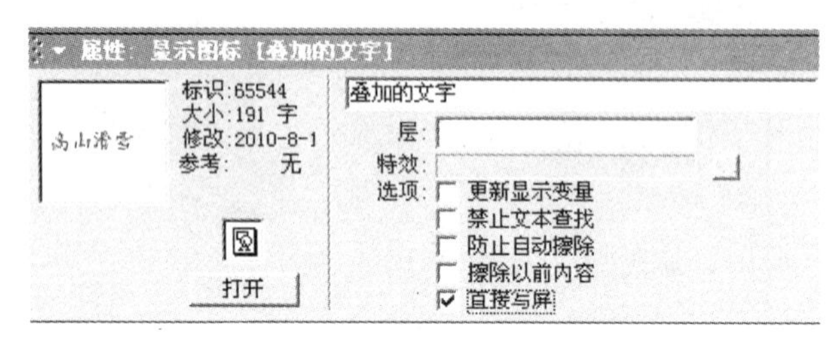

图 6-68　显示图标属性对话框

2. 控制视频的播放和音量

(1) 用 QuickTime 插件导入视频片段。

(2) 在“QuickTime Xtra 属性”对话框中选中“显示控制器”复选框,并且注意：“显示控制器”选项只有在选取“直接写屏”时才有效,如图 6-69 所示。

(3) 程序运行效果如图 6-70 所示,出现“播放”、“暂停”、“前进”和“后退”以及“音量控制”按钮。

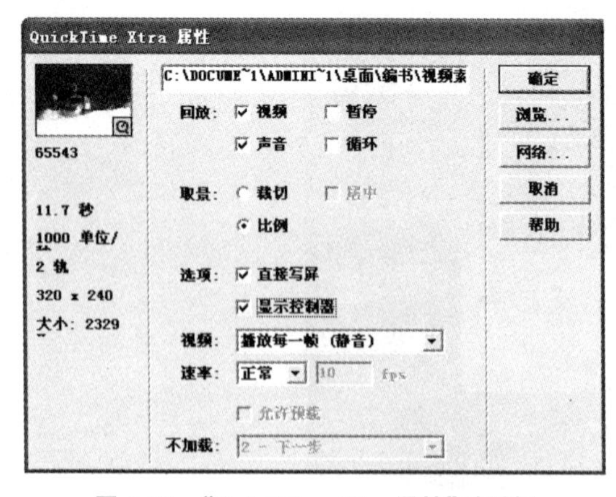

图 6-69　“QuickTime Xtra 属性”对话框

图 6-70　程序运行效果

3. 播放 GIF 图片

与“Animated GIF Xtra”一样，选择【插入】→【媒体】→【QuickTime】菜单，在流程线上插入一个 QuickTime Xtra 图标，并出现“QuickTime Xtra 属性”的属性对话框，选取要播放的 GIF 动画文件，设置相关的属性。这时我们需要选中属性对话框中的“循环”复选框，以保证 GIF 动画循环播放，此外“视频”也要确保选中，否则 GIF 动画图像将不会显示。

4. 调用 Quicktime 插件播放 Flash 动画

选择【插入】→【媒体】→【QuickTime】菜单，在流程线上插入一个 QuickTime Xtra 图标，并出现“QuickTime Xtra 属性”的属性对话框，选取要播放的 Flash 动画文件，设置相关的属性。这时我们需要选中属性对话框中的“循环”复选框。以保证 Flash 动画循环播放，此外“视频”也要确保选中，否则 Flash 动画图像将不会显示。

习题 6

一、选择题

1. 使用 Authorware 开发多媒体课件，要实现播放 WAV 音乐功能，需要使用(　　)图标。

A. 视频图标　　B. 动画图标　　C. 显示图标　　D. 音频图标

2. 下面(　　)格式的文件不属于数字化电影。

A. MOV　　B. SWA　　C. FLC　　D. AVI

3. 外部存储类型的数字化电影能设置的覆盖显示模式为(　　)。

A. 透明　　B. 不透明　　C. 遮隐　　D. 反转

4. 在 Authorware 中，暂停/继续运行程序的快捷键是(　　)。

A. Ctrl＋R　　B. Ctrl＋G　　C. Ctrl＋P　　D. Ctrl＋V

5. 不能作为 Authorware 素材直接使用的是(　　)。

A. 数字化图片　　B. 数字化视频　　C. 数字化音频　　D. VCD 图像

二、填空题

1. 在 Authorware 中，要想使声音文件与其他内容同步，必须将同步的内容放在音频图标的________，此时在同步内容对应的图标上方出现一个________的设置标志。

2. Authorware 提供了对多种声音文件的支持，其能够支持的声音文件格式包括 AIF、PCM、SWA、VOX、________及________等。

3. 在制作 Authorware 课件时，会遇到插入的视频不能正常播放的情况，是计算机系统缺少________的原因。

4. 在 Authorware 中插入的 Flash 对象只支持________和________两种显示模式。

5. 利用________和________两个选项可以定义数字电影图标仅播放一个电影的片断。

三、实验题

1. 为视频课件制作同步配音、字幕

制作一个数字化电影与配音、字幕同步播放的课件实例。在 Authorware 软件系统文件夹下的 ShowMe 文件夹里有一段进行演讲的数字化电影 EDISON. AVI。请为这段电影配音并加上字幕，要求在数字化电影中人物开始讲话时，配音与字幕同时出现。程序流程结构如图

6-71 所示。

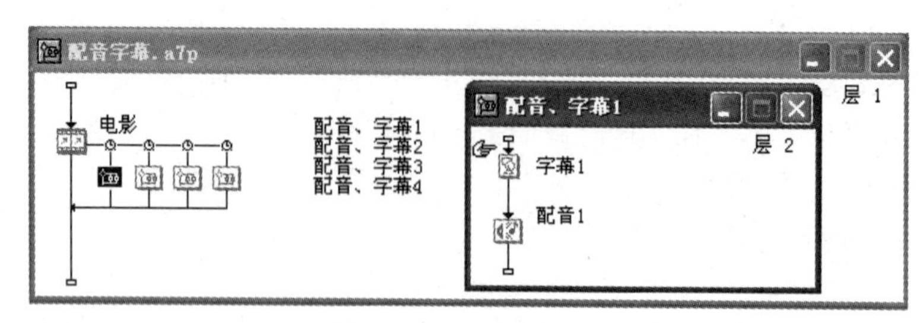

图 6-71 程序流程结构

提示：

(1) 导入数字电影之后，在属性：电影图标面板中，取消对【同时播放声音】复选框的选择，关闭数字电影本身的声音，这样就不会干扰配音的播放。

(2) 单击播放控制按钮，找到人物正要开口讲话的帧并记下帧数，以便同步设置时使用。

2. 插入 Flash 素材。

插入一个 Flash 素材，调整到能应用、美观的程度。

3. 通过 MIDIplay()函数实现 MIDI 背景音乐播放。

第七章　交互图标的应用

交互是课件制作最关键，也是最具特色的功能之一，演播课件过程中能否准确、快捷地进行交互是课件设计成败的关键。

Authorware 提供了强大的交互功能，提供的响应方式有：按扭响应、热区响应、热对象响应、目标区等 11 种。Authorware 环境下的交互功能是通过交互图标下挂交互分支实现的。

7.1　交互结构

Authorware 交互结构由交互图标和下挂在其下面的由其他图标构成的交互分支等五个部分构成。即：交互图标、交互响应类型符号、交互分支、交互状态以及交互后的程序走向，如图 7-1 所示。

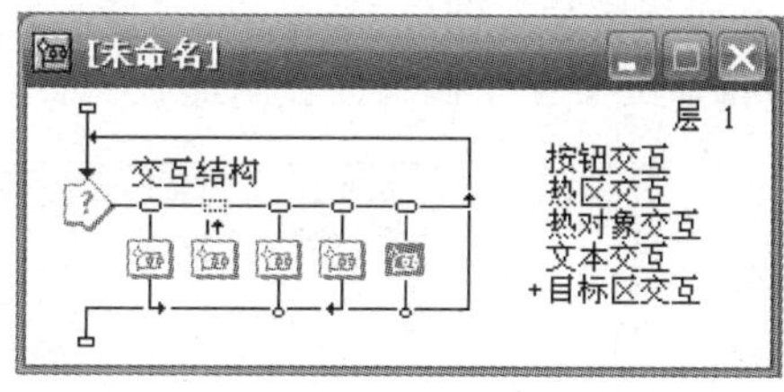

图 7-1　交互结构

7.1.1　交互结构的组成

Authorware 中交互功能是通过交互图标来实现的。交互图标及其右侧的交互分支、分支去向、分支状态、分支标识构成了交互结构。

1. 交互图标

交互图标是构成交互结构的基本元素，它的功能归结为以下两点：一是对交互结构中交互分支进行统一管理；二是具备显示图标的功能，可以把交互结构的总背景设置在交互图标的演示窗口中，也可以实现各种显示过渡效果和擦除过渡效果。

2. 交互响应类型符号

交互响应类型符号位于交互分支的上方。Authorware 交互结构共有 11 种交互类型，每种类型都有其固定的交互类型符号。例如：按钮交互类型符号为。双击交互类型符号可以打开“交互响应属性”面板，在面板中可以设置分支的响应属性。

3. 交互分支

交互图标右侧下挂的由其他图标组成的分支称之为交互分支，各分支可以有相同的响应类型，也可以设置不同的响应类型。

Authorware 只允许为每个交互分支设置一个图标(交互、决策、框架、数字声音和数字电影除外，使用这些图标系统自动构造群组分支)；当需要多个图标时，可以使用群组图标。交互分支的执行在条件相同的情况下，遵循从左到右的原则。

4. 交互后程序的走向

交互后程序的走向即执行完交互分支后程序的流向。Authorware 提供了四种交互走向，分别为“重试”、“继续”、“退出交互”及“返回”。

5. 交互状态

交互状态分“不判断”、“正确判断”和“错误判断”，进行统计正确或错误执行的次数，并统计得分情况。

7.1.2 交互图标及其属性

交互图标的构造十分复杂、灵活。下面着重介绍交互图标及其属性设置。

双击交互图标,屏幕上将显示交互演示窗口,可以在此窗口中输入文本、图形、图像等信息。一般在此设置交互的总背景。

1. 交互图标

交互图标具有安排交互界面、组织交互方式以及控制交互、反馈交互结果的功能。交互图标一般不单独使用,如单独使用相当于显示图标。

交互图标还具有显示图标的作用,双击交互图标可以打开交互图标演示窗口。交互图标演示窗口与显示图标演示窗口的设计方法相似,不过它对交互作用中用到的交互响应对象可以编辑,如【按钮】、【热区】、【热对象】、【文本输入】及【目标区】等控制对象的编辑。

2. 交互图标属性

先选中交互图标,然后执行【修改】→【图标】→【属性】菜单命令或者直接按快捷键"Ctrl+I",将弹出交互图标属性控制面板。交互图标属性面板上的各项内容,如图7-2所示。

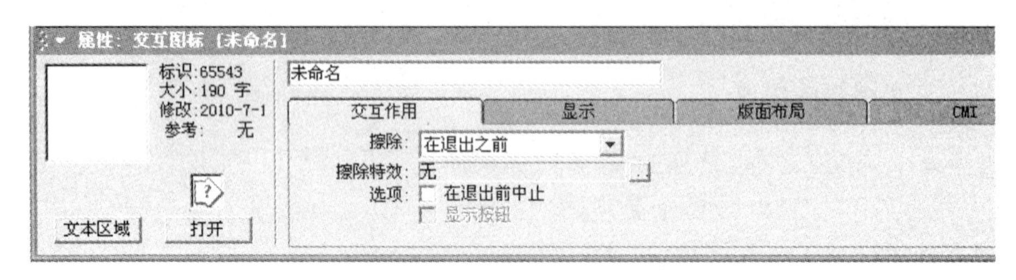

图 7-2 交互图标属性面板

打开一个交互图标属性面板,还可以通过下面的方法来实现:

右击图标弹出快捷菜单,选择"属性"菜单命令;

按"Ctrl"键并双击该图标。

(1)【图标预览】:对交互图标设计窗口内的设计内容进行预览。只对创建的文本、图形、图像进行预览,对交互控制对象不预览。

(2)【文本区域】按钮:单击【文本区域】按钮设置文本输入响应中的文本输入框的样式。用以设置文本交互类型中输入文本的显示属性和响应方式,如图7-3所示。

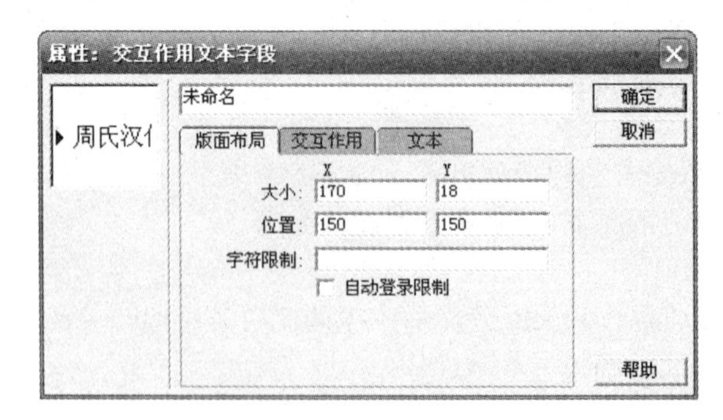

图 7-3 交互作用文本字段

(3)【打开】按钮：单击该按钮，打开交互图标设计窗口。对交互图标的展示信息进行编辑。

(4)【交互图标名】文本框：输入或更改该文本框内的文字，就是为交互图标重新命名。

(5)【交互作用】选项卡：设置与交互作用有关的选项，包括擦除及擦除特效等。

①【擦除】下拉列表框：设置何时将交互图标显示的内容擦除。下拉列表框中包括三个选项。"在下一次输入之后"选项：进入下一个分支之后将交互图标中的显示内容擦除；"在退出之前"选项：只有在退出交互结构时才将交互图标中的显示内容擦除；"不擦除"选项：不擦除交互图标中的显示内容，即使是退出交互结构。

此问题非常关键，只有很好地理解和掌握，在程序设计过程中才能得心应手。才能做到把想显示的内容留在界面上，不想显示的内容擦掉。

②【擦除特效】项：设置擦除交互图标内容时的擦除效果。利用擦除效果可以增添作品的气氛。

③【选项】复选框组：在退出之前是否暂停。选中【在退出前中止】复选框则相当于在退出前设置了一个等待图标，当选中了【在退出前中止】复选框，则【显示按钮】复选框被激活，选中【显示按钮】复选框，屏幕上将显示一个【继续】按钮，

(6)【显示】和【版面布局】选项卡：这两个选项卡的设置内容完全与显示图标属性面板中的内容一样，显示图标中已经详细阐述过，在此不再重述。

(7)【CMI】选项卡：设置 Authorware 应用程序的交互跟踪功能。

7.1.3　交互响应类型及其响应属性

Authorware 共有 11 种交互响应，每种响应还可以通过设置不同的交互控制条件，产生多种形式的交互。这 11 种类型可以在建立交互时弹出的"交互类型"对话框中选择，也可以在交互属性面板中的【类型】下拉列表框中进行选择。

1. 交互类型

(1) 按钮交互(button)：通过对按钮的点击产生响应。其响应标识为。

(2) 热区交互(hot spot)：通过对某个选定矩形区域的动作产生响应。其响应标识为。

(3) 热对象交互(hot object)：通过对选取某个对象(可以为任何形状)的动作产生响应。其响应标识为。

(4) 目标区交互(target area)：可通过移动对象至目标区而产生的响应。其响应标识为。

(5) 下拉菜单交互(pull down menu)：通过对菜单的操作而产生响应。其响应标识为。

(6) 条件交互(conditional)：通过条件判断产生响应。其响应标识为。

(7) 文本输入交互(text entry)：通过输入文本，并根据输入的文本产生响应。其响应标识为。

(8) 按键交互(keypress)：通过键盘上的各种按键而产生响应。其响应标识为。

(9) 尝试限制交互(tries limit)：限制交互次数的响应类型。其响应标识为。

(10) 时间限制交互(time limit)：限制交互时间的响应类型。其响应标识为。

(11) 事件交互(event)：对一些特定的事件做出相应动作的响应类型。其响应标识为。

2. 设置响应属性

每一种交互有各自的交互属性，Authorware 有不同的响应属性面板进行属性设置，双击响应类型符号将打开响应属性面板，如图 7-4 所示。

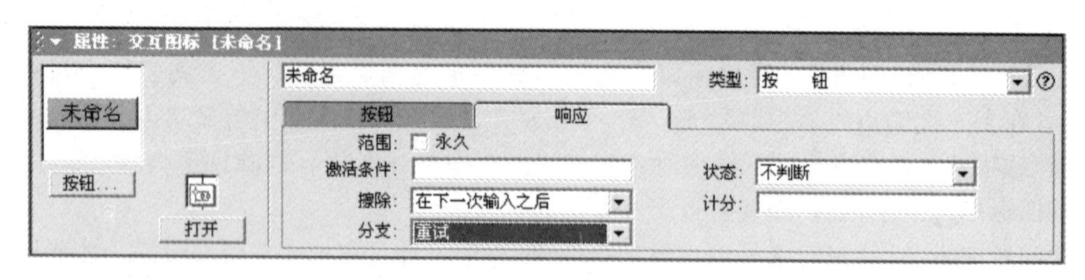

图 7-4 响应选项卡

11 种交互响应对应的属性面板中【响应】选项卡的内容是完全相同的，在此统一介绍。

(1)【范围】复选框：若选中范围选项，则交互分支响应范围为【永久】，即在整个程序运行中都有效。

(2)【激活条件】文本框：可在文本框中输入数字、变量或表达式，文本框中输入的值为“真”时，该交互分支被激活，交互有效，加强交互的条件。

(3)【擦除】下拉列表框：该选项用以控制分支内展示信息的擦除问题，列表框有四个选项，分别为：“在下一次输入之后”：在发出下次交互之前，将不擦除本次交互分支内的展示信息；“在下一次输入之前”：只要离开该分支，在下次交互之前，将自动擦除本次交互分支内的展示信息；“在退出时”：直到程序退出交互图标时才擦除本次交互分支内的展示信息；“不擦除”：分支内的展示信息在退出交互时也不擦除。

此选项是交互里的第二个擦除问题，很好地掌握非常关键，要同交互图标的擦除相区别。

(4)【分支】下拉列表框：响应该交互分支后的程序走向。默认情况下列表框中有“重试”、“继续”和“退出交互”三个选项。如果在【范围】选项中选择了【永久】复选框，那么列表框中会增加一个“返回”选项。“重试”：程序执行完该交互分支后，将返回到交互图标，等待新的交互发生；“继续”：程序执行完该交互分支后，按原路返回，继续执行该分支右侧的符合交互条件的其他分支，然后返回交互图标；“退出交互”：程序执行完该交互分支后，将退出交互结构，继续执行后续流程线上的图标；“返回”：选中该选项，可以在程序的任何位置调用该交互，程序执行完该交互分支后，程序返回到发生调用的地方，继续执行被中断的程序流程。

(5)【状态】下拉列表框：交互状态分“不判断”、“正确响应”和“错误响应”三种，具有跟踪操作，统计正确或错误次数的作用。“不判断”：对于是否执行该分支不做记录；“正确响应”：在该分支的名称前显示“+”号标记，系统将跟踪进入该交互分支，并在系统变量中记载相应的正分；“错误响应”：在该分支的名称前显示“—”号标记，系统将跟踪进入该交互分支，并在系统变量中记载相应的负分。

(6)【计分】文本框：用以设置正确或错误响应的交互的得分值，系统变量 TotaScore 将自动记录程序运行过程中的得分情况。

7.2 按钮交互

按钮交互是系统默认的交互响应类型，它的响应形式十分简单，主要是通过单击按钮产生响应，并执行该按钮对应的分支。可以对按钮重命名，定位或设置大小，也可以自定义按钮。

7.2.1　按钮交互的创建

创建步骤：

① 新建一个文件，并命名为“按钮交互.a7p”。

② 从图标面板上拖曳一个交互图标到流程线上，命名为“交互结构”。

③ 再拖曳一个群组图标到交互图标右下方，放开鼠标。弹出“交互类型”对话框，单击【按钮】，并单击【确定】按钮。

④ 单击群组图标，命名为“开始演示”。这样，一个按钮交互就创建完成了，如图7-5所示。

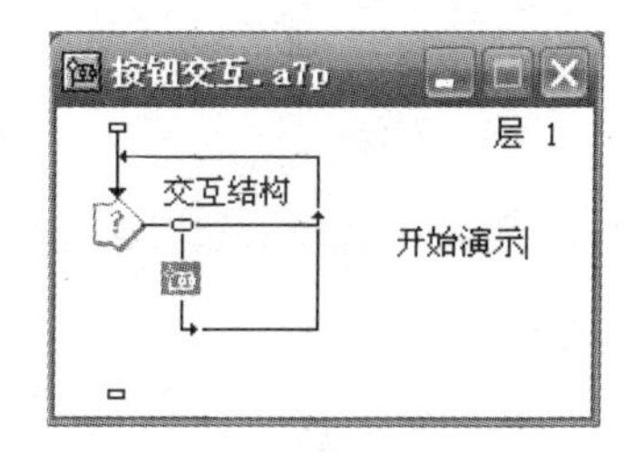

图7-5　按钮交互流程

7.2.2　按钮交互的属性

双击按钮响应类型符号，或者在演示窗口中双击【按钮】，均会打开交互属性面板，如图7-6所示。

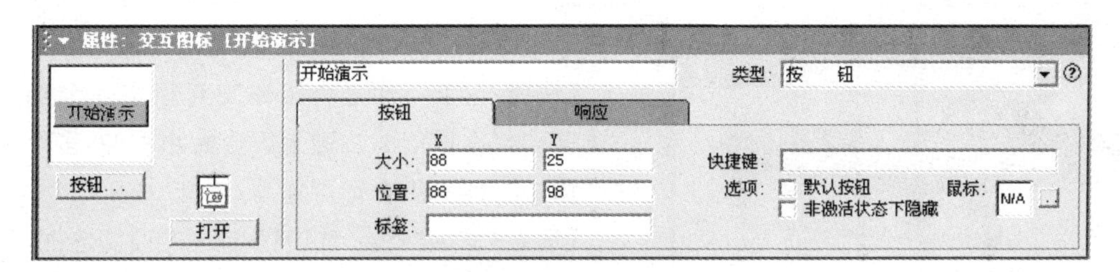

图7-6　交互属性面板

(1)【预览窗口】：对按钮的显示效果进行预览。单击预览窗口将弹出“按钮”对话框，重新设置按钮的外观，如图7-7所示。

(2)【按钮】按钮：单击该按钮，弹出“按钮”对话框，利用此对话框可设置【按钮】的外观，如图7-7所示。

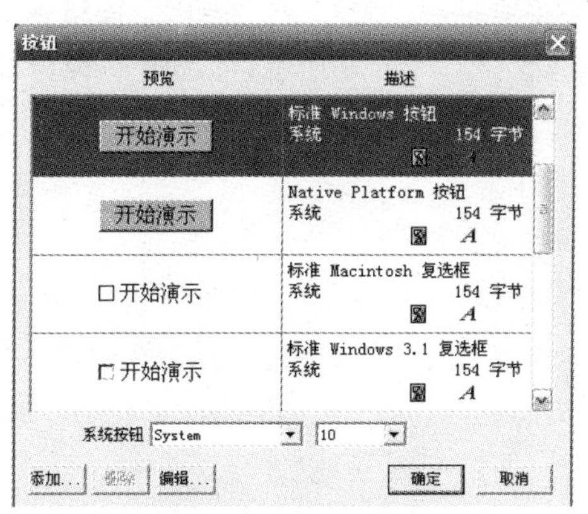

图7-7　“按钮”对话框

(3)【打开】按钮：单击【打开】按钮，将打开交互图标演示窗口。

(4)【类型】下拉列表框：可以选择交互类型，共有 11 种交互类型，如图 7-8 所示。

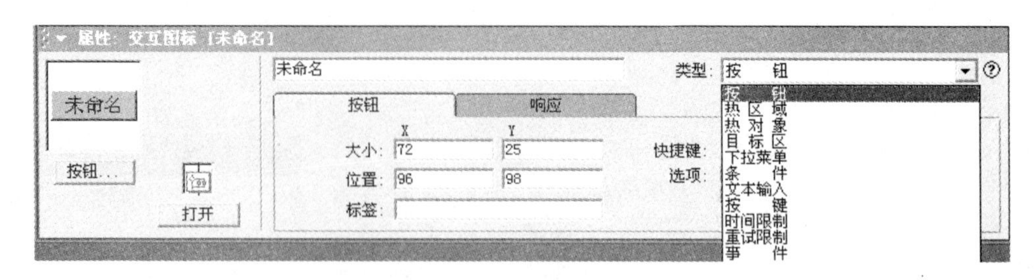

图 7-8 “交互类型”对话框

(5)【按钮】选项卡：该选项用于按钮外观的设置。

【大小】文本框：通过数值精确控制按钮的大小。其中 X、Y 分别表示按钮的宽度和按钮的高度；也可以用鼠标直接调整，单位为像素。

【位置】文本框：通过数值精确控制按钮的位置。其中 X，Y 表示按钮左上角在演示窗口中的坐标值；也可以用鼠标拖曳调整按钮的位置。

【标签】文本框：设置按钮的标签，输入时需用双引号将字符串括起来；此处也可以输入自定义变量来动态更改按钮标签。

【快捷键】文本框：为按钮交互指定一个响应的快捷键。文本框中的按键是区分大小写的，多个快捷键可用“|”分隔，组合键可连写，如“Ctrl+V”。

【选项】复选框组：选中【默认按钮】复选框，设置该按钮作为默认按钮，按钮周围有一个黑色方框，表示该按钮具有焦点，按下回车键即相当于单击了该按钮，选中【非激活状态下隐藏】复选框，即当该按钮不可用时不可见。

【鼠标】属性：设置鼠标移动到按钮上的鼠标指针外型。单击 按钮弹出“鼠标指针”对话框，如图 7-9 所示，可选择一种标准指针作为鼠标指针类型。单击对话框左下角的【添加】按钮则可加入外部鼠标指针。

图 7-9 “鼠标指针”对话框

7.2.3 自制交互按钮

单击预览窗口的按钮和单击【打开】按钮均可以打开系统【按钮】对话框，可以选择系统设置的各种按钮，单击添加按钮可以打开“按钮编辑”对话框，如图 7-10 所示。

(1) 单击【未按】设置按钮的未按状态，单击【图案】文本框右侧的【导入】按钮，导入事先设计好的按钮图案。

(2) 单击【标签】按钮设置标签。

(3) 单击【声音】文本框右侧的【导入】按钮，导入事先准备好的声音文件。

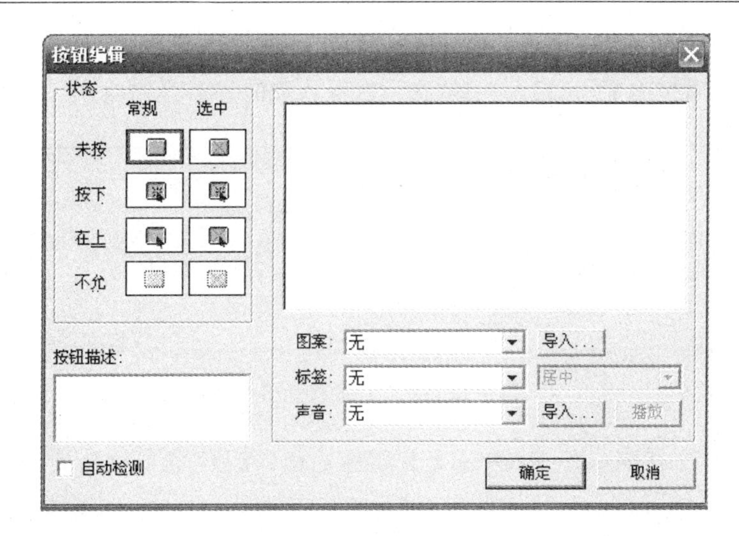

图 7-10　“按钮编辑”对话框

(4)【按下】、【在上】、【不允】分别代表鼠标按下、鼠标在上、按钮不可用等三种状态，设计方法重复(1)、(2)、(3)步即可。这样一个自制按钮就设计完成了。

7.2.4　按钮交互响应实例

模块化课件结构是课件制作中经常采用的一种结构，其特点是充分体现“交互”在课件制作过程中的重要性，可以不受先后顺序的限制，随机地选择一个模块运行。基本框架结构如图 7-11 所示。

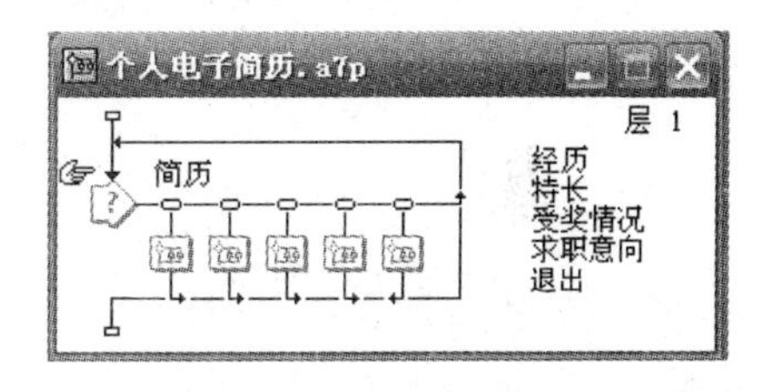

图 7-11　模块化结构流程

例 7.1　个人电子简历的制作。

每一个学子学成之后，都涉及就业问题，以往的做法是通过纸质的简历进行求职，一是效率低，二是要亲自到现场。我们通过电子简历进行交流，当双方都有意向时再见面，这样减少求职的盲目性；同时节省了不必要的纸质制作的成本费。本例以个人的基本情况介绍及求职意向为题材，通过建立按钮交互，设置按钮交互属性，设计一个课件制作中经常用到的程序基本框架结构。

设计要求：

① 运动程序，界面显示 5 个按钮，分别为“经历”、“特长”、“受奖情况”、“求职意向”和“退出”。

② 点击前四个按钮后，主背景及五个按钮均被擦除，显示对应分支的内容，各分支的内容演示结束后，分支的内容被擦除，主背景及 5 个按钮重新被显示，可选择；点击“退出”按钮将退出 Authorware 7.02。

具体制作步骤如下：

① 新建一个文件，命名为“个人电子简历. a7p”。

② 从图标工具栏上拖曳一个交互图标到流程线上，命名为“简历”。

③ 拖曳一个群组图标到“简历”交互图标右侧，弹出“交互类型”对话框，单击【按钮】单选按钮，建立一个按钮交互分支，并将群组图标命名为“经历”。

④ 双击交互图标,导入一幅图片做背景。双击【经历】分支响应点,打开交互属性面板,选择【响应】选项卡,在【擦除】下拉列表选择“在下次输入之前”,如图 7-12 所示。

图 7-12　交互分支属性面板

⑤ 单击“经历”交互响应标识,选择交互属性面板的【擦除】下拉列表为“在下次输入之后”,如图 7-13 所示。

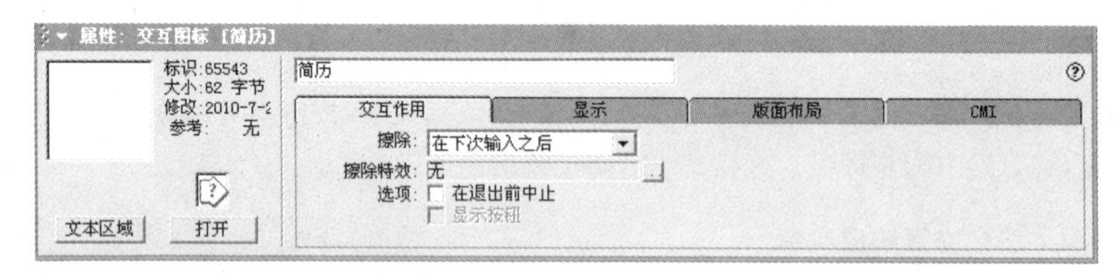

图 7-13　交互图标属性面板

⑥ 继续拖曳四个群组图标到“经历”群组图标的右侧并分别命名为“特长”、“受奖情况”、“求职意向”和“退出”。由于同一个交互结构中,同类型的交互具有继承图标属性的特点,因此后面四个交互分支的交互属性不需要重复设置。

⑦ 单击“退出”交互分支的交互标识,调出交互属性面板,单击【响应】选项卡,【分支】选项选择“退出交互”,如图 7-14 所示。

图 7-14　交互属性面板

程序设计结束。

一个简单的模块化结构框架制作完成,以后只需要向每个交互分支下的群组图标中添加相应的个人信息即可完成整个课件的创作。

例 7.2　自制按钮。系统提供按钮的形状和大小有时不适合作品的需要,需要用图片处理软件 Photoshop 制作按钮的外观,再用此图片制成按钮。普通的按钮,一般有四个状态:正常、鼠标滑过、鼠标按下和不可使用。在 Authorware 中制作自己的按钮,就要事先准备好这四种状态的图片。

设计要求：

① 用自己喜欢的图片，制作按钮的四个状态。

② 每个状态均设置音频，用以音频提示。

具体制作步骤如下：

① 新建一个文件，命名为“自制按钮.a7p”。

② 向流程线上拖曳一个交互图标，命名为“按钮”，双击交互图标，导入背景图片，再向其右边拖曳一个群组图标，命名为“开始”，交互方式选择“按钮响应”。

③ 双击“开始”分支上面的响应标识“-ọ-”，打开响应属性设置对话框。单击【按钮...】按钮，出现“按钮”对话框，如图 7-15 所示。

④ 单击【添加...】按钮，出现“按钮编辑”对话框。选中【未按】状态，使用下方【图案】选项后面的【导入...】按钮导入【未按】时的图片，确定按钮标签，导入单击按钮时的音频，如图7-16所示。

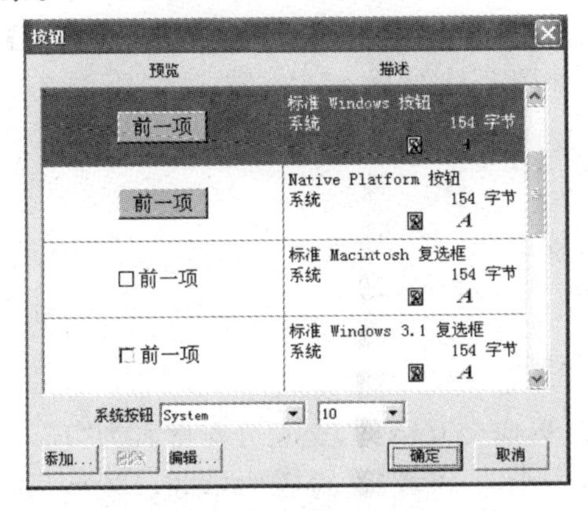

图 7-15　“按钮”对话框

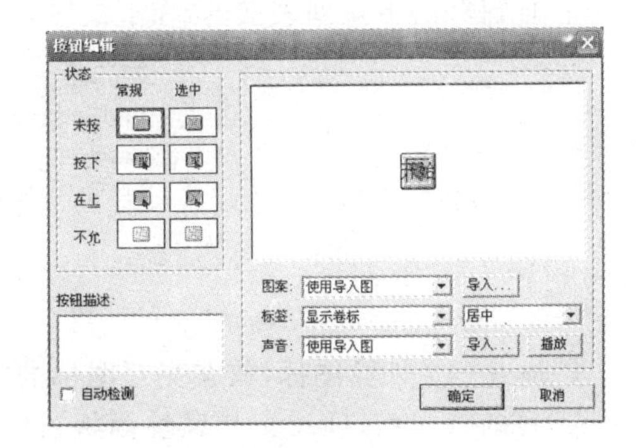

图 7-16　“按钮编辑”对话框

⑤ 分别选中“按下”、“鼠标滑过”、“不可用”三种状态。制作方法同④。

一个自制按钮就制作完成了，显示效果如图 7-17 所示，程序设计流程如图 7-18 所示。

图 7-17　自制按钮演示窗口

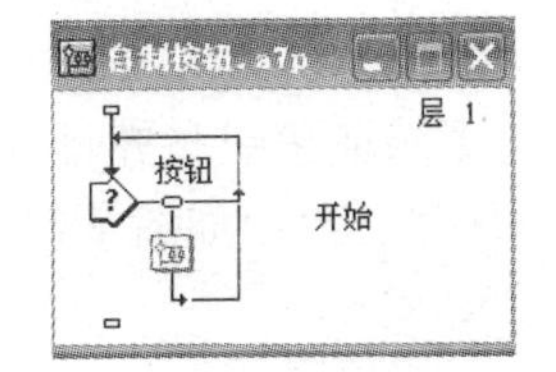

图 7-18　程序设计流程

程序设计结束。

例 7.3　楼宇门密码。楼宇门几乎是每个家庭都有的，但是现在的楼宇门几乎没有密码，门铃随便就能被按响，受到不必要的干扰，下面制作一个楼宇门密码程序来解决这个问题。

设计要求：

① 运行程序，系统提示，输入 6 位密码，按“#”键确认。

② 必须是按顺序正确输入密码，方可打开楼宇门，只要有一次输入了不正确的密码或密码顺序不正确，将不能打开楼宇门。

③ 密码输入正确与错误均有语音和文字的提示。

④ 密码设定为“881117”。

具体制作步骤如下：

① 新建一个文件，命名为“楼宇门密码.a7p”。

② 拖曳一个计算图标到流程线上，双击打开编辑窗口，输入 mima=0，为密码变量赋初值。要严格按密码的先后顺序输入密码，每次输入正确密码要有 mima=mima+1 的操作，用来记载正确载入码号的次数。

③ 再拖曳一个交互图标放在计算图标的下面，命名为“密码”，双击打开交互图标，输入“请输入六位密码，按#键确认！”将文本设为透明模式，打开交互属性面板，选择【交互作用】选项卡，选择【擦除】下拉列表框的“在下次输入之后”，如图 7-19 所示。

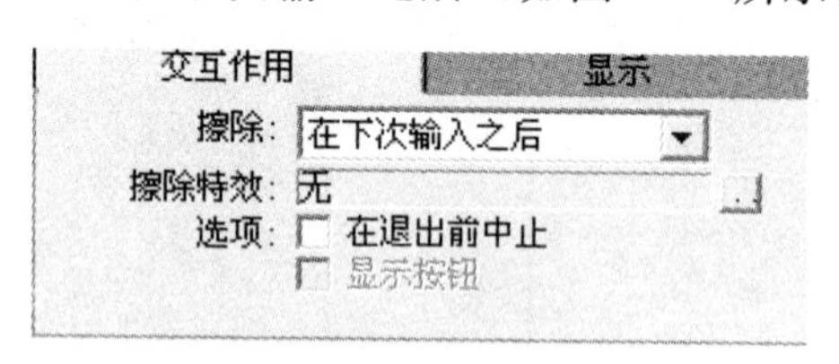

图 7-19 交互属性

④ 拖曳一个计算图标，放在交互图标的右下方，形成交互结构，交互分支命名为“1”。双击分支“1”的响应点，打开交互属性面板，设置按钮大小为 40×40，位置为(220,120)。选择【响应】选项卡，选择【擦除】下拉列表框的“在下次输入之前”，再拖曳 10 个计算图标，置于“1”号计算图标的右侧，建立 10 个交互分支，分别命名为“2”、“3”、“4”、“5”、“6”、“7”、“8”、“9”、“0”、“*”。拖曳一个群组图标形成第 12 个交互分支，命名为#，如图 7-20 所示。

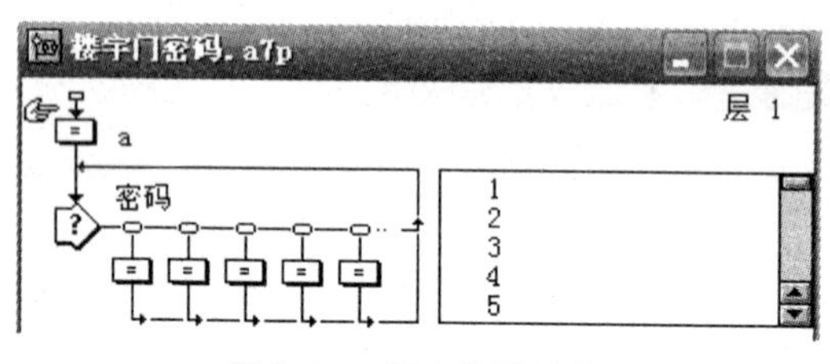

图 7-20 程序设计流程

⑤ 为了保证按钮整齐排列，按钮的大小均设成 40×40，每两个按钮水平、竖直均相距 50 像素。程序运行界面如图 7-21 所示。

请输入六位密码，按#键确认！

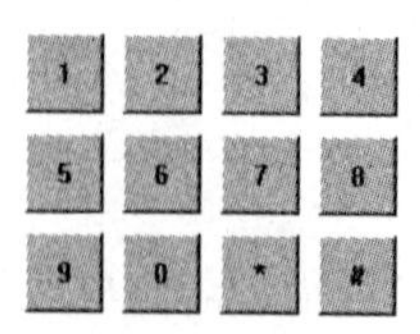

图 7-21 显示界面

⑥ 设置密码为“881117”，设计各交互分支。由于“0”、“2”、“3”、“4”、“5”、“6”、“9”、“ * ”均为无效键，所以设置方式一致，均在其交互分支的计算图标里输入 mima＝－1，(一旦输入无效码，本次密码输入将失去意义)。

⑦ “1”、“7”、“8”为有效键，但必须按相应的顺序键入才是正确的，按键“1”为有效键，但只有在 mima 的值为 2、3、4 时是有效的。所以分支的计算图标应输入：

```
if mima=2| mima=3| mima=4   then
  mima=mima+1
  else
  mima=-1
end if
```

按钮“7”为有效键，但只有在 mima 的值为 5 时才是有效的。所以分支的计算图标应输入：

```
if mima=5   then
  mima=mima+1
  else
  mima=-1
end if
```

按钮“8”为有效键，但只有在 mima 的值为 0、1 时才是有效的。所以分支的计算图标应输入：

```
if mima=0| mima=1 then
  mima=mima+1
  else
  mima=-1
end if
```

⑧ 按钮“#”键为确认键，其分支群组图标中设置了一个计算图标(密码判断)、一个显示图标(密码错误提示)、一个音频图标(密码音频错误提示)及一个等待图标(2S)，如图 7-22 所示。计算图标用以密码判断，如果 6 位密码按顺序键入正确则退出交互，跳转到文字“欢迎光临”显示图标，(此时 mima 的值为 6)显示密码正确，并有音频提示“欢迎光临”，若密码输入不正确，则密码 mima 复位为 0，可以再次重试，如图 7-23 所示。

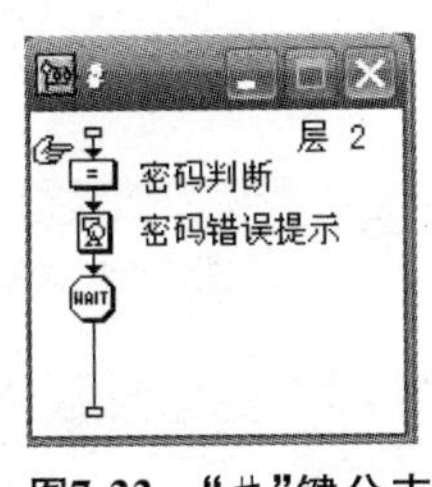

图7-22　“#”键分支

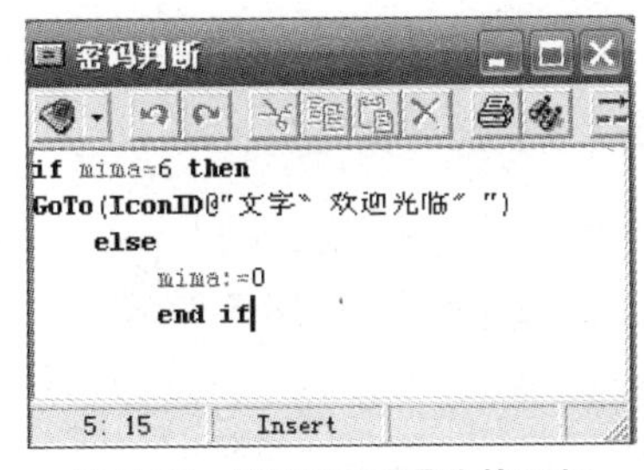

图 7-23　“密码判断”计算图标

“密码错误提示”显示图标输入艺术字——“密码错误”；“密码音频错误提示”音频图标导入音频提示——“密码错误”。

等待图标设为 2 秒，不显示按钮倒计时，如图 7-24 所示。

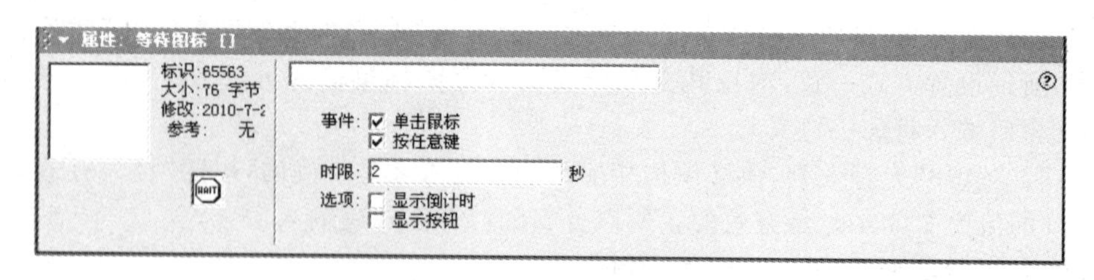

图 7-24　等待图标属性面板

⑨ 交互结构下方放置一个显示图标，在密码正确时提示文字——“欢迎光临”。显示图标下方放置一个音频图标和一个计算图标，用以音频正确提示——“欢迎光临”及退出程序“quit(0)”，如图 7-25 所示。

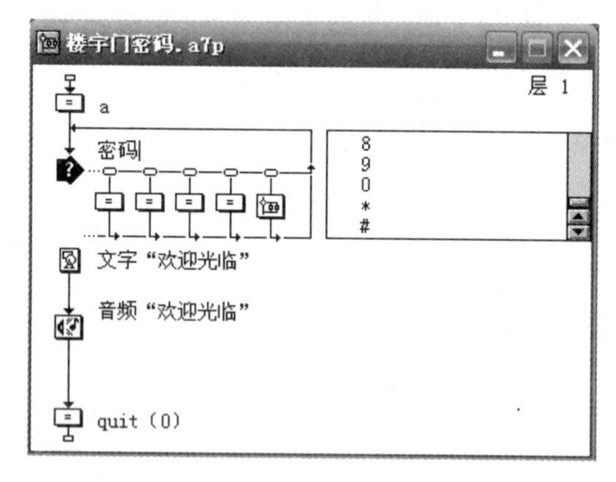

图 7-25　“楼宇门密码”程序流程

程序设计结束。

7.3　热区域交互

图 7-26 热区域交互是通过对某个指定矩形区域的动作而产生响应，即在演示窗口的某个位置上建立一个矩形区域(该区域用虚线框围成，运行时演示窗口中不可见)，运行时可以单击、双击或鼠标滑过实现交互，如图 7-26 所示。

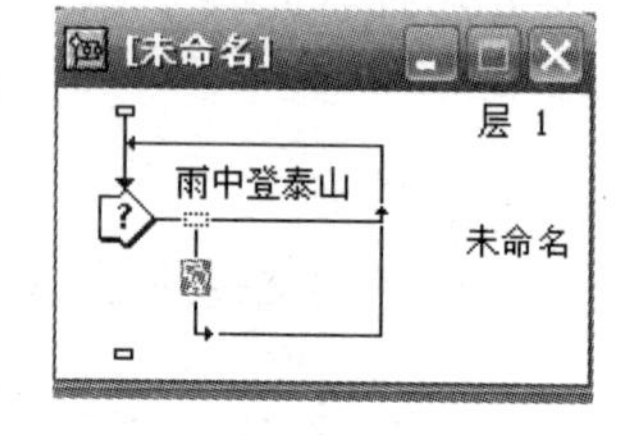

图 7-26　热区域交互

7.3.1　热区域交互属性

双击热区域交互响应标识，打开热区域交互响应属性面板中的【热区域】选项卡，如图 7-27 所示。

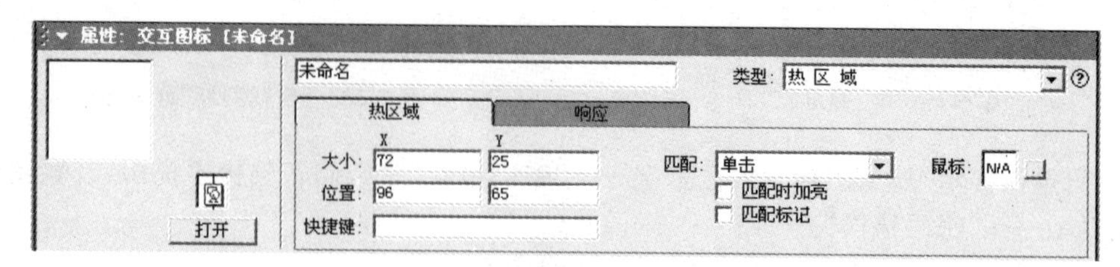

图 7-27　【热区域】选项卡

(1)【大小】文本框：通过数值精确控制热区域的大小。其中X、Y分别表示热区域的宽度和热区域的高度；也可以用鼠标直接调整，用鼠标拖动热区域周围的控制点来改变大小。

(2)【位置】文本框：通过数值精确控制热区域的位置。其中X,Y表示热区域左上角在演示窗口中的坐标值；也可以用鼠标拖曳调整热区域的位置。

(3)【快捷键】文本框：为热区域响应创建一个响应快捷键。

(4)【匹配】下拉列表框：响应该热区域交互响应的鼠标操作方式，有3种情况，如图7-28所示。"单击"：用鼠标单击热区域，从而匹配当前的交互响应；"双击"：用鼠标双击热区域，从而匹配当前的交互响应；"指针处于指定区域内"：鼠标移动到热区域响应范围内，即匹配当前的热区域响应。

图 7-28　【匹配】下拉列表框

(5)【匹配时加亮】复选项：选中此项能使该热区域在交互产生响应时，高亮显示响应区域。

(6)【匹配标记】复选框：选中此复选框则在响应区域显示一个"方形"提示标记，该热区域交互响应后将高亮显示该标记。

(7)【鼠标】属性：设置鼠标移动到热区域上的鼠标指针外形，设置方法同按钮交互。

7.3.2　热区域交互实例

例 7.4　制作一个简单的热区域交互应用的例子，用以实现高中语文教材中李健吾先生的《雨中登泰山》的讲解，配合教学使用。

设计要求：当鼠标滑过景点名称的时候，显示景点说明，当鼠标离开景点名称时说明即消失，执行效果如图7-29所示。

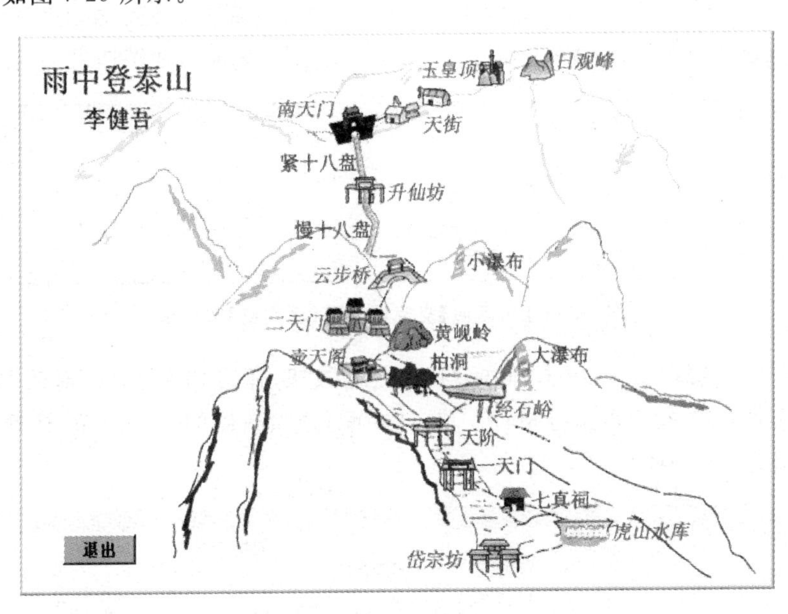

图 7-29　演示窗口的最终效果

具体制作步骤如下：

① 新建一个文件,命名为“雨中登泰山.a7p”。执行【修改】→【文件】→【属性】命令,打开文件属性对话框,去掉【选项】区域中的【显示标题栏】及【显示菜单栏】复选框前的勾选,如图 7-30 所示。

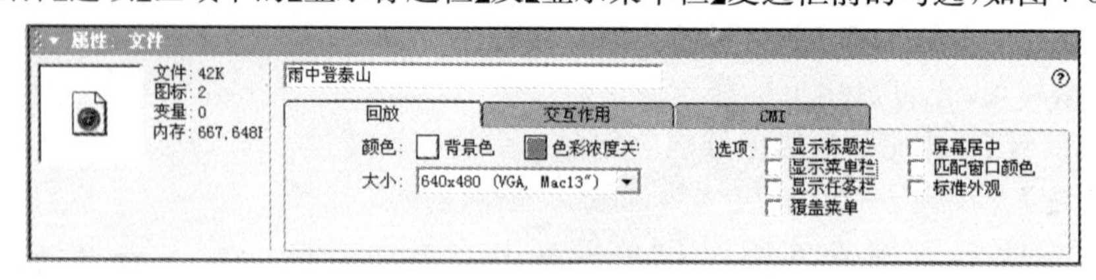

图 7-30　文件属性面板

② 拖曳一个交互图标到流程线上,命名为“背景”。双击打开交互图标,【导入】背景图片(泰山景点图)。打开交互属性面板,选择【交互作用】选项卡,选择【擦除】下拉列表的“在下次输入之后”,如图 7-31 所示。

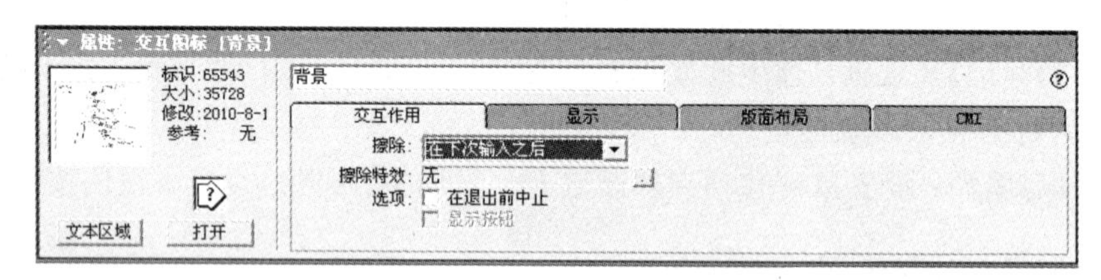

图 7-31　交互图标属性面板

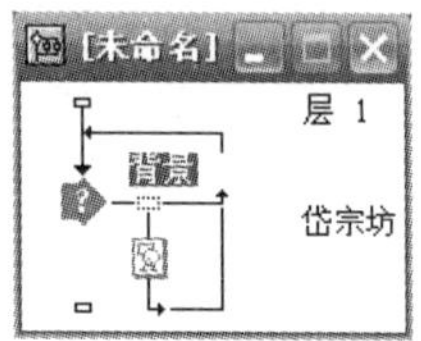

图 7-32　流程设置

③ 拖曳一个显示图标到“背景”交互图标右侧,释放鼠标,弹出“交互类型”对话框,单击【热区域】单选按钮,建立一个热区域交互分支,并将交互分支下的显示图标命名为“岱宗坊”,如图 7-32 所示。

④ 单击热区交互标识,调出交互属性面板。单击【响应】选项卡,选择【擦除】下拉列表的“在下一次输入之前”,如图 7-33 所示。

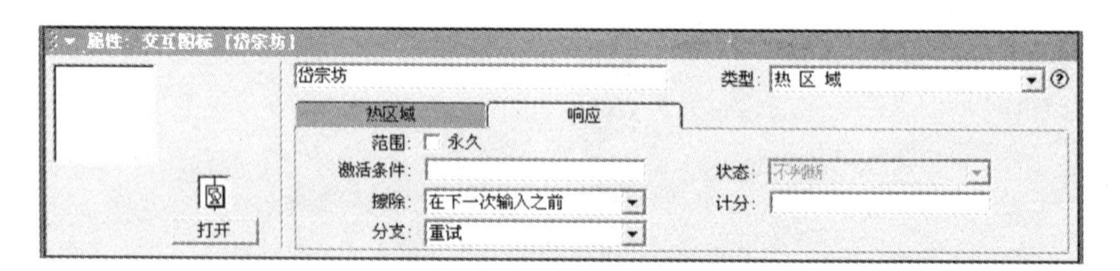

图 7-33　【热区域】交互属性面板【响应】选项卡

⑤ 选择【热区域】选项卡,单击【鼠标】右侧的按钮,弹出“鼠标指针”对话框,选定手型鼠标指针,单击【确定】按钮设置鼠标指针。单击【匹配】选项右侧的下拉菜单,选择“指针处于指定区域内”,如图 7-34 所示。

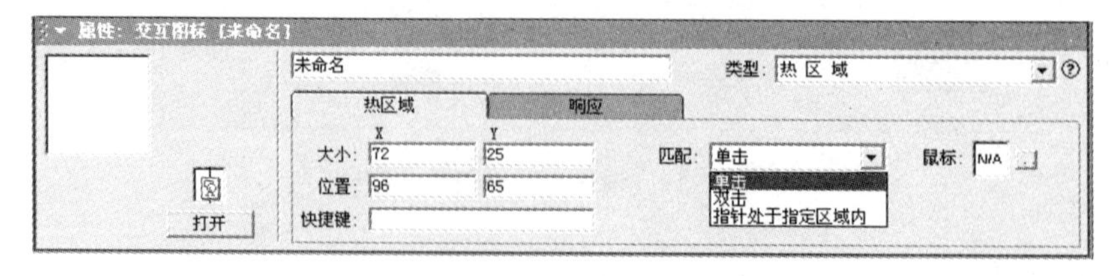

图 7-34　【热区域】交互属性面板【热区域】选项卡

⑥ 双击交互图标，按“Shift”键同时双击“岱宗坊”显示图标，打开演示窗口，输入“岱宗坊”的简要说明，“岱宗坊”演示窗口的内容如图 7-35 所示。

⑦ 继续拖动 10 个显示图标到交互结构中“岱宗坊”显示图标的右侧，分别命名为“虎山水库”、“经石峪”、“壶天阁”、“二天门”、“云步桥”、“升仙坊”、“南天门”、“天街”、“玉皇顶”和“日观峰”。在对应的显示图标内输入简要说明。这些交互分支将继承“岱宗坊”交互分支的交互类型及交互属性。

⑧ 拖曳一个计算图标到流程线上，作为最后一个分支，命名为“退出”。并将响应类型改为【按钮】响应；设置【分支】去向为“退出交互”。双击计算图标，打开计算图标的编辑窗口，输入“quit(0)”，程序设计流程如图 7-36 所示。

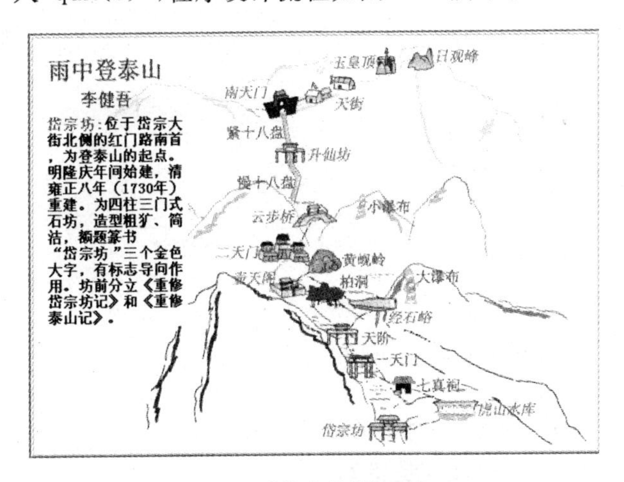

图 7-35　“岱宗坊”演示窗口

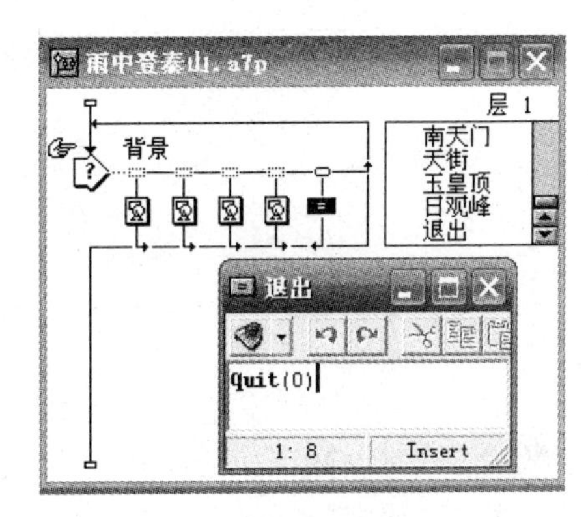

图 7-36　程序设计流程

⑨ 其他 10 个交互分支下显示图标内容的制作与“岱宗坊”的制作方法相同，在此不再重述。

⑩ 双击“背景”交互图标，此时演示窗口中出现 11 个【热区域】选择虚线框。使用鼠标拖动虚线框，放到“背景”中相应“景点”的名称位置，如图 7-37 所示。

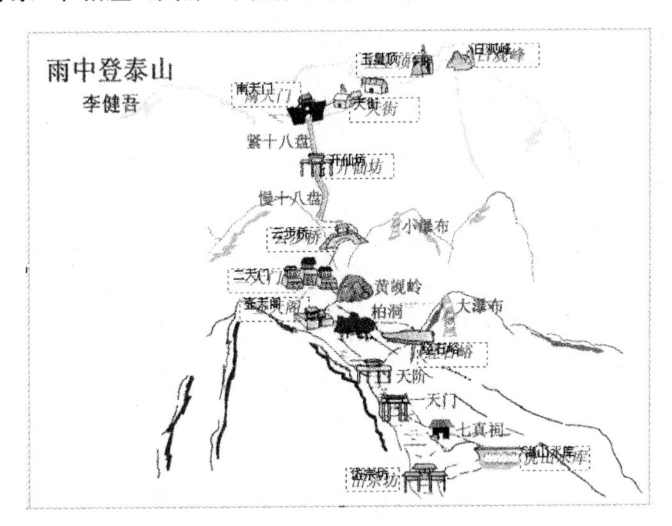

图 7-37　设置【热区域】位置与大小

程序设计结束。

7.4 热对象交互

热对象交互是通过对程序设定的某个对象的动作而产生的响应类型，这个对象可以是不规则的，而热区域则是一个规则的矩形区域，热对象响应和热区域响应类似，它们的响应属性设置方式几乎相同。

7.4.1 热对象交互属性

【热对象】交互响应属性面板中【热对象】选项卡，如图 7-38 所示。

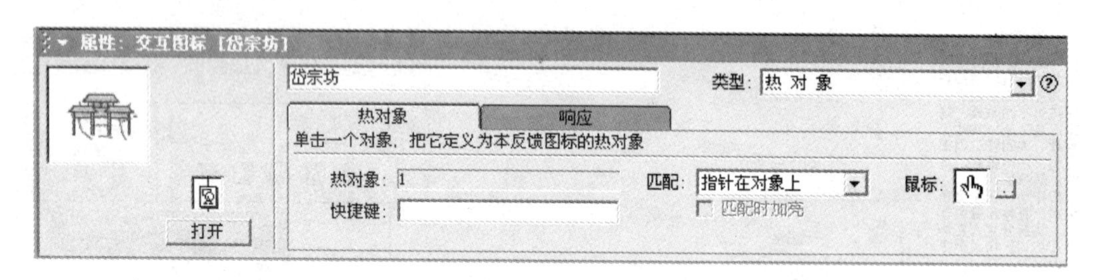

图 7-38 【热对象】选项卡

(1)【热对象】标签：显示作为热对象交互分支的响应对象的设计图标名称。

(2)【快捷键】文本框：为热对象响应指定一个响应【快捷键】。

(3)【匹配】下拉列表框：响应该热对象交互分支的鼠标操作方式。下拉列表框中有“单击”、“双击”和“指针在对象上”3 个选项，分别为：“单击”：用鼠标单击热对象，匹配交互响应；“双击”：用鼠标双击热对象，匹配交互响应；“指针处于指定区域内”：鼠标移动到热对象响应范围内，即匹配交互响应。

(4)【匹配时加亮】复选框：选中该项后，能使热对象交互产生响应时，高亮显示响应热对象。

(5)【鼠标】属性：设置鼠标移动到热对象响应范围内的鼠标指针外形，设置方法与按钮交互相同。

7.4.2 热对象交互实例

例 7.5 上节我们用热区交互，实现了高中语文教材中李健吾先生的《雨中登泰山》实例的制作，本节用热对象来实现同一问题的讲解，充分体现热区域与热对象的区别与联系。

设计要求：当鼠标滑过景点标识的时候，显示景点说明，当鼠标离开景点标识时说明即消失。执行效果如图 7-39 所示。

具体制作步骤如下：

① 新建一个文件，命名为“雨中登泰山. a7p”。执行【修改】→【文件】→【属性】命令，打开文件属性对话框，去掉选项区域中的【显示标题栏】及【显示菜单栏】复选框前的勾选，如图7-40 所示。

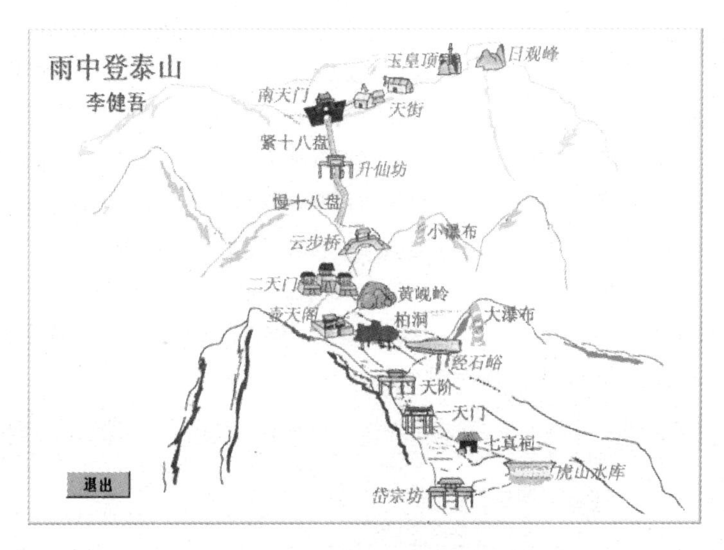

图 7-39　演示窗口的最终效果

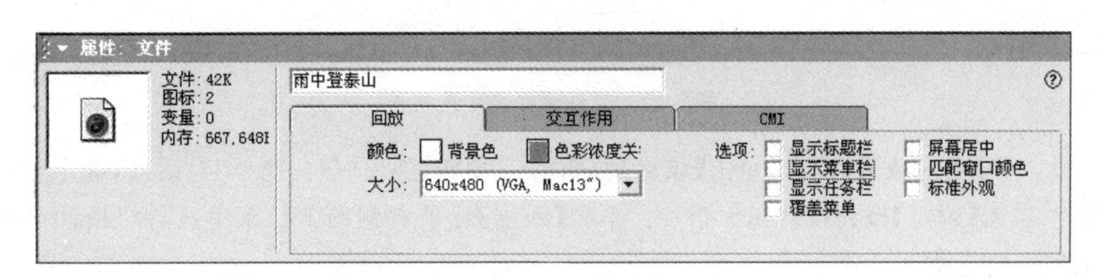

图 7-40　文件属性面板

② 拖曳一个显示图标到流程线上，命名为“1”，打开显示图标“1”的属性面板，设置【层】属性为 1，如图 7-41 所示。

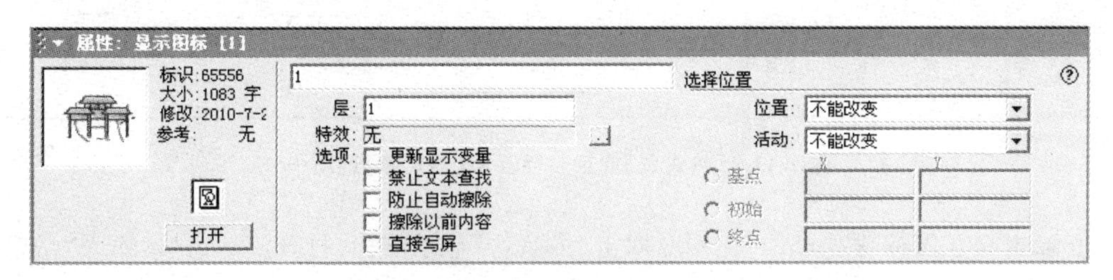

图 7-41　显示图标属性面板

③ 用同样的方法再拖曳 10 个显示图标到流程线上，分别命名为“2”、“3”、“4”、“5”、“6”、“7”、“8”、“9”、“10”、“11”，设计方法同②。

④ 拖曳一个交互图标到流程线上，命名为“背景”。双击打开交互图标“背景”，【导入】背景图片(泰山景点图)，打开交互属性面板，选择【交互作用】选项卡，选择【擦除】下拉列表的“在退出之前”。

⑤ 双击“背景”交互图标，显示“背景”图片；单击键盘的【PrintScreen】键抓屏；单击【开始】→【所有程序】→【附件】→【画图】打开画图设计窗口，单击【编辑】→【粘贴】，用不规则选择

工具选取“岱宗坊”的景点标识，单击【编辑】→【复制】。返回到 Authorware 窗口，按“Shift”键双击显示图标“1”，单击【粘贴】，并把粘贴的“岱宗坊”景点图片同背景里的“岱宗坊”景点图片通过“鼠标”或“方向键”将其重叠。用同样的方法在“2”、“3”、“4”、“5”、“6”、“7”、“8”、“9”、“10”、“11”中设置对应的景点标识，同时调整与背景图片里面的对应景点标识重合。

⑥ 拖曳一个显示图标到“背景”交互图标右侧，释放鼠标，弹出“交互类型”对话框，单击【热对象】单选按钮，建立一个热对象交互分支，并将交互分支下的显示图标命名为“岱宗坊”，选择热对象为“1”号显示图标。

⑦ 单击【热对象】交互标志，调出交互属性面板，单击【响应】选项卡，选择【擦除】下拉列表的“在下一次输入之前”，如图 7-42 所示。

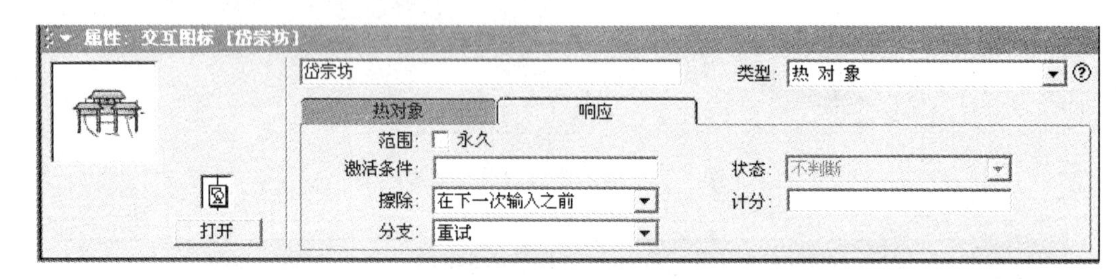

图 7-42 交互图标响应选项卡

⑧ 选择【热对象】选项卡，单击【鼠标】右侧的 按钮，弹出“鼠标指针”对话框，选定手型鼠标指针，单击【确定】按钮设置鼠标指针。单击【匹配】选项右侧的下拉菜单，选择“指针在对象上”，如图 7-43 所示。

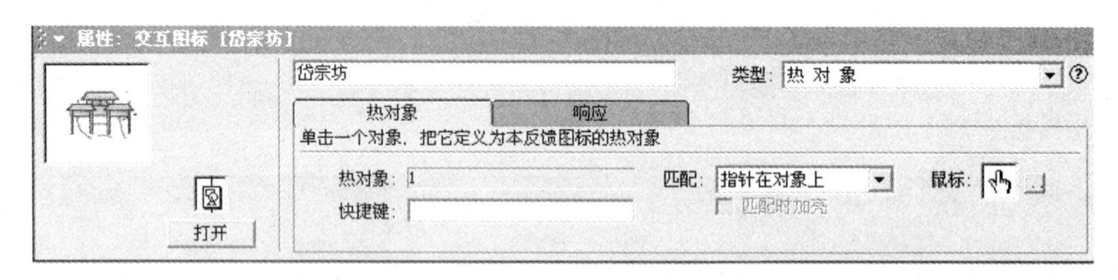

图 7-43 【热对象】交互属性面板【热对象】选项卡

⑨ 双击交互图标，按“Shift”键同时双击“岱宗坊”显示图标，打开演示窗口，输入“岱宗坊”景点的简要介绍。“岱宗坊”演示窗口如图 7-44 所示。

⑩ 继续拖曳 10 个显示图标到“岱宗坊”显示图标右侧，建立 10 个交互分支，分别命名为“虎山水库”、“经石峪”、“壶天阁”、“二天门”、“云步桥”、“升仙坊”、“南天门”、“天街”、“玉皇顶”和“日观峰”。在对应的显示图标内分别输入各景点的简要说明。这些交互分支将继承“岱宗坊”交互分支的交互类型及交互属性。

⑪ 单击“虎山水库”显示图标上面的热对象相应标识，选择“2”为热对象；用同样的方法为其他九个响应选择【热对象】，分别为“3”至“11”。

⑫ 拖曳一个计算图标到流程线上，作为最后一个分支，命名为退出。并将响应类型改为【按钮】响应，【分支】去向设为“退出交互”。双击计算图标，打开计算图标编辑窗口，输入

“quit(0)”,程序设计流程如图 7-45 所示。

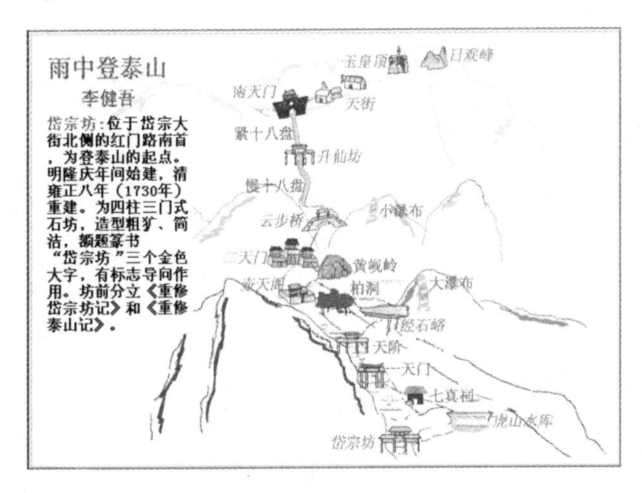

图 7-44　“岱宗坊”演示窗口

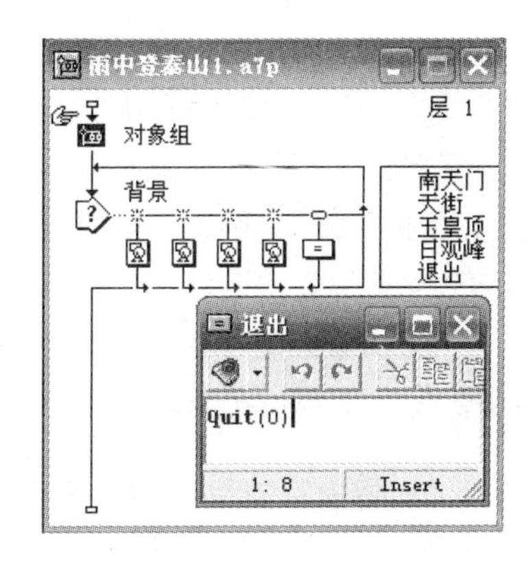

图 7-45　程序设计流程

程序设计结束。

7.5　目标区交互

目标区交互是通过操作移动对象至目标区内而产生的响应类型。在制作课件时,一般用来制作拼图、实验器材的组装等。

7.5.1　目标区交互属性

目标区交互的建立,一般还需要事先创建一个显示图标,作为目标区交互的对象,不同的对象必须分别放在不同的显示图标中。

建立目标区交互结构后,单击目标区交互分支上的交互标识-⌖-,调出目标区交互属性面板,单击【目标区】选项卡,如图 7-46 所示。

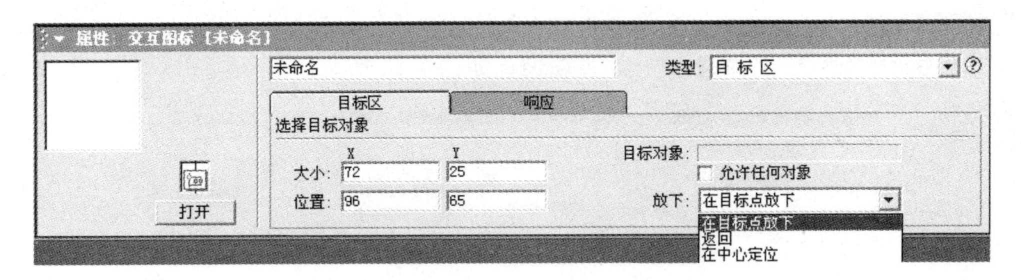

图 7-46　【目标区】选项卡

(1)【大小】文本框:通过数值精确控制目标区的大小。其中 X、Y 分别表示目标区的宽度和目标区的高度;也可以用鼠标直接调整,用鼠标拖动目标区周围的控制点来改变目标区的大小。

(2)【位置】文本框：通过数值精确调整目标区的位置。其中X,Y表示目标区左上角在演示窗口中的坐标值;也可以用鼠标拖曳调整目标区的位置。

(3)【目标对象】标签：当指定了【目标区】交互的拖动对象,则此处显示拖动对象所在图标的名称,为空则表示未指定【目标区】交互的拖动对象。

(4)【允许任何对象】复选框：选中此复选框,拖动到目标区内的任何对象都能被响应。

(5)【放下】下拉列表框：当目标对象被拖动到指定的目标区时,对象的放置位置有3个选项。“在目标点放下”选项：目标对象的中心点被拖动到目标区后,松开鼠标,目标对象停留在目标区的当前位置;“返回”选项：目标对象的中心点被拖动到目标区后,松开鼠标,目标对象返回到其原来的位置;“在中心定位”选项：目标对象的中心点被拖动到目标区后,松开鼠标,目标对象会自动定位到目标区的中心点,之后执行该分支。

7.5.2 目标区交互实例

例 7.6 设计一个拼图游戏程序。

设计要求：

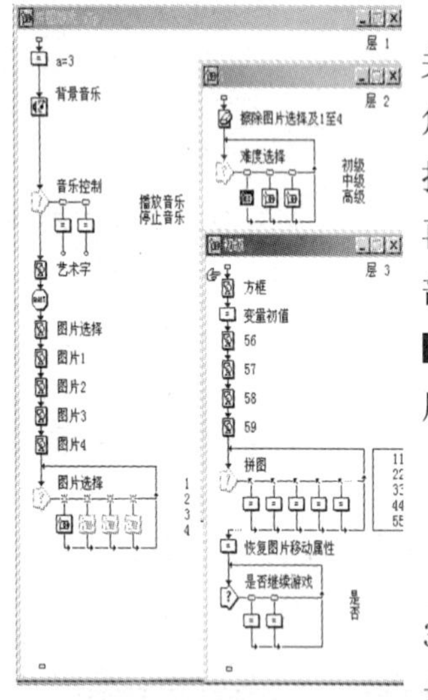

7-47 程序设计流程

运行程序,有背景音乐响起,并在程序运行过程中,随时可以关闭、开启背景音乐;界面显示“拼图游戏”艺术字,在屏幕的右下角有【开始游戏】按钮,点击【开始游戏】按钮有图片选择,及难度选择;如果拖拽对象的目的地正确,则自动对齐排好,此对象不能被再次拖动,同时得1分。否则目标对象返回到原处,扣1分。当全部图像被拼接好后,系统自动给出得分,并提示是否继续游戏。【是】将继续游戏,【否】将退出游戏。程序设计流程如图7-47所示。

具体制作步骤如下：

① 新建一个文件,命名为“拼图游戏.a7p”。

② 在流程线上拖曳一个计算图标到流程线上,命名为“a=3”,双击打开“a=3”,输入a=3;再拖曳一个音频图标,命名为“背景音乐”,双击打开“背景音乐”导入一个合适的背景音乐,选【计时】选项卡,各项设计如图7-48所示。

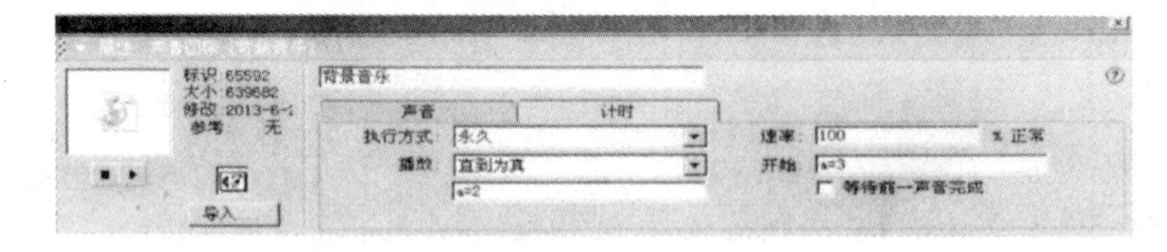

图 7-48 背景音乐属性对话框

③ 拖曳一个交互图标到流程线上,命名为“音乐控制”,再拖曳两个计算图标到“音乐控制”的右侧,分别命名为“播放音乐”及“停止音乐”,在“播放音乐”及“停止音乐”两个计算图标内分别输入a=3、a=2,双击打开“播放音乐”按钮响应标识,属性设置如图7-49及图7-50所示,双击打开“停止音乐”按钮响应标识,属性设置如图7-51及图7-52所示。

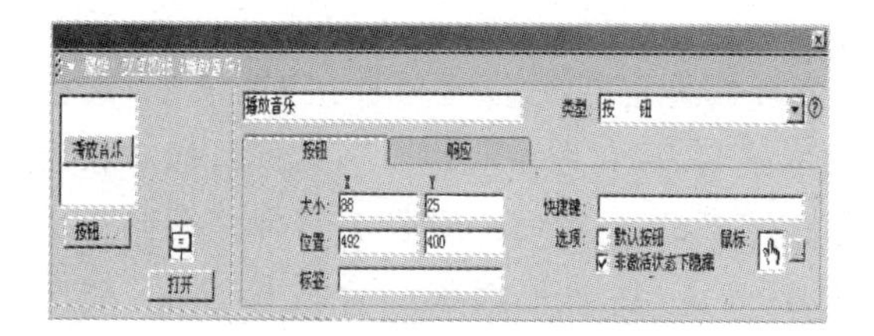

图 7-49 “播放音乐”【按钮】选项卡

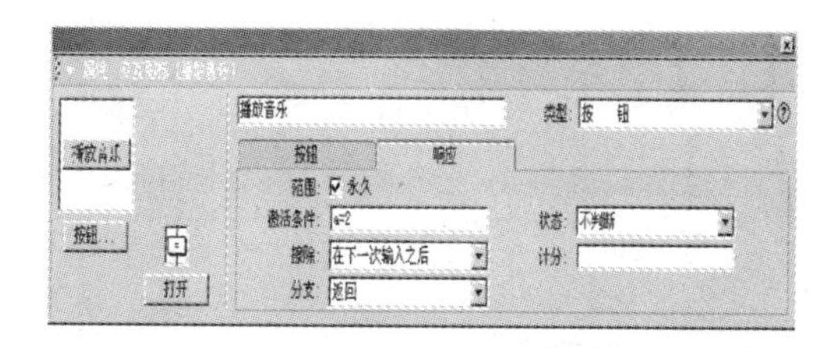

图 7-50 “播放音乐”【响应】选项卡

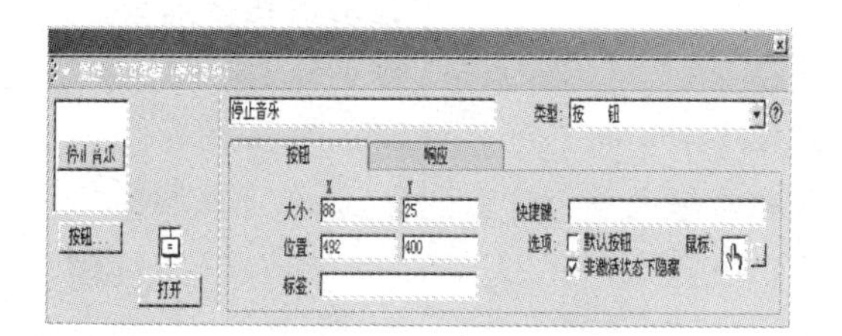

图 7-51 “停止音乐”【按钮】选项卡

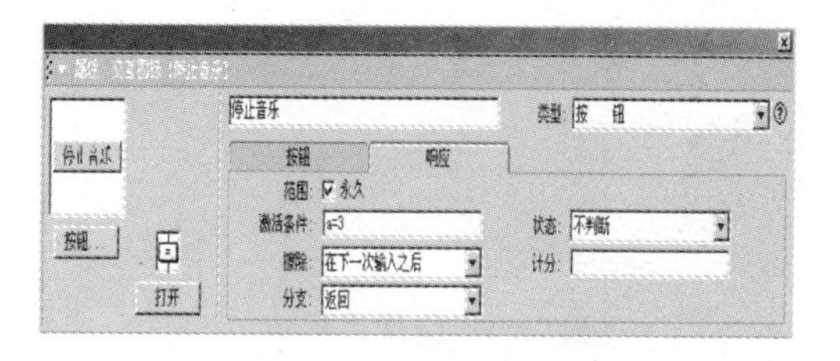

图 7-52 “停止音乐”【响应】选项卡

④ 拖曳一个显示图标放在流程线上，命名为“艺术字”。双击打开“艺术字”，插入艺术字“拼图游戏”。再拖曳一个等待图标到流程线上，点击【修改】→【文件】→【属性】，在【交互作用】选项卡中修改按钮标签为“开始游戏”，运行程序按“Ctrl+P”组合键，单击“开始游戏”按钮，调整其大小、位置(屏幕的右下角)。

⑤ 拖曳一个显示图标到流程线上，命名为“图片选择”，双击打开“图片选择”，在窗口的下边输入“请选择图片：”，在显示图标属性窗口勾选【擦除以前内容】，拖曳 4 个显示图标分别命名为“图片 1”、“图片 2”、“图片 3”、“图片 4”，分别导入一幅图片作为拼图的原始图片，调整图片的大小及位置使分放在四个显示图标里的图片大小相同且均匀排列在屏幕的上端。拖曳一个交互图标到流程线上，命名为“图片选择”，拖曳四个群组图标到交互图标“图片选择”的右边，分别命名为“1”、“2”、“3”、“4”，均选【热对象】响应，并把“图片 1”、“图片 2”、“图片 3”、“图片 4”分别作为“1”、“2”、“3”、“4”的热对象，双击打开“1”群组图标，拖曳一个擦除图标，命名为“擦除图片选择及 1 至 4”，用来擦除显示图标“图片选择”及“图片 1”、“图片 2”、“图片 3”、“图片 4”。拖曳一个交互图标到流程线上，命名为“难度选择”，拖曳一个群组图标到难度选择的右侧，命名为“初级”，选择按钮样式为单选按钮，用同样的方法再创建两个按钮，样式与“初级”相同，分别命名为“中级”、“高级”，双击打开“初级”群组图标，拖曳一个显示图标，命名为“方框”，双击打开“方框”显示图标，绘制拼图方框并调整到合适位置及大小。打开显示图标“方框”的属性面板，勾选“擦除以前内容”选项。

⑥ 拖曳一个计算图标，命名为“变量初值”，双击打开计算图标并输入：

S=0　　—记载得分情况

M=0　　—记载拖对的次数

拖曳 4 个(中级 9 个、高级 16 个)显示图标，分别命名为“56”、“57”、“58”、“59”，分别放置拼图的四个小图片，且把图片放到屏幕的底端或右侧。

⑦ 拖曳一个交互图标，置于显示图标“59”之后。向其右边拖曳一个计算图标，命名为

“11”,交互响应类型选择【目标区】。

⑧ 双击“11”计算图标上面的交互响应标识,打开属性面板,选择【目标区】选项卡,选择【放下】下拉列表的“在中心定位”,选择目标对象为显示图标“56”的显示对象,并调整目标区域同显示图片大小一致,且图片调整到合适位置上,如图7-53所示。

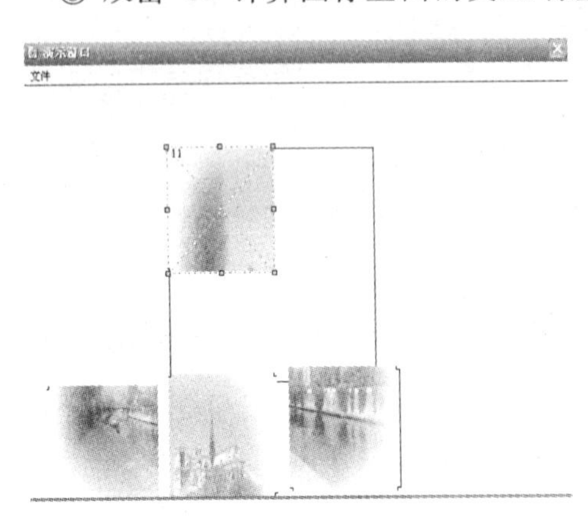

图 7-53 选择目标

⑨ 双击打开计算图标“11”,输入:

M=M+1 ——拖对的次数加 1

S=S+1 ——得 1 分

Movable@"56":=FALSE ——图片“56”不能被拖动再拖曳 3 个计算图标,放在计算图标“11”的右侧,分别命名为“22”、“33”、“44”,选择目标对象分别为“57”、“58”、“59”中的显示图片,设计方法与“11”类似,不再重述。

⑩ 拖曳一个计算图标到“44”的右侧,命名为“55”,选择【目标区】响应,双击【目标区】标识,打开【目标区】属性面板,设置属性如图 7-54 所示。双击打开计算图标“55”输入:

S=S-1. ——目标拖错的处理。

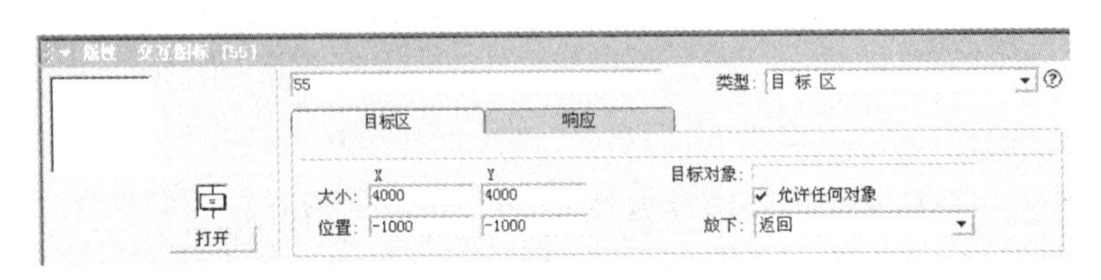

图 7-54 【目标区】选项卡

⑪ 拖曳一个群组图标到计算图标“55”的右侧,交互响应类型选择【条件响应】,响应条件为“M=4”(中级为“m=9”、高级为“m=16”),当 4 个对象全部被拖曳到目的地后,m 的值为4,点击条件选项卡,选择【自动】下拉列表的“为真”,双击打开群组图标,拖曳一个显示图标到流程线上,命名为“显示得分”,双击打开“显示得分”显示图标,用文本工具输入“游戏得分为:{S}”。打开显示图标属性面板,勾选【更新显示变量】;再拖曳一个等待图标和一个计算图标到显示图标的下面,分别命名为“2S”和“QUIT”,等待图标设置为 2 秒,计算图标输入“quit(0)”,分支程序流程如图 7-55 所示。

⑫ 拖曳一个计算图标到流程线上,命名为“恢复图片移动属性”,双击打开“恢复图片移动属性”输入:

Movable@"57":=TRUE

Movable@"58":=TRUE

Movable@"59":=TRUE

Movable@"56":=TRUE

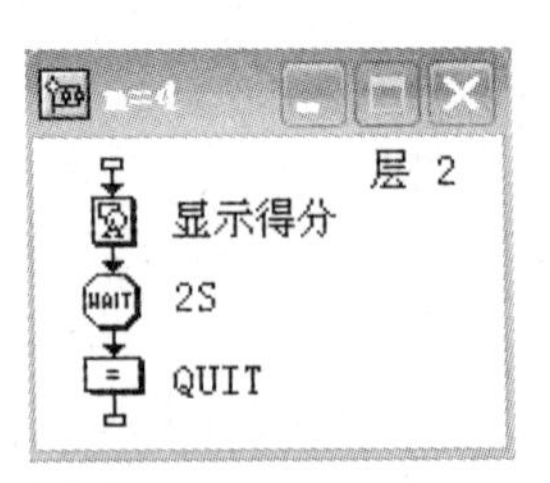

图 7-55 程序分支流程

⑬ 拖曳一个交互图标到流程线上,命名为“是否继续游戏”,双击

打开“是否继续游戏”，输入“继续游戏吗？”，拖曳两个计算图标到交互图标“继续游戏吗？”的右侧，分别命名为“是”和“否”，双击打开“是”计算图标，输入 GoTo(IconID@"a=3")，双击打开“否”输入 quit(0)，并调整“是”和“否”按钮到合适位置.

⑭“图片选择”选择不同的图片就可以了，“2”、“3”、“4”的设计方法同“1”，难度选择就是把图片分割成 4 份(初级)、9 份(中级)、16 份(高级)做法基本一致，只是“拼图”里的条件响应分别改为“m=9”和“m=16”即可，这里不再重述。

程序设计结束。

7.6　下拉菜单交互

下拉菜单是几乎所有计算机软件都使用的，Authorware 也不例外，下拉菜单响应是通过对相应下拉菜单的操作而产生的响应类型。下拉菜单响应的建立与使用相对简单，其中下拉菜单响应分支所在的交互图标的名称即为下拉菜单的标题，交互图标下的各个下拉菜单响应分支的名称对应为该下拉菜单的菜单项。当选择某一菜单项时即响应执行对应分支的流程内容。

7.6.1　下拉菜单交互属性

下拉菜单交互属性面板中【菜单】选项卡，如图 7-56 所示。下面对其做简要介绍。

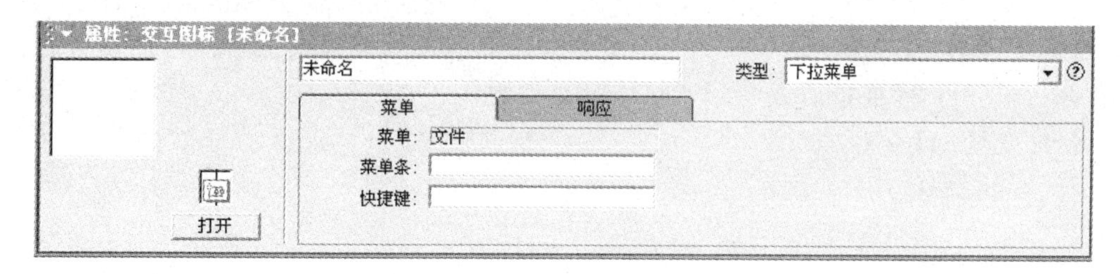

图 7-56　下拉菜单属性面板【菜单】选项卡

(1)【菜单】标签：显示该下拉菜单交互所在的菜单组名称，也就是交互图标的名称。

(2)【菜单条】文本框：主要是为菜单命名。可以输入一些特殊字符，例如输入“－－”则在菜单上显示一条分隔线，也可输入自定义变量用来控制菜单命令的名称。

(3)【快捷键】文本框：输入一个执行菜单命令的快捷键。如组合键为“Ctrl＋L”键，则输入“CtrlL”或仅一个“L”；如组合键为“Alt＋A”键；则输入“AltA”。

7.6.2　下拉菜单交互实例

例 7.7　下拉菜单是程序设计中经常用到的一种命令方式，本例将通过下拉菜单交互来实现填空题及选择题测试系统的模块化设计。

设计要求：擦除系统默认的“文件”菜单，填空题及选择题各 4 道题，填空题每题答对得 15 分；选择题每题答对得 10 分，不答或答错不得分，答题限时 120 秒，可随时交卷，提前交卷给出提示，交卷给出成绩，成绩显示 3 秒后，自动退出；答题无先后顺序，可重复答题，以最后的答案为准,重复答题给出上一次的答案。程序设计流程如图7-57所示。

具体制作步骤如下:

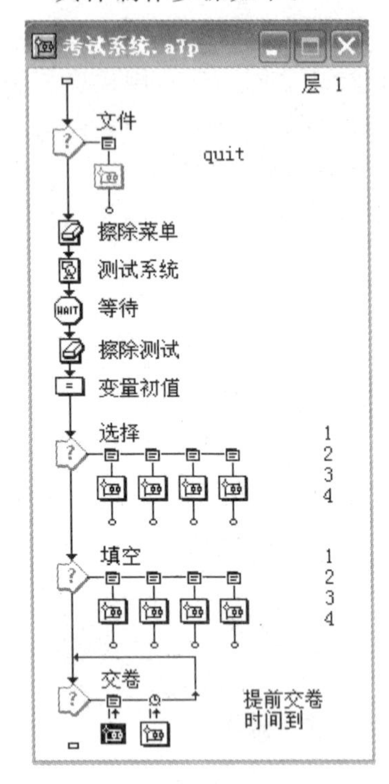

图7-57 程序设计流程

① 新建一个文件,命名为"测试系统.a7p"。

② 拖曳一个交互图标到流程线上,命名为"文件",再拖曳一个群组图标到"文件"交互图标的右侧,弹出"交互类型"对话框,选择"下拉菜单"响应类型,建立下拉菜单交互,命名交互分支为"quit"。单击"quit"交互分支上的交互标志,调出交互属性面板,单击【响应】选项卡,勾选【范围】复选框为【永久】,从【分支】下拉列表框中选择"返回"选项。拖曳一个擦除图标到【文件】交互结构后面的流程线上,命名为"擦除菜单"。运行程序,单击演示窗口中菜单栏上的【文件】菜单项将其擦除(擦除系统默认的文件菜单)。

③ 拖曳一显示图标到流程线上,命名为"测试系统",双击打开演示窗口,插入艺术字"测试系统",调整合适的字体及字号,【模式】设为"透明"。拖曳一个等待图标到流程线上,单击【修改】→【文件】→【属性】,选择【交互作用】选项卡,设置【标签】选项为"开始答题",运行程序,按"Ctrl+P"组合键,调整"开始答题"按钮的大小及位置。双击打开等待图标属性面板,只勾选【显示按钮】,拖曳一个擦除图标并命名为"擦除测试",选择擦除对象为"测试系统",该图标用来擦除"测试系统"的文字。

④ 拖曳一个计算图标到流程线上,命名为"变量初值",双击打开,定义"得分"变量ti及"答案"变量ai分别为:

"得分"变量:t1=0
t2=0
t3=0
t4=0
t5=0
t6=0
t7=0
t8=0

"答案"变量:a1=""
a2=""
a3=""
a4=""
a5=""
a6=""
a7=""
a8=""

⑤ 拖曳一个交互图标到流程线上,命名为"选择"。再拖曳一个群组图标到"选择"交互图标右侧建立一个下拉菜单交互分支,将群组图标命名为"1"。双击"1"菜单响应点,调出交互分

支属性面板，选择响应选项卡，勾选【范围】为【永久】，选择【擦除】下拉列表的“在下一次输入之前”，【分支】选项选“返回”。再拖曳三个群组图标到“1”分支的右侧，分别命名为“2”、“3”、“4”。设计同群组图标“1”。

⑥ 双击打开“1”群组图标，打开【层 2】设计窗口，拖曳一个交互图标到“层 2”窗口，命名为“选择 1”，双击打开交互图标“选择 1”，输入试题，如图 7-58 所示。设计“选择 1”的交互属性为：勾选【更新显示变量】。拖曳一个计算图标，到“选择 1”的右侧，命名为“a”，选择热区域响应类型，调整热区的位置使热区包围答案“A：Authorware”，设置“a”分支的属性为：【擦除】选项选“不擦除”，【分支】选项选“退出交互”，计算图标的内容为：t1＝10；a1＝“a”，再拖曳三个计算图标，到图标“a”的右侧，分别命名为“b”、“c”、“d”，热区位置分别包围答案“B：Flash”、“C：Photoshop”、“D：Visual FoxPro”。计算图标的内容分别为：

t1＝0；

a1＝“b”；

t1＝0；

a1＝“c”；

t1＝0；

a1＝“d”。

程序设计如图 7-59 所示。

图 7-58　显示题目及答案

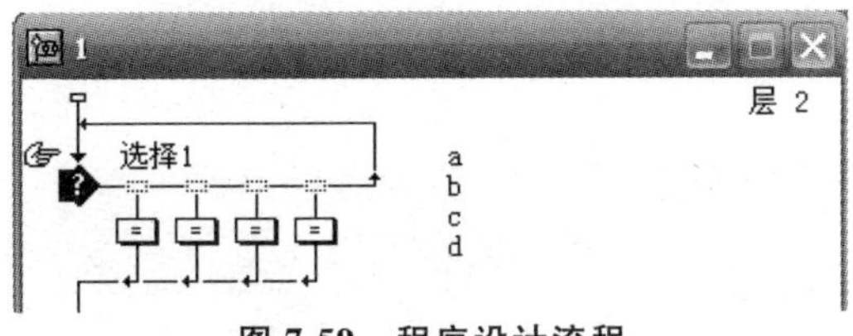

图 7-59　程序设计流程

⑦ 选择题的 2、3、4 设计方法同⑥，注意题目不同，变量相应变成 t2、t3、t4、及 a2、a3、a4。

⑧ 拖曳一个交互图标到主流程线上，命名为“填空”。再拖曳一个群组图标到“填空”交互图标的右侧，建立一个下拉菜单交互，将分支下的群组图标命名为“1”。双击“1”菜单响应点，调出交互分支属性面板，选择响应选项卡，勾选【范围】为【永久】，【擦除】选项为“在下一次输入之前”，【分支】选项选“返回”。再拖曳三个群组图标到“1”的右侧，分别命名为“2”、“3”、“4”，设计同“1”，双击打开“1”群组图标，打开“层 2”设计窗口，拖曳一个交互图标到“层 2”窗口，命名为“填空 1”，双击打开交互图标“填空 1”，输入“试题”如图 7-60 所示。设计“填空 1”的交互属

性为：勾选【更新显示变量】。拖曳一个计算图标到“填空 1”的右侧，命名为“ * ”，选择文本输入响应类型，调整文本输入框，包围“{a5}”。设置“ * ”分支的属性为：【擦除】选项选“不擦除”；【分支】选项选“退出交互”。双击打开计算图标，输入内容如图 7-61 所示。填空题的 2、3、4 设计方法同⑧，注意题目不同，变量相应变成 t6、t7、t8，及 a6、a7、a8。

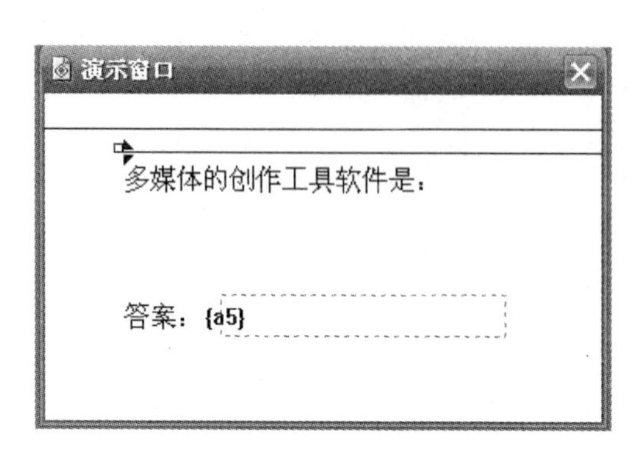

图 7-60　填空试题演示窗口

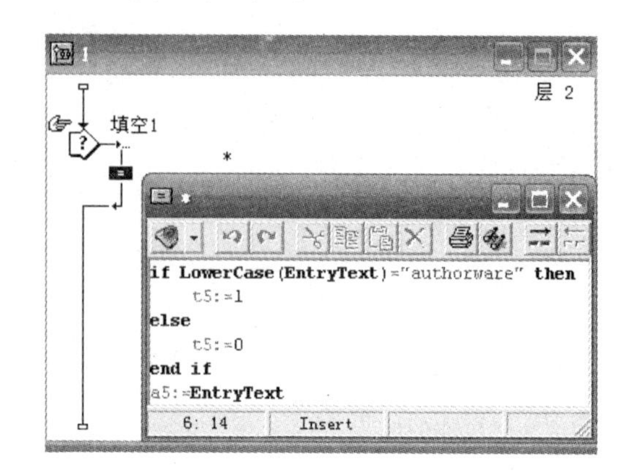

图 7-61　程序流程及计算窗口

⑨ 拖曳一个交互图标到流程线上，命名为“交卷”，拖曳一个群组图标到“交卷”的右侧命名为“提前交卷”，响应类型为【下拉菜单】，勾选【下拉菜单】的响应选项卡的【范围】选项为【永久】，设置【分支】选项为“继续”，双击打开群组图标“提前交卷”，打开【层 2】窗口，拖曳一个交互图标到【层 2】窗口，再拖曳两个群组图标到交互图标的右侧，分别命名为“是”、“否”，均选择【按钮】响应，“否”的分支去向设为“退出交互”，程序设计流程如图 7-62 所示。打开“是”群组图标，进入“层 3”，拖曳显示图标命名为“显示得分”，打开“显示得分”演示窗口，输入“得分为：{t1＋t2＋t3＋t4＋t5＋t6＋t7＋t8}”，设置字体、字号、调整位置。拖曳一个等待图标到流程线上，命名为“3”，设置 3 秒，拖曳一个计算图标到流程线上，命名为“退出程序”，双击打开计算图标输入“quit(0)”。

⑩ 再拖曳一个群组图标到“提前交卷”的右侧，命名为“时间到”，选择【时间限制】响应类型，设置【时限】为 120 秒，显示倒计时秒表。双击打开群组图标“时间到”，设计流程及方法与图 7-62 的层 3 相同。

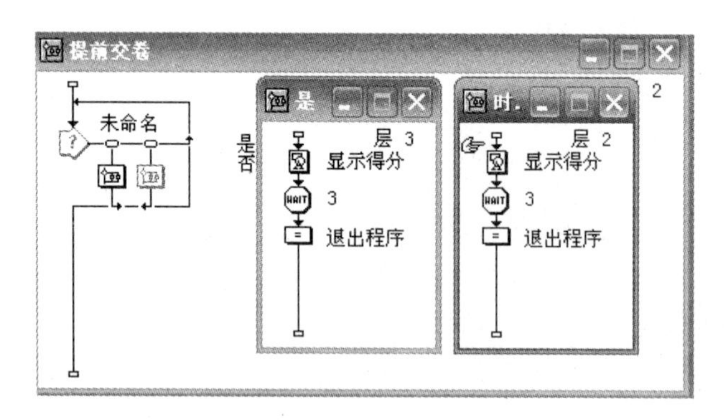

图 7-62　程序流程图

程序设计结束。

7.7 条件交互

条件交互是通过对条件表达式进行判断而产生的交互响应，即当某一条件表达式的值为“真”时，就执行相应的条件分支。

7.7.1 条件交互属性

条件交互属性面板中条件选项卡相对比较简单，下面简要介绍。

(1)【条件】文本框：输入条件表达式，如果表达式的值为“真”，则 Authorware 匹配该条件交互响应。该文本框中输入的表达式即是条件交互分支图标的图标名。

文本框中可以输入任何的条件表达式，Authorware 会根据以下规则将输入内容自动识别为“真”或“假”。数值 0 等价于“假”，非 0 数值等价于“真”；字符串“true”，“t”，“yes”和“on”等价于“真”，其他任何字符串都等价于“假”。

(2)【自动】下拉列表框：Authorware 执行交互结构中各分支时，只有当执行到条件交互分支时才对其条件进行判断。而【自动】下拉列表框可决定该条件是否可被判断。

① “关”选项：按照常规的检测方式，当 Authorware 在交互结构中遇到一个条件交互分支并且指定的条件为“真”时，才匹配该条件交互。

② “为真”选项：该选项将使 Authorware 执行交互结构时，不断判断条件是否为“真”。当条件为“真”时，则该条件交互分支将被反复匹配。如果想让 Authorware 匹配另外的交互或退出该交互结构，只有使该条件变为“假”。

③ “当由假为真”选项：在 Authorware 执行交互结构过程中，当条件由“假”转变为“真”时，将匹配该条件交互分支。

7.7.2 条件交互实例

开发数学与物理等方面的课件，有时需要绘制函数曲线，下面将使用 Authorware 的条件交互来绘制函数曲线，要绘制函数曲线还需要做如下准备工作。

(1) 做 Y 轴的翻转：即 $y=-y$。由于平面直角坐标系与 Authorware 的坐标系的 Y 轴方向不同，经翻转后使二者坐标轴的方向一致。

(2) 定义单位 1：因为一个像素用肉眼无法区分，因此与平面直角坐标系一样，需要定义单位 1。又因演示窗口中的网格线间距为 32 像素，为了便于参照，一般定义 32 的倍数为单位 1，这里定义 64 像素为单位 1。

即：$x=x/64$，　$y=y/64$。

(3) Authorware 坐标系的坐标原点在屏幕的左上角，不便于绘制曲线，因此把坐标原点平移到中心位置(窗口一般是 640×480)，中心位置坐标为(320,240)。

即：$x=x-320$，　$y=y-240$。

例如：平面直角坐标系下的二次函数 $y=ax^2+bx+c$ 的曲线，经过变换后在 Authorware 坐标系下的方程为：$y=-a(x-320)^2/64-bx+320b-64c+240$。

经过这三个变换，就可以绘制曲线了。

例 7.8 绘制二次函数的曲线。

设计要求：运行程序要求输入参数 a、b、c 的值，之后是一个小球的运动，小球运动留下的轨迹即为函数曲线，小球运动留下绿色轨迹，曲线绘制完成，小球自动消失。

具体制作步骤如下：

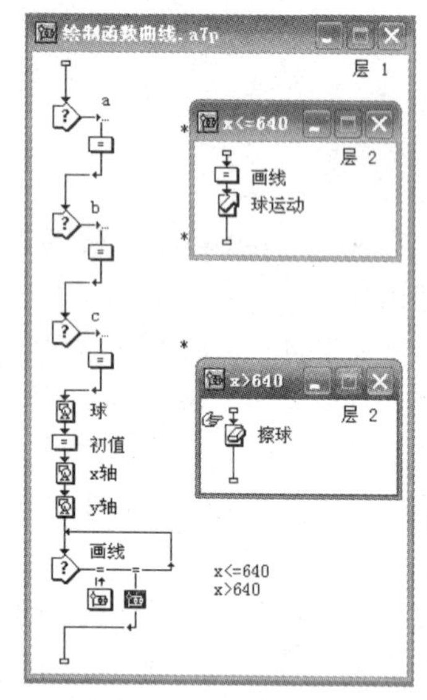

图 7-63 程序设计流程

① 新建一个文件，将新建的文件以“绘制函数曲线. a7p”进行保存。程序设计流程如图7-63 所示。

② 拖曳一个交互图标到流程线上，命名为“a”，设计交互属性的【擦除】选项为“在退出之前”；再拖曳一个计算图标到“a”的右侧，形成交互结构，响应类型为【文本输入】，【分支】名称为“ * ”，分支去向设为“退出交互”，在交互图标内输入参数提示“请输入参数 a：”，调整字体、字号、颜色及位置。将文本输入虚框调整到“请输入参数 a：”的后面，双击文本输入虚框，打开【交互作用文本字段】面板，单击【交互作用】选项卡，去掉【选项】的【输入标记】的勾选，单击【文本】选项卡，选择【模式】为“透明”。双击打开计算图标，输入：a＝NumEntry。

③ 参数 b、c 的设计同②，只要对交互结构“a”进行复制，在流程线上粘贴 2 次，把所有的“a”字样分别改为“b”或“c”就可以了。

④ 拖曳一个显示图标，命名为“球”，双击打开显示图标的演示窗口，用椭圆工具绘制一个小的圆，填充红颜色，边线设成黄色，适当调整边线线宽。

⑤ 拖曳一个计算图标，命名为“初值”，在计算图标内输入：

x＝0

x1＝0

y1＝－a＊(x1－320)＊＊2/64－b＊x1－64＊c＋320＊b＋240——曲线上的点，在曲线上。

⑥ 拖曳一个显示图标到流程线上，并命名为“x 轴”，双击打开显示图标，用【线型】工具选择线型“——▸”，用＋工具绘制 X 轴，打开显示图标属性面板，设置【位置】为“在屏幕上”，【初值】的纵坐标 y 的值设为 240。

⑦ 用同样的方法设置 Y 轴，方法同⑥，只是【初值】的横坐标 x 的值设为 320。这样就可以保证两个坐标轴的交点一定在(320，240)的位置上。

⑧ 拖曳交互图标到流程线上，命名为“画线”，双击打开交互图标，用文本工具输入“y＝({a})x^2＋({b})x＋({c})”，调整文本的字体、字号、颜色及合适的位置。设置交互图标的【擦除】选项为“不擦除”，设置【选项】为：【更新显示变量】。

⑨ 拖曳一个群组图标到交互图标的右侧，形成交互结构，选择交互响应类型为【条件响应】，响应条件设为“x＜640”(画线范围在 0≤x＜640)，双击响应点，打开条件响应属性面板，选择【条件】选项卡，【自动】选项设成“为真”；选择【响应】选项卡，【擦除】下拉菜单选择“不擦除”，【分支】下拉菜单选择“继续”，双击打开群组图标进入“层 2”流程。拖曳一个计算图标和一个移动图标到“层 2”流程线上，分别命名为“画线”和“球运动”。双击打开画线的计算图标，输入：

```
x=x+1
y=-a*(x-320)**2/64-b*x-64*c+320*b+240
SetFrame(TRUE,RGB(0,255,0))          ——画线颜色函数(画绿线)
Line(3,x1,y1,x,y)                    ——画线函数
x1=x
y1=y
```

双击打开移动图标“球运动”，选择运动对象为“球”，相关设置如图 7-64 所示。

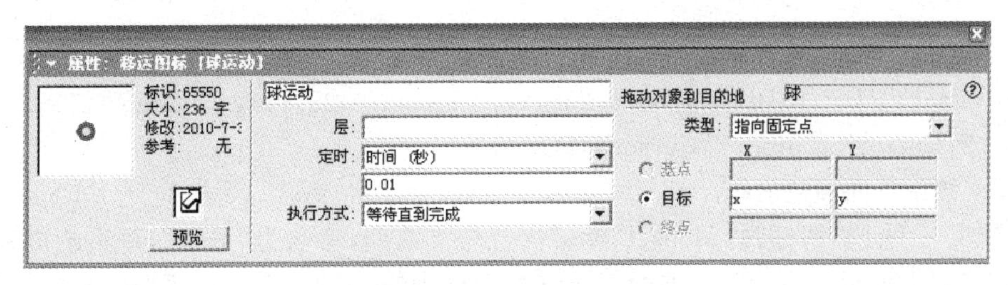

图 7-64　移动图标属性设置窗口

⑩ 拖曳群组图标到“x<640”的右侧，形成交互条件响应，响应条件为 x>=640，选择响应选项卡，【分支】下拉菜单选择“退出交互”，双击打开群组图标，拖曳一个擦除图标，选择擦除对象为“球”。

程序设计结束。

同学们思考一下，如何实现小球沿曲线运动的实例制作。

例 7.9　电子笔的制作。讲课时，有时需要对重要的内容圈圈点点，下面就制作一个实现这一功能的课件。

设计要求：

① 当鼠标按下，并拖动时能够留下不同颜色的轨迹，且显示画面的内容不能被拖动。

② 点击退出按钮，将退出程序。

具体制作步骤如下：

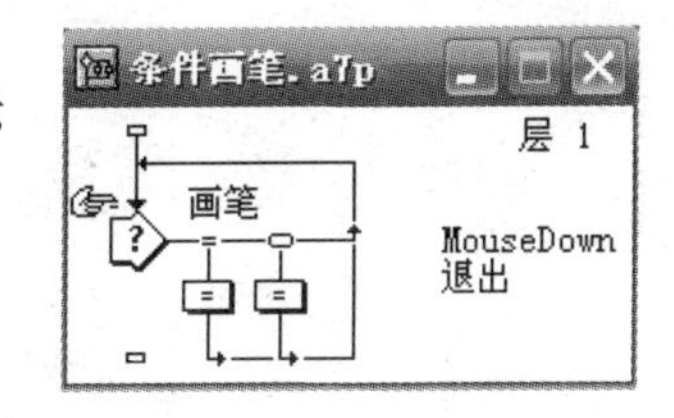

图 7-65　程序设计流程图

① 新建一个文件，将新建的文件以“条件画笔. a7p”保存，程序设计流程如图 7-65 所示。

② 拖曳一个交互图标到流程线上，命名为“画笔”。双击打开“画笔”演示窗口，使用工具箱上的文本工具输入李白的《静夜思》，设置文本的字体和字号。为防止该文本在运行时被鼠标拖动，需要将其设为不可移动，选中“画笔”交互图标，按“Ctrl+=”组合键为它附加一个计算图标，在弹出的计算图标编辑窗口输入代码：“Movable@"画笔"=FALSE”。

③ 拖曳一个计算图标到“画笔”交互图标右侧，弹出“交互类型”对话框，选择【条件响应】。单击条件交互分支上的交互标识，调出交互属性面板，单击【条件】选项卡，在【条件】文本框中输入“MouseDown”(鼠标按下)。选择【自动】选项卡的“为真”选项，如图 7-66 所示；选择【响应】选项卡的擦除选项为“不擦除”，如图 7-67 所示。

图 7-66　条件选项卡

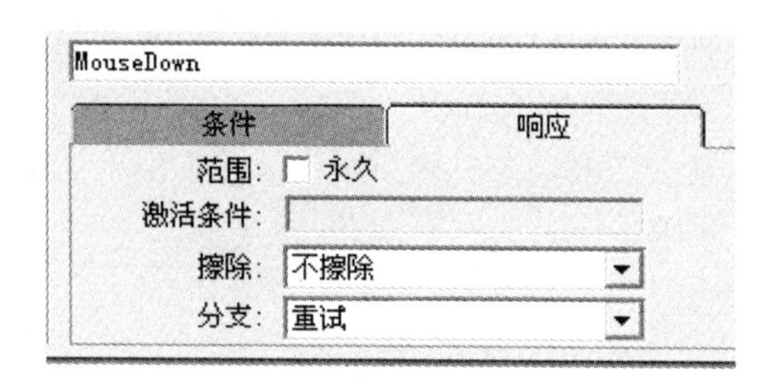

图 7-67　响应选项卡

④ 双击打开计算图标，输入如下内容：

SetFrame(TRUE,RGB(random(0,255,1), random(0,255,1), random(0,255,1)))

Line(2,CursorX,CursorY,CursorX,CursorY)

注意：绘制不同颜色的线。

⑤ 拖曳一个计算图标到“MouseDown”交互分支右侧，命名为“退出”，单击响应标识，调出交互响应属性面板。将新建立的交互分支类型设为【按钮】交互，单击【响应】选项卡，选择【范围】为【永久】。

⑥ 双击打开“退出”计算图标，在弹出的计算图标编辑窗口输入“quit(0)”。

程序设计结束。

例 7.10　制作一个猜数游戏。

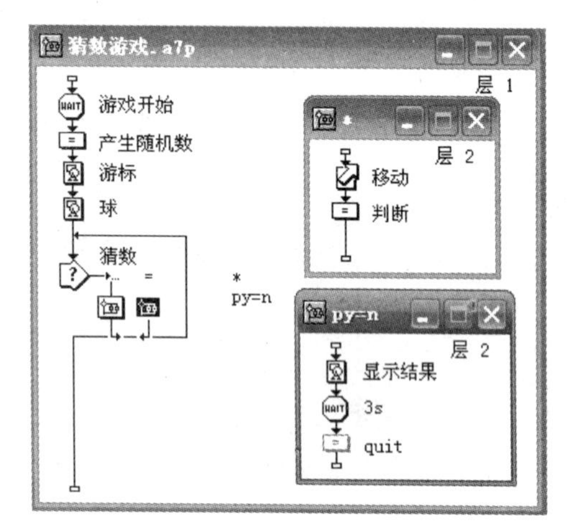

图 7-68　程序设计流程图

设计要求：输入 0～100 的数，每次猜数之后系统都给出提示，程序运行过程中，始终有猜数已用时间，猜数的次数，猜数大、小的提示，为了使界面生动活泼，设计一个带有刻度的圆周，一个小球在圆周上滑动，用以标识所猜数字的大小情况。如果不对，显示是大了或者是小了，如果猜对了显示用时、猜数次数及所猜数字。

具体制作步骤如下：

① 新建一个文件，命名为“猜数游戏. a7p”，程序设计流程如图 7-68 所示。

② 拖曳一个等待图标，到流程线上，等待图标标签改为“游戏开始”，并把按钮的位置拖到右下角(修改【文件】→【属性】)。

③ 拖曳一个计算图标到流程线上，命名为“产生随机数”，双击打开输入如下语句：

```
t1=SystemSeconds          ——计算机开机后的时间间隔
n=Random(0,100,1)
k=0                       ——猜数次数
py=“”                     ——提示变量
```

④ 拖曳一个显示图标，命名为“游标”，属性设置选择【更新显示变量】，显示图标输入内容如图 7-69 所示。

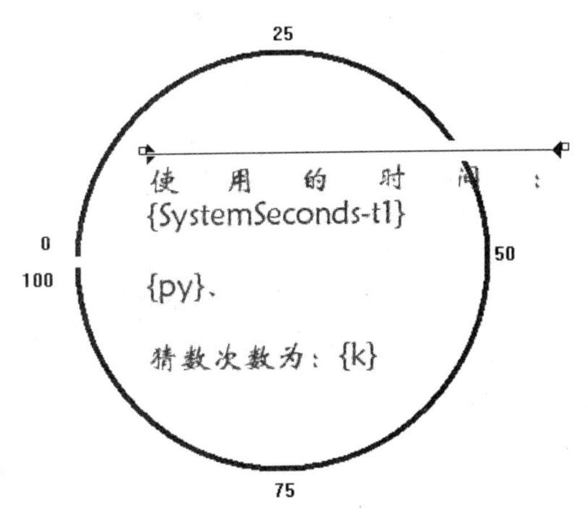

图 7-69　显示图标演示窗口

⑤ 拖曳一个显示图标命名为“球”，利用【椭圆】工具绘制一个小球，调整边线线宽及填充颜色为红色。

⑥ 拖曳一个交互图标，命名为“猜数”，拖曳一个群组图标放在“猜数”交互图标的右侧，形成交互结构，选择【文本输入】响应类型，命名为“ * ”，双击打开交互图标“猜数”，用文本输入工具输入“请输入 0～100 的数：”，并调整输入文本虚框的位置到“请输入 0～100 的数：”之后，取消文本输入提示标志，如图 7-70 所示。

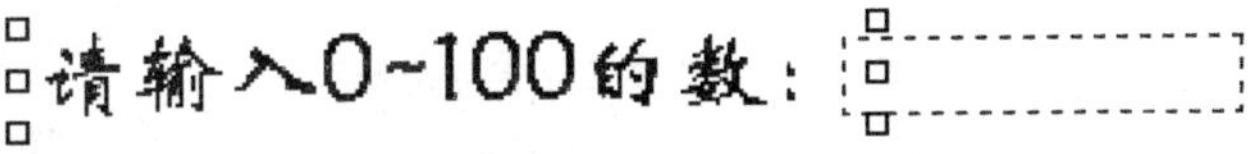

请输入0~100的数：

图 7-70　演示窗口

⑦ 双击打开群组图标“ * ”，进入“层 2”设计窗口，拖曳一个移动图标和一个计算图标到“层 2”设计窗口，分别命名为“移动”和“判断”，双击打开移动图标属性设置窗口，选择“球”为运动对象，创建一个大半个圆周的路径，路径同圆周重合，起点在“0”的位置，终点在“100”的位置。属性设置如图 7-71 所示。

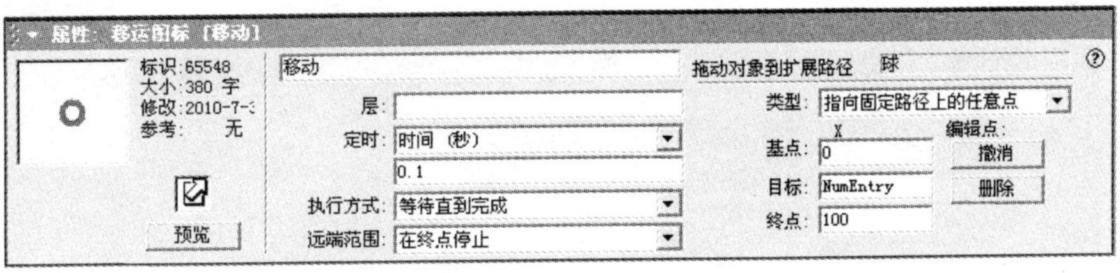

图 7-71　移动图标属性设置窗口

⑧ 双击打开“判断”的计算图标，输入如下内容：

k＝k＋1

Test(NumEntry＞n,py＝“太大”)

Test(NumEntry＜n,py＝“太小”)

Test(NumEntry＝n,py＝“正确”)

Test(NumEntry＝n,GoTo(IconID@“显示结果”))

t2＝SystemSeconds－t1

⑨ 拖曳一个显示图标到流程线上,命名为"显示结果"输入如图7-72所示内容,设置显示属性,勾选【更新显示变量】及【擦除以前内容】。

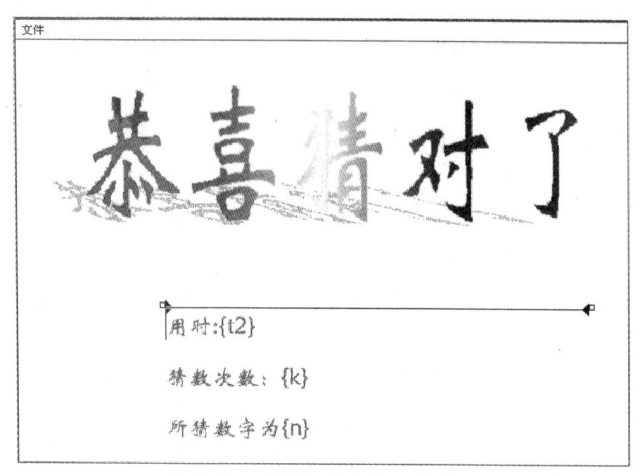

图7-72 "显示结果"演示窗口

⑩ 拖曳一个等待图标和一个计算图标到"显示结果"的下方,命名为"3s"和"quit",打开等待图标"3s",设置时间为3s,打开计算图标"quit"输入quit(0)。

程序设计结束。

7.8 文本输入交互

文本输入交互一般是在运行程序时输入文本,当输入文本与设计程序时的"模式"相匹配时,产生响应,一般都通过它获取文本输入的内容,进一步进行相关的响应处理操作。

7.8.1 文本输入交互属性

双击文本输入标识-▸...-,打开【文本输入】交互属性面板,单击【文本输入】选项卡,如图7-73所示。

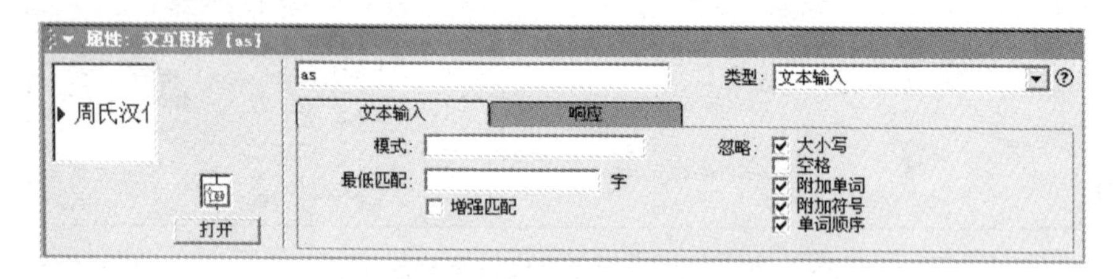

图7-73 文本输入属性面板【文本输入】选项卡

(1)【模式】文本框:文本框内输入的单词或句子,是设计程序时预设的,运行程序时要求输入进行匹配。输入文本要符合以下规则:

① 输入指定的文本(两边需加上半角英文状态下的引号,不加引号系统认为是变量)。

② 单词是以空格来分隔的,包括英文和中文。

③ 同时指定多个文本,中间用"|"分隔,可分隔400个文本内容。例如输入"word|yes|

bool”,那么输入“word”、“yes”或“bool”中任何一个单词,文本交互都会匹配。

④ 有时希望在第几次正确输入文本来匹配该交互响应,则可在指定的文本前加上一个尝试次数的标志,用“#”加上数字来标识。例如:希望第2次输入“word”达到交互的目的,那么模式文本框中可输入“#2word”。

⑤ 文本框支持使用通配符。当输入字符“*”表示任何一个字符串;输入字符“?”表示单个字符。如果要将“*”或“?”作为匹配文本的一部分,只要在它们前面加上“\”即可。

(2)【最低匹配】文本框:该文本框输入一个数字,这个数字表示最少正确输入多少个单词就可以匹配交互。这个数字是相对于【模式】文本框中总的单词数而言的。例如:【模式】文本框中的内容为“2008 北京奥运会”,而【最低匹配】中的数字为2,那么当输入“2008 北京”、“2008 奥运会”、“北京奥运会”都可以匹配该交互。

(3)【增强匹配】复选框:该复选框的作用是,当【模式】文本框中单词数量多于1个时,分几次输入也能得到匹配。例如:【模式】文本框的内容为“Authorware AND Word”,那么第1次输入“Authorware”,交互未得到匹配;第2次输入“AND”,则交互仍未得到匹配;当第3次输入“Word”时,则可以得到匹配。几次输入的综合结果得到匹配。

(4)【忽略】复选框组:设置输入文本的容错选项。

【大小写】复选框:选中该复选框,将不区分大小写。

【空格】复选框:选中该复选框,忽略输入的所有空格。

【附加单词】复选框:选中该复选框,忽略输入的多余单词。

【附加符号】复选框:选中该复选框,忽略输入的多余标点符号。例如:【模式】中指定的内容为“hello, world”,而输入了“hello, world!”,则多出来的感叹号将被忽略,交互仍能匹配。

【单词顺序】复选框:选中该复选框,忽略输入单词的顺序,只要包含【模式】中指定的每一个单词即可,而不管单词在句子中的位置。

7.8.2 文字输入区域

创建文本交互后,交互图标演示窗口中出现一个虚框的矩形文字输入区域,双击文本输入区域,打开“属性:交互作用文本字段”对话框,可以对文本输入的格式进行设置(在交互图标属性面板中,单击面板左下角的【文本区域】按钮,也可以弹出“属性:交互作用文本字段”对话框),如图7-74所示。

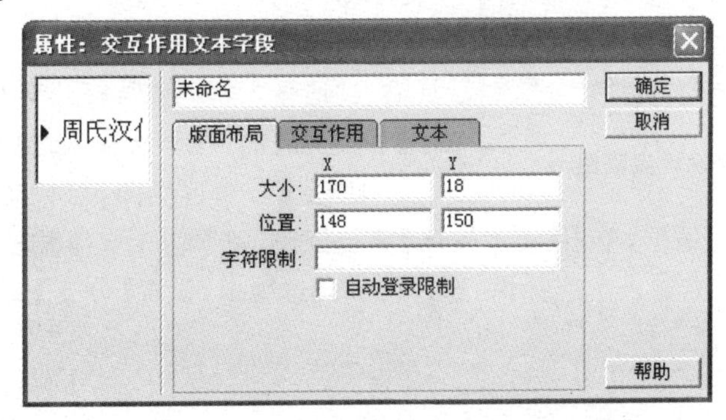

图7-74 “属性:交互作用文本字段”对话框

(1)【版面布局】选项卡：用于设置文本框的大小、位置等属性。

【大小】文本框：可以通过数值精确控制文本输入区域的大小。其中 X,Y 分别表示宽度和高度,单位为像素。也可以双击交互图标打开设计窗口,通过鼠标拖动文本输入区域周围的控制点更改文本输入区域的大小。

【位置】文本框：通过数值精确控制文本输入区域的位置。其中 X,Y 表示文本输入区域左上角在演示窗口中的坐标值。双击交互图标打开交互图标演示窗口,通过鼠标拖动也可更改文本输入区域的位置。

【字符限制】文本框：设置文本输入区域能输入的最大字符数。Authorware 将忽略输入的多余字符。同时文本输入区域也限制能够输入的最大字符数。如果【字符限制】文本框为空,则可不断输入直到文本输入区域被输入内容填满。

【自动登录限制】复选框：当输入的字符数达到【字符限制】文本框中设置的最大字符数时,Authorware 将自动结束输入并进行交互匹配,而无须按下【作用键】。

(2)【交互作用】选项卡：用于设置交互中作用键及选项属性。

【作用键】文本框：设置完成文本输入的功能键。设置多个功能键,中间用“|”分隔。

【选项】复选框组：它包括 3 个复选框选项。

【输入标记】复选框：选中该复选框,文本输入区域前面出现小三角标识,用于提示输入。

【忽略无内容的输入】复选框：选中该复选框,如果未输入任何字符,则忽略按下【作用键】。

【退出时擦除输入的内容】复选框：选中该复选框,Authorware 将在退出交互时擦除输入内容。

(3)【文本】选项卡：设置文本输入区域内输入文字的格式。包括字体、字号、风格、颜色、模式。

7.8.3 文本输入交互实例

例 7.11 密码验证是文本输入的一大功能,本例就设计一个密码验证程序。

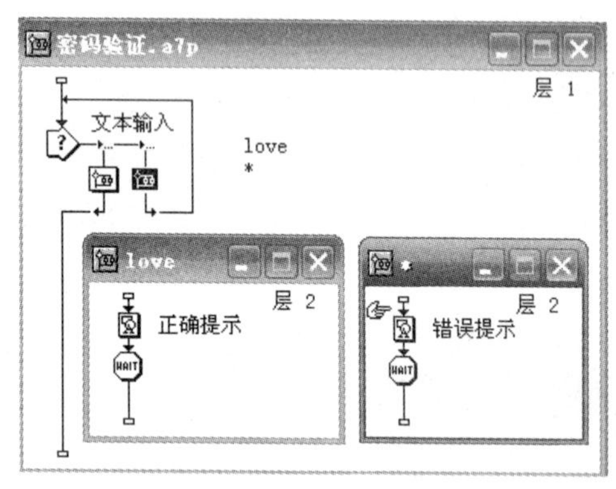

图 7-75 程序设计流程图

设计要求：密码输入正确,显示欢迎界面,准许运行程序;密码不正确就不准许运行程序,程序设计流程如图 7-75 所示。

具体制作步骤如下：

① 新建一个文件,命名为“密码验证.a7p”。

② 拖曳一个交互图标到流程线上,将其命名为“文本输入”。

③ 双击打开交互图标,导入背景图片,用文本工具输入“请输入密码：”,打开交互属性面板,选择【擦除】下拉列表的“在下次输入之后”,设置显示特效。

④ 拖曳一个群组图标到“文本输入”交互图标右侧,弹出“交互类型”对话框,单击【文本输入】单选按钮,建立一个文本输入交互分支,命名群组图标为“love”,双击文本输入响应标识,选择【响应】选项卡,设置【分支】属性为“退出交互”,如图 7-76 所示。

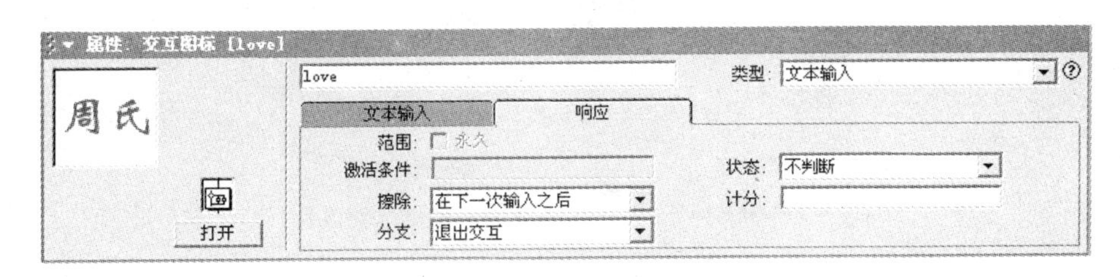

图 7-76　文本输入属性面板

⑤ 再拖曳一个群组图标到“love”群组图标的右侧，命名为“ * ”，双击打开“ * ”群组图标，在群组图标内加入一个显示图标和一个等待图标，分别命名为“错误提示”(输入内容为：“密码错误，请重试！！！”)和“2s”(设置 2 秒)。

⑥ 双击打开“love”群组图标，向群组图标内拖曳一个显示图标和一个等待图标，分别命名为“正确提示”(输入内容为：“欢迎使用本系统”)和“2s”(设置 2 秒)，同时可以调用一个已设计好的程序。

程序设计结束。

例 7.12　猜字母游戏。

设计要求：程序运行时，界面提示输入字母，如果输入正确，界面显示“恭喜您，猜对了”，同时显示猜字母的次数、所用时间和所猜字母，如果输入不正确，界面提示“靠前了”或“靠后了”，根据提示输入字母，直至猜字母正确。程序设计流程如图 7-77 所示。

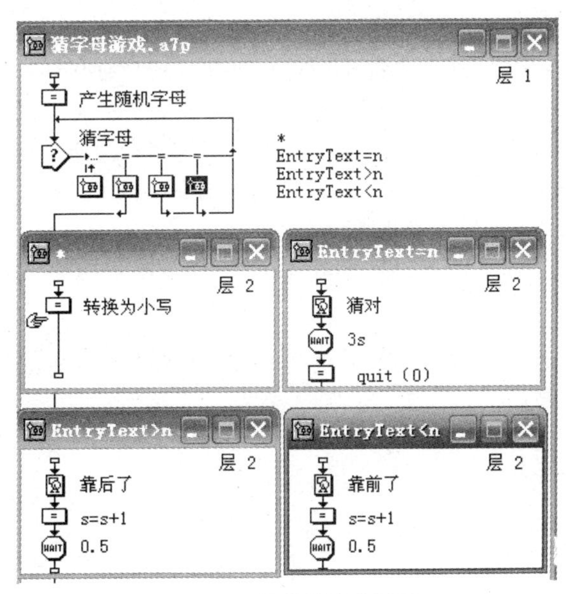

图 7-77　程序设计流程图

具体制作步骤如下：

① 新建一个文件，命名为“猜字母游戏.a7p”。

② 拖曳一个计算图标到流程线上，命名为“产生随机字母”，双击打开计算图标，输入内容如图 7-78 所示。

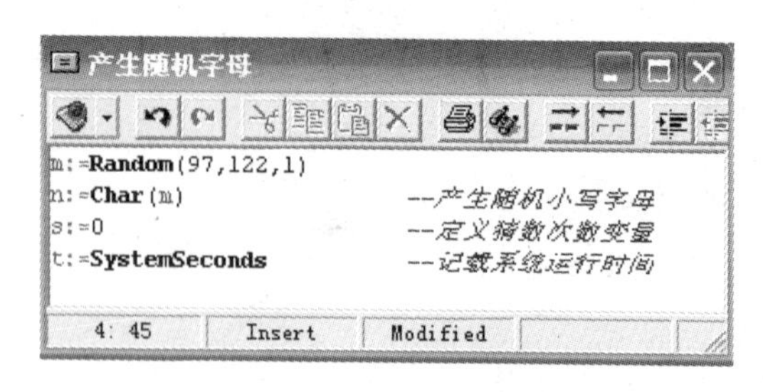

图 7-78　计算图标窗口

③ 拖曳一个交互图标到流程线上,命名为“猜字母”。双击打开“猜字母”,用文本输入工具输入:“请输入一个英文字母”和“您用时已经{SystemSeconds－t}秒”,设置交互属性的【选项】:勾选【更新显示变量】。

④ 拖曳一个群组图标,到交互图标的右侧,命名为“*”,选择【文本输入】响应。双击打开交互图标“猜字母”,调整虚框到“请输入一个英文字母”的后面,双击“虚框”打开【交互作用文本字段】,设置【字符限制】为 1,勾选【自动登录限制】,取消【输入标记】,选择字体为“华文新魏”,大小为 18,模式为“透明”。

⑤ 双击文本输入标识,打开【响应】选项卡,选择【分支】选项为“继续”。

⑥ 拖曳 3 个群组图标于“*”群组图标的右侧,分别命名为“EntryText＝n”、“EntryText＞n”、“EntryText＜n”,选择【响应】方式为【条件】响应,【分支】去向设置及四个群组图标的二级流程如图 7-77 所示。

⑦ 双击打开“转换为小写”计算图标,输入:“EntryText＝LowerCase(EntryText)”,将输入的字母统一为小写。

⑧ 双击打开“猜对”显示图标,输入:“恭喜你,猜对了”、“您用了{s＋1}次”、“用时:{SystemSeconds－t}秒”、“猜对的字母为{n}”。调整显示布局、字体、字号,设置显示属性【更新显示变量】。设置等待图标为“3s”,计算图标为“quit(0)”。

⑨ 双击打开“靠前了”显示图标,输入“靠前了”。计算图标输入“s＝s＋1”,等待图标输入“0.5s”。

⑩ 双击打开“靠后了”显示图标,输入“靠后了”。计算图标输入“s＝s＋1”,等待图标输入“0.5s”。

程序设计结束。

7.9　按键交互

按键交互是通过操作控制键盘上的按键或者组合键而产生的响应类型,即程序运行时,进行键盘操作,按下的某一按键或者组合键与程序事先设定的响应按键匹配后,则程序响应,执行分支内容。

7.9.1　按键交互属性

按键交互响应属性面板中【按键】选项卡,只有【快捷键】文本框,如图 7-79 所示。

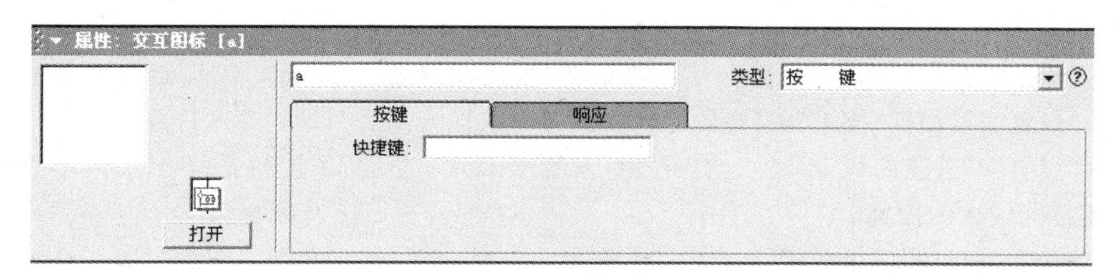

图 7-79　【按键】选项卡

（1）【快捷键】文本框：输入一个或多个用于匹配按键的快捷键。使用功能键如表 7-1 所示。

按键响应和文本输入响应类似，按键响应属性里的【快捷键】按键表达式也是支持变量作为响应按键或者组合键。在【快捷键】文本框中输入键名时，需要用英文状态下的双引号括起来。例如，在【快捷键】文本框里输入按键表达式："CtrlAltA"该表达式表示当按下组合键"Ctrl＋Alt＋A"的时候程序响应该交互。

（2）【按键】响应严格区分大小写，大小写字母代表的意义不同，如果不区分大小写，可以使用符号"|"分隔开大小写字母，例如 A|a。输入字符"?"表示任何键均可响应。

表 7-1　标准功能键键名

功能按键	对应键名	功能按键	对应键名
Alt 键	Alt	Ctrl 键	Ctrl 或 Control
退格键	Backspace	Home 键	Home
Pause 或 Break 键	Break	End 键	End
PageUp 键	PageUp	Insert 键	Insert
PageDown 键	PageDown	Shift 键	Shift
回车键	Enter	←键	LeftArrow
Esc 键	Esc	→键	RightArrow
Del 或 Delete 键	Delete	↑键	UpArrow
Tab 键	Tab	↓键	DownArrow
F1～F12 键	F1～F12		

7.9.2　按键交互实例

例 7.13　制作一个"按键测试"的实例。

设计要求：运行后出现提示文字，当按下键盘上的按键时，窗口中显示出所按键的键名，同时界面有一个退出按钮随时可以退出程序。程序设计流程如图 7-80 所示。

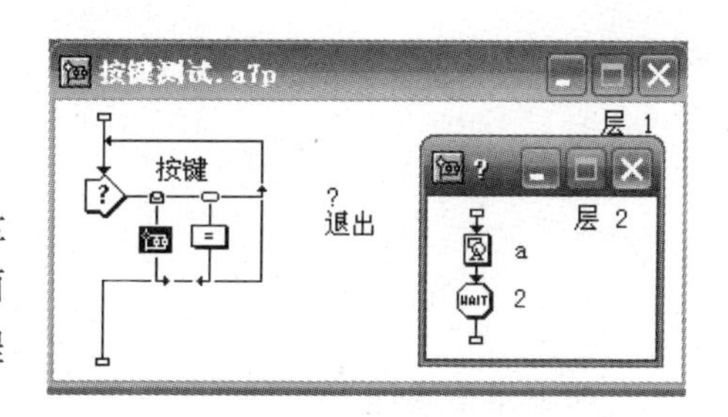

图 7-80　按键测试程序结构

具体制作步骤如下：

① 新建一个文件，将文件命名为"按键测试. a7p"。

② 拖曳一个交互图标到流程线上，命名为"按键"，然后拖曳一个群组图标到交互图标右

下方，响应类型为"按键"响应，命名为"?"。

③ 双击打开交互图标"按键"，导入背景图片，用文本输入工具输入"请点击键盘上的按键："。设置交互图标"按键"的【擦除】属性为"在下次输入之后"，设置显示特效。

④ 设置"?"分支的响应属性。打开"响应"选项卡，在"擦除"下拉列表框中选择"不擦除"，表示不擦除输入的内容。

⑤ 双击打开"?"群组图标，在"层 2"上拖曳一个显示图标"a"和等待图标"2"，在显示图标"a"内，输入"你所按的键为{Key}键"，等待图标设为 2 秒。

⑥ 拖曳一个计算图标到群组图标"?"的右侧，命名为"退出"，设置为【按钮】响应类型，选择【分支】去向为"退出交互"，调整按钮在屏幕的右下角，在计算图标内输入"quit(0)"。

程序设计结束。

例 7.14 密码程序的制作。

设计要求：密码验证是文本交互的一大功能，但有一点不足，就是界面显示输入的密码内容，不能真正起到保密的作用，本例通过"按键"响应，设计一个密码验证程序，解决了这个不足之处。运行程序，要求输入用户名和密码，用户名通过文本输入的方式输入，要求输入正确；输入密码时，界面显示与输入密码同等个数的"＊"号，而不显示密码，达到保密的作用。用户名与密码均输入正确，显示欢迎界面；用户名或密码不正确显示错误提示，要求重新输入，共有 3 次机会，超过 3 次，自动退出程序且界面显示次数的倒计时，程序设计流程如图 7-81 所示。

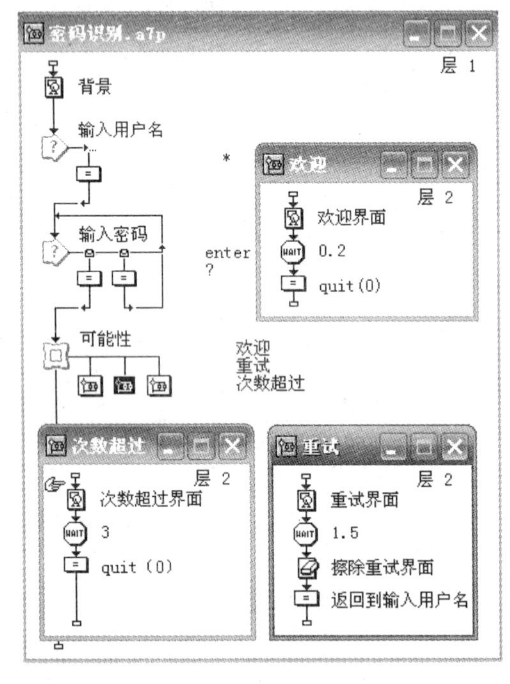

图 7-81 程序设计流程图

具体制作步骤如下：

① 新建一个文件，命名为"密码识别.a7p"。

② 拖曳一个显示图标，命名为"背景"，双击打开"背景"导入背景图片并输入相应文本，属性设置为【更新显示变量】，如图 7-82 所示。

图 7-82 显示图标演示窗口

③ 拖曳一个交互图标到流程线上，命名为“输入用户名”，再拖曳一个计算图标到交互图标的右侧，命名为“＊”，选择【文本输入】响应类型，双击打开“背景”，按“Shift”双击“输入用户名”交互图标，调整文本输入虚框到“用户名”的后面，双击虚框打开【交互作用文本字段】，选择【交互作用】选项卡，取消勾选【退出时擦除输入的内容】及取消勾选【输入标记】，设置交互【分支】去向为“退出交互”；双击打开计算图标，输入：

```
yhname=EntryText         ——输入用户名
ma=“”                    ——密码变量
showpassw=“”             ——“＊”串
try=0                    ——尝试次数
```

④ 拖曳一个交互图标到流程线上，命名为“输入密码”，再拖曳两个计算图标到输入密码的右下方，分别命名为“enter”和“?”，均选择【按键】响应，【分支】去向选择“退出交互”和“重试”，双击打开“enter”计算图标，输入：

```
try=try+1
if yhname=“zyl”&ma=“123456” then
    GoTo(IconID@“欢迎界面”)
else if try=3 then
    GoTo(IconID@“次数超过界面”)
else
    GoTo(IconID@“重试界面”)
    end if
```

双击打开“?”计算图标输入：

```
ma=ma^Key
showpassw=showpassw^“＊”
```

⑤ 拖曳一个框架图标到流程线上，双击打开框架图标，删除其内部的显示图标及交互结

构,拖曳3个群组图标到其右下方,形成框架分支,分别命名为“欢迎”、“重试”、“次数超过”。

⑥ 双击打开“欢迎”群组图标,分别拖曳显示图标、等待图标、计算图标到“层2”流程线上。分别命名为“欢迎界面”、“0.2”、“quit(0)”。双击打开“欢迎界面”在其内输入“欢迎您进入系统”,等待图标设置0.2秒,“quit(0)”计算图标输入:quit(0)。

⑦ 双击打开“重试”群组图标,分别拖曳显示图标、等待图标、擦除图标、计算图标到“层2”流程线上。分别命名为“重试界面”、“1.5”、“擦除重试界面”、“返回到输入用户名”。双击打开“重试界面”在其内输入:“您输入的密码或用户名错误请重试”,等待图标设置1.5秒,擦除图标擦除重试界面,计算图标输入:

yhname=“”

Ma=“”

showpassw=“”

GoTo(IconID@“输入用户名”)

⑧ 双击打开“次数超过”群组图标,分别拖曳显示图标、等待图标、计算图标到“层2”流程线上。分别命名为“次数超过界面”、“3”、“quit(0)”。双击打开“次数超过界面”,在其内输入次数超过相关字样,等待图标设置3秒,“quit(0)”计算图标输入:“quit(0)”。

程序设计结束。

7.10 时间限制交互

时间限制交互是一种限制可交互有效时间的响应类型。即只要在规定的时间内没有做出交互选择,交互就会自动执行时间限制响应的分支,一般同其他交互响应类型结合使用。例如计算机等级考试的上机考试就使用了【时间限制】响应。

7.10.1 时间限制交互属性

【时间限制】响应属性面板中【时间限制】选项卡,如图7-83所示。

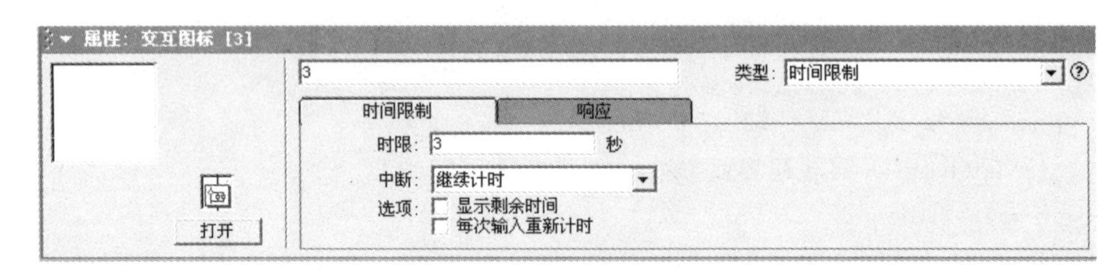

图7-83 时间限制选项卡

(1)【时限】文本框。输入限制时间,单位为秒。

(2)【中断】下拉列表框。在执行时间限制交互过程中,跳转到其他交互分支时将中断时间限制交互。通过下拉列表框设置如何中断及返回时间限制交互时的计时方法。共有4种选择。

①“继续计时”选项:当执行一个永久性交互时继续计时。

② “暂停,在返回时恢复计时”选项：在执行一个永久性交互分支期间暂停计时,返回时恢复计时。

③ “暂停,在返回时重新开始计时”选项：在执行一个永久性交互分支期间暂停计时,返回时重新开始计时,即使跳转前时间限制交互设置的时限已经超过。

④ “暂停,如运行时重新开始计时”选项：同“暂停,在返回时重新开始计时”选项作用相同,只是要求在跳转到另一个永久性交互前必须未超过时间限制交互设置的时限。

(3)【选择】复选框组：它包括两个复选框选项。

①【显示剩余时间】复选框：显示一个倒计时时钟,提示剩余时间。每一个时间限制交互使用一个单独的倒计时时钟。如在【时限】文本框中未输入表示时间的数值或变量,则该复选框不可用。

②【每次输入重新计时】复选框：选中该复选框,每次匹配交互时,时间限制交互就会重新计时。

7.10.2　时间限制响应实例

例 7.15　答题测试系统,在教学过程中经常用到,但要求不同,设计的思路也不一致,本例设计一个限时且每题只有一次答题机会的答题系统。

设计要求：按着先后顺序限时答题。每题答对得 1 分,答错不扣分,最后显示得分情况。程序设计流程如图 7-84 所示。

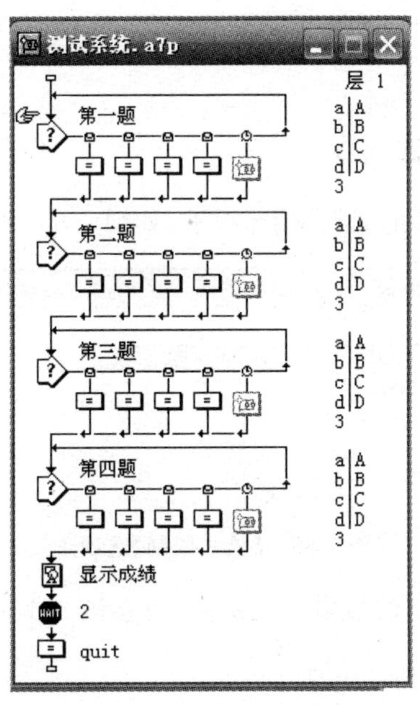

图 7-84　程序设计流程

具体制作步骤如下：

① 新建一个文件,命名为“测试系统.a7p”。拖曳一个计算图标到流程线上,命名为“初值”,双击打开“初值”输入“t=0”。

② 拖曳一个交互图标到流程线上,命名为“第一题”,双击打开交互图标,输入：“下面为

多媒体的创作工具软件是：

a：Authorware　　b：Photoshop　　c：Word　　d：Visual FoxPro”

设置“第一题”的【擦除】属性为【在下次输入之后】。

③ 拖曳4个计算图标到“第一题”交互图标的右下方，选择按键响应，分别命名为“a|A”、“b|B”、“c|C”、“d|D”，双击打开计算图标，依次在打开的计算图标内输入“t=t+1、t=t+0、t=t+0、t=t+0”。

④ 拖曳一个群组图标到计算图标的右侧，选择【时间限制】响应，命名为“3”，选择【时限】为3秒。分支去向为【退出交互】。

⑤ 重复②至④的步骤，完成其他题的设计。

⑥ 拖曳一个显示图标到流程线上，命名为“显示成绩”，双击打开“显示成绩”，输入：“总分为：{t}”，打开显示图标属性面板，设置【选项】：勾选【更新显示变量】。

⑦ 拖曳一个等待图标到流程线上，命名为“2”，设置时限为2。

⑧ 拖曳一个计算图标到流程线上，命名为“quit”。双击打开计算图标输入“quit(0)”。

程序设计结束。

7.11 重试限制交互

重试限制交互是一种限制交互有效次数的响应类型。当操作达到程序事先设定的交互最大有效次数后，即响应重试限制交互分支。通常与文本响应类型一起使用，用来验证使用者的身份。

7.11.1 重试限制交互属性

重试限制交互属性面板的【重试限制】选项卡，如图7-85所示。

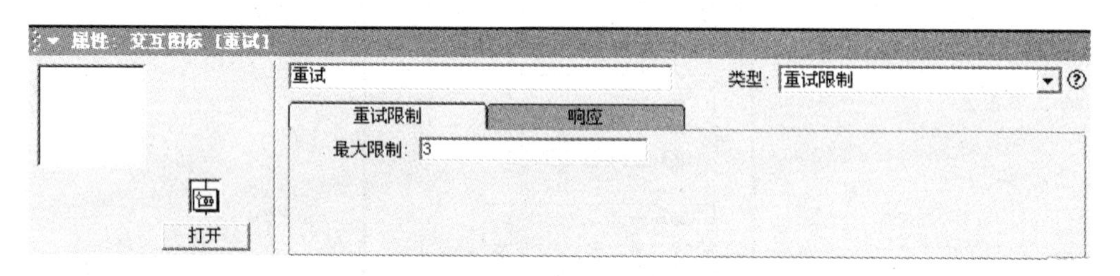

图7-85 【重试限制】选项卡

【最大限制】文本框：能限制的最多交互次数，可在该文本框中输入一个表达式。

7.11.2 重试限制响应实例

例7.16 本例设计一个身份验证的程序。该程序运行时要求输入验证码，如果输入的验证码正确，进入欢迎界面；如果输入验证码错误，提供下一次尝试机会。总共3次机会，如果3次均不正确，程序自行终止。程序设计流程如图7-86所示。

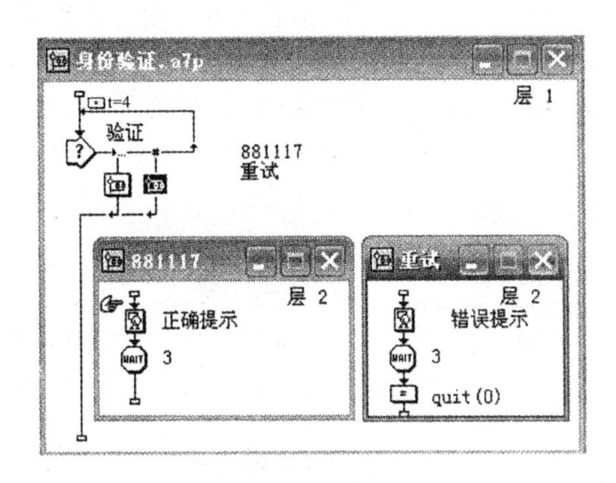

图 7-86　程序设计流程

具体制作步骤如下：

① 新建一个文件，命名为“身份验证.a7p”，拖曳一个计算图标到流程线上，命名为“t=4”，双击打开“t=4”，输入代码“t=4”。

② 拖曳一个交互图标到流程线上，命名为“验证”，双击交互图标，导入背景图片，选择【显示特效】，输入验证码提示：“请输入身份验证码：”，设置交互属性的【擦除】选项为“在下次输入之后”，去掉【输入提示标志】的勾选，【字符限制】为 6，勾选【自动登录限制】，文本输入【模式】选“透明”，调整文本输入虚框到“请输入身份验证码：”的后面，单击“验证”交互图标，按“Ctrl＋＝”组合键，在计算图标内输入代码“t=t－1”。

③ 拖曳一个群组图标到交互图标的右下方，在响应类型对话框中选择【文本输入】响应。命名群组图标为“881117”(作为验证码)，双击【文本输入】响应类型标识，设置【分支】选项为【退出交互】。

④ 双击打开“881117”的群组图标，打开“层 2”程序设计窗口，拖曳一个显示图标到“层 2”设计窗口，命名为“正确提示”，双击打开“正确提示”，输入“欢迎进入系统”，拖曳一个等待图标到“正确提示”的下面，命名为“3”，双击打开设置为 3 秒。

⑤ 拖动一个群组图标到“881117”群组图标的右边，在响应类型对话框中选择【重试限制】响应，双击重试限制标识打开重试限制窗口，设置【最大限制】为“3”，命名该群组图标为“重试”，如图 7-86 所示。

⑥ 双击打开“重试”的群组图标，打开“层 2”程序设计窗口，拖曳一个显示图标到“层 2”设计窗口，命名为“错误提示”，双击打开“错误提示”，输入“不具备使用资格”，拖曳一个等待图标到“错误提示”的下面，命名为“3”，双击打开设置为 3 秒，拖曳一个计算图标到“3”的下面，命名为“quit(0)”，双击打开计算图标“quit(0)”，在其中输入“quit(0)”。

程序设计结束。

7.12　事件交互

事件交互，是根据某些特定事件而做出相应动作的响应。相对其他的交互响应，事件交互涉及的知识较多。同时与其他响应方式不同,事件交互是实现计算机同 Xtra 文件之间的交互,其中最主要是实现 Authorware 同 ActiveX 之间的交互控制,因此可以说事件响应是建立 Authorware 与外部 Xtra、ActiveX 之间数据交流的一座桥梁。事件交互属性面板中的【事件】选项卡如图 7-87 所示。

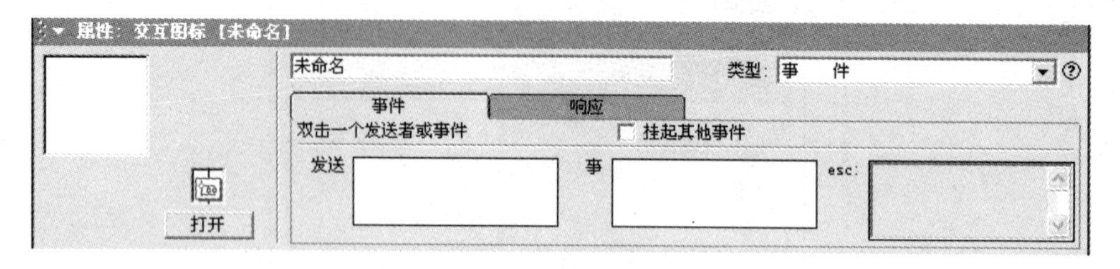

图 7-87 【事件】选项卡

(1)【发送】列表框:显示当前程序中可用于发送的 Xtras 扩展对象图标名称。双击选定一个 Xtras 扩展对象图标,图标名称前显示一个 x 标记。

(2)【事】列表框:选择【发送】列表框中某个 Xtras 扩展对象图标之后,【事】列表框中将列出所选择 Xtras 扩展对象所能使用的事件名称。双击选定一个可用事件,事件名称前显示一个 x 标记。

(3)【esc】列表框:描述【事件】列表框中选定的事件。

(4)【挂起其他事件】复选框:选中该复选框,则在该事件响应期间暂停其他事件的响应。

事件交互的设置步骤:首先建立事件发送者的 Xtras,而后在交互图标中设置事件交互及其相应属性,最后设置事件交互分支图标的内容。限于篇幅,本节中有关事件交互不再举例,有兴趣的同学可参阅其他书籍。

习题 7

一、选择题

1. 在 Authorware 程序设计中,使用交互结构,每个交互响应分支可以是(　　)。

A. 一个群组图标或一个显示图标　　B. 多个导航图标

C. 多个图标　　D. 一个群组图标或一个框架图标

2. 使用 Authorware 的交互图标建立由一个交互图标和下挂在它右下方的几个图标组成的交互结构,下挂在交互图标右下方的图标叫做(　　)。

A. 判定图标　　B. 计算图标

C. 响应图标　　D. 等待图标

3. 要制作鼠标指针处于指定区域内,将显示提示信息,鼠标指针离开指定区域时,不显示提示信息,交互分支的【擦除】方式应设定为(　　)。

A. 在下次输入之后　　B. 在下次输入之前

C. 在退出时　　D. 不擦除

4. 在多媒体作品中,设置一个"帮助"按钮,要让其在程序运行过程中,随时可以单击,应将其范围设定为【永久】，分支设定为(　　)。

A.【继续】　　　B.【重试】　　　C.【返回】　　　D.【退出交互】

5. 在菜单项前加一个(　　)，可以在下拉菜单中显示一条分隔线。

A. －　　　B. (　　　C. *　　　D. &

二、填空题

1. Authorware 中的交互功能是通过__________来实现的。交互结构是由________、________、________、________、________ 5 个部分构成。

2. 交互图标右侧下挂的图标可以为计算图标、________、擦除图标、等待图标、导航图标、和________等。

3. 交互结构的【分支】去向分 4 种，分别是________、________、________、________。

4.【文本输入】响应、________、【重试限制】响应和________都不能设置成“永久”响应。

5. 在显示图标设计中，输入包含变量的文本，只要将变量放在________即可，同时勾选【更新显示变量】属性。

6.【目标区】交互的【放下】下拉列表有 3 个选项，分别为________、________、________。

7. 交互结构中，共有 2 个擦除选项，其中交互图标的【擦除】选项包括 3 个选项，分别为________、________、________。交互分支的【擦除】选项包括 4 个选项，分别为________、________、________、________。

三、上机练习

1. 交互结构的实现。制作一个交互结构，实现功能如图 7-88 所示。

2. 利用按钮交互，制作一个控制课件中背景音乐播放的程序实例。

设计要求：课件运行后，显示背景界面，同时具有显示特效，播放背景音乐，界面上有两个按钮，一个是【停止】按钮，一个是【退出】按钮，单击【停止】按钮，可以关闭音乐，同时按钮变成【播放】；单击【播放】按钮，则会重新播放音乐，按钮又变成【停止】。单击【退出】将退出程序。效果及程序流程如图 7-89 所示。

图 7-88　程序运行界面

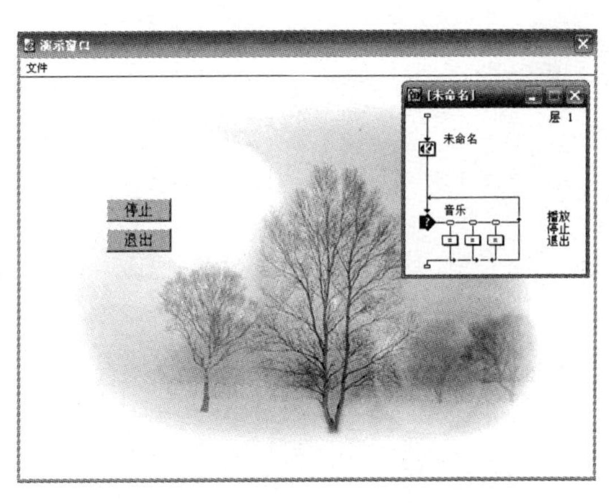

图 7-89　程序流程及程序运行界面

3. 制作一个拼图游戏,将九幅分割后的图片,重新拼接成一个完整的图片。如果拖拽的目的地正确,则自动对齐排好,将不能被再次拖动,同时得1分。否则返回到原处,扣1分。当全部图像被拼接好后,系统给出得分,并退出程序。请制作一个程序实现其功能(思考如何在规定的次数和限定的时间内完成)。

4. 制作函数:y=A * SIN(εx+Φ)的函数曲线。

设计要求:运行程序给出A、ε、Φ的值,绘制出函数曲线,曲线绘制结束后,有一个运动的小球,沿曲线运动。(思考如何制作 $x^2/a^2+y^2/b^2=1$ 的曲线。)

5. 利用【热区域】响应,实现吉林省地图的显示说明,当鼠标滑动到相应地区的名字时,显示对应地区的构成,鼠标离开自动消失。

6. 利用【热对象】实现上一个题的功能,当鼠标进入区域时,显示地区的构成,鼠标离开自动消失。

第八章　决策及框架

Authorware 构造程序结构的能力非常强大，不但能够使用声音图标、数字电影图标及交互图标构建程序结构，还可以使用决策图标、框架图标创建程序结构，实现程序的自动判断、循环及页码的跳转与连接，控制程序的流程。本章介绍决策结构与框架结构图标的构建与应用以及导航的设计与实现。

8.1　Authorware 的决策图标

决策图标又称做判断图标，可以实现流程的分支、循环等设计操作。通过如同程序设计的 IF…Then…Else 判断分支语句方式，可以修改课件内部的程序结构，通过它们的嵌套调用，还可以实现多元分支结构。使用决策图标所实现的多元分支结构，使程序结构清晰易读、便于理解。

8.1.1　关于决策图标

决策图标及其属性，与交互图标非常相似。每一个决策图标都带有多种不同的分支路径，在实现课件制作时，Authorware 根据决策图标所设置的属性情况自动地进行选择，决定哪一条分支路径运行，而交互结构是根据用户的交互响应来执行程序分支的。

在创建决策路径时，可直接拖曳一个所需图标到决策图标的右侧，形成决策结构。重复以上操作，可为决策图标添加多个分支路径。双击决策图标，将打开该图标的属性对话框，如图 8-1 所示。下面详细介绍决策分支结构的相关知识。

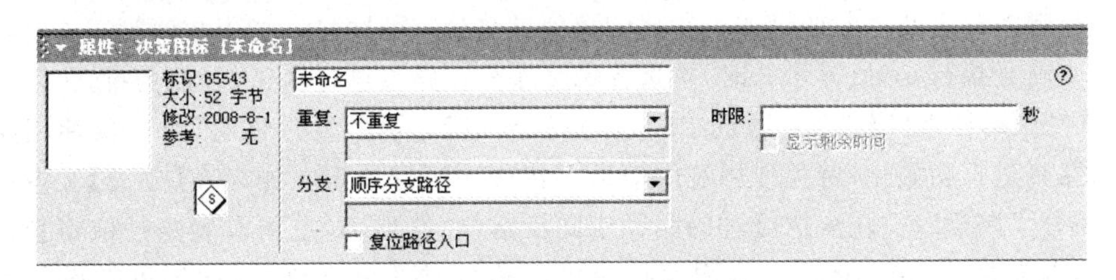

图 8-1　“属性：决策图标”对话框

(1)【重复】选项：重复下拉列表提供了决策分支的 5 种循环方式，用来设置决策结构中各分支的执行次数。

“不重复”：只执行一个分支的内容，然后退出决策结构，执行决策结构后面的图标。“不重复”是默认选项，此时【重复】下方的文本框处于禁用状态。

“固定的循环次数”：下拉列表框下方的文本框将被允许使用，用户可在其中输入数值、变量或表达式，Authorware 根据该项的设置决定重复执行的次数。特殊情况是，如果输入的数值小于 1，那么 Authorware 将不会执行任何分支，而是直接退出决策结构，执行决策图标后面的图标。

“所有路径”：所有的分支路径至少执行一遍之后才退出决策结构。此时，【重复】下方的文本框处于禁用状态。

"直到单击鼠标或按任意键":决策图标中的各个分支不停地循环运行,当用户单击鼠标或按下任意键时,结束决策结构的执行。此时,【重复】下方的文本框处于禁用状态。

"直到判断值为真":【重复】下方的文本框将被允许使用,用户可在文本框内输入数值、变量或表达式,在每次执行决策图标时,Authorware先判断是否为"真",只要变量或表达式的值为"假",将反复执行决策结构的各分支。当变量或表达式的值为"真"时,Authorware退出决策结构,执行决策图标后面的图标。

(2)【分支】选项:【分支】下拉列表框提供了4种执行方式,决定分支路径如何执行。【分支】选项中的各项与【重复】选项中的各项配合使用,来执行各分支的设置。每一种分支结构在程序流程线上的图标表示外观上都不相同,以下是各种分支流程的说明情况。

"顺序分支路径":选定该选项后,程序路径被设置成顺序分支形式,按照从左到右的顺序执行,当第一次执行决策图标时选择第一个分支路径执行,在第二次执行决策图标时选择第二个分支路径执行,依次类推直至执行完最后路径。如果在【重复】选项中选择了多次循环,当执行完最后一条分支路径后,则重新返回到第1条分支路径,根据条件重新开始执行各条分支路径。"顺序分支路径"是默认选项,此时【分支】下方的文本框处于禁用状态。

"随机分支路径":选择该选项后,程序路径被设置成随机分支形式,在程序执行到决策图标时,会随机选择一条分支路径进行执行。这样就可能造成某一条分支路径被反复执行,而其他的分支路径很少会被执行的情况。此时,【分支】下方的文本框处于禁用状态。

"在未执行过的路径中随机选择":选择该选项后,在执行决策图标时,每一次循环都将执行一条没有被执行过的分支路径。当一条分支路径被执行,Authorware再遇到该决策图标时,就不会选择已经执行过的这条分支。只有在所有分支路径都被执行一遍之后,Authorware才有可能第二次重新执行某条分支路径。此时,【分支】下方的文本框处于禁用状态。

"计算分支结构":选择该选项后,【分支】选项下方的文本框将处于可用状态,用户可在此输入一个变量或表达式。当Authorware遇到决策图标时,将根据输入的变量或表达式来决定具体执行哪条分支路径。变量或表达式的数值就是分支的序号。如当数值等于1时将选择第1条分支路径执行,当值等于2时,将选择第2条分支路径进行执行,以此类推。

(3)【复位路径入口】选项:当选中【复位路径入口】选项的复选框时,每一次使用路径之前都会对路径进行初始化,避免使用过的信息干扰程序执行效果。如果在【分支】文本框中选择了"顺序分支路径"或"在未执行过的路径中随机选择"选项,则重新设置路径值将会对它们产生影响,因为此时Authorware会跟踪记录已经执行过的分支路径,如果重新设置了路径值,则Authorware将会消除所有已经执行过的路径的有关信息。

(4)【时限】文本框:确定决策图标运行所花费的时间,用户可在此输入数值、变量或表达式。当到达所设时间时,Authorware将中断当前的进程,退出决策结构,开始执行决策图标后面的图标。如在文本框中输入10,在运行这个分支结构的时候,最长时间为10秒,时间超过10秒,将自动退出分支结构,程序流程转入下一环节执行。如果选中【显示剩余时间】选项的复选框,将在演示窗口中通过时钟显示当前剩余的时间。只有在【时限】文本框内输入数值之后,该选项的复选框才能使用。

8.1.2 决策分支属性

在决策图标结构中,不仅决策图标具有属性,决策分支路径也同样具有属性。双击决策分支的标识符，或者选择某条分支图标，都能够打开分支的属性设置对话框，如图 8-2 所示。

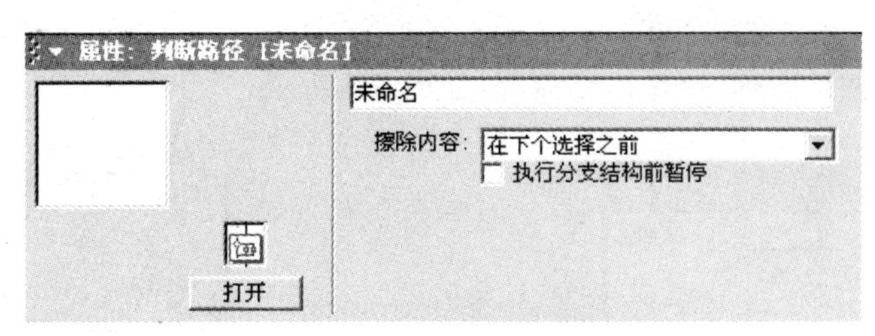

图 8-2　属性设置对话框

(1)【擦除内容】选项：【擦除内容】选项的下拉列表框用于设置何时擦除分支路径的显示内容，当选择“在下个选择之前”，表示下次执行决策图标时，才擦除当前分支路径的内容；当选择“在退出之前”时，表示在退出决策结构时，才擦除当前分支路径的内容；当选择“不擦除”时，将不擦除当前屏幕上的分支路径显示内容，除非使用一个擦除图标进行擦除。

(2)【执行分支结构前暂停】选项：启用【执行分支结构前暂停】选项的复选框之后，当退出分支路径图标时，Authorware 会首先显示出一个等待按钮，单击该按钮之后，程序流程才会继续往下执行。

例 8.1　闪烁的文字。以文字闪烁为例，讲述文字闪烁效果的实现方法，同样也可将该设计方法应用到图形、图像中。程序设计流程如图 8-3 所示。

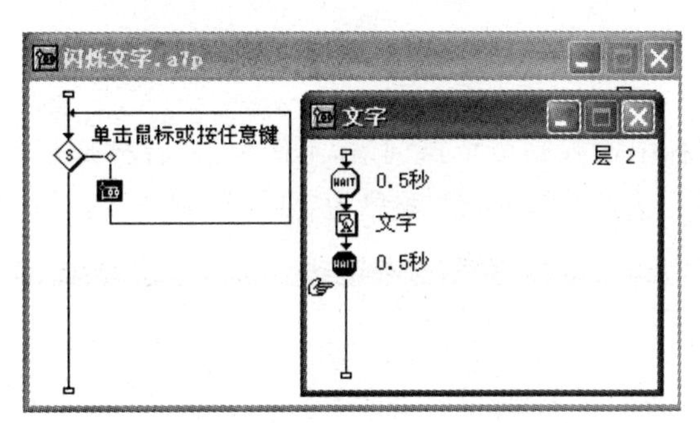

图 8-3　闪烁文字的程序内部结构

具体制作步骤如下：

① 新建一个文件，重命名为“闪烁文字. a7p”，拖曳一个判断图标到流程线上，命名为“单击鼠标或按任意键”。

② 双击“单击鼠标或按任意键”判断图标，调出决策图标属性对话框。选择【重复】选项中的“直到单击鼠标或按任意键”选项，即重复闪烁，直到单击鼠标左键或者在键盘上敲击任意键后停止，选择【分支】选项为默认值，如图 8-4 所示。

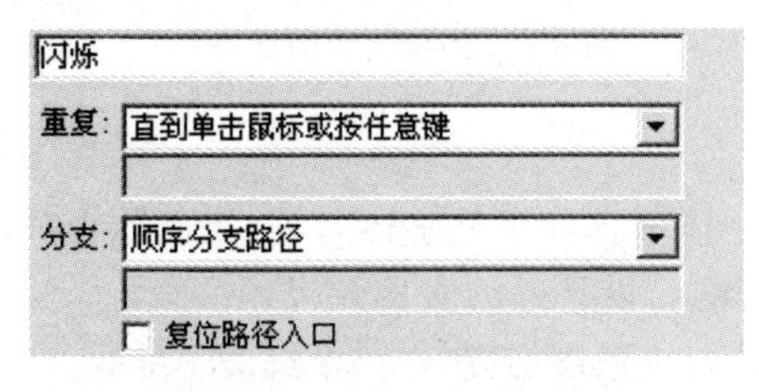

图 8-4　决策图标属性面板

③ 拖曳一个群组图标到“单击鼠标或按任意键”判断图标的右侧,建立一个判断分支结构,并将群组图标命名为“文字”,如图 8-5 所示。

④ 双击“文字”群组图标,制作内部流程,如图 8-6 所示。

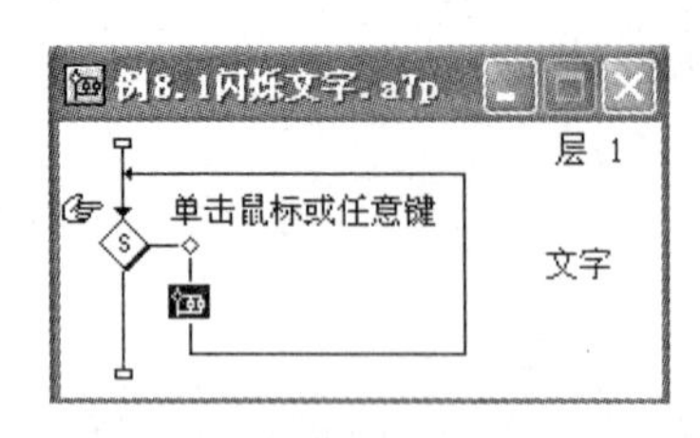

图 8-5 判断分支结构

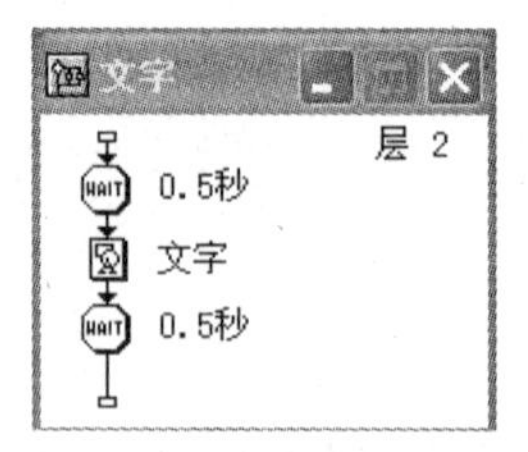

图 8-6 “文字”群组图标

⑤ 图 8-6 中两个等待图标都命名为“0.5 秒”,单击等待图标,调出等待图标属性面板,设置结果如图 8-7 所示。

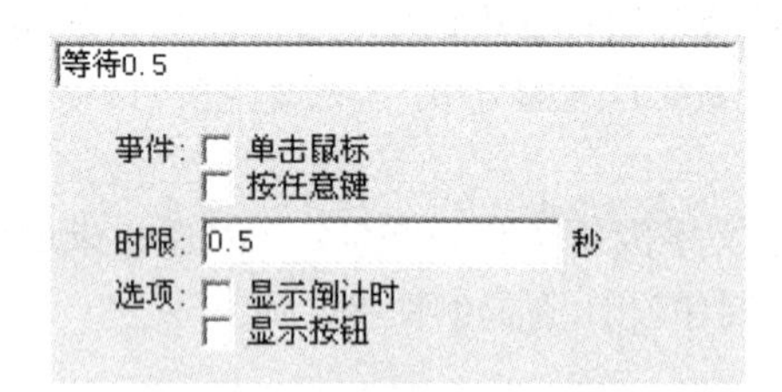

图 8-7 等待图标属性面板

⑥ 在“文字”显示图标中输入一个重点词语,本例中是“吉林师范大学计算机学院”。并将其文本格式设置为“楷体”,大小为“36”磅,颜色为“红色”,调整其位置,如图 8-8 所示。

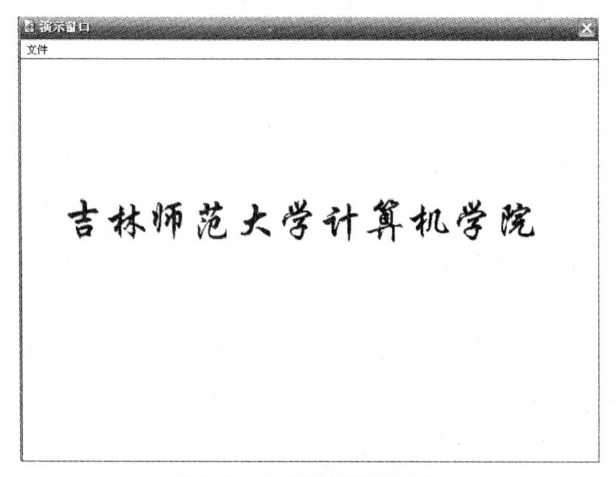

图 8-8 文字显示图标内容

程序设计结束。

注意: 例 8.1 中的文字字体请选择常见字体,以防止例题在其他机器上运行时,没有特殊字体而出现字体替换现象,影响已设计好的实例效果。

例 8.2 掷骰子游戏。通过决策图标,制作一个掷骰子游戏。程序设计结构如图 8-9 所示。

设计要求: 程序运行后,骰子的不同界面不停地显示,直到单击鼠标或按任意键时停止。

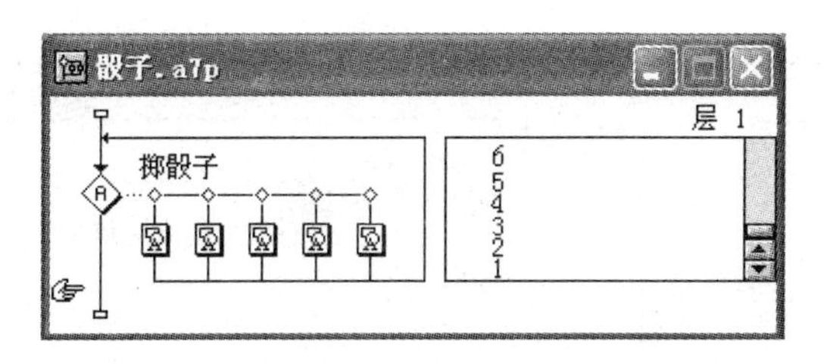

图 8-9　“掷骰子”程序结构

具体制作步骤如下：

① 新建一个文件，命名为“骰子.a7p”，拖曳一个决策图标到流程线上，并将其命名为“掷骰子”，如图 8-9 所示。向“掷骰子”图标右侧拖曳 6 个显示图标依次命名为“6”至“1”。

② 双击“掷骰子”决策图标，打开其属性面板，如图 8-10 所示。在【重复】下拉列表中选择“直到单击鼠标或按任意键”，在【分支】下拉列表中选择“随机分支路径”。

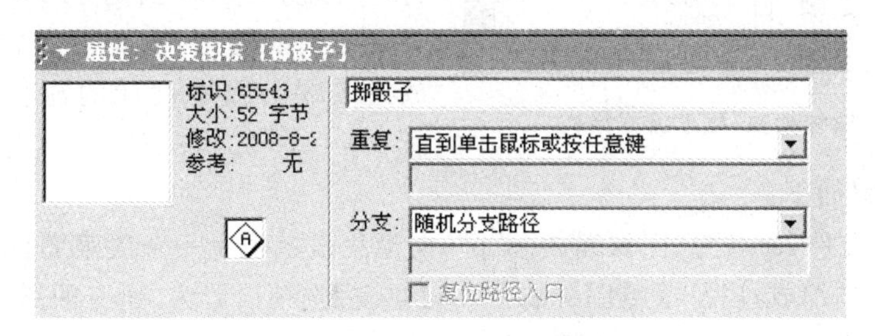

图 8-10　“掷骰子”决策图标属性

③ 在显示图标“1”至“6”中，分别创建代表相应点数的骰子图形（利用矩形和圆形工具绘制），如图 8-11 所示。

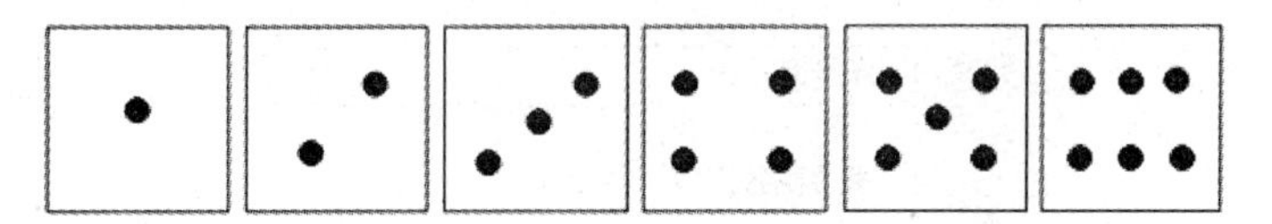

图 8-11　创建骰子图形

④ 为了在单击鼠标或按任意键的情况下，当前分支路径中的图形能够保留在屏幕上，分别为每个显示图标设置属性，【选项】中选定复选框“擦除以前内容”，如图 8-12 所示。

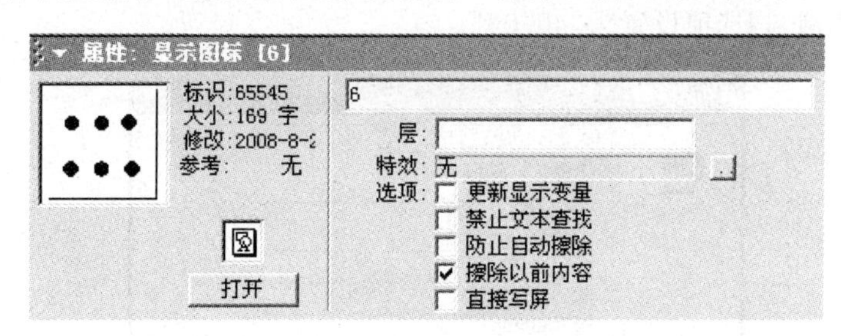

图 8-12　显示图标的属性设置

对每个分支设置属性，【擦除内容】设置为“不擦除”，如图 8-13 所示。

程序设计结束。

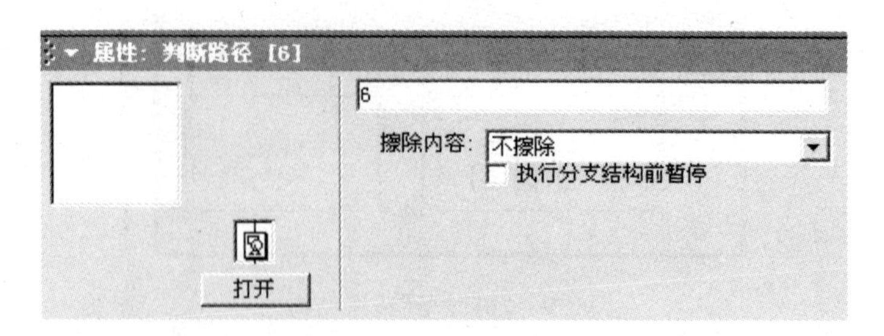

图 8-13 判断路径的属性设置

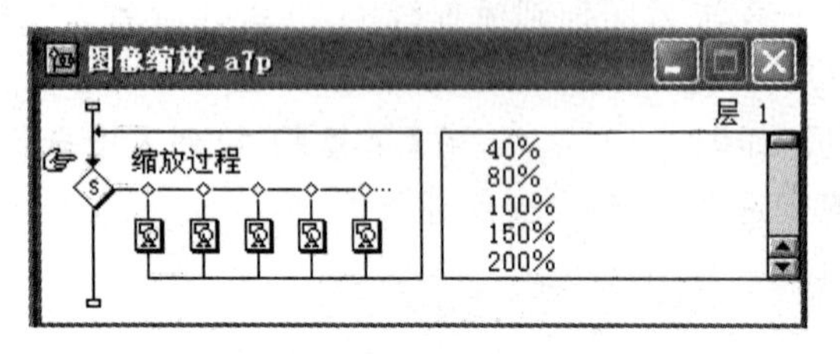

图 8-14 "图像缩放"程序流程结构

例 8.3 图像的自动放大。Authorware 7.0 中允许课件设计时对导入内部的图像进行缩小或者放大操作,但是程序一旦打包运行,图像的大小就固定了。本实例通过决策分支结构的使用,实现图像在运行过程中的放大效果。程序设计的流程结构如图 8-14 所示。

具体制作步骤如下:

① 新建一个文件,命名为"图像缩放.a7p",向流程线上拖曳一个决策图标,并将其命名为"缩放过程"。设置"缩放过程"决策图标属性,将【重复】选项设置为"所有的路径",将【分支】选项设置为"顺序分支路径",如图 8-15 所示。

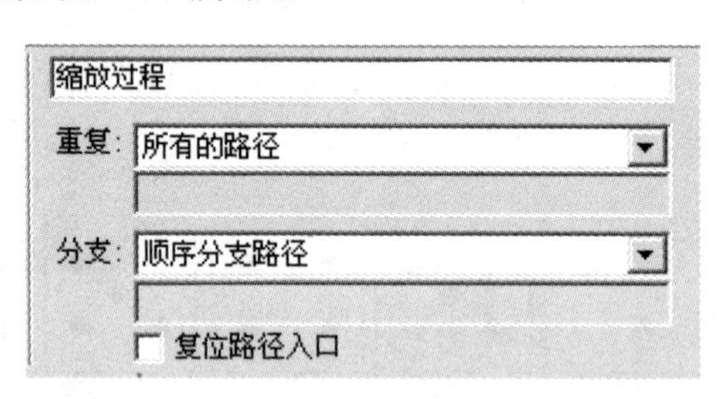

图 8-15 "缩放过程"决策图标属性设置

② 向"缩放过程"图标右侧拖曳一个显示图标,并命名为"40%"。双击该图标,导入相应的图像文件,双击导入的图片,打开图像属性对话框,如图 8-16 所示,在其中将【显示】选项设置为"比例",将【比例%】选项设置为"40.00"。

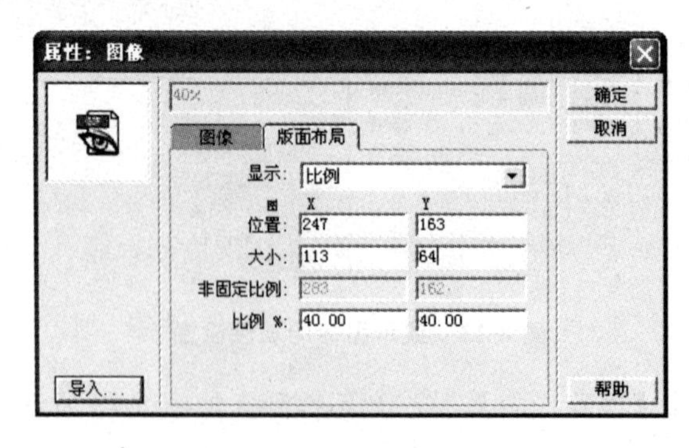

图 8-16 图像属性对话框

③ 设置显示图标属性，将其【特效】选项的过渡效果设置为“垂直百叶窗式”，如图 8-17 所示。

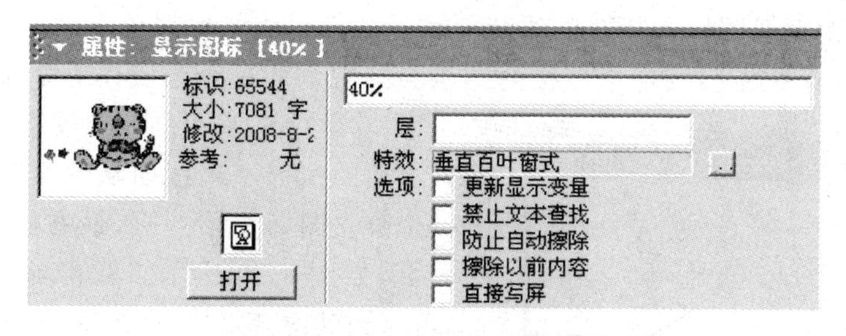

图 8-17　显示图标属性面板

④ 复制“40%”图标，然后在决策分支结构中粘贴 5 次，分别将它们命名为“80%”、“100%”、“150%”、“200%”和“250%”，分别打开每个显示图标，按照上述过程重复设置，缩放比例为每个图标的名称。

程序设计结束。

8.2　Authorware 框架结构

在 Authorware 课件中经常使用框架图标和导航图标实现程序流程的跳转，本节先介绍框架图标和导航图标的基本知识，然后利用框架图标和导航图标制作几个实例。

8.2.1　关于框架图标

Authorware 中的框架图标提供了制作页面浏览的简单方法，一系列用于交互的导航图标被包含在内，这些导航按钮可以直接应用也可以有选择地应用，以满足不同的需求。拖曳一个框架图标到流程线上，在其右侧放置需要的图标，即可得到一个框架结构，如图 8-18 所示。(提示：在程序设计中一般都采用群组图标，作为辅助使用图标，因为在其内部可以放置各种不同的图标形成二级流程。)

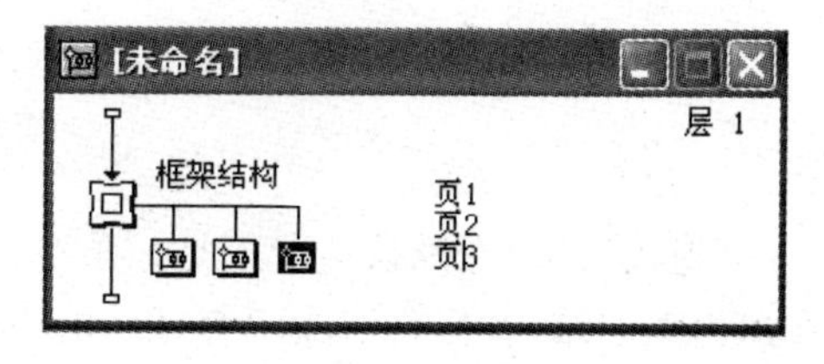

图 8-18　框架结构

框架图标的属性设置比较简单。右击流程线上的框架图标，在快捷菜单中选择【属性】命令打开框架图标属性面板，如图 8-19 所示。文本输入框可设置框架结构的名称，单击【页面特效】右侧的按钮，可以为框架结构设置页面切换的特效效果。

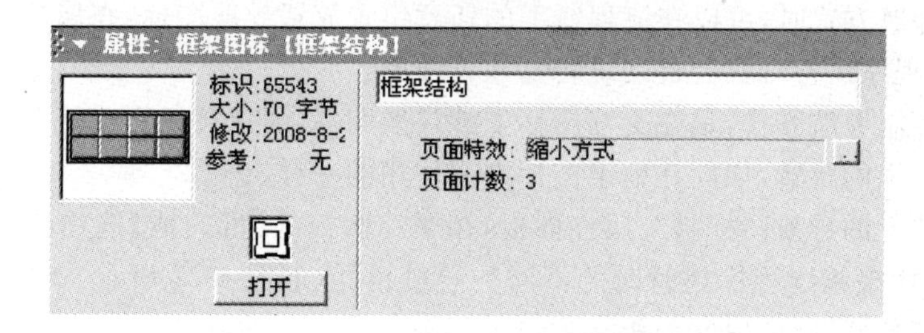

图 8-19　框架图标的属性面板

8.2.2 关于框架结构

框架结构是由框架图标和其右侧的其他图标共同组成的框架分支结构,如图 8-20 所示,是 Authorware 系统中专门实现超链接的结构。其右侧的每个分支作为框架中的一页,页面中可以显示文字、图片、播放数字声音或数字电影等。页面的执行序列按照从左至右的顺序,最左侧的一个分支图标为第一页,最右侧的分支图标为最后一页,如图 8-20 所示。双击流程线上的框架图标,可看到其内部结构,如图 8-21(a)所示。

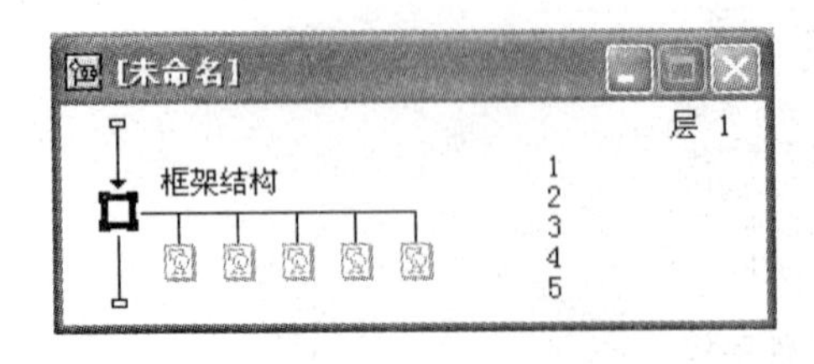

图 8-20　创建框架结构

框架结构由“进入”和“退出”两个部分构成。“进入”部分是框架结构的入口,提供了显示和按钮交互功能。在程序运行时框架结构会显示一个导航面板,如图 8-21(b)所示,面板上的按钮可以实现不同页面之间的跳转控制。

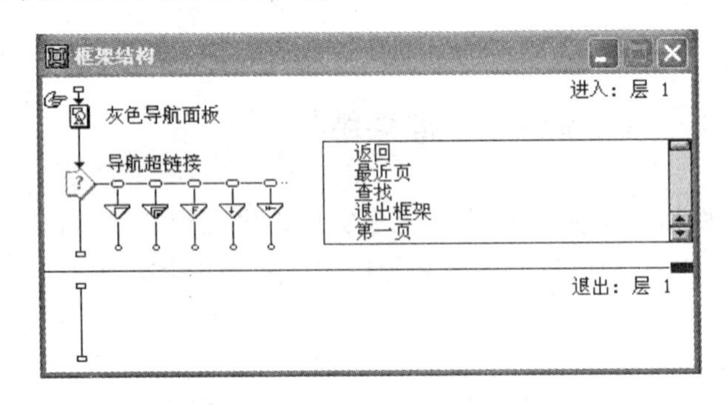

(a) 框架图标的内部结构

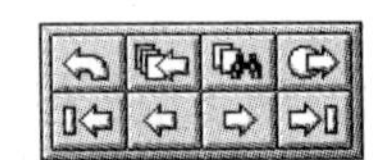

(b) 导航面板

图 8-21　框架结构

“退出”部分在默认情况下是一条空白的流程线,用户可以根据实际需要添加所需的内容。在退出框架结构时,将清除所有显示的内容,并停止页面上的所有操作。

8.2.3 关于导航图标

导航图标的作用是在框架页面间建立导航链接,用以实现页面之间的跳转(提示:一定是框架页面)。导航图标必须与框架图标结合起来一起使用,程序流程的改变被限制在框架图标中。导航图标的使用有两种方式:一种是自动导航方式,另一种是用户控制导航方式。

使用自动导航方式时,可以在流程线上的任意位置放置导航图标,在属性面板中设置所要跳转的目标页,程序执行时就会自动跳转到该页面上。

使用用户控制导航方式,是在交互图标下挂导航图标,通过按钮方式或者其他交互方式让用户自己控制页面的跳转,如同在框架图标内部使用的一样。

双击流程线上的导航图标打开属性面板,在属性面板的【目的地】选项的下拉框中有 5 种不同选项,可以用来指定程序执行时的不同种导航目标,如图 8-22 所示,图中选择的是【目的地】设置为“任意位置”时的属性面板。

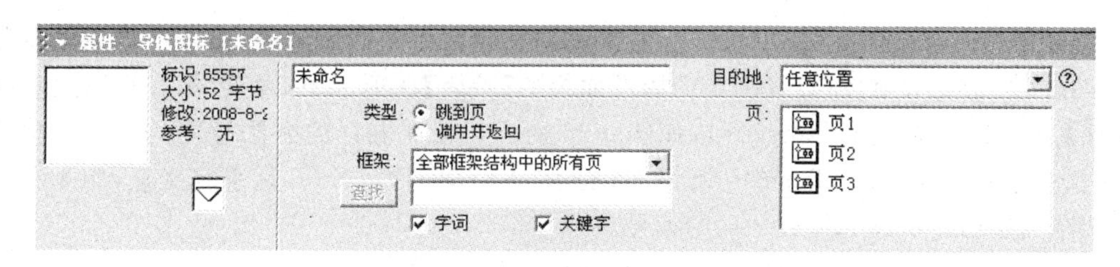

图 8-22　导航图标的属性面板

8.3　框架结构实例与超文本链接的创建

例 8.4　图片欣赏。使用框架图标制作一个翻页型的演示课件。使其实现幻灯片的播放效果，通过按钮可以进行页面之间的跳转，并且可以增加转换时的执行特效。

设计要求：要求翻页时，当前页为第一页时，上一页和第一页按钮无效；当前页为最后一页时，下一页和最后一页按钮无效。

具体制作步骤如下：

① 新建一个文件，并命名为“图片欣赏.a7p”。

② 拖曳一个框架图标到流程线上，在其右侧连续拖曳 6 个显示图标，在每个显示图标中导入 1 张图片，程序设计流程如图 8-23 所示。

③ 双击打开框架图标，删除其中灰色的导航面板显示图标，导航图标中只保留“退出”、“第一页”、“上一页”、“下一页”、“最后页”和“返回”，如图 8-24 所示。

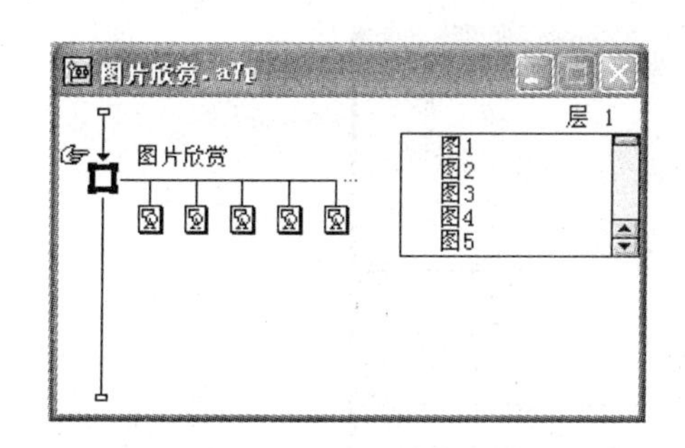

图 8-23　“图片欣赏”程序结构

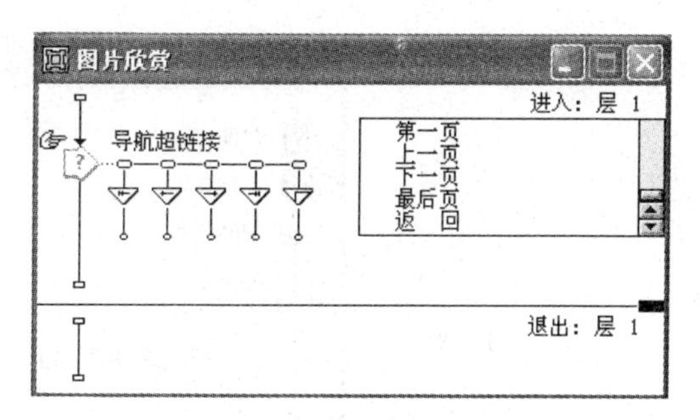

图 8-24　修改后的框架结构

④ 双击交互图标，在打开的演示窗口中，分别单击 6 个导航按钮，在交互图标属性中，单击【按钮】，选择适当的按钮样式并设计好按钮的大小和位置，通过菜单栏上的【修改】中的【排列】选项，整齐排列按钮，如图 8-25所示。

⑤ 选择框架图标，在弹出的属性面板中单击【页面特效】选项右侧的展开按钮，打开“页面特效”对话框。在【特效】的列表框中选择自己喜欢的特效，来完成页面切换特效的设置，本例中所选择的是“马赛克效果”。

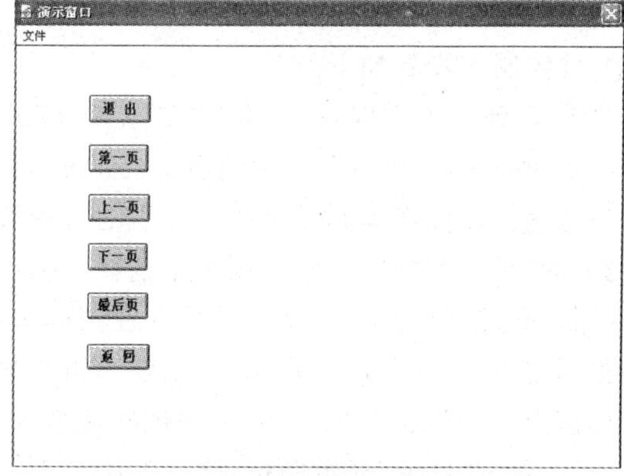

图 8-25　设置后的导航按钮效果图

⑥ 双击打开框架图标,使用系统变量来设置相应按钮的激活条件,来进一步完善按钮设计。单击“第一页”导航按钮,在弹出的属性面板的【响应】选项卡中,设置“第一页”按钮的【激活条件】为:CurrentPageNum<>1,如图 8-26 所示。按照同样的方法设置“上一页”按钮的【激活条件】也为:CurrentPageNum>1。(提示:CurrentPageNum 是系统变量,用于存储当前框架结构中已显示过的最后一页的编号。)

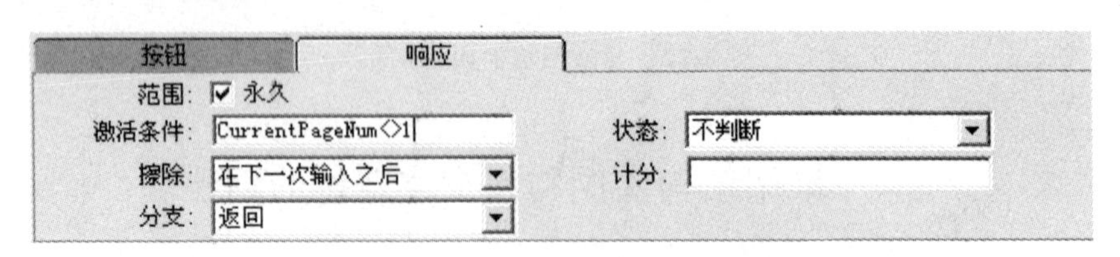

图 8-26 “第一页”激活条件设置

⑦ 按照类似的操作方法,对“最后一页”按钮和“下一页”按钮的激活条件进行设置:CurrentPageNum<>PageCount。这样,能够保证当前页面为开始页时,“第一页”和“上一页”按钮不可用。当前页为最后一页时,“下一页”和“最后一页”按钮同样不可用。(提示:PageCount 也是系统变量,用于存储当前框架结构中所含的页面数。)

程序设计结束。

例 8.5 超链接课件——书法欣赏。

利用框架图标制作一个书法欣赏课件程序,能够实现对多种书法的点击演示,并且可以实现在不同书法之间切换,程序流程如图 8-27 所示。

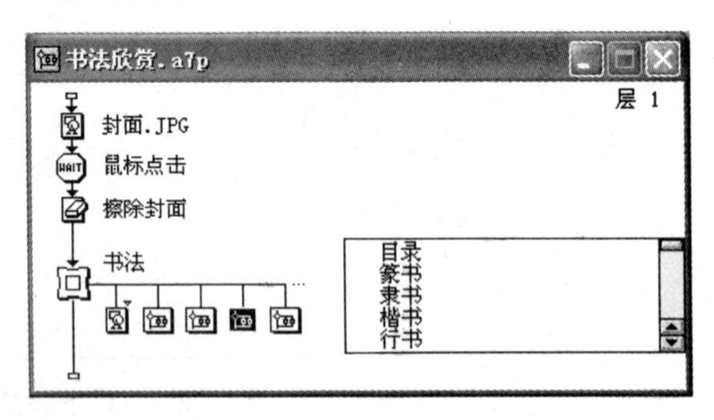

图 8-27 “书法欣赏”程序结构

具体制作步骤如下:

① 新建一个文件,命名为“书法欣赏.a7p”。

② 拖曳一个显示图标到流程线上,命名为“封面.JPG”,双击打开,导入封面图像。然后将一个等待图标拖曳到显示图标之后的流程线上,命名为“鼠标点击”,设置其属性,仅选择【事件】下的“单击鼠标”,其他选项都不选择。拖曳一个擦除图标至流程线上,命名为“擦除封面”,选择其属性【特效】为“马赛克效果”,在图标选项卡下选择擦除对象为“封面.JPG”。然后将框架图标拖曳到流程线上,命名为“书法”,再将显示图标拖曳到框架图标右侧,命名为“目录”,再依次拖曳 5 个群组图标至右侧,并依次命名为“篆书”、“隶书”、“楷书”、“行书”、“草书”。

③ 双击“目录”显示图标,输入如图 8-28 所示的内容,并调整所输入文字的相对位置及字

体、大小、颜色。双击第一个“篆书”群组图标，在其内部添加一个显示图标并且在显示图标内插入相应的书法内容，如图 8-29 所示。

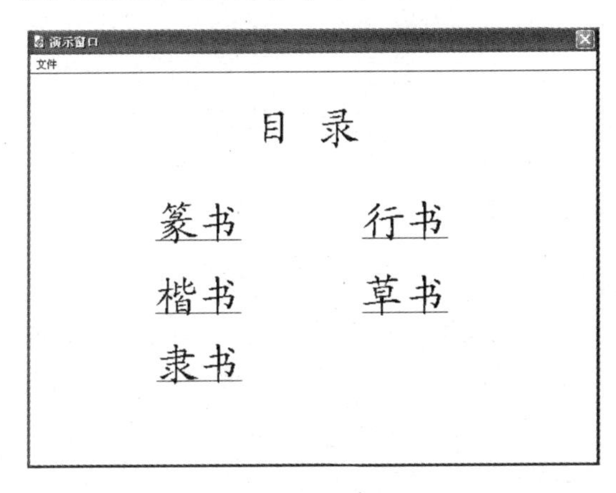

图 8-28 “目录”图标

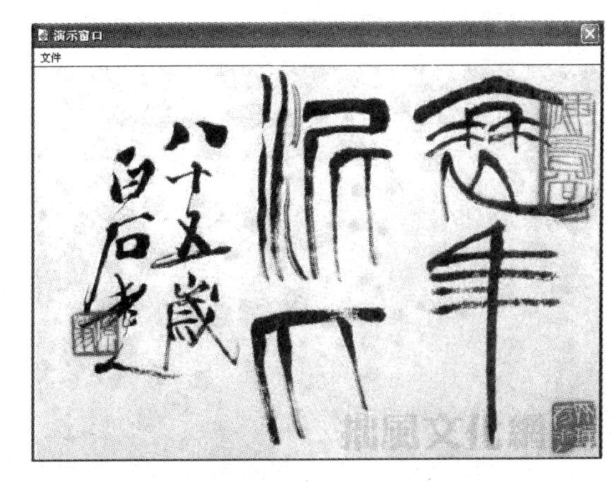

图 8-29 “篆书”图标

其他书法群组图标的内容，仿照上面的“篆书”群组图标进行设置，课件的基本框架就设计完成了，但还没有实现课件的超链接功能，下面需要设定课件的超链接，利用 Authorware 的超链接功能来实现课件的相互跳转。

④ 建立文字的超链接功能：选择【文本】→【定义样式】，在“默认风格”处输入“链接样式”，再进行设置，具体如图 8-30 所示，再单击“添加”按钮。

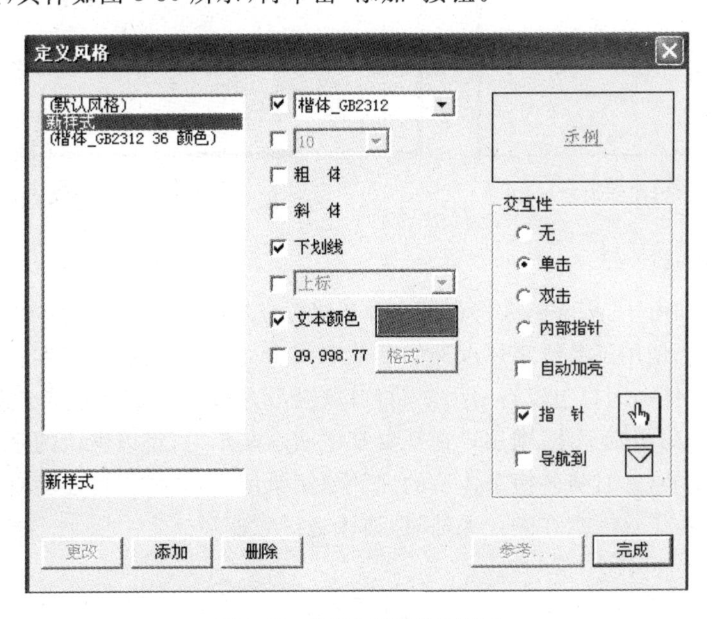

图 8-30 “定义风格”对话框

⑤ 双击打开“目录”显示图标，选中文字“篆书”，再选择菜单【文本】→【应用样式】，选中“新样式”。运行课件用鼠标点击，刚刚设置好样式的“篆书”文字，在弹出导航目的地设置窗口，设置如图 8-31 所示。用同样的方法，分别选中“目录”显示图标中的“隶书”、“楷书”、“行书”、“草书”，应用样式并进行相应的选项设置。

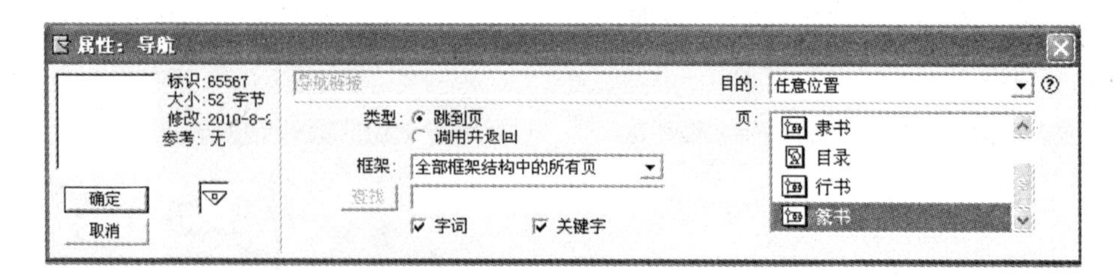

图 8-31 导航属性的设置

⑥ 双击“书法”框架图标，有默认框架结构的入口程序模块(8 个按钮)，剪切“First page”按钮，将其粘贴至“篆书”群组图标中，并在其前面插入等待图标，设置其属性为“单击鼠标”或“按任意键”模式，也可以根据自己的需要设计适当的秒数，如图 8-32 所示。删除交互图标右侧的剩余 7 个导航图标及“灰色导航面板”显示图标，设置完的图形样式如图 8-33 所示。

⑦ 将图 8-32 中的等待图标与导航图标进行了复制，粘贴到“行书”、“楷书”、“草书”和“隶书”的群组图标中。

⑧ 运行并测试保存程序。

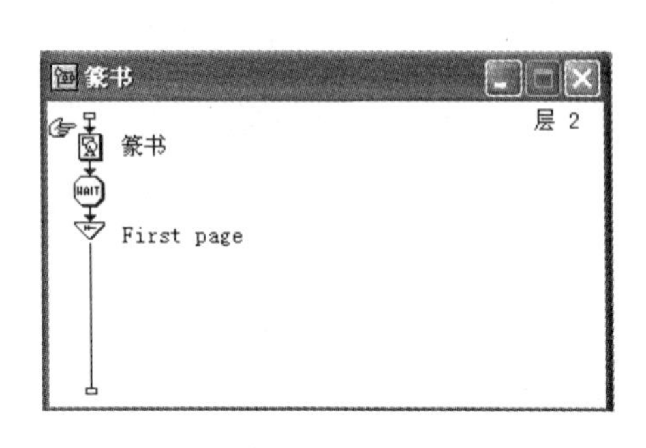

图 8-32 “篆书”群组图标内部结构

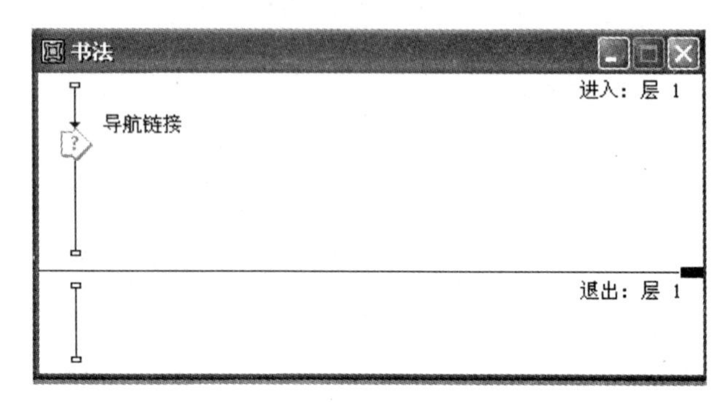

图 8-33 “书法”框架内部结构

程序设计结束。

需要注意的是，由于 Windows 将各种字体当做系统资源对待，因此在 Windows 环境下开发软件作品时，如果使用了系统字体以外的其他字体定义超文本链接，则在软件打包过程中一定要将这些字体文件一同打包发行给用户，将其安装到所使用的计算机中。如果用户的计算机中没有作品所需的相应字体，则用户在观看某些演示文本时，将以默认的字体对系统中没有的所需字体进行替换，并且将替换字体后的课件演示给用户，这样就可能会对课件的演示效果造成一定的影响，关于这一点在设计课件时，请读者注意避免。

习题 8

一、选择题

1. 在 Authorware 课件中，对决策图标的属性进行设置，以确定程序结构的各条分支执行次数的属性选项是(　　)。

A. 分支　　B. 重复　　C. 时限　　D. 复位路径入口

2. 下列选项(　　)不是决策图标属性中的分支下拉列表框的选项。

A. 顺序分支路径　　B. 随机分支路径

C. 计算分支路径　　D. 可选分支路径

3. 在框架图标的内部结构中,用于退出框架的按钮名称是(　　)。

A. go back　　B. first page　　C. exit frame　　D. find

4. 在框架图标运行时,框架结构会自动显示一个导航面板,该面板上的按钮默认有(　　)个。

A. 6　　B. 7　　C. 8　　D. 9

二、填空题

1. 判断图标的属性对话框中,用来设置判断图标运行时间的是____________选项。

2. 在制作文字闪烁效果时,在判断图标右侧的群组图标中,除了显示文字所需的显示图标外,还应该有的必不可少的图标是____________。

3. 在 Authorware 中,用来实现图标之间跳转的主要是____________图标。

三、上机练习

1. 利用判断图标制作一个流动靶的课件实例,实现靶子沿不同方向、不同速度出现,效果如图 8-34 所示。

设计要求:

① 使用判断图标,设置随机分支路径。

② 使用移动图标和 Random(min, max, units)函数,来设计完成移动路径。程序设计结构如图 8-35 所示。

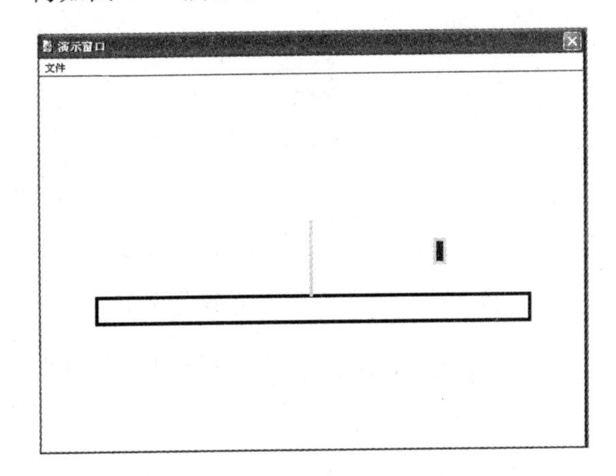

图 8-34 "随机移动路径"效果图

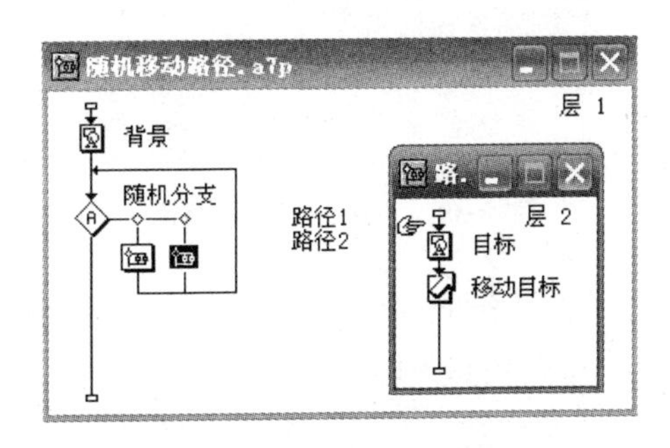

图 8-35 "随机移动路径"程序结构

2. 使用判断图标设计一个鼠标单击,随机抽取幸运号码的课件,效果如图 8-36 所示。要求奖号为 100000 至 999999 之间的整数,抽取三等奖 3 名,二等奖 2 名,一等奖 1 名。程序设计流程如图 8-37 所示。

提示:奖号抽取由 Random(100000,999999,1)抽取。

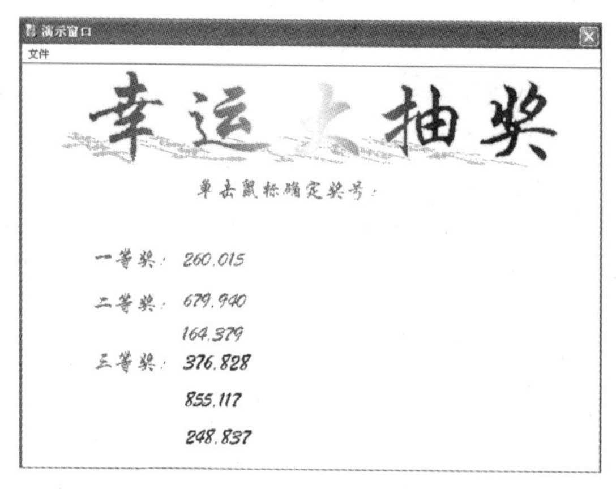

图 8-36 “幸运大抽奖”效果图

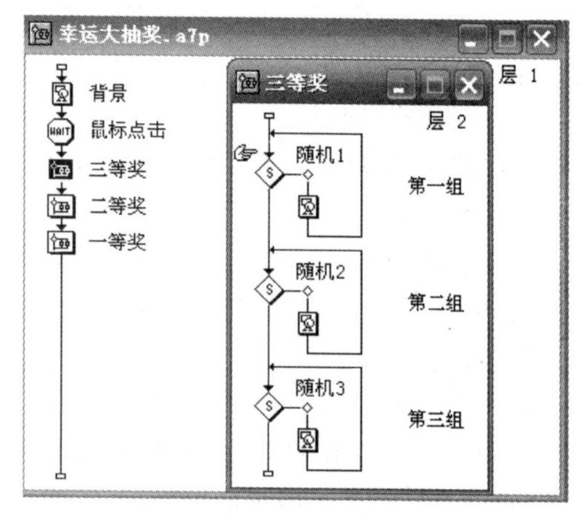

图 8-37 程序设计流程

3. 利用框架图标制作一个超链接转换的“名人鉴赏”课件。运行的效果如图 8-38 所示，课件的内部结构如图 8-39 所示。

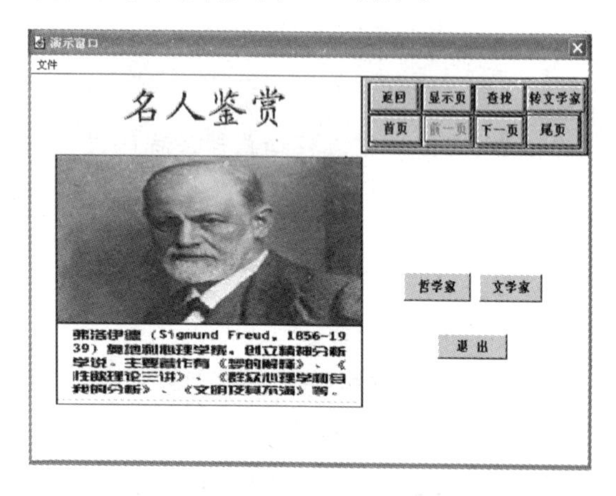

图 8-38 “名人鉴赏”效果图

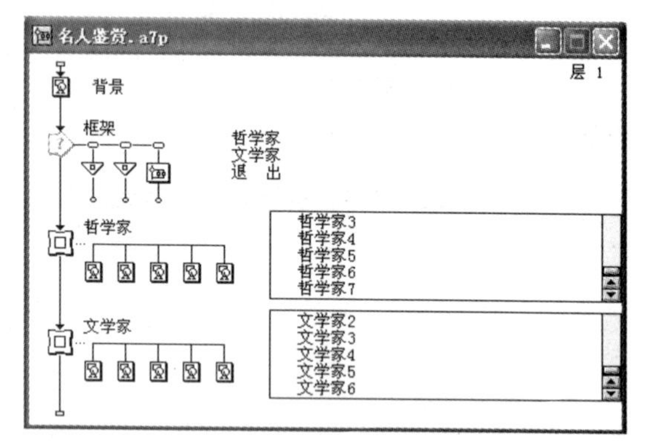

图 8-39 “名人鉴赏”内部程序结构

4. 设计一个自动排序的程序，当运行程序时，使 1、2、3…10 十个数，自动随机排序，每次运行程序将得到不同的排序结果。

第九章　变量和函数的应用

Authorware 提供了上百个系统变量和系统函数，用户也可以自己定义所需要的变量和函数。利用这些变量和函数进行编写程序，能方便地进行复杂的程序设计，又能提高程序的执行效率，是非常值得读者认真学习和领会的重要内容之一。

9.1　系统变量

Authorware 系统自身提供的变量有 11 类，本节着重介绍系统变量的基础知识及其设置与简单的系统应用。

9.1.1　变量的数据类型

Authorware 依照变量的存储数据类型将变量分为下列 5 大类。

(1) 数值型。数值型变量用来存储数字(如“1.5”,“120”,“－1000”)。所能存储的数值范围为：$-1.7\times10^{308}\sim1.7\times10^{308}$。

(2) 字符型。字符型变量用来存储字符串。字符串一般由一个或者多个字符构成，这些字符可以是汉字、英文字母、数字、特殊符号(如“_”,“@”,“*”)，也可以是它们的任意组合。在应用字符串型变量时，输入法必须是英文状态下的并且使用双引号加以界定，Authorware 最大存储字符串可达 30 000 个字符。

(3) 符号型。符号型变量是一种在其他数值或者字符串前加“#”号的数据类型，系统可以对这一类型的数据进行快速的处理，符号型变量应用于对象的属性。

(4) 逻辑型。逻辑型变量主要用于存储表示真或假的逻辑值(如“True”,“False”,“On”,“Off”)。逻辑型变量主要应用于激活和停止某些对象属性条件的设置。

(5) 列表型。列表型变量主要用于存储一组常量或变量。它分为线型列表变量和属性列表变量两种类型。除此之外，Authorware 还划分出了点变量和矩形变量，这两种都是特殊类型的列表型变量，读者可以参看 Authorware 的系统帮助加以理解。

9.1.2　变量面板

开启变量控制面板的两种方式：

(1) 打开 Authorware 应用程序，在菜单栏上依次选择【窗口】→【面板】→【变量】。

(2) 打开 Authorware 应用程序，直接在工具栏上点击变量窗口按钮，如图 9-1 所示。打开变量面板对话框，变量面板默认停靠在 Authorware 应用程序窗口的右侧。

通过选择系统变量，在变量对话框中会显示相应变量的信息(如初始值、该变量的描述、基本使用方法、可用参数等)。读者可以创建、改名、删除自定义变量，可以在计算图标的程序窗口中粘贴或直接定位使用一个设计好的变量，灵活方便。

变量面板的各部分功能具体描述如下：

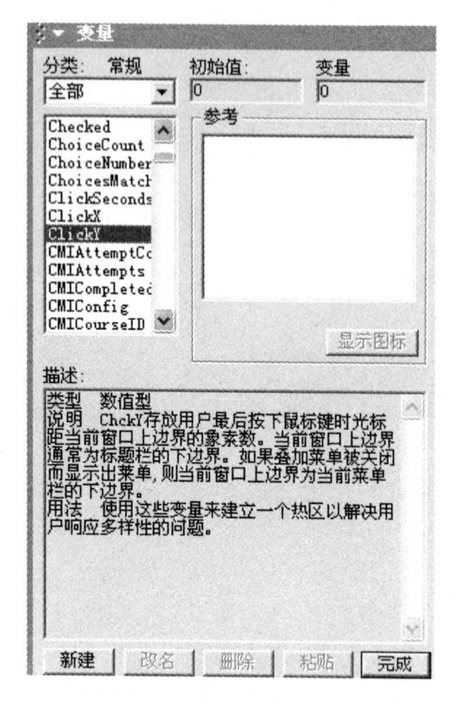

图 9-1 变量面板对话框

【分类】：变量的分类下拉式列表框，列出了 11 种常用的不同类型的系统变量以及其他自定义的变量。

【初始值】：初始值框架显示了所选择变量的初始值。系统变量的初始值读者不能更改，只能更改自定义变量的初始值。

【变量】：该区域显示的是所选择变量的当前值，可以查看到所选变量的变化情况。

【参考】：该区域列出了当前程序所使用的该变量图标。

【显示图标】：用于在程序流程线上定位所选图标。

【描述】：显示所选变量的详细功能信息以及其使用方法的介绍。

【新建】按钮：新建一个自定义的变量。

【改名】按钮：对自定义的变量进行重命名。

【删除】按钮：删除一个自定义的变量。(提示：只有在文件的所有图标都不使用该变量时所选自定义变量才可以被删除，删除按钮才可以使用。)

【粘贴】按钮：单击该按钮可以将所选的变量粘贴到程序的当前位置。

【完成】按钮：单击该按钮将保存所有设置并关闭变量面板对话框。

9.1.3 变量分类

Authorware 提供的变量包括自定义变量和系统变量两类。

(1) 自定义变量是用户自行定义的变量，自定义变量的名称不能与系统变量或其他自定义变量重名，必须以字母或下划线“_”开头，后面可以包含字母、数字、下划线或空格，但不能超过 40 个字符。

(2) 系统变量是 Authorware 自带的变量，其变量名不需要用户定义，用于跟踪系统信息并存储这些信息供用户使用。按功能可分为 CMI、决策、文件、框架、常规、图形、图标、交互、网络、时间和视频等 11 类。具体分类的详细解释如下：

CMI：计算机管理类，共包含 23 个变量，用于记录用户对课件的正确错误统计、响应次数等操作情况。

决策：决策类，共包含 7 个变量，用于记录一些关于决策图标的执行信息。

文件：文件类，共包含 12 个变量，用来记录有关程序的文件信息。

框架：框架类，共包含 10 个变量，用于记录一些关于框架图标的信息。

常规：一般用途类，共包含 65 个变量，用来记录一些用户常规使用的操作信息。

图形：绘图类，共包含 4 个变量，用来记录窗口展示的对象信息。

图标：图标类，共包含 23 个变量，用来记录当前图标的一些信息。

交互：交互类，共包含 59 个变量，用来显示交互操作的信息。

网络：网络管理类，共包含 7 个变量，用来记录用户对网络操作的执行情况信息。

时间：时间类，共包含 21 个变量，用来显示不同格式的时间、日期等并可以与系统函数联合使用，也可以将时间变量直接嵌入到显示图标中，作为时钟显示。

视频：视频类，共包含 5 个变量，用于显示播放器视频的相关信息。

9.2　系统函数

Authorware 提供了众多的函数用于处理数据或控制程序。这些函数名称必须是唯一的并且还要遵循特定的语法规则。系统函数由系统直接给定，由一个或多个英文单词构成，词与词之间不能分隔，并且每个单词的首字母要大写。

函数控制面板的打开方式也有两种：

(1) 打开 Authorware 应用程序，在菜单栏上依次选择【窗口】→【面板】→【函数】。

(2) 打开 Authorware 应用程序，直接在工具栏上单击函数窗口按钮，如图 9-2 所示，打开函数面板对话框，函数面板默认也是停靠在 Authorware 应用程序窗口的右侧。对于函数面板对话框的具体描述和使用方式与变量面板窗口的类似，请读者参考上一节变量面板，在此就不详细说明了。

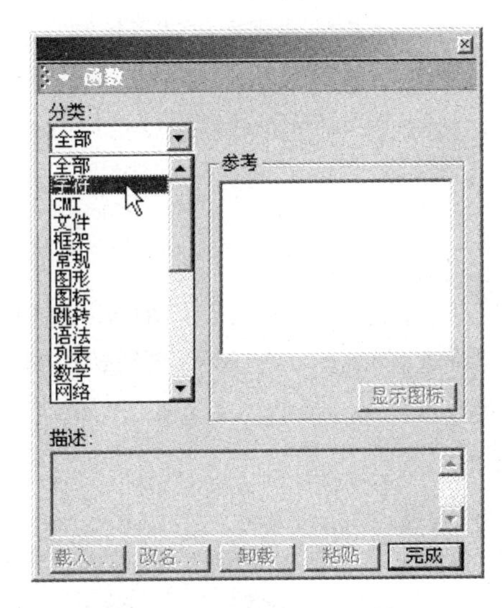

图 9-2　“函数”面板对话框

9.2.1　系统函数分类

系统函数是 Authorware 系统自带的一整套函数系列，函数可以直接应用于文件、图标、图形、文字、视频、声音等类型操作，这些系统函数有的使用方法简单方便，有的使用起来要进行非常复杂的设置才能使用。Authorware 共包括以下 18 类系统函数：字符、CMl、文件、框架、常规、图形、图标、跳转、语法、列表、数学、网络、OLE、平台、目标、时间、视频、Xtras。各类系统函数的详细描述如下：

字符：共包含 33 个函数，用于处理字符串和文字。

CMI：共包含 58 个函数，用于对用户的正误统计、登录信息、完成情况等进行操作，方便计算机教学管理。

文件：共包含 8 个函数，用于创建和维护外部文件。

框架：共包含 9 个函数，用于对框架进行操作控制。

常规：共包含 50 个函数，用于存储常用的系统函数。

图形：共包含 14 个函数，用于绘制图形。

图标：共包含 27 个函数，用于对图标进行管理。

跳转：共包含 9 个函数，用于图标间的跳转或者直接跳到外部文件上。

语法：共包含 12 类函数，用于编程语句的操作。

列表：共包含 22 个函数，用于对列表、数组的内容进行显示、查找等操作。

数学：共包含 26 个函数，用于编写数学计算公式，可以执行复杂的数学程序。

网络：共包含 14 个函数，用于实现互联网上的通信。

OLE：共包含 9 个函数，用于对 OLE 对象进行操作。

平台：共包含 5 个函数，用于对当前的程序平台进行操作。

目标：共包含 51 个函数，用于对图标进行修改、复制、删除等操作，还可以设置新变量，获取新变量值等操作。

时间：共包含 8 个函数，用于对时间、日期进行操作。

视频：共包含 16 个函数，用于对用户的视频播放进行控制，包括 DVD、音频的播放、停止等。

Xtras：包含 10 个小类，共 102 个函数。用于对 Authorware 系统功能进行扩展。包括：ActiveX 控件、文件输入输出、Mui 控件、PWInt 控件、Quicktime 控件、安全处理函数、语音处理函数等。

9.2.2 外部扩展函数

Authorware 可以通过加载外部函数来增强函数功能。加载外部的扩展函数，首先需要在函数面板中找到【分类】选项，选择最下面的“未命名”选项，即当前打开的程序文件名，如图 9-3 所示。然后单击函数面板左下角的【载入】按钮，弹出“加载函数”对话框，如图 9-4 所示，选择需要加载的外部扩展函数文件。

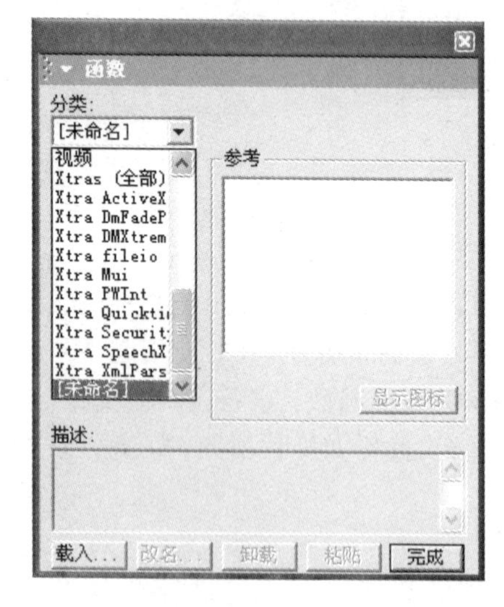

图 9-3 需要加载外部函数的文件名

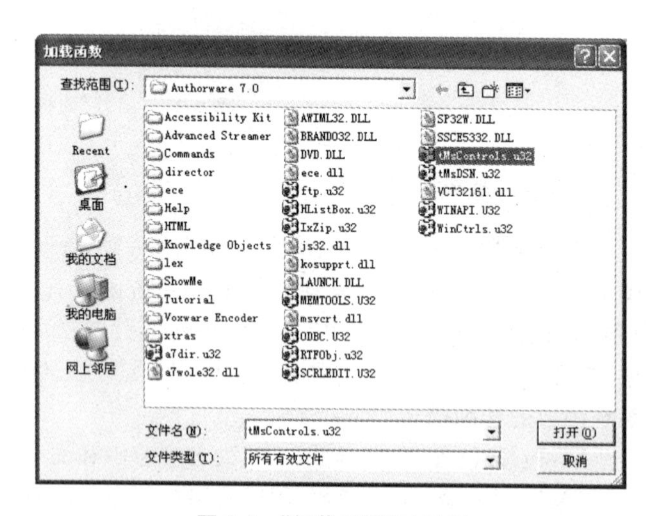

图 9-4 “加载函数”对话框

如果所要选择的外部扩展函数是 UCD 或 U32 文件类型，则会弹出自定义函数的对话框，左侧列表框显示当前可用的所有扩展函数，右侧显示左侧列表框中所选择函数的介绍，单击【载入】按钮即可将选择的函数加载，如图 9-5 所示。

图 9-5　使用 UCD 或 U32 类外部扩展函数

当外部函数加载到当前打开的程序之后，加载的函数名称会出现在函数面板中，这样就可以像使用系统函数那样使用这些外部扩展函数了。

9.2.3　变量与函数的应用范围

课件设计中所使用的变量和函数，主要应用在以下几种场合：

(1) 在计算图标上或者是附加在设计图标上的计算图标里面添加使用。在课件执行过程中，需要跳转或者返回课件上一层控制窗口处，放置一个计算图标，双击打开计算图标编辑窗口，输入或者通过函数面板粘贴一个系统函数 GoTo(IconID@“IconTitle”)，如图 9-6 所示。程序在执行到该计算图标时，就会自动执行程序代码，并跳转到相应的位置上。在课件执行的结束部分放置一个计算图标，双击打开该计算图标的编辑窗口，输入或通过函数面板粘贴一个系统函数 quit()，如图 9-7 所示。这样当程序执行到该计算图标，则自动执行该程序代码，课件就会退出并返回到系统界面上。对当前打开的计算图标编辑窗口进行修改后，再关闭该编辑窗口时，系统会自动提示是否保存所做的修改，单击“是”按钮将自动保存所做的修改，单击“否”按钮则不保存，单击“取消”按钮则不进行操作，如图 9-8 所示。如果用户输入的代码不正确或者违反某些语法规则，则会出现相应的错误提示，并且不能保存所做的修改。

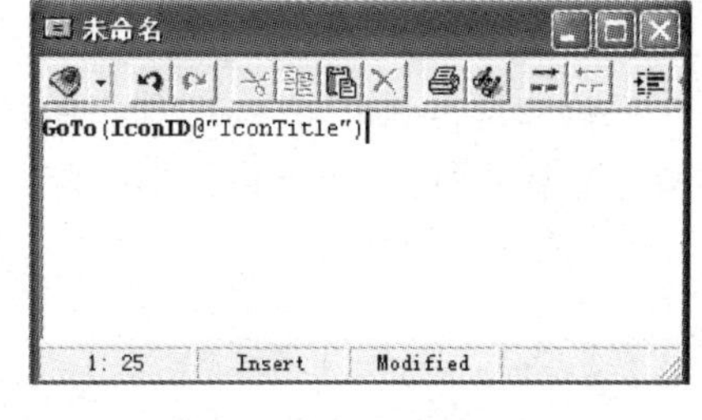

图 9-6　计算图标窗口 1

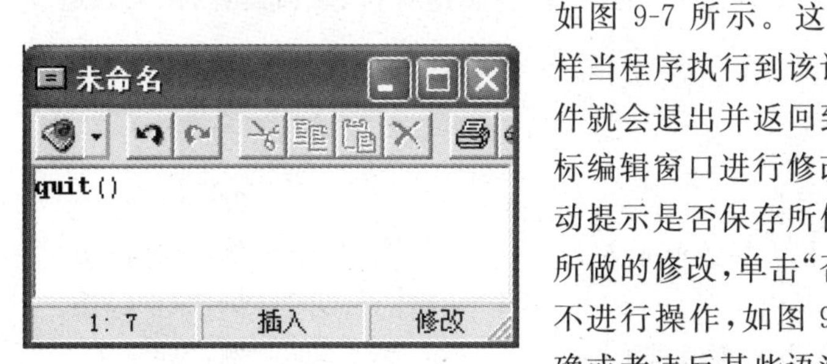

图 9-7　计算图标窗口 2

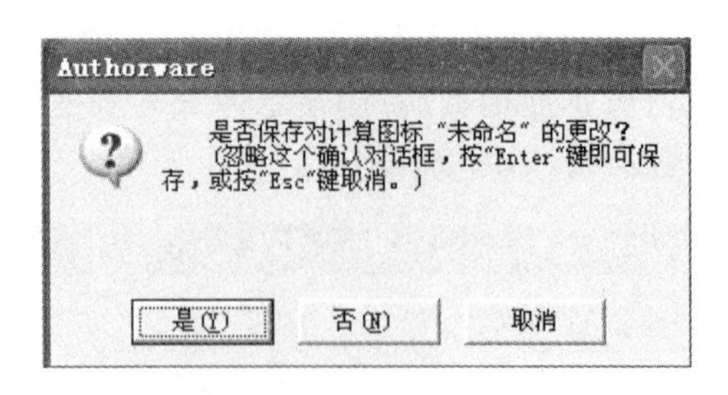

图 9-8　计算图标的保存

(2) 在对象属性面板中使用。可以在各类对象属性面板中使用变量、函数以及表达式。在前面章节的很多对象属性中已经使用过，在此只作为强调。

(3) 在显示类设计图标的文本对象中可以使用。可将变量、函数或表达式用大括号{}括起来嵌入到显示类设计图标的文本对象中使用，这样变量的值、表达式的运行结果或表达式返回的值就可以动态地显示出来，如图 9-9 所示。将变量或函数输入到以上三种场合时，一般可直接通过键盘输入。也可以先将光标定到输入的文本对象或文本框中，然后再从变量面板或函数面板中选定要输入的变量或函数名称，单击面板下方的【粘贴】按钮即可实现变量或函数的输入。也可以在变量面板或函数面板中直接双击变量名称或者函数名称来实现将变量、函数输入的操作过程。

变　量：{Date} {Day}
函　数：{MonthName(number)}
表达式：{a*10-b*5}

图 9-9　嵌入在文本中的变量、函数以及表达式

9.3　运算符与表达式

运算符是 Authorware 程序运行计算时的运算符号。表达式是由变量、函数、常量以及运算符组成的算式，用来执行某些特定的过程或者特殊的操作。表达式的应用范围与前面介绍的变量和函数类似。

9.3.1　运算符类型

在 Authorware 中运算符共有 5 种类型：算术运算符、逻辑运算符、赋值运算符、关系运算符、连接运算符。

1. 算术运算符

算术运算符共有 5 个符号。

+：将运算符号左右的数值相加求和。　　例：x=a+b。

-：将运算符号左边的数值减去右边的数值求差。　　例：y=a-b。

*：将运算符号左右的数值相乘求积。　　例：x=a*b。

/：将运算符号左边的数值除以右边的数值求商。　　例：y=a/b。

：以运算符号左边的数值为底数右边的数值为其指数求幂。　　例：y=b3。

2．逻辑运算符

逻辑运算符共有5个符号。

&：表示逻辑与，用于连接两个必须同时满足关系的表达式。　　例：x＝2 & y＞1。

|：表示逻辑或，用于连接两个或者(即不必同时满足)关系的表达式。　例：x＜1 | y＞5。

～：表示逻辑非，用于对表达式的求反逻辑运算。　　例：～(x＞1 & x＜5)。

3．赋值运算符

:＝：表示将赋值符号右边的数值赋给左边的变量。　　例：x:＝5。

4．关系运算符

关系运算符共有6种符号。

＝：表示运算符左右两边代表的数值相等。　　例：x＝y。

＜＞：表示运算符左右两边代表的数值不相等。　　例：x＜＞y。

＜：表示运算符左边代表的数值小于右边代表的数值。　　例：x＜10。

＞：表示运算符左边代表的数值大于右边代表的数值。　　例：x＞10。

＞＝：表示运算符左边代表的数值大于等于右边代表的数值。　　例：x＞＝10。

＜＝：表示运算符左边代表的数值小于等于右边代表的数值。　　例：x＜＝10。

注意：在赋值运算符与关系运算符中都有“＝”符号，两者所代表的意义各不相同，它们的区别就在一个“：”，但是它们有时是可以互换的，系统会根据实际条件，自动进行判断。例：在计算图标中先定义了一个变量x，后对该变量使用表达式进行赋值“x＝0”，系统会自动将上面的表达式更改为“x:＝0”。

5．连接运算符

^：表示把连接运算符左右两边的字符串连接成为一个字符串。例：“hello”^“world!”连接后的字符串为“helloworld!”。

9.3.2　表达式

在Authorware中有5种常用类型的表达式：算术表达式、逻辑表达式、赋值表达式、关系表达式、字符串表达式。

算术表达式：程序中只包含算术运算符的表达式，该表达式的计算结果为数值型。

逻辑表达式：程序中只包含逻辑运算符的表达式，该表达式的计算结果为逻辑型。

赋值表达式：程序中只包含赋值运算符的表达式，是将赋值运算符的右边数值赋到左边的变量中去，该表达式的计算结果就是变量的值。

关系表达式：程序中只包含关系运算符的表达式，该表达式的计算结果为逻辑型。

字符串表达式：程序中只使用连接运算符将一个或者是多个字符串连接起来的表达式，该表达式的计算结果为字符型。

除了上述的5种常用表达式之外，Authorware在程序设计时，还可以灵活地将上述5种表达式联合起来使用，形成一个混合的表达式。该表达式中包含了多种运算符号，表达式的计算结果根据运算符的优先级次序结合，最终正确显示。如果对运算符号的优先级次序没有很好掌握，程序可能就得不到预期的结果。关于运算符号的优先级见9.3.3节。

9.3.3　运算符的优先级

在Authorware中，当一个表达式是混合型的表达式时，该表达式就包含了多种的运算符，这些运算符并不一定按照从上到下、从左到右的顺序执行。这些运算符的执行次序，由Authorware系统规定，即运算符的优先级。

各种运算符的优先级如表9-1所示。表中运算符的优先级按照由高到低的顺序，表达式运算时，先执行等级高的运算符，再执行等级低的运算符，同等级的运算符按照由左向右的顺序执行。

表9-1 运算符的优先级

优先级	运算符
1	()
2	～、＋(正号)、－(负号)
3	**
4	*、/
5	＋、－
6	^
7	＝、＜＞、＜、＜＝、＞、＞＝
8	&、|
9	:=

由表9-1可以看出，一般来说运算符的优先级有这样一个规律：算术运算符＞连接运算符＞关系运算符＞逻辑运算符＞赋值运算符。

例：先给出变量的初始化a:＝5;b:＝10;c:＝false;d:＝11计算下列表达式的值：

x:＝a*(a＋b＞＝d)&～(a＜b & c)。

计算求得x的结果为1。执行的步骤如下：

① 先计算上式中(a＋b＞＝d)的值，由表9-1知，先执行"＋"运算求得a＋b＝15;再执行"＞＝"关系运算，求得15＞＝d的逻辑结果为true(即为1，提示：在Authorware中1或者非零数代表逻辑真)。

② 再计算(a＜b & c)的值，由表9-1知，先执行"＜"关系运算，求得a＜b的执行结果为逻辑真；再执行"&"逻辑运算，求得true & c的逻辑结果为false。

③ 根据表9-1，再执行"～"运算，求得～(a＜b & c)的结果为true。

④ 再执行"*"运算，求得a*(a＋b＞＝d)的结果为5。

⑤ 再执行外部的"&"运算，求得5 & true的结果为1(即逻辑真)。

⑥ 最后将计算结果赋值给x，x:＝1。

9.4 程序设计的基本结构

Authorware中的程序设计有3种基本结构，即顺序结构、选择结构、循环结构。

顺序结构为程序按照先后次序依次执行的结构。在此不做进一步介绍了，下面着重介绍程序的选择结构和循环结构。

9.4.1 选择结构

选择结构是按照程序事先给定的条件进行判断后，再选择具体执行路径的结构。在Authorware中的选择结构由if条件语句构成，该语句又由条件、关键字、语句序列3部分组成。根据执行的条件不同，选择结构又分为单分支条件语句、双分支条件语句、多分支条件语句3种不同的语句结构。

1. 单分支条件语句

该语句的语法结构如下：

```
If 条件 then
  语句序列
End if
```

语句功能：程序先检验“条件”是否为真，如“条件”为真则执行语句序列的内容；如“条件”为假则不执行语句序列的内容。

2. 双分支条件语句

该语句的语法结构如下：

```
If 条件 then
  语句序列 1
Else
  语句序列 2
End if
```

语句功能：程序先检验“条件”是否为真，如“条件”为真则执行语句序列 1 的内容；如“条件”为假则执行语句序列 2 的内容。

例：
```
if  s>1  then
    s=x+y
else
    s=x-y
end if
```

3. 多分支条件语句

该语句的语法结构如下：

```
If 条件 1 then
  语句序列 1
Else if 条件 2  then
语句序列 2
Else if 条件 3  then
  ……
Else
  语句序列 n
End if
```

语句功能：程序先检验“条件 1”是否为真，如“条件 1”为真则执行语句序列 1 的内容；如“条件 1”为假则向下检验“条件 2”是否为真，如“条件 2”为真，则执行语句序列 2 的内容，这样依次检验条件，如所有条件都不满足则程序执行语句序列 n 的内容。一旦有一条件为真执行相对应的语句后，直接跳到 End if 后面的语句继续执行。

9.4.2 循环结构

循环结构是在某个条件范围内，反复执行某些语句的结构。有时候程序要求反复地运行某段程序代码，这就要用到循环结构。在 Authorware 中，循环结构是由 repeat 语句构成，该语句又由条件、关键字、语句序列组成。循环结构的语句结构有以下3种格式。

1. 格式1

```
repeat with 条件
    语句序列
end repeat
```

语句功能：程序先检验“条件”是否为真，如“条件”为真则执行语句序列的内容，执行后再来检验“条件”是否还是为真，如为真则再次执行语句序列，一直重复执行，直到“条件”为假，退出循环，执行循环结构后面的语句内容。

2. 格式2

```
repeat with 循环变量=初值〔down〕to 终值
    语句序列
end repeat
```

语句功能：程序由循环变量初值开始重复执行语句序列，直到循环变量大于终值时程序退出循环(当选用down时，是循环变量小于终值时，退出循环)，来执行循环结构后面的语句。在格式2中程序每执行一次循环，循环变量都会自动地累加1。

例：

```
s=0
    repeat  with  i=1  to  10
        s=s+i
end repeat
```

运行程序求得1到10的和为55。

3. 格式3

```
repeat  with  in 列表
    语句序列
end repeat
```

语句功能：程序重复执行语句序列，直到列表中的所有元素都被操作过后，程序从循环结构中退出，继续执行循环结构后面的语句。

例：

```
i=0
s=0
repeat  with  n  in  [20,10,30,10,50]
        i=i+1
        s=s+i
        if s=6 then
          i=10
        end if
end repeat
```

请同学们给出程序运行的结果。

9.5 变量与函数实例

例9.1 数字时钟。

设计要求：应用系统函数和系统变量，实现一个与当前时间同步变化的数字时钟，要求显示时间，包括时、分、秒，程序设计结构如图 9-10 所示，执行效果如图 9-11 所示。

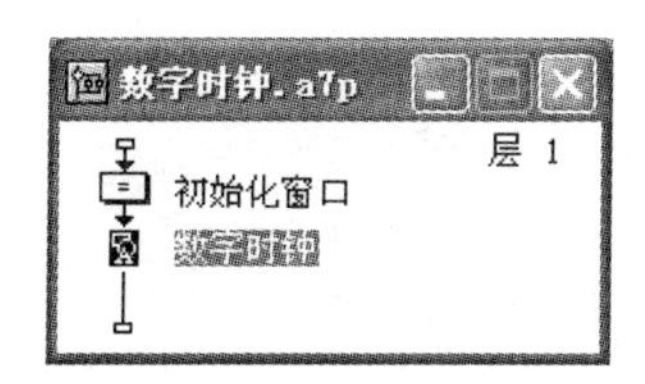

图 9-10　"数字时钟"程序结构

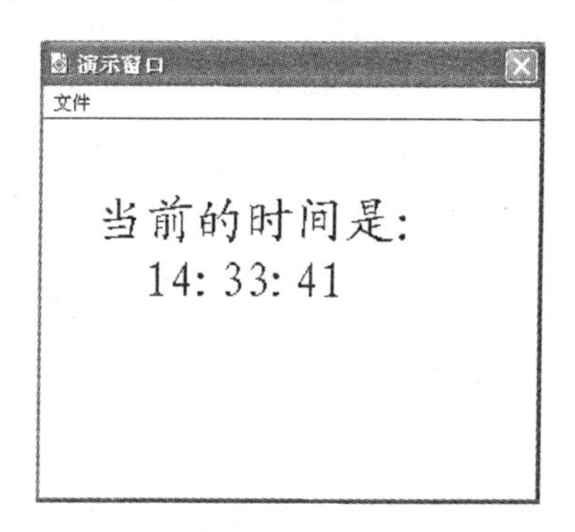

图 9-11　"数字时钟"演示效果

具体制作步骤如下：

① 新建一个文件，命名为"数字时钟.a7p"。

② 拖曳一个计算图标到流程线上，命名为"初始化窗口"。其内容如图 9-12 所示，设置演示窗口尺寸为 320×240。（提示：ResizeWindow(width, height)函数的作用是重新设定当前窗口，使之和指定的 width，height 参数相符合。ResizeWindow 只能使用在计算图标中，不能在表达式中使用或嵌入。）

③ 拖曳一个显示图标到流程线上，命名为"数字时钟"，并输入如图 9-13 所示的内容，且勾选显示图标中【选项】属性中【更新显示变量】选项前的复选框，如图 9-14 所示。

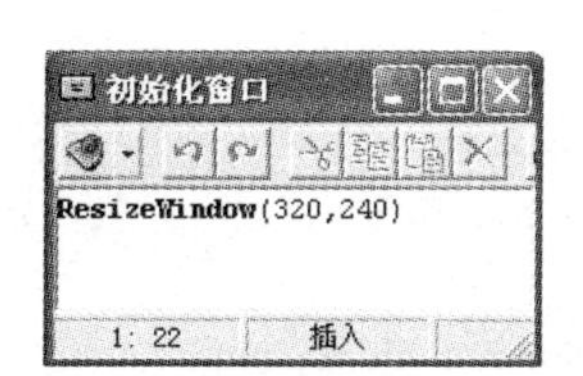

图 9-12　"初始化窗口"对话框

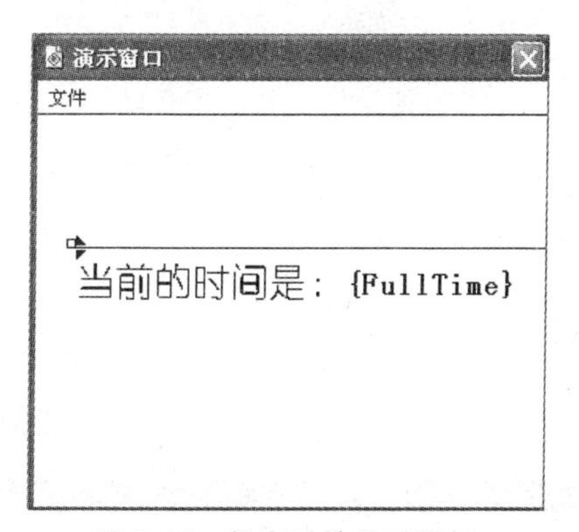

图 9-13　数字时钟显示图标

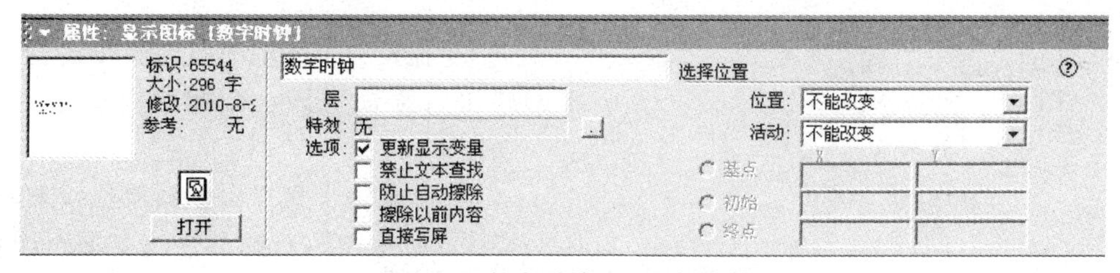

图 9-14　数字时钟显示图标属性

程序设计结束。

(提示：FullTime 变量作用为以长格式存放当前的时间,包括小时、分钟以及秒。变量的确切设置格式与用户计算机的设置有关。在屏幕上显示当前时间,将该变量嵌入显示文本中并且在显示图标属性对话框中设置“更新显示变量”。)

例 9.2 计算 n 阶阶乘的和。

设计要求：利用计算图标和交互图标,使用自定义变量和表达式以及角本语句设计实现 n 阶阶乘的求和运算。程序的内部结构和执行结果分别如图 9-15 和图 9-16 所示。

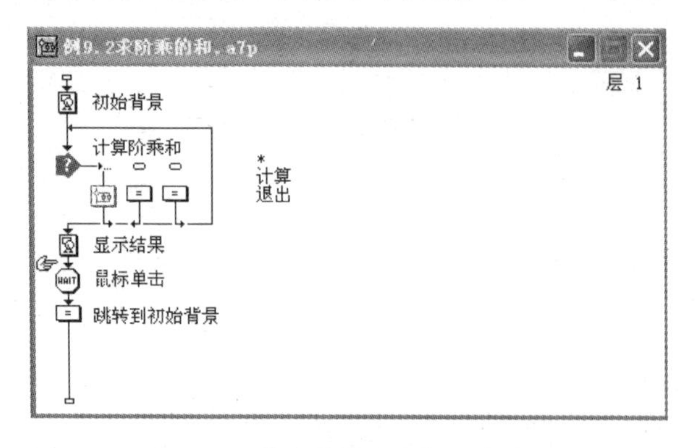

图 9-15 求阶乘的和内部程序结构

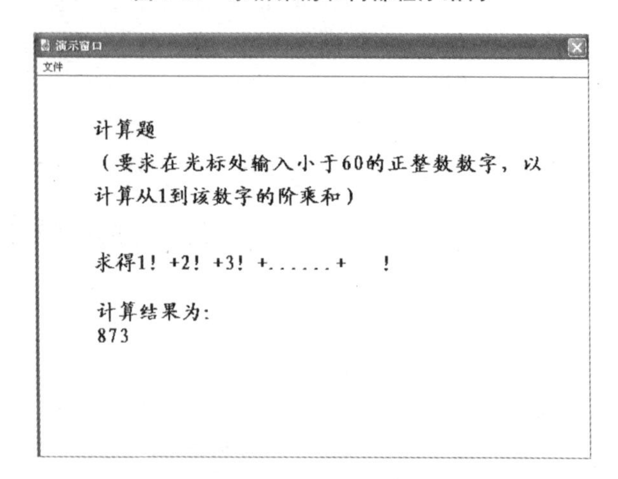

图 9-16 计算结果图

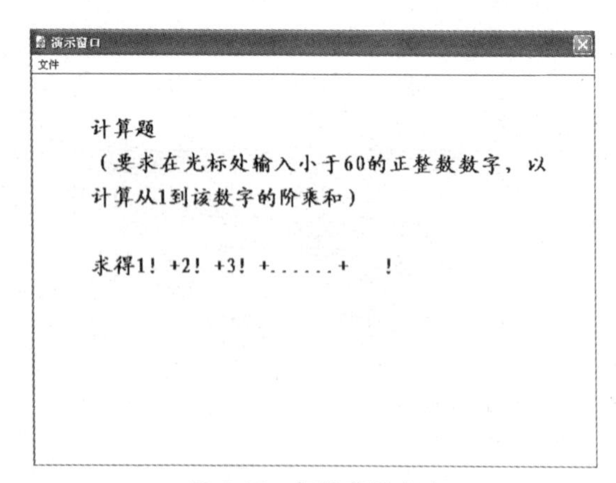

图 9-17 初始背景内容

具体制作步骤如下：

① 新建一个文件,命名为“求阶乘的和.a7p”。

② 拖曳一个显示图标到流程线上,命名为“初始背景”,显示图标的内容如图 9-17 所示。

③ 拖曳一个交互图标到流程线上,命名为“计算阶乘和”,右侧分别拖曳群组图标和两个计算图标,设计交互方式为“文本输入”交互(命名为“*”)和“按钮”交互分别命名为

“计算”和“退出”，如图 9-15 所示。

④ 调整“文本输入”交互的虚框大小和位置到“初始背景”中预留出空位的最后一个“!”前，在“文本输入”交互上双击，设置其【文本】的属性，如图 9-18 所示。并设置其【交互作用】属性，去除【输入标记】前的“√”，如图 9-19 所示。将用于“计算”和“退出”的按钮放置到合适的位置上，并排列整齐，最终效果如图 9-20 所示。

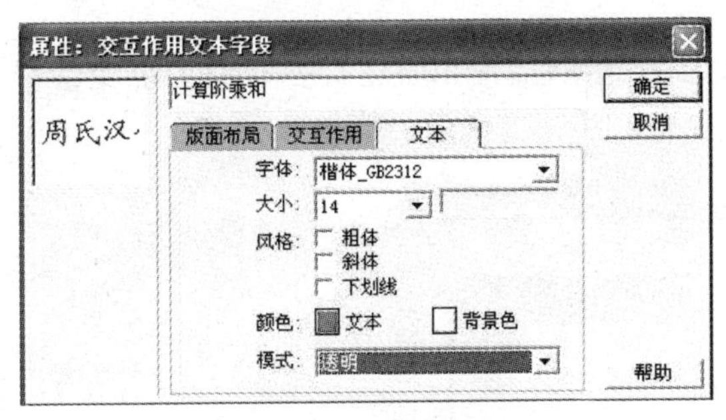

图 9-18　【文本】属性设置

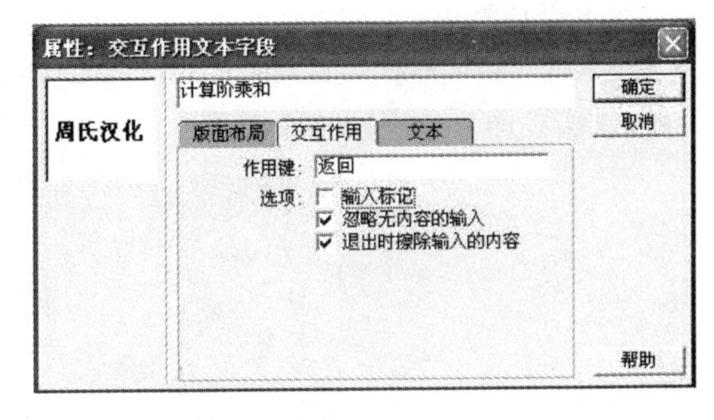

图 9-19　【交互作用】属性设置

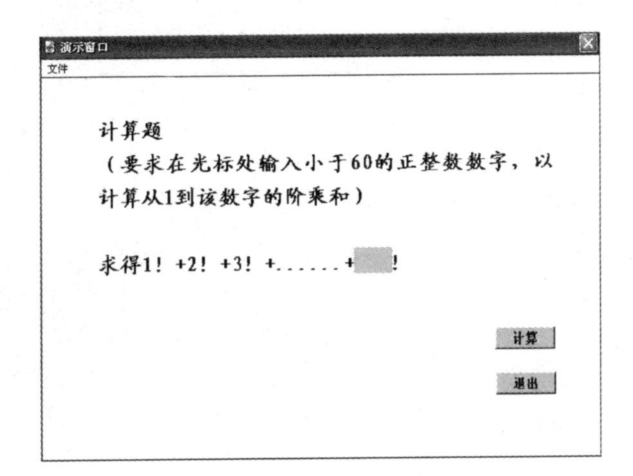

图 9-20　设置后的效果图

⑤ 双击打开名为“计算”的计算图标，输入所要计算阶乘和的程序段，如图 9-21 所示。并设置其【响应】属性中的【分支】属性为“退出交互”；双击打开名为退出的计算图标，输入quit(0)。

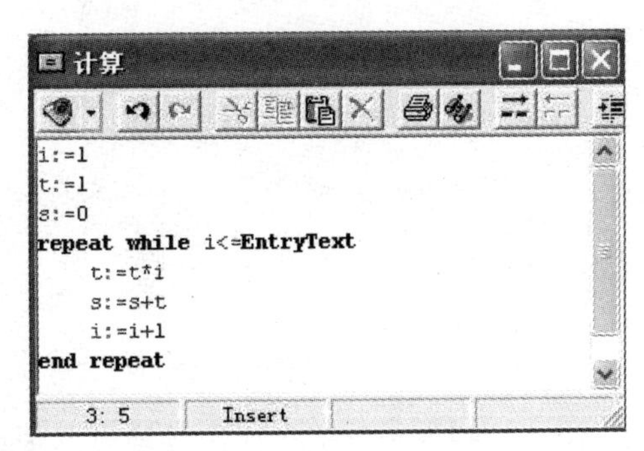

图 9-21　计算图标内容

⑥ 拖曳一个显示图标、等待图标、计算图标到流程线上,分别命名为“显示结果”、“鼠标单击”和“跳到初始背景”,如图 9-15 所示。双击打开显示结果的显示图标输入“s={s}”,且设置属性为“更新变量显示”。设置“鼠标单击”的属性为“单击鼠标”。

⑦ 双击打开名为“跳转到初始背景”的计算图标,并输入 GOTO(IconID@“初始背景”)的内容。

程序设计结束。

例 9.3 探照灯式图片浏览。利用计算图标和判断图标,使用自定义变量和系统变量与函数,来实现图片的探照灯式浏览。程序的内部结构如图 9-22 所示。

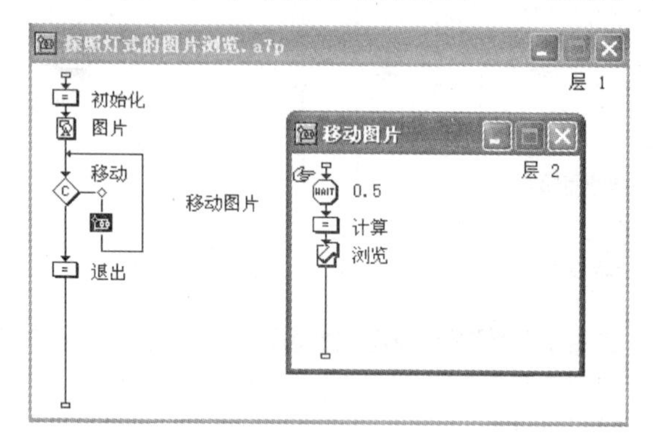

图 9-22 “探照灯式的图片浏览”的内部程序结构

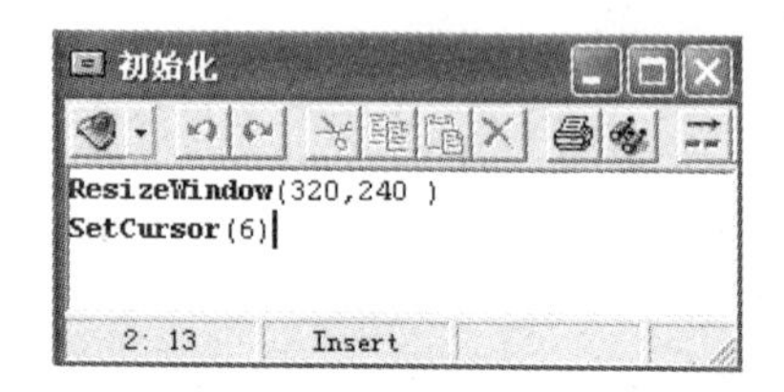

图 9-23 “初始化”计算图标内容

具体制作步骤如下:

① 新建一个文件,命名为“探照灯式的图片浏览. a7p”。

② 拖曳一个计算图标到流程线上,命名为“初始化”,计算图标的内容如图 9-23 所示。

注意: SetCursor(type),作用是根据参数 type 的值来设置鼠标的指针形状,type=6,鼠标指针是“小手”的形状。

初始化演示窗口的大小为 320×240。

图 9-24 “图片”显示图标效果

③ 在“图片”显示图标中,插入一幅准备好的房屋图片或者其他的图片素材,大小为 640×480 或以上更好。由于图片比演示窗口大,所以图片的一部分会被自动隐藏在窗口的外部,如

图 9-24 所示。

④ 双击名为“移动”的判断图标，打开其属性窗口，进行相应的设置，如图 9-25 所示，然后关闭属性窗口。

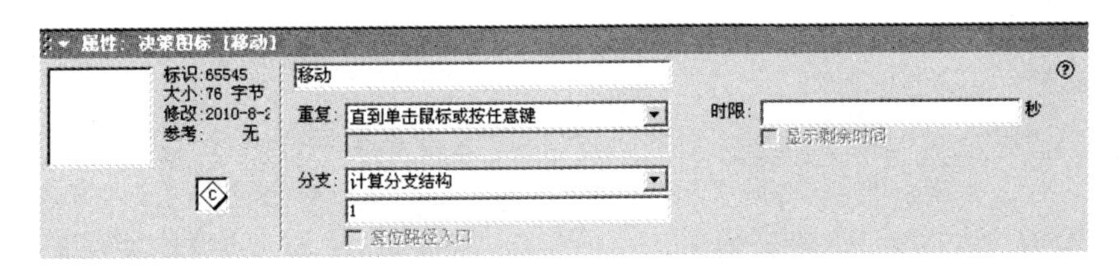

图 9-25　“移动”判断图标属性设置

⑤ 双击打开“移动图片”群组图标，在流程线上拖曳一个等待图标，命名为 0.5，清除其属性窗口的所有复选项，使用系统变量“IconTitle”来设置等待时限。（IconTitle：该变量存放图标的标题。用户可以通过改变图标名称来改变该变量的值。用法：通过在等待图标属性对话框的 TimeLimit 字段置该变量可以指定等待图标的次数。只要在图标的标题中置一个新值就可以改变等待时间。）

⑥ 在等待图标的下面拖曳一个计算图标，在其内部输入想要浏览图片的移动坐标数值。

x：=CursorX/3

y：=CursorY/3

⑦ 双击“浏览”移动图标打开其属性窗口，选择移动对象为“图片”显示图标。单击【基点】单选按钮，用鼠标移动演示窗口中的图片，使其左上角正好与演示窗口的左上角对齐；同理设置【终点】单选按钮，使其右下角正好与演示窗口的右下角对齐；最后设置【目标】单选按钮，分别输入已经定义好的自定义变量 x、y，如图 9-26 所示。

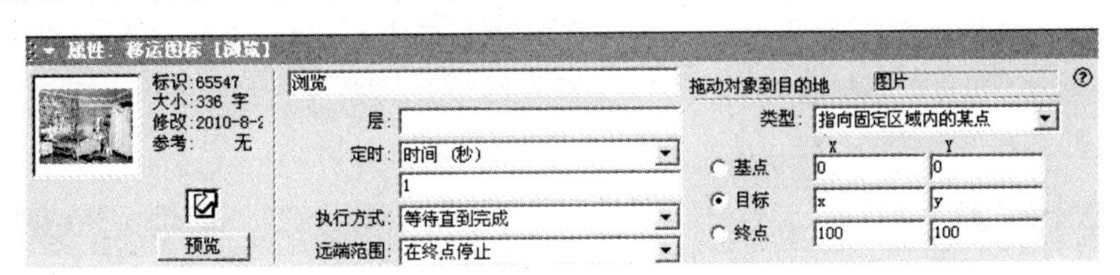

图 9-26　“浏览”移动图标的属性设置

⑧ 在“退出”计算图标中输入系统函数 quit()，以便在程序执行时通过点击鼠标或按任意键来退出程序操作。最终的课件执行效果如图 9-27 所示。

图 9-27　课件执行效果图

程序设计结束。

习题 9

一、选择题

1. 要在 Authorware 课件中显示变量面板,可以通过点击菜单栏上的【窗口】中的(　　)选项来实现。

A. 演示窗口　　B. 设计对象　　C. 面板　　D. 按钮

2. 要在 Authorware 课件中实现图标之间的跳转,最好使用(　　)系统函数。

A. Quit　　B. Goto　　C. JumpFile　　D. Array

3. 在 Authorware 系统中,在计算图标中实现复杂的程序段经常用到的内容是变量、函数和(　　)。

A. 数组　　B. 高级语句　　C. 表达式　　D. 判断条件

4. 在 Authorware 系统中,ResizeWindow 函数的作用是(　　)。

A. 重定义窗口　　B. 跳转　　C. 页面管理　　D. 退出

二、填空题

1. Authorware 系统中变量分为系统变量和____________变量。

2. 在 Authorware 系统中,用于在互联网上实现所需的通信操作的系统函数类型是____________。

3. 打开系统函数面板的是菜单栏上的____________选项中面板选项。

三、上机练习

1. 简单的音频播放器。本练习采用下拉菜单式交互响应,利用系统函数与自定义变量相结合来实现一个简单的音频播放功能,该播放器支持声音的播放、停止、继续、暂停和退出等操作,具体的内部程序结构如图 9-28 所示。播放效果如图 9-29 所示。

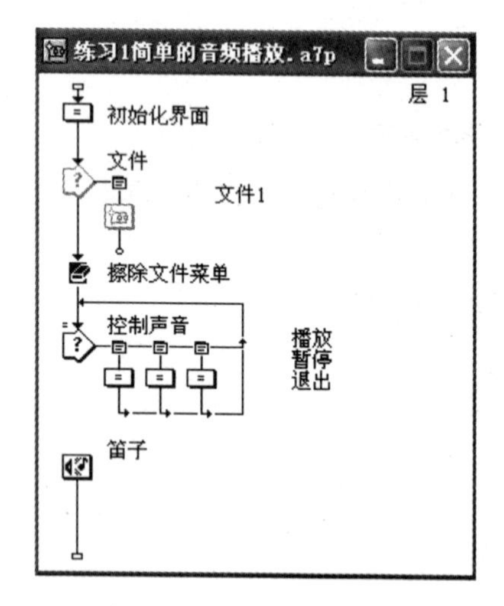

图 9-28 "播放器"内部结构

图 9-29 "播放器"效果图

提示:本实例使用的系统函数为 MediaPlaying@"IconTitle",IconTitle 是指定媒体正在播放的图标名称。MediaPause(IconID@" IconTitle",TRUE)用来表示指定图标的媒体,是继续播放还是暂停播放,第二个参数为 True 表示暂停,为 False 表示继续播放。

2. 求从 1 累加到 100 的和,本练习的设计要求是:利用交互图标和计算图标来设计实现 1+2+3+4+…+100 的求和操作。

程序设计结构如图 9-30 所示,计算图标的内容如图 9-31 所示。运行程序且单击"计算"按钮,课件显示出计算结果。结果显示 5 秒后(或单击鼠标),自动退出程序。

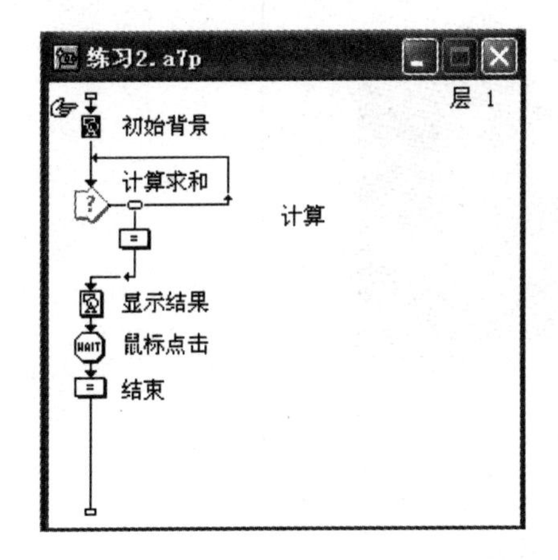

图 9-30　求和程序的内部程序结构

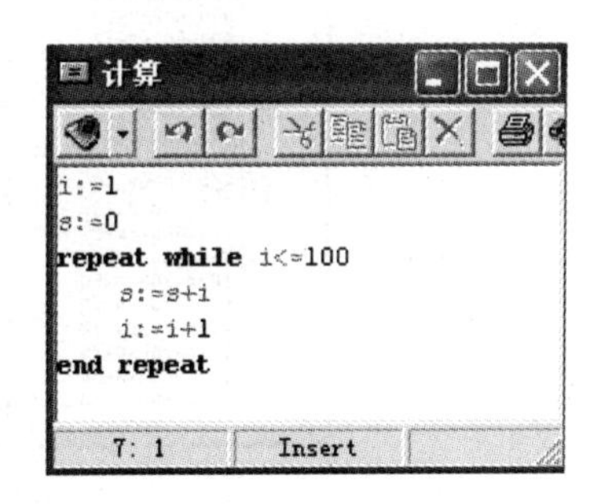

图 9-31　计算图标的内容

3. 设置显示器分辨率。本练习要求读者利用计算图标和交互图标,通过系统函数和变量自行设计实现一个可以自由设置当前显示器分辨率的程序,达到对系统函数的进一步了解和认识,为课件的进一步扩展和完善打下坚实的基础,本练习可以作为一般课件的初始化部分来使用。程序设计结构如图 9-32 所示,修改询问对话框如图 9-33 所示,程序运行效果图如图 9-34 所示。

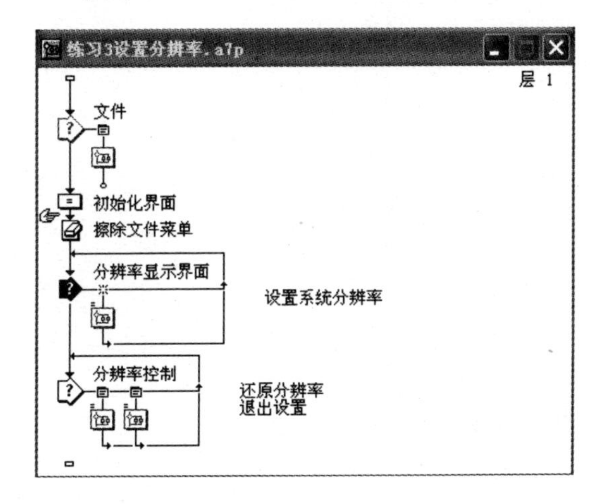

图 9-32　"设置分辨率"程序的内部结构

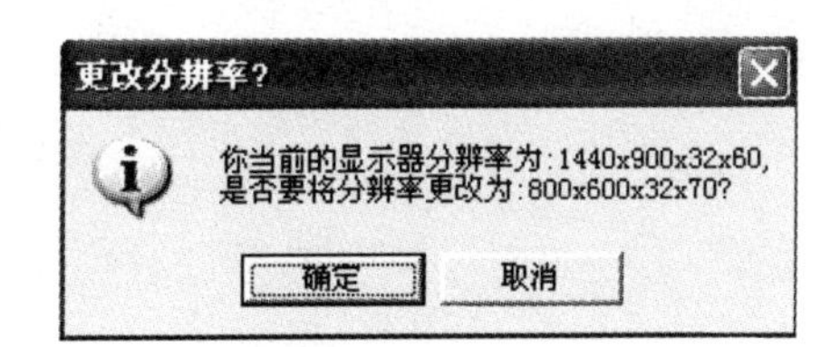

图 9-33　更改询问对话框

提示:本练习采用系统函数 alGetCurrentDispSet()(说明:获得当前显示器分辨率,包括宽、高、色、刷新频率)用来取得当前显示器的分辨率;Replace("x"," ",CurrentDispSet)用来分解分辨率的参数;alGetDispSet()用来取得当前显示器所能显示的所有分辨率的值;利用

SystemMessageBox()函数建立更改对话框,来实现对当前显示分辨率的更改确认操作;alChangeRes(800,600,32,75)设置分辨率为 800×600;利用自定义变量 old_screen 与 set_screen 来分别存储原始分辨率各参数以及设置分辨率各参数。

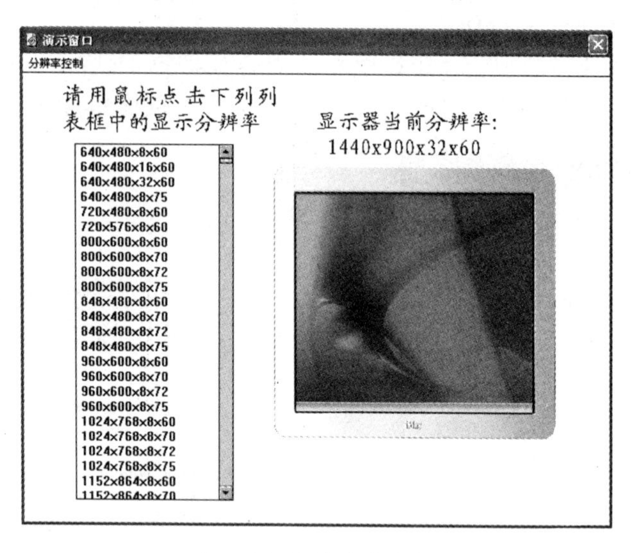

图 9-34 程序运行效果

第十章　库与知识对象的应用

在经常需要重复使用相同内容的图标或者功能时，为提高课件的制作效率，避免不必要的劳动消耗，Authorware 提供了库以及知识对象等操作工具，方便程序的设计与开发。

10.1　库的基础知识

库是指一组独立设计的图标及其自身所包含内容的集合，这些图标包括显示图标、声音图标、计算图标、交互图标及数字电影图标。库仅保存每个图标的自身所包含的内容，而不包括该图标与其他图标之间的联系。

10.1.1　库的创建与编辑

1. 创建库

创建一个库文件的基本步骤如下：

(1) 单击选择【文件】菜单下的【新建】子菜单的【库】命令，系统弹出一个【未命名－1】的新库窗口。

(2) 从图标栏上拖曳相应的图标到新库窗口中，命名并且可以在"〉"注释号后添加注释，也可为图标进行着色。设计后的库窗口如图 10-1 所示。

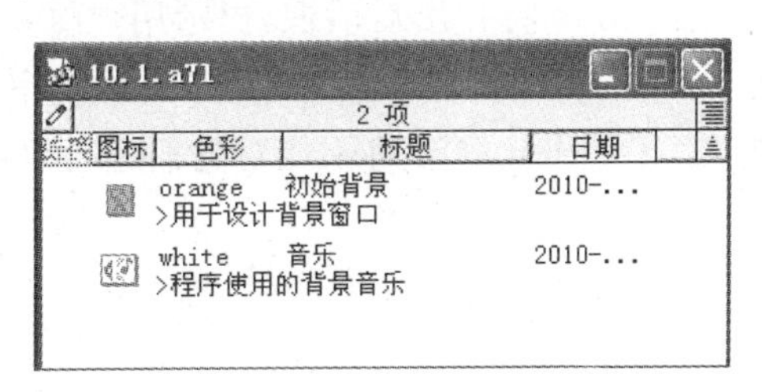

图 10-1　创建的库窗口

(3) 单击库窗口关闭按钮，在弹出的对话框中保存库文件到相应的路径上。

2. 编辑库

对库文件进行排序、着色、扩展等编辑操作。

(1)【排序】操作：可以通过单击库窗口右上角【升序/降序】按钮，来实现控制窗口中图标的排序顺序。排序操作可以与【链接】、【图标】、【标题】、【日期】等按钮进行配合操作。

【链接】按钮表示：是否链接排序，已经链接的图标按名称排序在后，未建立链接的图标排序在前，如果所有图标都没有链接则该按钮不可以使用。

【图标】表示：按照图标的类型进行排序。其升序排序的顺序为"显示"、"交互"、"计算"、"数字电影"、"声音"图标。

【标题】表示：按照图标的标题名称进行排序。

【日期】表示：按照图标的建立时间进行排序。

【色彩】表示：按照图标的颜色的英文字母进行排序。

(2)【着色】操作：选中库中的某个图标，然后通过选择图标调色板，来对图标进行着色。

(3)【扩展】操作：扩展模式下可以浏览库图标的标注内容。

10.1.2 库的查找与链接更新

1. 查找库

库的查找可以通过以下几种方式进行。

(1) 通过执行【修改】菜单栏的【图标】子菜单的【库链接】命令来实现。

(2) 在程序流程线上选中有链接关系的图标来实现。

(3) 单击【预览】按钮，可以预览该图标。

(4) 在打开的同名对话框中显示该链接图标的基本属性。

(5) 在【窗口】菜单的【库】子菜单下直接查看并打开库文件。

2. 更新链接

修改具有链接关系的库图标，对所修改的内容，Authorware会自动地更新，但是属性的修改，是不能自动更新的，我们可以通过以下方式进行更新操作。

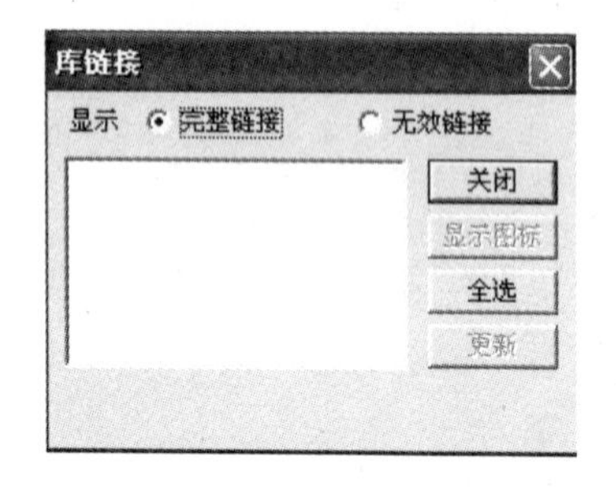

图 10-2 “库链接”对话框

(1) 打开要更新的库窗口，执行菜单栏上的【其他】菜单下的“库链接”子菜单命令。

(2) 在弹出的“库链接”对话框中查看【完整链接】或【无效链接】的图标列表，如图 10-2 所示。

(3) 选中要更新链接的图标，单击【更新】按钮，Authorware将弹出对话框，提示用户将要更新有链接关系的图标中的属性设置。如果在程序窗口中有图标断开链接了，那么Authorware将不能对它们进行更新操作。

10.2 知识对象

Authorware提供的图标设计在很大程度上靠设计人员，在进行其他的多媒体课件开发时，不得不对相同或相近的图标进行重复制作，这样在很大程度上浪费了设计人员的时间和精力，严重影响了制作课件的工作效率。

知识对象(knowledge objects)是对一些常用功能经过封装处理后的模块，该模块具有向导功能，设计人员可以根据向导的相应提示，轻松实现某些功能的程序编写，从而大大提高工作效率。

10.2.1 知识对象分类

Authorware 7.0 提供11种类型的知识对象，如图 10-3 所示。下面是对这11种知识对象的相关介绍。

1. Accessibility类型的知识对象(获取类)

该类型提供了包括常规的多媒体程序的一般框架结构、声音解决方案、交互反馈等5种类型的实用知识对象，通过它们可以快速地制作出一个功能齐全的多媒体课件。

2. Assessment 类型的知识对象（评估类）

该类型主要用于知识系统测试，提供了包括“是非题”、“单选题”、“多选题”、“简答题”等类型的设计模板，还提供了“登录”、“答案判断”、“记录分数”等测试系统的功能。利用它们可以非常方便地开发出多媒体自检测练习题。

3. File 类型的知识对象（文件类）

该类型提供了常用的与文件相关的知识对象，包括“系统字体增删”、“文件拷贝”、“光驱盘符查找”、“Authorware 文件跳转”、“INI 文件的存取”、“文件的属性设置”等 7 个知识对象，便于用户对文件进行相关的控制设计。

4. Interface Components 类型的知识对象（界面组件类）

该类型主要用于创建各类用户界面以及控制，包括各种类型的“消息对话框”、“鼠标控制”、“文件的打开”、“浏览及保存对话框”、“滚动条”、“Windows 窗口属性”等 13 种知识对象。通过这些知识对象，使 Windows 的交互界面设计变得更加标准和容易。

5. Internet 类型的知识对象（网络应用类）

该类知识对象主要是提供常见的互联网功能，例如“打开默认浏览器”、“发送邮件”、“Authorware 播放器安全设置”等。

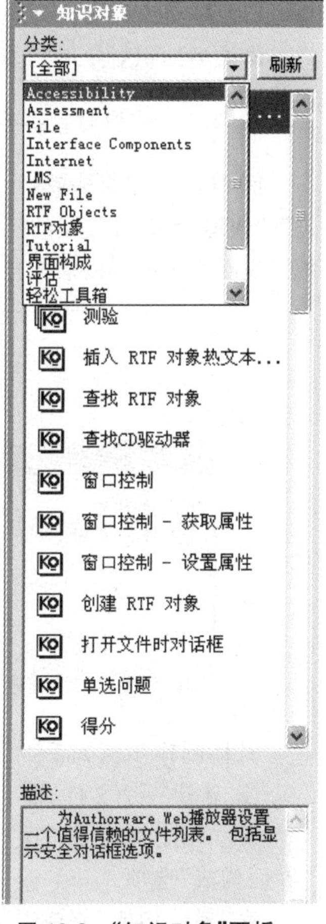

图 10-3　“知识对象”面板

6. LMS 类型的知识对象（学习管理类）

该类型的功能是初始化 LMS 的跟踪参数、发现跟踪数据或者停止 LMS 通信。

7. New File 类型的知识对象（新文件类）

该类型主要提供了一般的程序流程框架，最引人注目的是 Authorware Application Accessibility Kit，它提供了一套较为完整的程序流程模板，初学者可以从中学习到总体程序流程设计的方法。

8. RTF Objects 类型的知识对象（RTF 对象类）

该类型是一个控制 RTF(Rich Text Format)对象的知识对象工具包，包括“RTF 对象的创建”、“编辑修改”、“保存”、“常规查找”等功能。RTF 对象支持各种图形的插入，可设置多种文本格式，是常用的图文型多媒体程序文件类型之一。

9. Tutorial 类型的知识对象（Authorware 教学类）

该类型提供了导航控制相关的知识对象，包括“CameraParts”和“TakePictures”两个知识对象。

10. Icon Palette Settings 类型的知识对象（图标面板类）

该类型知识对象的功能是一旦用户为系统自定义了程序设计图标，该自定义图标以此类知识对象形式存放。

11. Model Palette 类型的知识对象(模组面板类)

该类型知识对象的功能是一旦用户为系统设置了模组,该模组以此种类知识对象形式存放。

10.2.2 知识对象实例

例 10.1 电影播放——鲸。通常数字电影图标插入的电影很难对其进行例如“暂停”、“快进”、“快退”等各种类型的控制,利用“界面构成”知识对象中的“电影控制”知识对象,能够很轻松地实现对数字电影的播放控制。程序内部结构如图 10-4 所示,执行效果如图 10-5 所示。

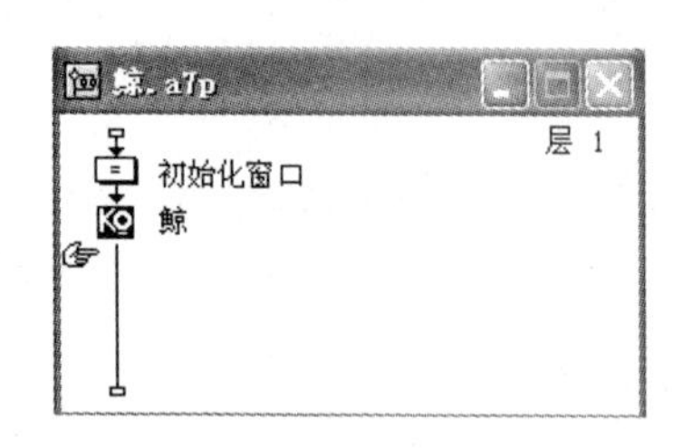

图 10-4 “鲸”程序内部流程

图 10-5 “鲸”执行效果

具体制作步骤如下:

① 新建一个文件,命名为“鲸.a7p”。

② 单击工具栏上的【知识对象】按钮,调出【知识对象】面板,从【分类】下拉列表框中选取“界面构成”选项。

在“界面构成”分类的所有知识对象中,双击电影控制,弹出电影控制知识对象向导,如图 10-6 所示。该图中左侧显示了打开的电影控制知识对象向导的 6 个步骤,右侧显示了电影控制知识对象的相关介绍。

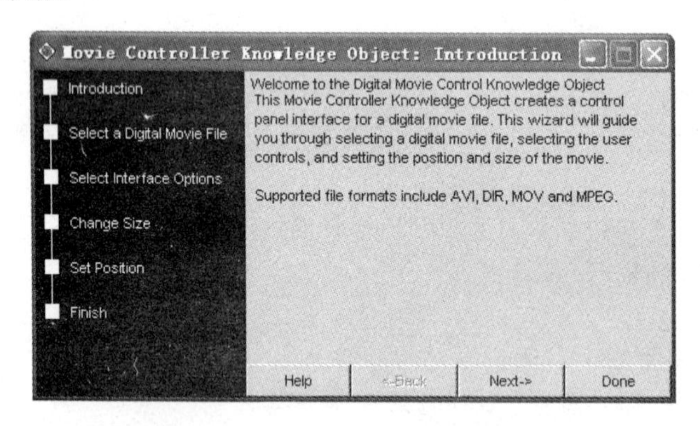

图 10-6 电影控制知识对象第 1 步

③ 单击【Next】按钮进入向导第 2 步,显示如图 10-7 所示。单击【Filename】文本框右侧的 ... 按钮,弹出“Select the digital movie file”对话框,选取一个数字电影文件,【Filename】文本框中将显示所要调入数字电影文件的绝对路径。勾选【Path is relative to FileLocation】复选框,则使用相对路径来调用数字电影文件。(提示:建议将所要使用的数字电影文件素材放置

到课件所存放的目录中。）

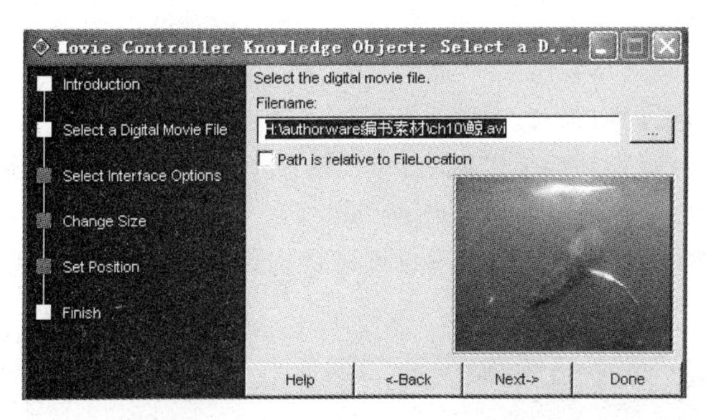

图 10-7　电影控制知识对象第 2 步

④ 单击【Next】按钮进入向导第 3 步设置，显示如图 10-8 所示。该步骤对出现在演示窗口中的电影播放控制按钮进行设置，这些按钮是播放、暂停、快进、快退和停止。如果不想让某个按钮出现在演示窗口，则取消其右侧的复选框即可。

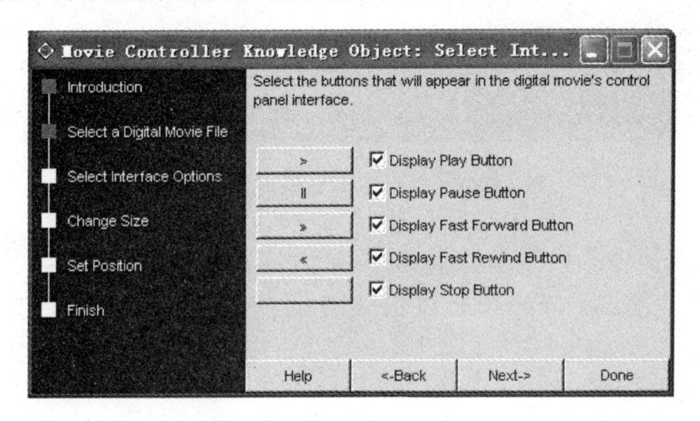

图 10-8　电影控制知识对象第 3 步

⑤ 单击【Next】按钮进入向导第 4 步设置，显示如图 10-9 所示。该步骤是对数字电影的大小进行设置。调整数字电影的大小可通过下面三种方法：在【Set size to】文本框中输入以像素为单位的宽度和高度值；在【Resize by】文本框中输入缩放的百分比，勾选【Proportional】复选框在缩放时保持数字电影画面的纵横比；单击【Adjust】旁边的按钮，以每次 1 个像素为单位进行微调，键盘上的上下左右键对应此处的四个方向按钮。

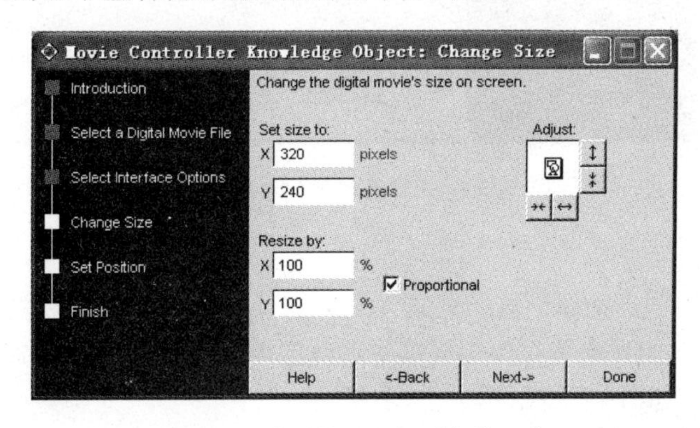

图 10-9　电影控制知识对象第 4 步

⑥ 单击【Next】按钮进入向导第 5 步设置,显示如图 10-10 所示。该步骤是对数字电影的播放位置进行设置。调整数字电影在演示窗口中的位置可以通过下面四种方法:直接用鼠标拖曳【Drag from here to screen】下面的预览窗口中的数字电影图标到指定位置上,在演示窗口中将显示出拖曳的结果;【Click to position】将演示窗口分成 9 个方格,单击其中的相应方格,则数字电影将定位到相应的区域;单击【Nudge】下面的四个按钮可对数字电影以 1 个像素为单位进行微调;通过【Position by value】文本框输入坐标值,来确定位置。单击【Reset Object】按钮将对数字电影的出现位置进行重置,重置后的数字电影左上角坐标将变成(0,0)。

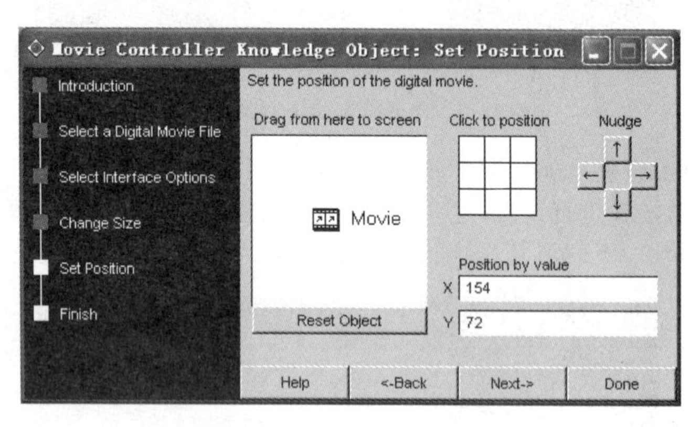

图 10-10　电影控制知识对象第 5 步

⑦ 单击【Next】按钮进入向导第 6 步设置,显示如图 10-11 所示。该步骤向导将根据刚才的设置创建知识对象,单击【Done】按钮将创建出设置好的数字电影。要对所做设置进行修改,可以单击【Back】按钮,如果已经关闭了向导,只要双击流程线上的知识对象图标即可再次启动向导并对其设置进行修改。

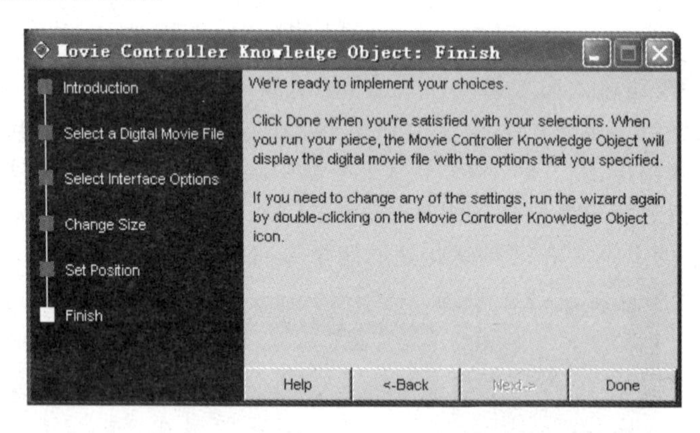

图 10-11　电影控制知识对象第 6 步

程序设计结束。

例 10.2　制作单项选择题。选择题是多媒体课件制作中制作练习题时经常使用到的一种题型,通过评估类知识对象能很快完成单项选择题或者多项选择题的制作。程序流程如图 10-12 所示,执行效果如图 10-13 所示。

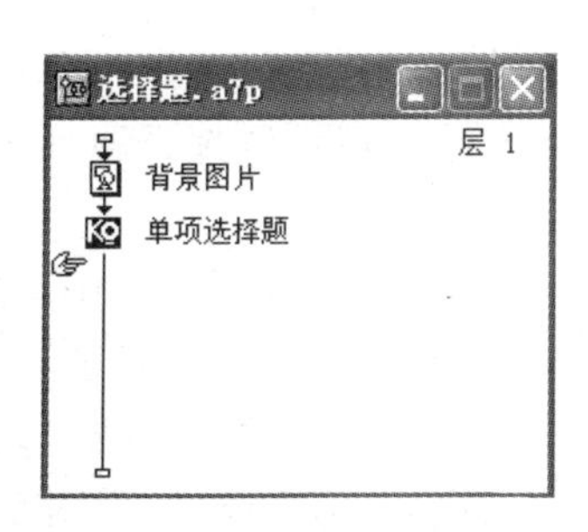

图 10-12　单项选择题程序流程

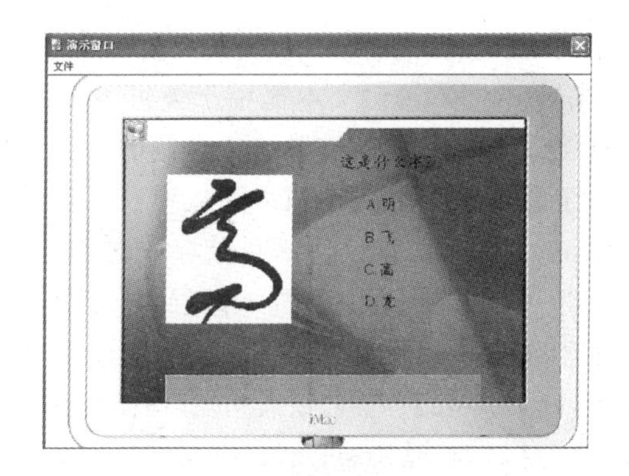

图 10-13　单项选择题程序执行效果

具体制作步骤如下：

① 新建一个文件，命名为“选择题. a7p”。

② 拖曳一个显示图标到流程线上，重命名为“背景图片”。在显示图标中插入一张选择题所用的背景图片。

③ 单击快捷工具栏上的【知识对象】按钮，调出知识对象面板。选择【分类】中的“评估”选项，在下面列表中列出了“评估”类知识对象，将其中的“单选问题”知识对象拖曳到“背景图片”显示图标的下方，弹出单选问题知识对象向导，如图 10-14 所示。

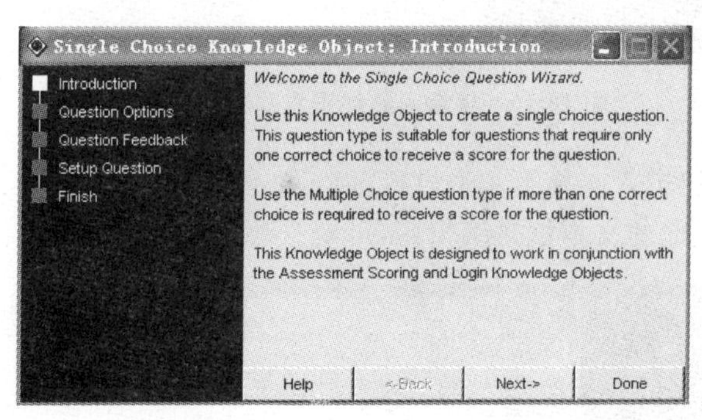

图 10-14　单选问题知识对象向导第 1 步

上图左侧显示当前使用的单选问题知识对象的 5 个步骤。右侧显示了当前使用的单选问题知识对象的相关介绍。

④ 单击【Next】按钮进入向导第 2 步设置，显示如图 10-15 所示。

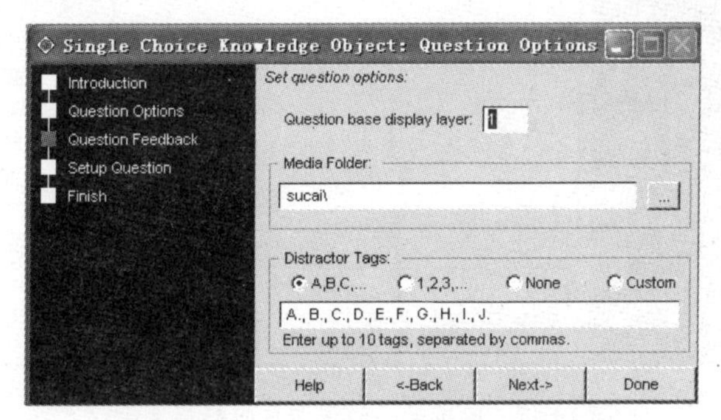

图 10-15　单选问题知识对象向导第 2 步

其中【Question base display layer】文本框用于设置单项选题中图片、文字等对象的显示层。【Media Folder】文本框用于设置单选题中使用的媒体存放路径,也可以在下面的文本框中直接输入一个路径或者单击右侧的按钮,弹出【Media Location】对话框,选择一个存放媒体的目录并单击【确定】按钮来完成设置。【Distractor Tags】单选按钮组设置选择题答案中的选择标记。(提示:建议将该目录存放在课件相同目录中。)

⑤ 单击【Next】按钮进入向导第3步设置,显示如图10-16所示。其中【Feedback】选项区域用于设置显示反馈信息,三个单选按钮分别为:【Immediate】单选按钮是立即显示;【Check Answer Button】单选按钮是单击检测按钮查看反馈信息;【No Feedback】单选按钮是不显示反馈信息。勾选【Reset question on entry】复选框后,当每次显示该选择题时,将对反馈信息进行重置。【Number of Tries】文本框设置允许用户选择的最多次数。

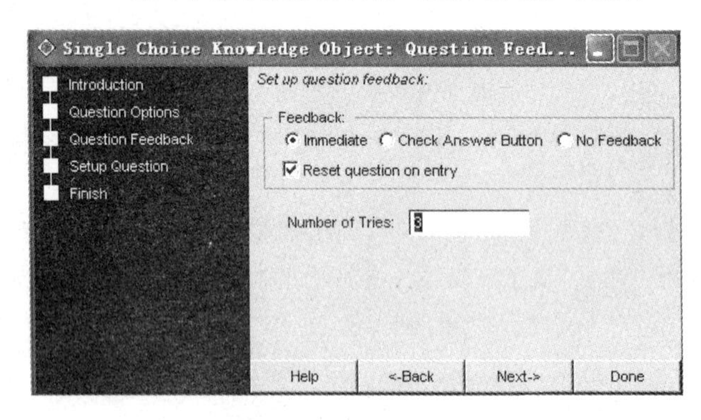

图 10-16 单选问题知识对象向导第 3 步

⑥ 单击【Next】按钮进入向导第4步设置,显示如图10-17所示。该步骤对选择题的题干及答案进行设置。最上面的文本框是编辑区,可对选择题的题干或答案进行修改。下面是显

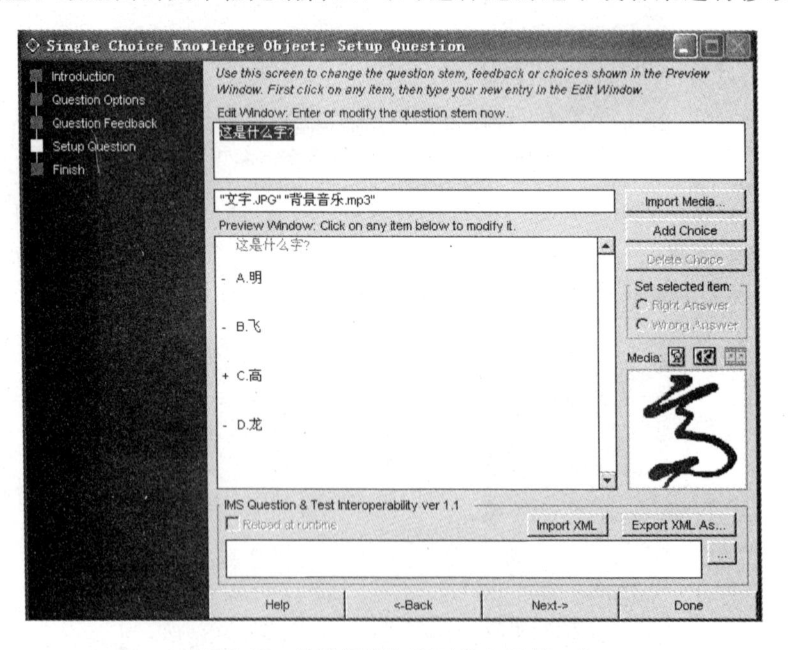

图 10-17 单选问题知识对象向导第 4 步

示所调用媒体的文本框，可以通过单击右侧的【Import Media】按钮打开【Import Media】对话框选择需要导入的媒体，导入的媒体将作为题干或者是答案的一部分，可以是声音、图片或视频等。【Preview Window】文本框显示了选择题的题干和答案。单击相应的内容，可以在最上面的文本框中对选定的内容进行修改。当选择了题干或某个答案，单击右侧的【Import Media】按钮可为当前选择的题干或答案插入一个媒体。【Add Choice】按钮和【Delete Choice】按钮可增加或删除一个答案选项。【Set Selected Item】选项区域用于设置所选定的答案是正确答案还是错误答案。【Media】预览区将显示所选定的题干或答案中所包含的媒体信息。【IMS Question & Test Interoperability ver1. 1】选项区域可插入或导出 XML 文件。

⑦ 单击【Next】按钮进入向导第 5 步设置，显示如图 10-18 所示。该步骤将对所做的设置进行创建知识对象，单击【Done】按钮开始创建单项选择题。要对设置进行重新修改，可以单击【Back】按钮，如果已经关闭了向导，只要双击流程线上的知识对象图标就可以再次启动向导并可以对所做设置进行修改。向导将提示知识对象中所使用到的一些 Xtras 或者外部扩展函数等，并自动将所需文件复制到与课件存放位置相同的目录中。

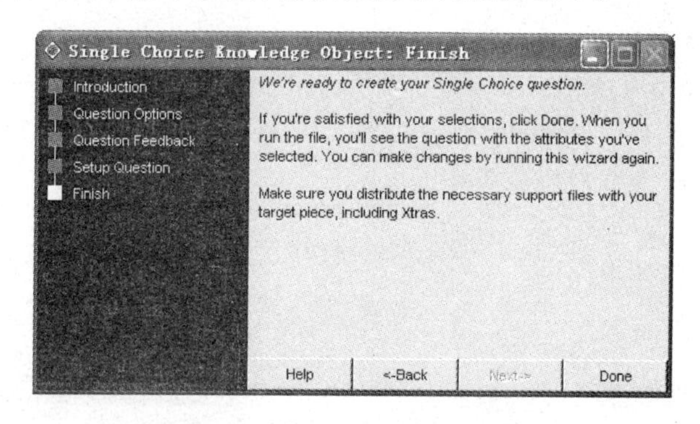

图 10-18　单选问题知识对象向导第 5 步

⑧ 如果需要更改演示中的文字及图像的位置和大小，可在程序运行时，按下"Ctrl＋P"组合键，将程序暂停，并在演示窗口中双击文字或图片，来进行更改，如图 10-19 所示。

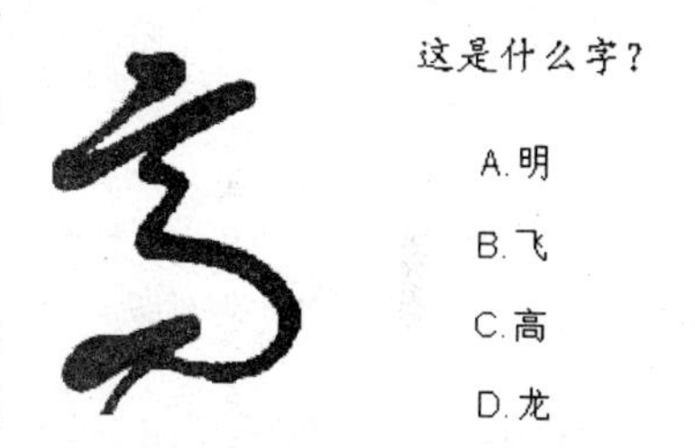

图 10-19　更改演示内容样式

程序设计结束。

制作一个 Authorware 课件，一般要求在任何一个显示器上都能全屏显示，达到最佳的显示效果，但 Authorware 课件一旦制作完成，课件演示窗口的分辨率就基本确定了，如果要改变课件演示窗口的分辨率，需要改变所有演示窗口的显示内容的大小及位置，那将是一个很大的工程，因此一般都是让客户显示器的分辨率适应课件作品的分辨率。

要改变客户机显示器的分辨率，方法有两个：一是通过手动修改；二是通过软件修改。

手动修改的方法是选择【开始】→【设置】→【控制面板】→【显示】选项，打开【显示属性】面板，选择【设置】选项卡，来修改客户显示器的分辨率，修改完成后点击【确定】即可，但课件作品运行结束后，需将客户显示器的分辨率还原，以免给他人造成不必要的麻烦；通过软件修改，需要编制一个小程序，运行完客户程序后也不需要单独恢复客户显示器的分辨率，将通过软件一并完成，通过软件一般适合对电脑知识了解很少的人员使用，下面通过一个实例来介绍。

例 10.3 课件全屏播放程序的制作。

设计要求：运行程序，首先进行判断作品的分辨率(1024×768，32 位真彩)与当今显示器的分辨率是否一致，如一致将执行客户程序，不需要修改。如不一致，将显示一个消息框，询问是否修改显示器分辨率与作品要求的一致，如要求一致，将修改显示器分辨率后执行客户程序，客户程序执行结束后，要求对显示器的分辨率进行还原，退出 Authorware。

具体制作步骤如下：

① 新建一个文件，命名为“课件全屏播放程序. a7p”。

② 拖曳相关的图标到流程线上，程序设计流程如图 10-20 所示。

③ 双击打开“初值”计算图标，输入如下代码：

```
Kh_width=1024
Kh_height=768
Kh_depth=32                    ——课件作品运行要求的分辨率
Width=screenwidth
Height=screenheight
Depth=screendepth              ——客户机的分辨率
If  (screendepth<>32|screenwidth<>1024|screenheight<>768) then
GoTo(IconID@"修改客户机分辨率")
Else
GoTo(IconID@"课件程序")
End if
```

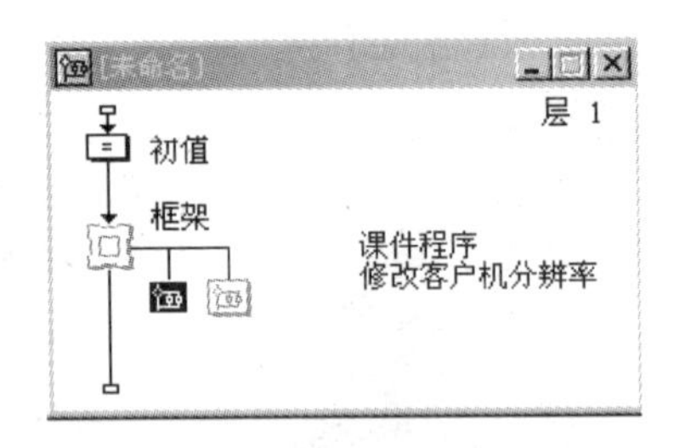

图 10-20 课件设计流程

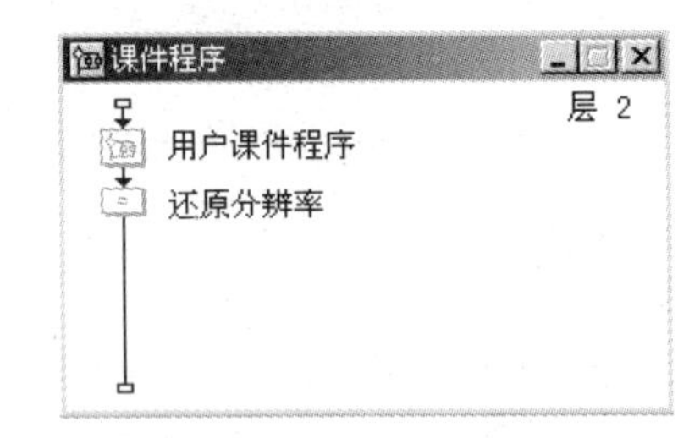

图 10-21 课件程序设计流程

④ 双击打开“框架”图标，删除框架内的所有内容。双击打开课件程序，程序设计流程如图 10-21 所示。载入 altools. u32 中的 alchangeRes 函数(altools. u32 在 Authorware 中不存在，需要到 Macromedia 的网站上去免费下载)。

⑤ 双击打开“修改客户机分辨率”群组图标，单击常用工具栏的知识对象按钮，打开“知识对象”窗口，拖曳“消息框”知识对象到流程线上，进入“消息框”知识对象向导，单击【Next】按钮进入下一步。如图 10-22 所示，选择【Application Modai】单选按钮，单击【Next】进入下一步，如图 10-23 所示。选择【Yes，No】及【Yes】单选按钮，单击【Next】进入下一步，选择一种 icon，单击【Next】进入下一步，如图 10-24 所示，在上面的文本框中输入“修改显示器分辨率”，在下面的文本框中输入“运行本课件需要修改显示器分辨率为 1024×768 像素，32 位真彩，修改吗?”。单击【Next】进入下一步，如图 10-25 所示，在文本框中输入“= wzMBReturned Value”，选择【Button Number】单选按钮，单击【Done】按钮结束消息框的设置。

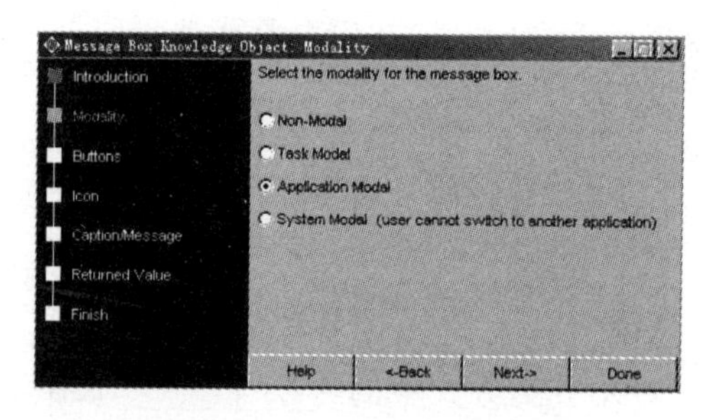

图 10-22　消息框 Modality 界面

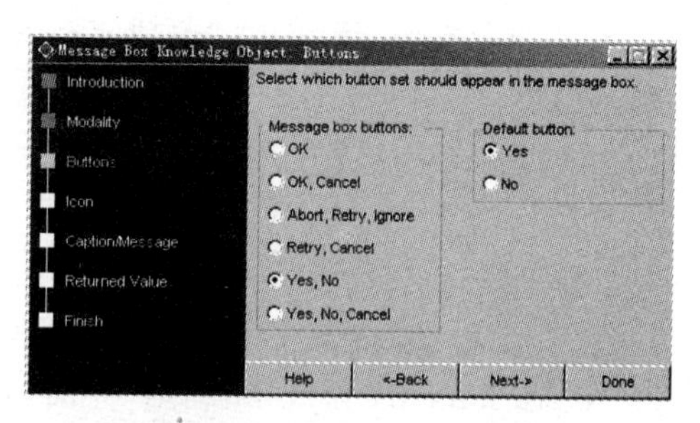

图 10-23　消息框 Buttons 界面

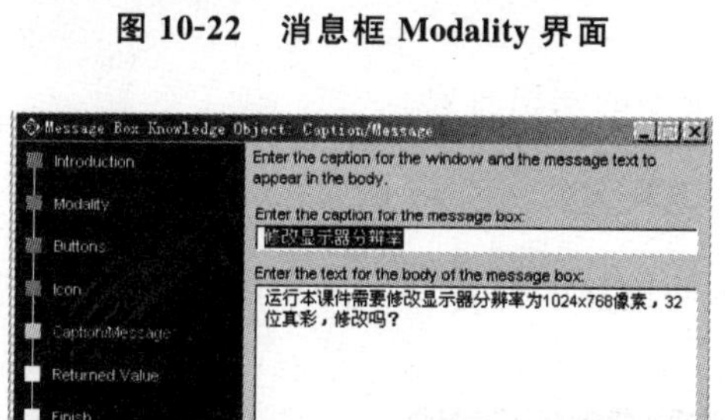

图 10-24　Caption/Message 界面

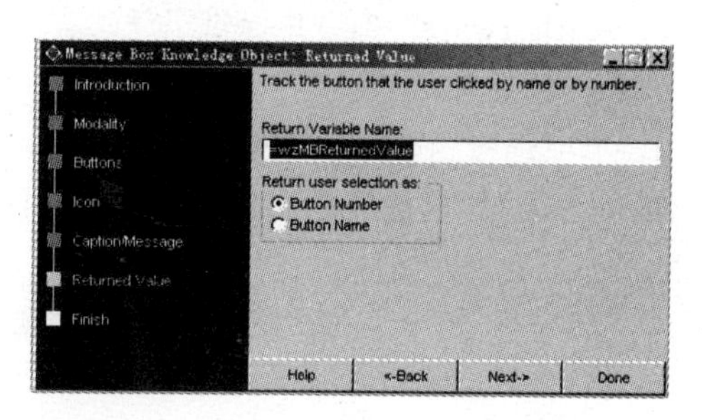

图 10-25　消息框 Returned Value 界面

⑥ 拖曳一个计算图标到“消息框”知识对象的下面，命名为“修改客户机分辨率”，双击打开输入如下代码：

```
If wzMBReturnedValue=6 then
alchangeRes(Kh-width, Kh-height, Kh-depth)
changed=1
end if
GoTo(IconID@"课件程序")
```

⑦ 在“还原分辨率”的计算图标中输入如下代码：

```
If changed=1 then
alchangeRes(width, height, depth)
end if
quit(0)
```

程序设计结束。

习题 10

一、选择题

1. 要在 Authorware 课件中编辑库图标，对其图标进行排序，可与其他按钮配合使用。下列选项(　　)不是用来配合的。

A. 图标　　B. 标题　　C. 颜色　　D. 大小

2. 在 Authorware 课件中，使用库有很多优点，下列选项(　　)不是库所具有的优点。

A. 一库多用　　B. 设计简单　　C. 方便更新　　D. 节省空间

3. 在 Authorware 系统中,“单项问题”知识对象属于下列(   )知识对象分类。

A. 评估 B. 界面构成 C. 文件 D. LMS

4. 在 Authorware 系统中,“消息框”知识对象属于下列(   )知识对象分类。

A. Internet B. 界面构成 C. 评估 D. LMS

二、填空题

1. 为了避免大量的重复劳动,Authorware 系统提供了________和知识对象等工具。

2. 在 Authorware 系统中,利用“界面构成”知识对象分类方式中的________知识对象来播放电影。

3. Authorware7.0 一共提供了________种类型的知识对象。

三、上机练习

1. 单项选择题。

本练习采用“单选问题”知识对象来设计实现单项选择的计算题。课件的执行效果如图 10-26 所示。

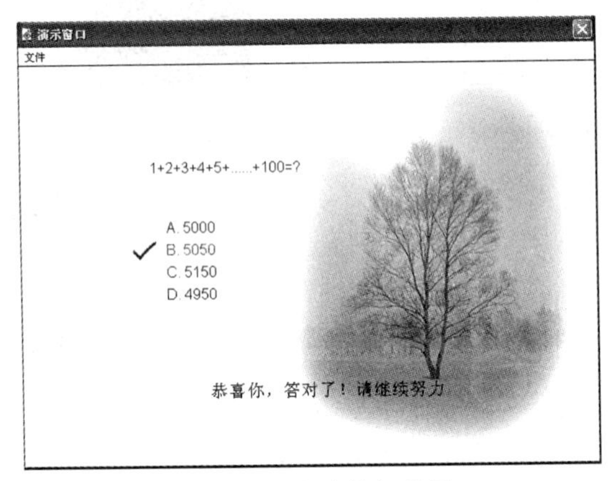

图 10-26 程序执行效果

2. 消息提示框。

本练习采用“消息框”知识对象来设计实现,关于提示设置显示分辨率的消息对话框。课件的内部程序结构和执行效果分别见图 10-27 和图 10-28。

图 10-27 课件的内部程序结构

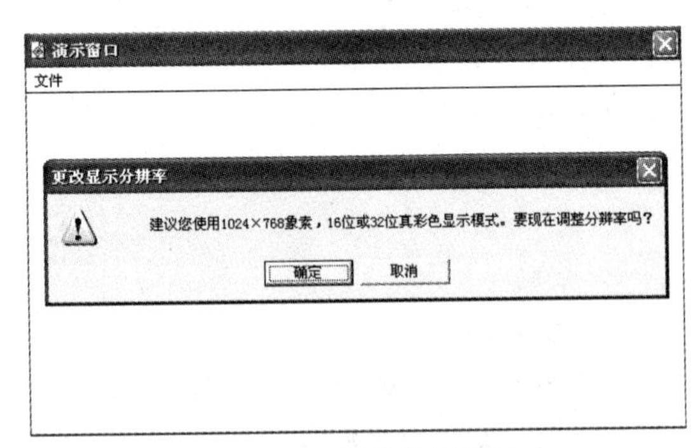

图 10-28 课件执行效果

第十一章　课件的调试与发布

课件能够正常运行，调试是必不可少的环节。一个课件作品要经过反复调试，运行无误后才能打包发布，最后交付给用户使用。开发课件作品的最后一步，就是对文件的打包发布。本章主要介绍如何调试课件、如何打包和发布课件的相关知识。

11.1　课件的调试

对课件进行调试是进行程序设计的重要步骤。当课件按设计制作完成后，需要对整个课件进行反复调试，并且课件打包成可执行文件就不能再修改了，所以打包前要尽可能找到错误或不合适的地方，并进行修改调试，才能保证课件的质量。

下面介绍 Authorware 中两种常用的调试方法，使用开始旗、结束旗调试程序和使用控制面板调试程序。

11.1.1　使用开始旗和结束旗

图标面板上有一个开始旗和一个结束旗，这两个标志旗为调试程序带来了很大的方便。通常情况下，制作完课件或课件的一部分，单击工具栏上的【运行】按钮，程序会从流程线上的第一个图标开始执行，直到流程线上的最后一个图标结束，除非中间设置了退出。如果程序中包含了较多的设计图标，而调试时只想调试课件中的某一部分，这时就可以使用开始旗和结束旗来调试。在调试部分的开头拖曳开始旗，在调试部分的结尾拖曳结束旗，工具栏上的运行按钮变成从标志旗开始执行按钮，单击按钮后，只运行开始旗和结束旗之间的这部分程序。

使用时需要注意：开始旗和结束旗可以单独使用，也可以成对使用，但在流程中只能有一个开始旗和一个结束旗。使用后，图标面板上原来摆放这两个旗帜的位置就变成空位了。单击图标面板上的开始旗或结束旗空位，即可将开始旗或结束旗收回。

下面以调试程序文件“勾股定理. a7p”为例，介绍使用开始旗和结束旗调试程序的方法，具体操作步骤如下：

① 打开要调试的程序文件“勾股定理. a7p”。

② 从图标面板拖曳开始旗到调试部分的开头，释放左键，然后拖曳结束旗到调试部分段的结尾，释放左键，此时流程如图 11-1 所示。

③ 当在流程线上拖曳一个开始旗后，工具栏上的运行按钮自动变成从标志旗开始执行按钮，单击从标志旗开始执行按钮，运行程序。程序从名称为“内容”的交互图标处开始执行，到结束旗处停止。

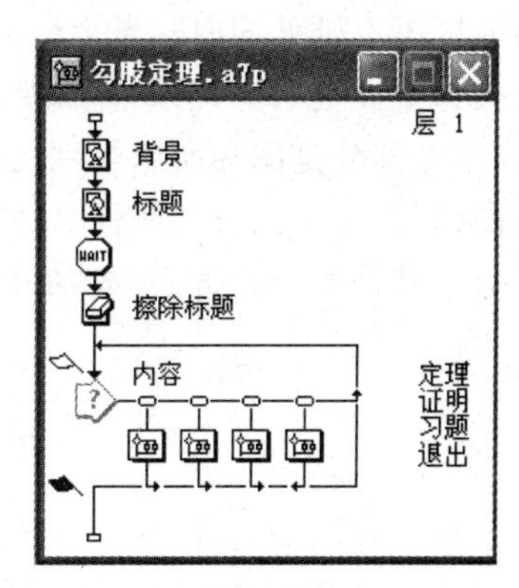

图 11-1　使用开始旗和结束旗调试程序

④ 若程序中有错误,用户可以对这段程序反复调试,直到排除错误。调试完后,单击图标面板上开始旗与结束旗的空位,将开始旗与结束旗收回。

11.1.2 使用控制面板

调试程序除了使用开始旗和结束旗外,还可以使用【控制面板】。单击工具栏上的【控制面板】按钮,就会弹出【控制面板】的浮动面板,如图 11-2 所示。

在浮动面板上, 按钮的作用是从程序的开始处运行程序; 按钮的作用是将程序定位到开始处,但不运行程序; 按钮的作用是终止程序的运行; 按钮使程序暂时停止运行; 按钮使程序从暂停处继续运行;单击 按钮,将跟踪窗口显示出来,如图 11-3 所示,跟踪窗口和控制面板是连在一起的。

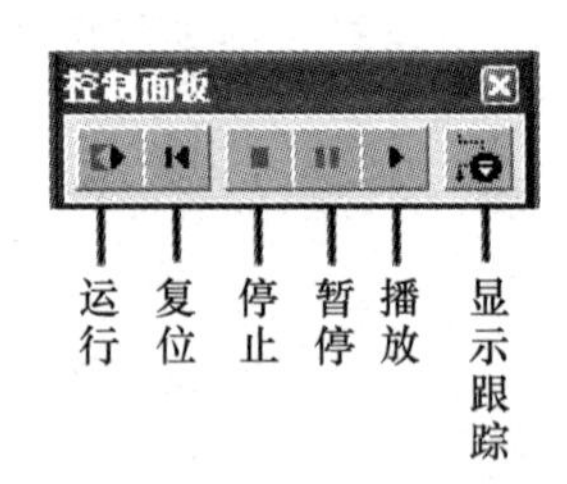

图 11-2 "控制面板"对话框

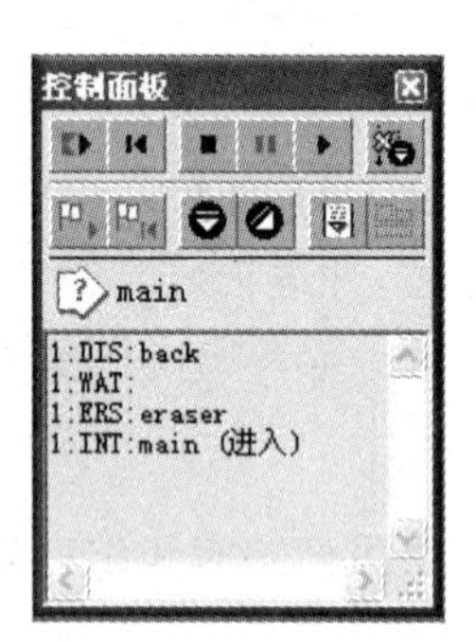

图 11-3 跟踪窗口

在跟踪窗口上有 6 个按钮,分别是 (从标志旗开始执行)、 (初始化到标志旗处)、 (向后执行一步)、 (向前执行一步)、 (打开跟踪方式)和 (显示看不见的对象)。

从标志旗开始单击【按钮】和【初始化到标志旗处】按钮,只有在流程线上添加了开始旗才能被使用。单击【从标志旗开始执行】按钮,程序从开始旗处开始运行,单击【初始化到标志旗处】按钮,程序定位到开始旗处;单击【向后执行一步】按钮一次,程序向后执行一个设计图标;单击【向前执行一步】按钮一次,程序向前执行一个设计图标;单击【跟踪方式】按钮显示时,在跟踪记录列表中会显示跟踪记录,单击该按钮,变成关闭跟踪方式按钮,其功能是在跟踪记录列表中不显示跟踪记录;单击【显示看不见的对象】按钮,使程序运行时将热区域、目标区域、文本输入区等不可见的内容显示出来。

按钮下面是跟踪记录,每条跟踪记录都由 3 部分组成:第 1 部分表示图标在流程线上的层次;第 2 部分是图标所属类别的缩写,如 DIS 表示显示图标,WAT 表示等待图标,ERS 表示擦除图标等;第 3 部分是图标名称,如果该图标是群组图标、交互图标或其他分支结构类图标,则会显示其动作,如"进入"或"退出"。

11.2 打包与发布

课件经过调试完成,在交付给用户使用前的最后一项工作就是打包与发布。打包就是使课件成为能够脱离 Authorware 的编辑环境,成为在 Windows 环境下独立运行的应用程序。同时,经过打包后的课件,由于不含有源代码,用户不可以编辑,因此打包也是对源文件的保护。

要想使打包后的 Authorware 程序能正确运行，不仅要包括 Authorware 应用程序文件，同时还要包括支持这些文件运行所需要的文件，如外部文件、Xtras 文件、外部函数、DLL 文件等，最后将这些文件一起发布给用户。

11.2.1 程序文件的打包

打开要打包的程序文件，选择菜单【文件】→【发布】→【打包】命令，弹出“打包文件”对话框，如图 11-4 所示。

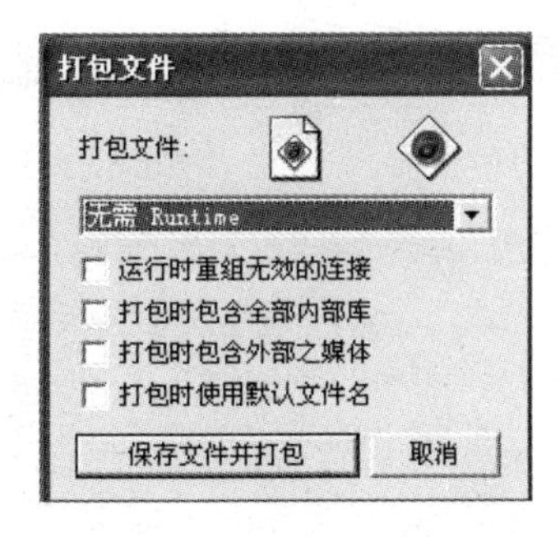

图 11-4　“打包文件”对话框

对话框中各选项的功能如下：

(1)【打包文件】下拉列表框：用于设置打包文件的类型，共两个选项。“无需 Runtime”选项：打包后文件的扩展名为 a7r，要运行该程序，需要将 runa7w32.exe 文件同时提供给用户；“应用平台 Windows XP、NT 和 98 不同”选项：打包后文件的扩展名为 exe，可以在Windows XP、NT 和 98 操作系统中独立运行。

(2)【运行时重组无效的连接】复选框：选中该项，在程序运行时使 Authorware 自动恢复断开的链接，使程序正常运行。

(3)【打包时包含全部内部库】复选框：选中该项，将与程序链接的所有库文件打包到程序内部，可以防止因为链接不当而产生错误，避免将库文件单独打包。但这样会使程序文件变大。

(4)【打包时包含外部之媒体】复选框：选中该项，将当前程序引用的外部媒体文件直接插入到程序内部，不包括数字电影和 Internet 上的媒体文件。这样发布作品时不需要附带素材文件，发布就容易了。

(5)【打包时使用默认文件名】复选框：选中该项，自动用当前文件名作为打包后的文件名。如果不选中，单击【保存文件并打包】按钮后会弹出对话框，可以重新命名。

打包文件后，还需要手工查找运行该程序所需的支持文件，如外部文件、Xtras 支持文件、外部函数文件、特殊的字体文件等，并把这些文件复制到打包文件所在的相同文件夹下。最后在本机和其他机型下运行打包后的文件，以确保其正确性。

需要注意的是，如果当前程序文件包含有库文件，而又没有选中【打包时包含全部内部库】复选框，则需要将库文件进行单独打包。其方法是：先将程序中使用的库文件打开，再执行菜单【文件】→【发布】→【打包】命令，库文件打包后，其扩展名为 a7e。

11.2.2 发布课件

打包程序文件除了使用上面的“打包”命令外,还可以使用“一键发布”命令(Authorware 6.0新增的功能),该命令可以自动查找所需的外部支持文件,轻松地将应用程序发布到Web、CD-ROM、局域网或本地硬盘。

打包发布之前,需要对发布的各项参数进行设置。执行菜单【文件】→【发布】→【发布设置】命令,Authorware对程序中的所有图标进行扫描后,打开“One Button Publishing”(一键发布)对话框,如图11-5所示。

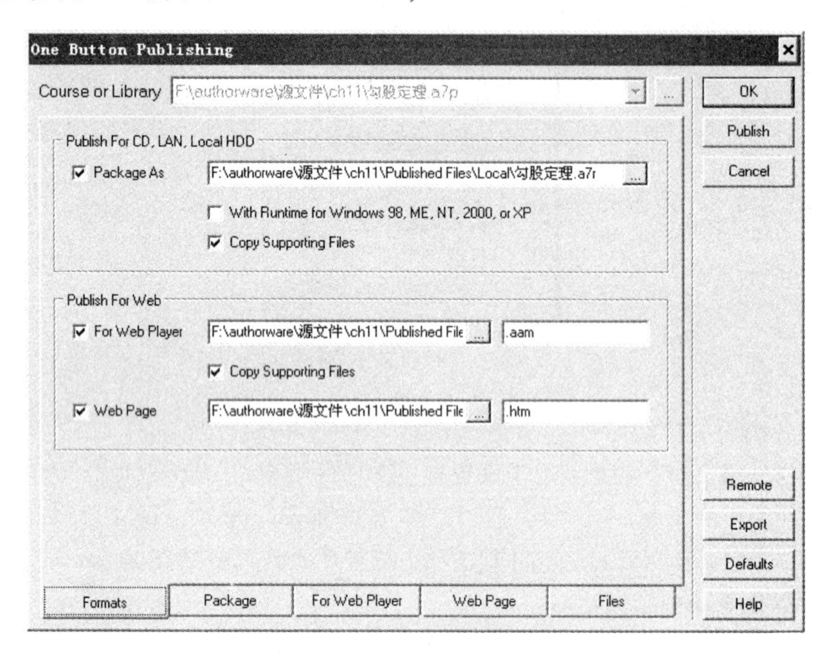

图11-5 “一键发布”对话框

在对话框的上面是【Course or Library】下拉列表框,这里用于设置要发布的程序,默认为当前的程序。

1.【Formats】(格式)选项卡

用于设置文件的发布格式,可以将文件发布成为带播放器的exe文件、不带播放器的a7r文件,由网络播放器播放的aam文件或htm网页文件。

(1)【Publish For CD, LAN, Local HDD】(发布到CD,局域网,本地硬盘)选项。

①【Package As】复选框:选中此项,将会采用CD、局域网和本地硬盘进行发布。右侧文本框中直接输入打包文件的名称和存放位置。也可单击右侧的按钮,会弹出对话框,可以选择文件存放的位置。

②【With Runtime for Windows 98,ME,NT,2000 or XP】复选框:选中该项,则打包后文件的扩展名为exe,能够在Windows系统下独立运行;否则打包后文件的扩展名为a7r,同时必须将runa7w32.exe文件一同交付给用户,才可以正确运行。

③【Copy Supporting Files】复选框:选中该项,可以使Authorware在打包时会自动将各种支持文件一起复制到课件所在的文件夹下。

（2）【Publish For Web】（发布到网络）选项。

①【For Web Player】复选框：选中该项，网络发布时会产生由 Authorware 网络播放器播放的扩展名为 aam 的映射文件。

②【Web Page】复选框：选中复选框，在网络打包时产生标准的 HTML 网页文件，扩展名为 htm。

以上两个选项右侧的文本框用于输入打包文件的存放位置，也可单击右侧的按钮打开对话框，选择文件存放的位置。

2.【Package】（打包）选项卡

选择【一键发布】对话框上的【Package】选项卡，显示如图 11-6 所示的面板，该面板是关于打包文件的一些设置，与图 11-4 中的打包设置类似。

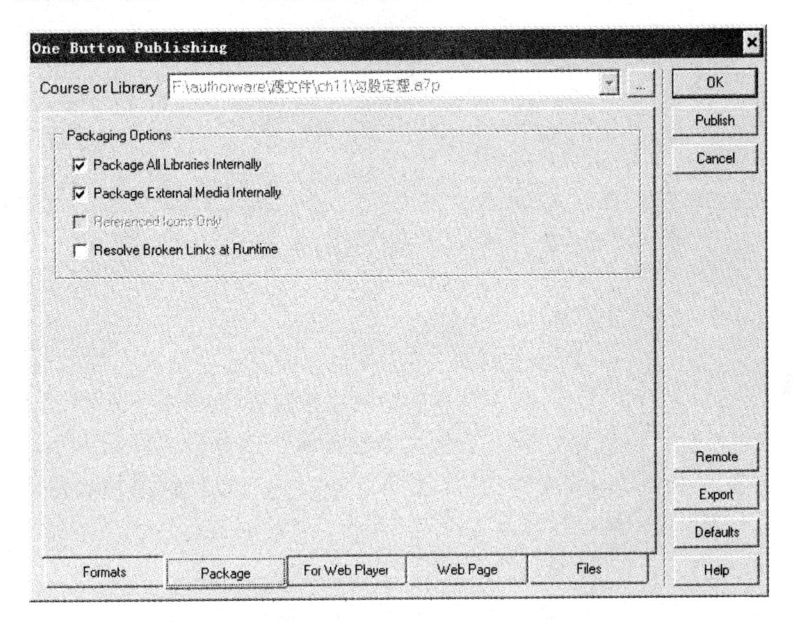

图 11-6　【Package】选项卡

（1）【Package All Libraries Internally】（打包时包含全部内部库）复选框：选中该项，将与当前程序有关的库一起打包。

（2）【Package External Media Internally】（打包时包含外部之媒体）复选框：选中该项，将外部媒体文件直接打包到程序文件。

（3）【Referenced Icons Only】（仅引用图标）复选框：选中该项，只将与程序关联的库文件中的图标打包到扩展名为 a7e 库文件中，否则库文件中的图标全部会被打包。该复选框只针对库文件有效。

（4）【Resolve Broken Links at Runtime】（运行时重组无效的连接）复选框：选中该项，程序运行期间自动寻找并修复程序与库间断开的链接。

3.【For Web Player】（用于 Web 播放器）选项卡

选择【一键发布】对话框上的【For Web Player】选项卡，显示如图 11-7 所示的面板，该面板是关于网络发布的一些设置。

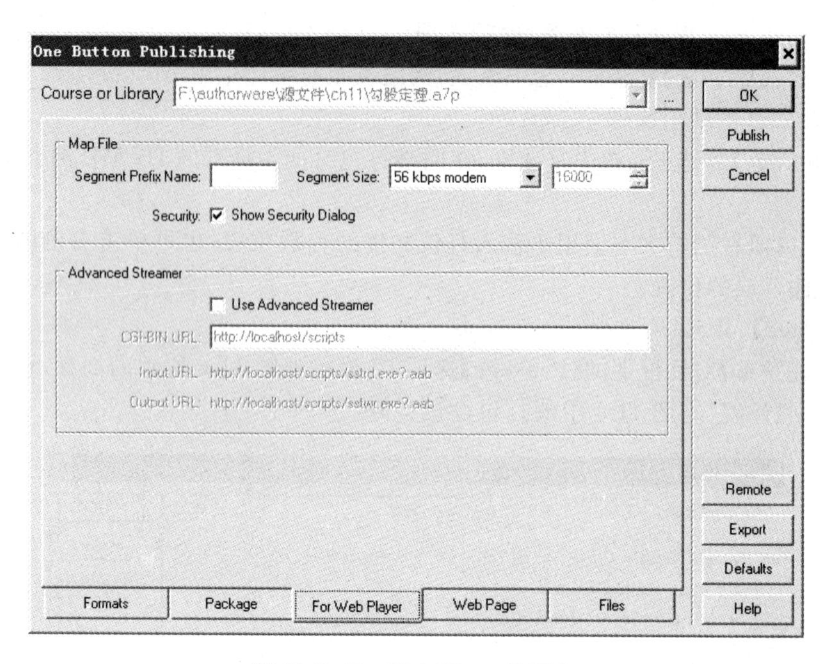

图 11-7　For Web Player 选项卡

(1)【Map File】(映射文件)选项。

①【Segment Prefix Name】(分段前缀名)文本框:可以输入分段文件的前缀名。

②【Segment Size】(分段大小)列表框:根据网络连接速度,来定义每个分段文件的大小,以保证网速虽然较慢也可以流畅播放。右侧文本框显示当前分段文件的大小。

③【Security】(安全:显示安全对话)复选框:选中时,可以使网络播放器下载文件时显示安全对话框。

(2)【Advanced Streamer】(增强的流)选项。

①【Use Advanced Streamer】(使用增强的流)复选框:选中该复选框,将使用增强的流技术,该技术是 Authorware 特有的智能化数字流处理技术,它可以预测和下载程序片段,提高网络的下载效率,从而提高程序运行的效率。

②【CGI-BINURL】文本框:用于设置支持知识流网络服务器的地址。

4.【Web Page】(Web 页)选项卡

选择【一键发布】对话框上的【Web Page】选项卡,显示如图 11-8 所示的面板,该面板当选中了【Formats】选项卡中的【Web Page】复选框才能被显示。该选项卡主要是对 Web 页面进行设置。

(1)【Template】(模板)选项。

①【HTML Template】(HTML 模板)下拉列表框:提供了 7 种可供使用的模板。

②【Template Description】(模板描述)文本框:对当前选择模板的描述。

③【Page Title】(网页标题)文本框:用于设置网页的标题,默认为程序文件名。

(2)【Playback】(回放)选项。

①【Width】和【Height】(宽和高)文本框:设置程序窗口的大小。

②【BgColor】(背景色)颜色框:用于设置程序窗口的背景色。

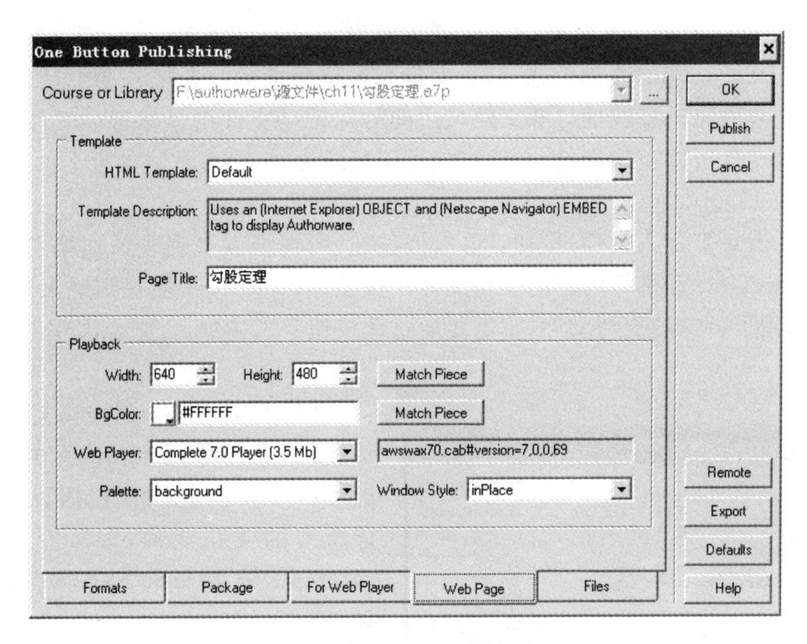

图 11-8　【Web Page】选项卡

③【Web Player】(Web 播放)下拉列表框：用于选择使用何种版本的网络播放器。

④【Palette】(调色板)下拉列表框：用于选择程序使用的调色板。

⑤【Window Style】(窗口风格)下拉列表框：用于选择程序窗口的风格。

5.【Files】(文件)选项卡

选择【一键发布】对话框上的【Files】(文件)选项卡，显示如图 11-9 所示的面板，该面板对发布程序的所有支持文件进行管理。

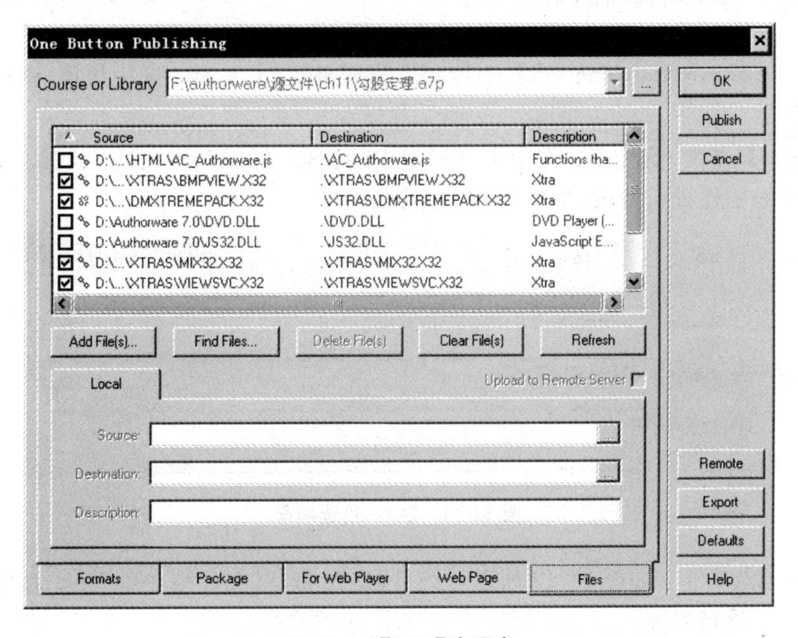

图 11-9　【Files】选项卡

(1) 发布文件列表框：该列表框列出了将要发布的文件的 Source(源文件)、Destination(目标文件)及 Description(文件的描述)。文件列表框前面的复选框若选中，则该文件将被发布，否则不会一起发布。复选框与源文件名之间的标记是文件链接标记。文件链接标记显示为蓝色，表示源文件可以正确定位；文件链接标记显示为红色，表示缺少源文件，应将其修正后再进行发布。

(2)【Add Files】(加入文件)按钮：单击该按钮，可以向发布列表添加第三方插件、控件、Flash 动画、QuitTime 动画等内容的支持文件。虽然 Authorware 能找到绝大部分支持文件，但如果用户引用了特殊的支持文件，则需要通过此按钮手工添加，否则会出现不能正常播放的情况。

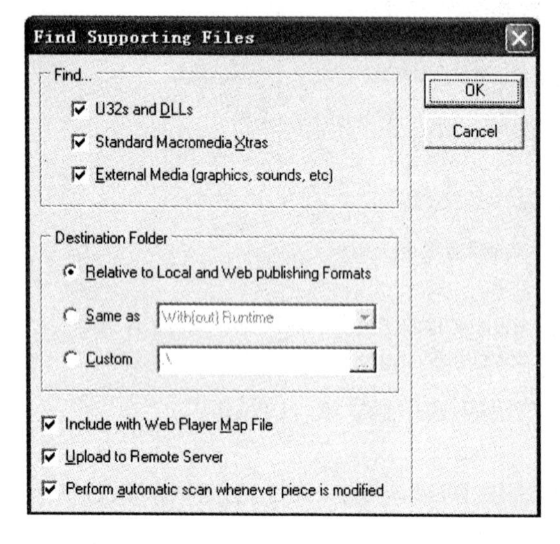

图 11-10 "Find Supporting Files"对话框

(3)【Find Files】(查找文件)按钮：单击该按钮，弹出如图 11-10 所示的"Find Supporting Files"对话框，根据设置重新查找程序所需的支持文件，如 U32、DLL、标准的 Macromedia Xtra 和 External Media(外部媒体)等。

(4)【Delete Files】(删除文件)按钮：选中文件列表中的一个文件，单击该按钮，则可以从文件列表中删除选定的文件。

(5)【Clear Files】(清除文件)按钮：单击该按钮，将清除所有的支持文件及外部媒体文件，不包括生成的可执行文件、网络打包的映射文件与网页文件。

(6)【Refresh】(更新)按钮：单击该按钮，将文件列表刷新。

(7)【Upload to Remote Server】(上传到远程服务器)复选框：选中该项，则将指定文件上传到远程服务器。

(8)【Local】(本地)选项卡：选中文件列表中的文件，可以对该文件的来源，打包后的目标位置及该文件的描述进行修改，如图 11-11 所示。

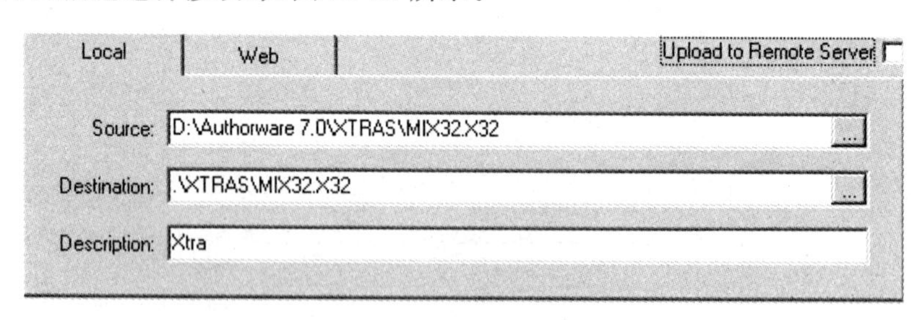

图 11-11 【Local】选项卡

(9)【Web】选项卡：如图 11-12 所示，针对网络发布，对文件列表中 Xtra、数字电影等选定文件的发布设置进行修改。

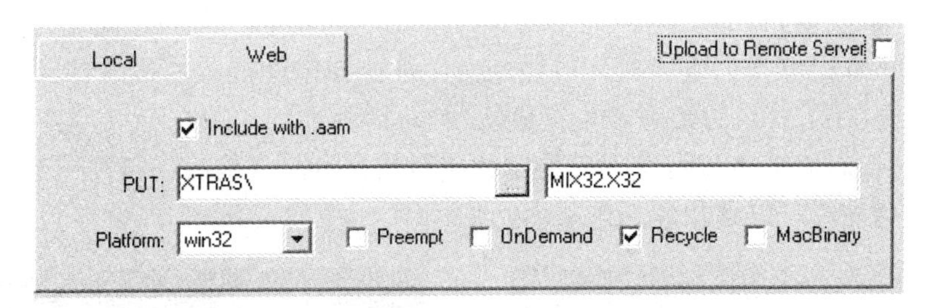

图 11-12　【Web】选项卡

6.【Remote Settings】(远程)按钮

单击该按钮,弹出"Remote Settings"(远程设置)对话框,此对话框为了将程序发布到远程FTP服务器而进行设置的,包括设置FTP地址、登录的用户名和登录密码等内容,如图11-13所示。

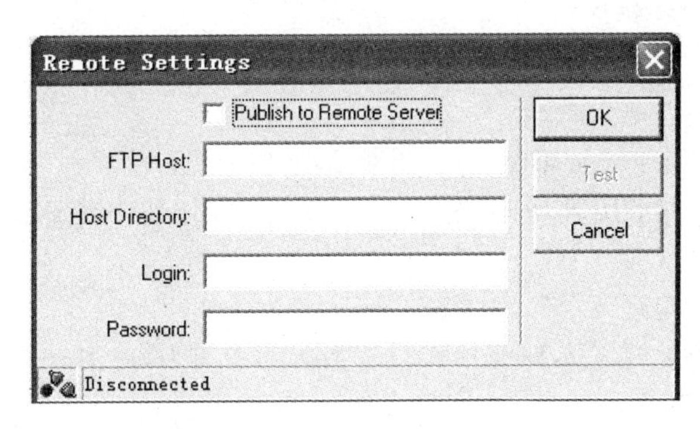

图 11-13　"Remote Settings"对话框

7.【Export Settings AS】(输出)按钮

单击该按钮,弹出"Export Setting As"对话框,如图11-14所示。在此对话框中,将一键发布的当前设置内容保存为一个注册表文件(reg文件)。

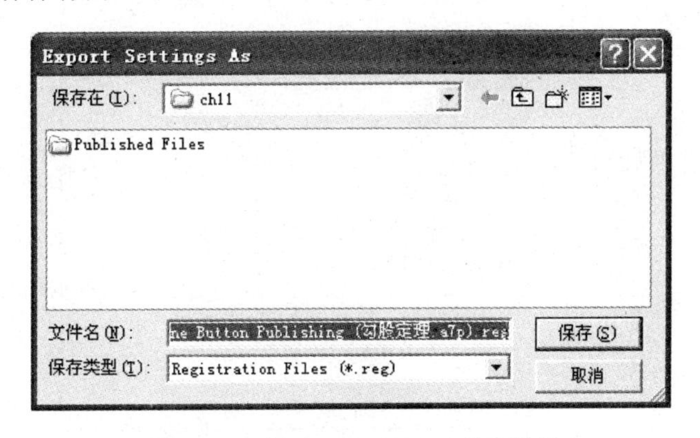

图 11-14　"Export Settings As"对话框

8.【Defaults】(默认)按钮

单击该按钮,将一键发布的当前设置恢复成初始的设置。

9.【Publish】(发布)按钮

单击该按钮,将根据当前设置对当前程序文件进行打包发行。发布结束后,弹出一个对话框,若对话框如图 11-15 所示,则表示发行成功;若对话框如图 11-16 所示,则表示发行过程中出现了些错误。在对话框中,单击【OK】按钮关闭对话框,单击【Preview】按钮可预览发布的程序,单击【Details】按钮可以查看发布细节。

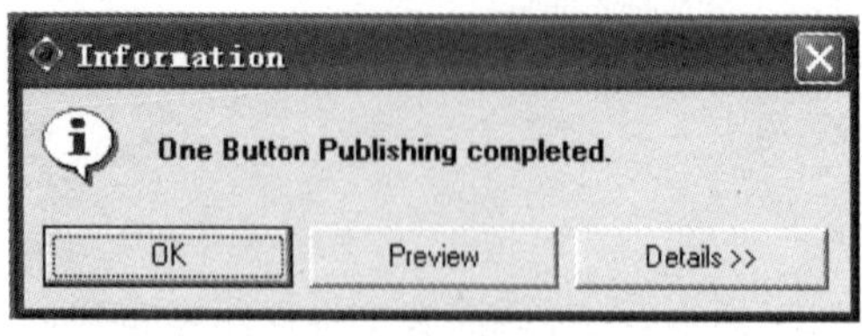

图 11-15　发布成功的提示信息对话框

Warning

One Button Publishing completed with warnings.

OK　Preview　Details >>

图 11-16　发布出现问题的警告信息对话框

10.【Help】(帮助)按钮

单击该按钮,会弹出关于一键发布的帮助文档。

11.【OK】按钮

单击该按钮,保存当前的发布设置,关闭对话框。

例 12.1　对作品"勾股定理. a7p"进行打包发布,实现作品一键发布的具体操作步骤。

具体制作步骤如下:

① 打开程序"勾股定理. a7p"。

② 执行菜单【文件】→【发布】→【发布设置】命令,打开"One Button Publishing"对话框,进行如图 11-17 的设置。

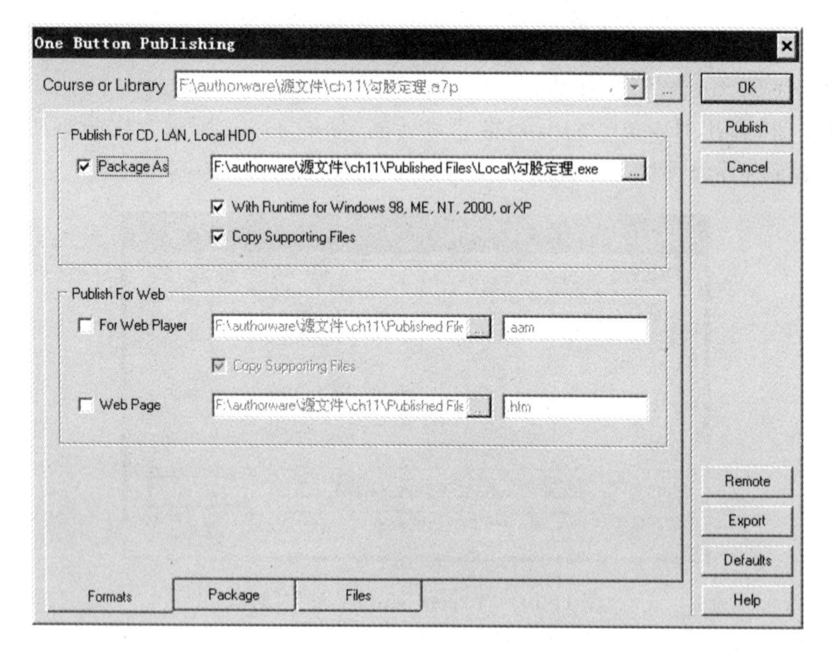

图 11-17　【Format】选项卡的设置

③【Package】选项卡不做修改。选择【Files】选项卡,如图 11-18 所示,在文件发布列表

中，第三个文件的链接标志为红色，表明缺少源文件出现错误。

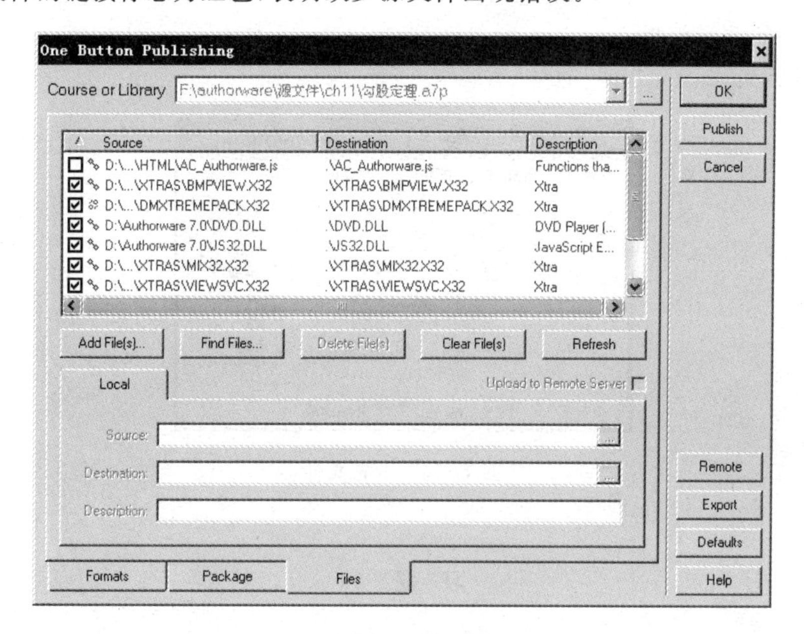

图 11-18　【Files】选项卡的设置

选中该文件后，在【Local】选项卡中查找源文件。修改后，链接标志变为蓝色，表明源文件已正确定位，如图 11-19 所示。

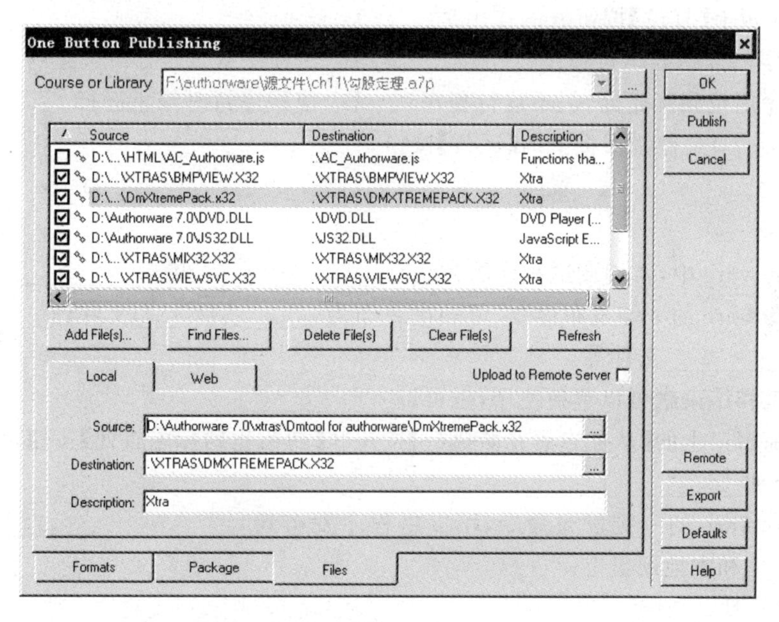

图 11-19　修改后【Files】选项卡的设置

④ 设置完成，单击【Publish】按钮，按当前的设置打包发布。发布完成，弹出如图 11-15 所示的对话框，表明发布成功。

⑤ 单击图 11-15 对话框中的【OK】按钮，关闭对话框，单击“One Button Publishing”对话

框中的【OK】按钮。最后查看发布文件,如图 11-20 所示。双击图标“勾股定理.exe”,运行该程序,查看作品的演示效果。

程序设计结束。

图 11-20 发布文件

习 题 11

一、选择题

1. 库文件打包后,其扩展名为(　　)。

A. a7p　　B. a7r　　C. a7e　　D. exe

2. 控制面板上【复位】按钮的作用是(　　)。

A. 从程序的开始处运行程序　　B. 使程序从暂停处继续运行

C. 将程序定位到开始处,但不运行程序　　D. 使程序暂时停止运行

3. 以下(　　)是控制面板上的【运行】按钮。

A.　　B.　　C.　　D.

二、填空题

1. Authorware 中,常用调试程序的方法有______________和______________两种。

2. Authorware 的一键发布命令,可一次发布为______________文件、______________文件以及______________文件等。

3. 开始旗和结束旗可以单独使用,也可以______________。

4. 若跟踪窗口上的【从标志旗开始执行】按钮和【初始化到标志旗处】按钮可以使用,需要在流程线上添加______________。

5. Authorware 的一键发布命令,可以将程序发布到______________、______________、______________和本地硬盘上。

三、上机练习

1. 打开程序例 9.1,练习使用开始旗、结束旗或控制面板调试该程序。

2. 打开程序例 9.2,练习对其打包发布。

参考文献

[1] 段新昱,任建娅,栗青生.多媒体创作与 Authorware.北京：高等教育出版社,2006.
[2] 缪亮,付邦道.Authorware 多媒体课件制作实用教程.北京：清华大学出版社,2010.2.
[3] 俞俊平.精通 Authorware5.X.北京：电子工业出版社,2000.5.
[4] 覃华,姚怡.多媒体应用技术.北京：中国铁道出版社,2005.11.
[5] 沈大林,洪小达.多媒体技术与应用教程.北京：中国铁道出版社,2006.1.
[6] 薛为民,宋静华,耿瑞平.多媒体技术与应用.北京：中国铁道出版社,2007.6.
[7] 刘甘娜,翟华伟.多媒体应用基础.北京：高等教育出版社,2008.6.
[8] 于晓鹏.Authorware 多媒体制作.长春：吉林大学出版社,2008.10.
[9] 郭新房,倪宝童,王建.Authorware7.0 多媒体制作.北京：清华大学出版社,2007.8.
[10] 石明贵,杨丽娜,王伟平.Authorware6 培训教材.北京：清华大学出版社,2003.3.

习题参考答案

习 题 1

一、选择题

1. D　　2. C　　3. A　　4. C　　5. A

二、填空题

1. 文本、图形、图像、声音、视频、动画
2. 教学特性、软件特性、多媒体特性
3. WAV、WMV、MIDI、MP3、RA
4. 位图和矢量图，矢量图，位图
5. 二维动画和三维动画

习 题 2

一、选择题

1. C　　2. C　　3. C　　4. B　　5. B

二、填空题

1. 文件属性
2. 标题栏、菜单栏、常用工具栏、图标面板、流程设计窗口
3. 调试
4. 14
5. 给图标涂色

习 题 3

一、选择题

1. C　　2. D　　3. C　　4. A　　5. D

二、填空题

1. 选择矩形工具，然后按住 Shift 键，在演示窗口中拖动鼠标
2. 选中文本对象，然后选择【文本】→【卷帘文本】菜单项
3. 遇到空的显示图标程序就不再向下执行
4. 小
5. 打开显示图标属性面板进行特效设置或右击显示图标在弹出的快捷菜单中选择【特效】进行设置

习　题　4

一、选择题

1. D　　2. B　　3. B　　4. B　　5. C

二、填空题

1. 英文

2. 在流程线上和附着在其他图标上

3. Ctrl+G

4. 暂停,Ctrl+P

习　题　5

一、选择题

1. A　　2. D　　3. A　　4. A

二、填空题

1. 指向固定点、指向固定直线上的某点、指向固定区域内的某点、指向固定路径的终点、指向固定路径上的任意点

2. 对象在移动过程中的层次

3. 将对象从当前位置移动到一条已知起点和终点的直线上的某个目标点的运动类型

4. 将对象从当前位置移动到一个二维平面内的某个目标点的运动类型

5. 将对象从当前位置沿着设定的路径移动到终点的运动类型

习　题　6

一、选择题

1. D　　2. B　　3. B　　4. C　　5. D

二、填空题

1. 右侧,媒体同步

2. WAV 及 MP3

3. 视频驱动

4. 不透明和透明

5. 开始帧和结束帧

习　题　7

一、选择题

1. A　　2. C　　3. B　　4. C　　5. A

二、填空题

1. 交互图标,交互图标、交互响应类型、交互分支、分支去向、交互状态

2. 显示图标,移动图标

3. 重试、继续、退出交互、返回

4. 按键,时间限制

5. {}

6. 在目标点放下、返回、在中心定位

7. 在下次输入之后、在退出之前、不擦除,在下次输入之后、在下次输入之前、在退出时、不擦除

习 题 8

一、选择题

1. B　2. D　3. C　4. C

二、填空题

1. 时限

2. 等待图标

3. 导航

习 题 9

一、选择题

1. C　2. B　3. C　4. A

二、填空题

1. 自定义

2. 网络类型函数

3. 窗口

习 题 10

一、选择题

1. D　2. B　3. A　4. B

二、填空题

1. 库

2. 电影控制

3. 11

习 题 11

一、选择题

1. C　　2. C　　3. C

二、填空题

1. 使用【开始旗】、【结束旗】调试程序和使用控制面板调试程序

2. 播放器的 exe 文件、不带播放器的 a7r 文件、由网络播放器播放的 aam 文件或 htm 网页文件

3. 成对使用

4. 开始旗

5. Web、CD-ROM、局域网